臺灣歷史與文化 研究輯刊

四 編

第 12 冊

臺灣女性書寫與電影敘事之互文研究

黃儀冠 著

花木蘭文化出版社

國家圖書館出版品預行編目資料

臺灣女性書寫與電影敘事之互文研究／黃儀冠 著 — 初版 —
新北市：花木蘭文化出版社，2013〔民 102〕
目 4+306 面；19×26 公分
（臺灣歷史與文化研究輯刊 四編；第 12 冊）
ISBN：978-986-322-494-5（精裝）
1. 電影文學　2. 臺灣文學　3. 文學評論
733.08　　　　　　　　　　　　　　　　102017398

ISBN-978-986-322-494-5

9 789863 224945

臺灣歷史與文化研究輯刊
四　編　第十二冊　　　　　　ISBN：978-986-322-494-5

臺灣女性書寫與電影敘事之互文研究

作　者	黃儀冠
總 編 輯	杜潔祥
出　版	花木蘭文化出版社
發 行 所	花木蘭文化出版社
發 行 人	高小娟
聯絡地址	235 新北市中和區中安街七二號十三樓
	電話：02-2923-1455／傳眞：02-2923-1452
網　址	http://www.huamulan.tw 信箱 sut81518@gmail.com
印　刷	普羅文化出版廣告事業
初　版	2013 年 9 月
定　價	四編　22 冊（精裝）新臺幣 50,000 元

臺灣女性書寫與電影敘事之互文研究

黃儀冠　著

作者簡介

黃儀冠，國立政治大學中國文學研究所博士，現任臺灣彰化師範大學國文系所副教授，《東亞觀念史》期刊執行編輯，政治大學人文中心〔近代中國認同形塑〕計畫研究員。研究領域為女性文學、電影文學、文學理論、現代小說、文化研究。著有專書《從文字書寫到影像傳播——臺灣文學電影之跨媒介改編》、《晚明至盛清女性題畫詩研究》、及〈莫言小說影像化之文革敘事與跨界流動〉、〈母性鄉音與客家影像敘事：臺灣電影中的客家族群與文化意象〉、〈想像國族與原鄉圖像——黃春明小說與臺灣電影之改編與再現〉等多篇影視相關論文。

提　　要

　　一九八〇年代臺灣在經歷過美麗島事件，及鄉土文藝思潮的洗禮之後，整個社會雖然仍處在威權體制，但壓抑已久的本土社會批判力正若野火燎原，尋找著各種縫隙顛覆僵化體制，嘲諷守舊價值觀，迸發勃勃的生命力。在解嚴前後的這段時期，正值各種文化思潮及新舊意識形態不斷的交鋒辯證，臺灣的文化場域糾葛著複雜的家國認同，以及族群、階級、性別的種種差異，還有現代化生活裏離鄉背景的疏離感，對商品消費的空洞感，交織在八〇年代的文化情境中。其中臺灣新電影的崛起與女性書寫是相當重要的兩個現象，而多部「文學電影」的拍攝表徵著文學與電影的結盟，宣告著「小說的影像化」在此時期亦是一個顯著的文化現象。

　　筆者希冀能跳脫單一經典作品的詮釋，及作家定位的研究，遂擴大研究範疇並以文本為主，作跨藝術，跨文類及多重符號系統的互文研究，試圖尋繹出當代文化的另一種視角。筆者在搜羅八〇年代小說文本時，發覺文學文本生產呈現商品化、消費化的傾向，當時正值臺灣新電影的崛起及女性作家以豐碩的創作量，積極攻佔文學市場及文學獎的時刻，臺灣新電影的勃興與女作家的文壇發聲可謂八〇年代兩個重要的文化場景，在商品市場的機制運作下，女作家的作品時時被改編成電影，躍上大螢幕粉墨登場，轉化成聲色俱佳的文化產品，電影文本與文學文本之間頻繁地互動與對話，形成複雜的文本互涉（intertextuality）現象。女作家、女演員與男性導演以虛構的小說／電影文本作為演練場域，透過敘事改編、影像形塑、聲音的表述，再現女性經驗及父權文化，所呈顯的性別表演與臺灣歷史脈絡及文化象徵系統互相呼應，展現當時藝文工作者對於社會議題的關懷，對歷史文化的反思，以及對儒家傳統的挑戰。

　　透過對這個「女性文本／電影改編」文化現象的整理、爬梳及反省，希望能回應當代喧嘩的視覺文化工業與寂寞的文學產業，在後現代大眾文化與精英文化界線日趨模糊時，文學這個古老的產業還能以什麼形式介入當代論述？對於身處在電子資訊、數位傳播的新世代而言，多媒體與敘事文類的結合，可以讓文學這個說書人展演出什麼新的美學形式？如果能將八十年代活絡的「文學電影」現象作系統的研究與整理，一方面釐清這個文化現象在臺灣文化場域當中的定位及回響，並解析文學與電影之間互相交集，互相詮釋轉化的美學形式，作為當代文學與其他文化產業交流互動的考察。另一方面也作為一個重要的切入點，反思當前的影視產業與文學產業的連結，是否可能為傳統／前衛，人文學科／理工科技，及全球化／在地化創造出對話的空間？透過小說文本與影像文本的互文參照，可以探究影視語言在挪用與借用文學素材時，如何受到後現代主義與後殖民思潮的重新詮釋，成為解構威權政治的論述利器，繼而被視為臺

灣文化本土化與主體建構的典範文本。再進一步探問的是：現代化的影像媒介與臺灣文學的相遇裏，各種強勢的西方影像美學、技藝、論述如何被臺灣創作者所吸納、移植與轉化，進而使臺灣能展開對自己歷史身世、主體建構及文化認同的反思，產生出本土化的文化產品。

筆者所欲探究的課題在於：臺灣在八〇年代有許多得到文學獎的女性小說被改編成為電影，其中尤以新電影的導演拍攝較多，女性小說改編過程以女性角色為主，鋪敘女性意識、女性關懷，以及女性在社會上的現實處境，筆者認為可以劃歸為「女性電影」的類型作探討。若從建構論的角度而言，男性導演也能拍攝出女性電影，我們也能在男性導演的鏡頭裏讀出「女性書寫」。筆者想藉由八〇年代女性小說文本／電影文本之間的互動，探索當女性小說文本介入電影之後，以往女性在電影的象徵系統裏，被意識型態建構為刻板形象與符碼，即好萊塢影片類似的敘事模式與觀看機制，此強化父權社會性別符碼及對女性的貶抑，是否被一步步瓦解？與這瓦解相對的，是否有一種全新的敘事模式及敘事動力進入電影文化產業？女性在八〇年代的主體再現中是否從單純被看地位中轉換出來，從純客體，承擔價值的身份轉換成具有主體威勢與創造意義的身份？她們是否不再被男性作為視點交換的客體，同時開始解構某種傳統的交換方式。在以女性為主角的影片中，女性的主體性在敘事形態及符碼意義之中不斷型塑而成的，男性的主體地位，及主動的觀看者地位是否逐漸喪失？筆者希冀藉由八〇年代女性小說文本的爬梳，及電影影像再現的運作過程，作為理解八〇年代文藝現象的一個切面。

本論文所研究的對象是一群在八〇年代崛起的女性作家，這群後起之秀在數年間囊括了各大重要的文學獎，並積極攻佔各大報副刊版面，被學界指為「閨秀文學現象」，她們敘事技巧圓熟，以敏銳筆觸，捕捉細膩寫實細節，在出版市場上各展風華，作品經常引起社會大眾注目，被改編成電影電視，她們深受讀者欣賞，又得到評論者的討論，可謂在文人圈內報酬相當優渥的寵兒。此批活躍的女作家跳脫社會角色的扮演，道德倫理的定位，以情慾書寫為策略，召喚陰性書寫與母親聲音（the voice of mother），撩撥人世的愛慾情仇，以女性自身的繁複感官重構女性主體，以女性生命歷程女兒、妻子、母親拆解男性所建構的大敘事及父系霸權論述。

這群女作家與臺灣新電影導演一同成長於臺灣四〇、五〇年代，這批新電影導演積極改編女作家的作品，在影像上呈現生動而豐富的女性面貌，展露女性的主體性與強韌，以期再現臺灣斯鄉斯土的成長歷程，也藉由女性生命史轉喻鄉土情感與家國認同。八〇年代文學與電影新生世代的邂逅結緣，重新翻寫重構臺灣本土的影像，及臺灣人的身份認同，相較於八〇年代之前中國符碼時時現身於文本影像之中，新電影可謂臺灣影像主體性建構的起始。八〇年代臺灣新電影及文學電影的出現及建構，逐漸發展出「電影作為一種藝術」（film as an art）的論述，這除了電影本身的美學技巧之外，尚需要閱讀社群（影評人）及支援媒體參與論述，這個閱讀社群（影評人）以焦雄屏為主形成一個「班底」，強調知識分子的理念及專業的電影批評術語形構成「藝術電影精英社群」，以有別於傳統八卦印象式的電影評論方式，此社群對新電影的論述文章多半集結在《臺灣新電影》一書。

在八〇年代電影與文學結合成一個高尚藝術，迎合中產階級崇尚品味的心態，並形成改編文學的電影風潮，因此，我們想要探問這種文藝現象的實踐過程是如何？又牽涉到那些因素與環節之運作？知識份子、電影工作者、影評人、與作家及學院內外的閱讀社群、批評者之間互動關係為何？在文化場域中各佔據什麼位置？女作家及新電影導演、影評人的文化資本及象徵資本，以及所謂的 habitus 如何催生、影響文學與電影的互動？這些皆是文藝社會學所關注的課題，社會學理論對本研究的啟發性主要在於：在探討女作家文本或電影文本時，不應忽視文藝場域和 habitus 的影響性，文藝活動和文藝實踐必須針對深層的結構性因素加以反思。作家除了從事文學活動之外，尚有其他的社會身份存在，並涉身於各種場域之中。文學場域和其他場域之間所具有的共構性不應忽視，其他藝術領域及政經變化對文壇的影響應納入研究的視野之中。

　　本論文研究對象主要以八〇年代女性作家：朱天文、李昂、蕭颯、蕭麗紅的小說文本改編成電影為主，探析深具女性意識的小說文本，在男性導演的凝視與詮釋之下，其女性議題及女性書寫特質，是更為彰顯、飽滿，或者是被消弱、削減。男性導演的詮釋又與臺灣社會文化產生何種互文現象？再者，本論文考察臺灣電影／文學互文現象、女性小說文本改編成電影之後如何處理女性形象、女性身體等等議題。在研究的時間點主要以八〇年代為主，並回溯七〇年代的鄉土文學論戰，影響所及在八〇年代有鄉土小說改編風潮，以及新電影追求自我文化主體性與藝術性的努力。希冀透過文學與電影互文改編的考察，能更進一步理解八〇年代的文藝現象，以及電影與文學互相闡發，互相豐富彼此的美學特質。

目

次

第一章　緒　論

第一節　研究動機與目的：文學與電影的結盟

　　一九八○年代的台灣在經歷過美麗島事件，及鄉土文藝思潮的洗禮之後，整個社會雖然仍處在威權體制，但壓抑已久的本土社會批判力正若野火燎原，尋找著各種縫隙顛覆僵化體制，嘲諷守舊價值觀，迸發勃勃的生命力。在解嚴前後的這段時期，正值各種文化思潮及新舊意識形態不斷的交鋒辯證，台灣的文化場域糾葛著複雜的家國認同，以及族群、階級、性別的種種差異，還有現代化生活裏離鄉背景的疏離感，對商品消費的空洞感，交織在八○年代的文化情境中。其中台灣新電影的崛起與女性書寫是相當重要的兩個現象，而多部「文學電影」的拍攝表徵著文學與電影的結盟，宣告著「小說的影像化」在此時期亦是一個顯著的文化現象。但是此種多元而豐富的當代文化現象，作為學術研究分析的對象時，往往形成研究者爭奪發言位置及意識形態的角力場，而形成化約型的論述，導致意識形態及政治認同議題凌駕於美學探討和藝術詩學之上。另外，在台灣文學的研究領域裏，個別經典作家的研究及殖民議題遂受到較多的關注，研究者企求從這些重要而且被典律化的文本裏，追尋到台灣文化的主體性以及政治的正確性。上述台灣研究場域的現象，不論是意識形態的衝突和充滿情緒的激辯，或者是個別作家及殖民議題的廣泛討論，都是在重建文化主體時必需而且重要的過程。再者我們也必須承認在人文學科的研究裏無法避免「一個文本，各自表述」的窘局，任何論述及分析都涉及主觀的意識形態的介入，只是我們在創造一個理性對話的空間，以實踐對分析對象的詮釋效能，可以對文本／社會互文交替指涉

的場域進行深一層的認識與理解。

　　針對上述研究現象，筆者希冀能跳脫單一經典作品的詮釋，及作家定位的研究，遂擴大研究範疇並以文本爲主，作跨藝術，跨文類及多重符號系統的互文研究，試圖尋繹出當代文化的另一種視角。筆者在搜羅八○年代小說文本時，發覺文學文本生產呈現商品化、消費化的傾向，當時正值台灣新電影的崛起及女性作家以豐碩的創作量，積極攻佔文學市場及文學獎的時刻，台灣新電影的勃興與女作家的文壇發聲可謂八○年代兩個重要的文化場景，在商品市場的機制運作下，女作家的作品時時被改編成電影，躍上大螢幕粉墨登場，轉化成聲色俱佳的文化產品，電影文本與文學文本之間頻繁地互動與對話，形成複雜的文本互涉（intertextuality）現象。女作家、女演員與男性導演以虛構的小說／電影文本作爲演練場域，透過敘事改編、影像形塑、聲音的表述，再現女性經驗及父權文化，所呈顯的性別表演與台灣歷史脈絡及文化象徵系統互相呼應，展現當時藝文工作者對於社會議題的關懷，對歷史文化的反思，以及對儒家傳統的挑戰。

　　透過對這個「女性文本／電影改編」文化現象的整理、爬梳及反省，希望能回應當代喧嘩的視覺文化工業與寂寞的文學產業，在後現代大眾文化與精英文化界線日趨模糊時，文學這個古老的產業還能以什麼形式介入當代論述？對於身處於電子資訊、數位傳播的新世代而言，多媒體與敘事文類的結合，可以讓文學這個說書人展演出什麼新的美學形式？如果能將八十年代活絡的「文學電影」現象作系統的研究與整理，一方面釐清這個文化現象在台灣文化場域當中的定位及回響，並解析文學與電影之間互相交集，互相詮釋轉化的美學形式，作爲當代文學與其他文化產業交流互動的考察。另一方面也作爲一個重要的切入點，反思當前的影視產業與文學產業的連結，是否可能爲傳統／前衛，人文學科／理工科技，及全球化／在地化創造出對話的空間？透過小說文本與影像文本的互文參照，可以探究影視語言在挪用與借用文學素材時，如何受到後現代主義與後殖民思潮的重新詮釋，成爲解構威權政治的論述利器，繼而被視爲台灣文化本土化與主體建構的典範文本。再進一步探問的是：現代化的影像媒介與台灣文學的相遇裏，各種強勢的西方影像美學、技藝、論述如何被台灣創作者所吸納、移植與轉化，進而使台灣能展開對自己歷史身世、主體建構及文化認同的反思，產生出本土化的文化產品。

　　本論文的研究目的希望能爲不同形式藝術的跨學科研究打開多元詮釋的

向度，以下就將此研究所牽涉的學科範疇及問題作概述：

（一）學科範疇的互涉：文學與電影的邂逅

　　文學與其他不同藝術形式之間的研究，在古典文學的領域已有豐碩的研究成果，諸如「詩畫本一律」的探討，就是詩歌與繪畫之間在美學風格、理論互相參照滲透的研究，著重在影響研究或是美學範式的挪用，以及文本與圖象的象徵典故所積累的文化符碼。張漢良在界定比較文學的範疇時，曾云：「文學與藝術的關係研究，是比較文學的新課題，但它幾乎涉及到比較文學所有的問題，包括歷史研究（文學與藝術史）、斷代問題、主題學、影響研究、文類研究，以及類比研究，尤其是後者，因為這門學問的出發點與依歸，無非都是基於一個形式或媒介的暗喻。」〔註1〕「比較文學」作為一門學科或文學研究方法自十九世紀後半葉在歐洲開啟之後，至今已經走過一個多世紀的歷程，雖然學者將它往前追溯到歌德（Johann W.von Goethe）的「世界文學」觀（Weltliteratur）或更早的說法，不過比較文學發展出的研究方法則著重在作品跨越國家、文類、科際，表達形式等藩籬，與其他作品所產生的影響、領受、類比、回應、主題共鳴，藝術或語文媒介或交互指涉關係。學者認為目前比較文學形成一種多元共生的格局：以法國為中心的重視經驗研究和接受與影響考察的歐洲學派，以美國為中心的強調美學形式分析和平行理論闡釋的北美學派，和以中國、日本及印度為中心的致力於跨東西方文化傳統研究和學術理論對話的東方學派。〔註2〕不論是以廣義或狹義界定比較文學，採法國或美國學派的觀點，比較文學其實是想探討作品在本土與全球文化辯證之中的地位，一方面思索文化特殊與普遍性的，如中國文學是否有史詩、悲劇或弒父情結，另一方面則追究本土表達與外在潮流的互動關係，如現代主義對台灣文藝的衝擊與回響。因此之故，比較文學學者居岩（Claudio Guillén）便以本土與世界性（超國性）來分析比較文學的興起及當前所面臨的挑戰，而將重點放在出身自主或被牽連的跨國作品之間的交互指涉或平行發展狀況。除了這種交互指涉（cross-referencing）的比較研究外，晚近的文學理論家在後結構，後殖民的架構之下，則相對提出「交錯」（cross-cutting）的見解，主張由弱勢（minor）或本地文學與強勢文學交錯的部分，重新闡揚兩者之間

〔註 1〕 張漢良，《比較文學理論與實踐》，台北：東大圖書公司，1993 年，頁 304。
〔註 2〕 參閱王寧，〈文化研究與比較文學的未來〉，《全球化與文化研究》，台北：揚智，2003 年。

的多元交叉及協商關係，藉此揚棄比較文學在無意識裏強化歐洲中心的作風，並爲地區文學開闢其論述位置，擺脫東西，主從，強弱等二元對立的範疇。再者，比較文學開展出跨學科的研究方式，一方面以文學爲中心，由此延伸到各個層次去探討文學與其他學科及藝術表現領域之間的相互滲透和相互影響關係，然後再從各個層次回歸到文學本體；另一方面平行對待文學與其他相關學科的互動關係，揭示文學與他們在起源、發展、成熟等各個階段的內在聯繫及相互作用。〔註3〕跨學科比較文學研究使我們得以將一切文學現象和文學文本置於一個廣闊的多學科和多視角的語境之下進行考查研究，從而找出文學本體獨特審美價值和表現特徵，另外，跨學科研究也使得文學研究與文化研究相互對話與借鑑，拓展了文學研究的格局與視野。

　　二十世紀末的台灣學界已經將比較文學的觸角擴張爲文本符號與文化研究的結合，劉紀蕙的研究關注不同藝術形式之間互動時，在指涉過程中所產生的轉化與辯證動力，並強調異質符號系統運作時對文化、社會、藝術傳統的反思。〔註4〕在其論著裏援引精神分析論述，來探索不同藝術形式的互文作用，以及負面書寫裏創作主體不斷想要踰越異質符號的前衛嘗試，在主流的鄉土寫實論述裏另闢蹊徑，她認爲：「無論是面對『西化』或是『中國』，我們或許必須反轉思考模式，探討『本土作家』爲何有借用移植西方或是依戀中國的內在衝動，以及如何選擇所謂的『外來』文化符號，投注大量的精力，以宣洩本土文化內被壓抑的慾望衝突……透過討論寫實主義傳統之外的各種負面書寫，我們才可以重新詮釋『本土經驗』與『台灣意識』。」〔註5〕雖然筆者不認爲只有離逸寫實傳統，才能另開一扇視窗解讀台灣文化，但上述的論點開啓筆者想探究外來的美學技法──電影創作，如何改寫與解讀當時或「現代派」或「寫實鄉土」的文類傳統。從八〇年代台灣新電影的崛起，我們發覺了台灣導演以「中國符號」、「西方寫實長鏡頭」或者「拼貼零碎的敘事語言」做爲台灣本土經驗的實踐，建構出所謂「台灣性」，以及台灣的歷史書寫〔註6〕。論者對於八〇年代的電影研究著重於歷史文化、產業發展，或者是

〔註3〕王寧，《比較文學與中國當代文學》，雲南：雲南教育出版社，1992 年，頁 1 ～17。
〔註4〕劉紀蕙，《文學與藝術八論：互文、對位、文化詮釋》，台北：東大圖書出版，1994 年，頁2。
〔註5〕劉紀蕙，《孤兒‧女神‧負面書寫》，台北：立緒，2000 年，頁 17。
〔註6〕在《中外文學》「重探八〇年代台灣新電影專輯」中，吳珮慈、蔡篤堅及葉月

台灣新電影的界定，目前對於八○年代「文學電影」的現象，尚無整體的論述研究，筆者對此現象的發生，文學與電影如何互文、互為闡發的歷程深感興味，希冀能透過爬梳此文化現象，對八○年代有更深入的瞭解。新電影改編自文學的作品，並不限於鄉土小說，而是同時兼具鄉土與現代派小說，而且女性形象與性別符碼亦是新電影值得關注的議題。〔註7〕因此，當我們觀照電影文本裏多重符碼的交集與外來文化的轉化中，反而更透顯出台灣「本土經驗」豐富多元的可能性。

在 1993 年台灣新聞局推出電影年活動，由電影年所策劃的《台灣電影精選》〔註8〕一書中，蔡康永及韓良憶主筆的〈台灣電影與文學〉專輯，概要地介紹台灣電影與文學的關係，主要論述台灣在六○年代至今重要的文學改編作品，以縱觀歷史的論述方式介紹宋存壽的《破曉時分》、李翰祥的《冬暖》，以及根據瓊瑤所著言情小說所改編的大量文藝愛情片。至八○年代，則以現代派和鄉土派作為劃分，概述兩派小說所改編成的電影。在這份概要的論述裏，筆者以為日據時期的史料並未進入台灣電影的範疇是一大缺憾，另外，文獻裏尚有多處的空白需要史料的補充及更細膩的論述。在台灣專業的電影刊物《電影欣賞》在 92～97 期（1998 年 3～4 月至 1999 年 1～2 月）以歐美及日本各國的「電影與文學」作為專號，並配合電影的放映與欣賞。〔註9〕在這幾期的專輯中亦有幾篇論文，介紹討論文學與電影的關係，並且在每期專題附錄各個國家歷來改編自文學的電影片目，以彰顯文學與電影深遠的歷史淵源。然而誠如葉月瑜所言：每期的文章中，都可見文字文本轉換成影像文本的討論，但就基本理論如改編及翻譯理論的討論研究，則只是點名列舉式地略盡學術衛生（academic hygiene）之責。真正的「跨界」、「跨學科」問題的討論則付之闕如。如文字和音象在媒介本質上的差異為何？應如何理論化看

瑜分別就新電影的技術美學、歷史書寫及身份認同作出論述，其中葉月瑜企圖在本土主義與全球化的辯證關係之間，找出台灣新電影的本土主義實踐。《中外文學》，第 27 卷，第 8 期，1999 年 1 月。

〔註7〕 陳儒修的《台灣新電影的歷史文化經驗》對於新電影的語言、歷史書寫所透顯的本土意識有深刻探討，另外他對新電影的女性議題亦有所關注。台北：萬象，1993。

〔註8〕 區桂芝主編，台灣新聞局策劃《台灣電影精選》台北：萬象，1993 年。

〔註9〕 《電影欣賞》自 1998 年至 1999 年分別推出「莎士比亞與電影——百變莎士比亞」、「英國文學與電影」、「美加文學與電影（上）：速食經典與造夢工廠」等、「美加文學與電影（下）：經典之後的情欲與死亡」西方文學與電影方面的討論。

待，此差異造成兩個媒介對「再現」的不同知識論之實踐在何處？文學中的何種類型在文字與音象的互文指涉過程中，最為接近？劇情片和非劇情片對文字的再現有何不同？這些都是媒介或文類「比較」課題中，應該但尚未觸及的領域。〔註10〕另外，這幾期的研究對象主要是以外國語文的文學作品改編成電影，對於台灣文學與電影的相關論述仍屬一片荒原，雖然國家電影資料館在 2000 年 3 月份至 6 月份籌畫「華語文學與電影系列」，將文學改編成電影的台灣作品，區分為「文藝小說改編愛情電影」、「新電影時期小說改編電影」等專題作一系列電影的放映。〔註11〕但至今仍不見有系統地從歷史脈絡，文學文本以及美學風格作相關論述。

2002 年是台灣新電影二十周年，文化大學由游惠貞負責策劃「看見女人 —— 台灣新電影中的女性」影展，於 7 月 19 日至 21 日放映九部影片，並邀請當時拍攝影片的導演、演員及劇作家座談，廖輝英剖析《油麻菜籽》電影改編的前後因緣，李昂暢談《殺夫》的拍攝過程，並邀請電影導演：陳坤厚、萬仁等，座談電影製作與文學改編所達到的成果，及所遇到的局限。筆者透過此次影展親炙導演及劇作家，在聆聽座談的過程中也進一步了解小說改編電影的甘苦歷程。此外，同一年 10 月台北金馬影展執行委員會以新電影作為主題，舉辦「台灣新電影二十年 —— 時代舊記憶、國片新浪潮」專題影展，回顧一九八二年崛起的「台灣新電影」幾部重要影片，並將九〇年代新生代導演的影片也放入影展中，頗有期許過去電影美好的年代，能夠薪火相傳給下一輪新生代導演的意味。在收集資料的過程中，由於八〇年代有許多影片已湮沒於史料之中，難得重現江湖，筆者即透過這三個專題影展，重溫八〇年代的電影，並且以國家電影資料館所放映的「華語文學與電影系列」作為基本的片目，以此作為研究的起點。〔註12〕

（二）文化階級的越界：大眾文化與精英文化的擺盪

現代大眾文化所涉及的通俗文本的概念，是相對於精英文化、嚴肅文本而言，歸屬於大眾文化裏的通俗文類，其所指認的是此種文類形態的娛樂功能、消遣性質，並強調其在形式和內容兩個層次上廣泛的流通性。通俗文類

〔註10〕葉月瑜，〈台灣新電影：本土主義的「他者」〉，《中外文學》，第 27 卷，第 8 期，1999 年 1 月，頁 44。

〔註11〕參見網頁「華語電影與文學專題」：http://www.ctfa.org.tw/data3/C002～14.html# 及 http://www.ctfa.org.tw/data3/C002～89c.html。

〔註12〕詳細的片目請參見附錄。

所體現的實際上是市場經濟的邏輯，其所追求的終極目標是作品的交換價值，和商品方式是同構同質的。第一部電影的原初場景是在巴黎的小咖啡館裏發生的，可知電影是一種在城市文化中發展起來的媒體和文化形式，並且具有大眾集體觀賞的特點，及演映時在娛樂場所裏所帶有的通俗特徵，亦是資本社會裏文化產品及商品經濟的一環。

電影經過百年來的發展，形成集合敘事、影像、表演及聲音等多重符碼的複雜文本，其中劇情片強調敘事的元素，因此與通俗文學及戲劇有千絲萬縷的互文現象。在台灣劇情片的發展中，從日據時代的台語片就取材於歌仔戲、中國歷史故事、台灣歌謠及民間故事、社會新聞事件等，同時也向日本電影，歐美類型影片借鏡，形成結合多元素材的本土文化再現體系。〔註 13〕六〇年代之後台語片式微，由黨國機器所制作的軍教愛國影片，以及各種類型片當道，主要是武俠片、文藝愛情片及社會寫實影片鼎足而立，其取材對象多以通俗文類為主，尤其是武俠小說與言情小說，隨著類型影片的大量生產，閱聽人逐漸熟悉其敘事模式及敘事元素，並建構出對某一類型產品預期的閱讀視野，類型遂產生公式化（formula）的現象，而導致敘事的意義被淘空，所有的敘事元素成為劇情裏的象徵符碼（code）及成規（convention）。此種通俗文類被公式化及類型化的現象到八〇年代，由於政治威權的逐漸崩解，詮釋論述的空間慢慢被釋放出來，再加上文化工業加速將文化產品商品化、消費化，以及後現代浪潮的席捲，所有文本的分類產生相互越界的現象，藝術電影／商業電影，嚴肅文學／通俗文學的界線不再涇渭分明。

事實上文化分類（精英文化／大眾文化）與文類區隔不僅取決於類型成規、文本風格，知識份子社群所形成的評鑑機制，諸如文學獎、影評等對於文本優劣的評價也直接影響我們對特定文化產品的詮釋。透過精英文化的區隔，藝術作品的典律構成背後有著權力的運作機制，決定一個藝術作品是否是「經典」，通常要通過下列社群的檢驗：第一類是學院機構的學者評鑑；第二類是文化評論者、影響力大的批評家對作品的篩選；第三類主導市場機制的讀者大眾。文學社會學的研究將文學作品區隔視為知識份子的象徵性權力

〔註13〕台語片從一九五五年至一九七〇年代之間生產多達千部以上的影片，電影資料館在一九八九年著手整理台語片資料，並修復殘缺的影片，使部份台語片得以重新出土，成為台灣影像紀錄及生活文化的寶貴資產。目前對於台語片的研究有黃仁《悲情台語片》（1994）、葉龍彥《春花夢露：正宗台語片興衰錄》（1999）及廖金鳳《消逝的影像──台語片的電影再現與文化認同》（2001），可謂成果豐碩。

鬥爭，由於嚴肅與通俗文學的分野，關係到文化正當性的問題，是故知識份子藉著批評，攻擊通俗文學，希望替社會整體定義出什麼是理想的，有價值的，值得追求的文化。〔註14〕然而在八〇年代資本主義興盛的台灣，文化與文學藝術無法避免商業消費市場機制，再加上文化評論裏閱聽人的研究日趨重要，文藝批評愈來愈重視讀者大眾，藝術創作究竟要服膺市場機制，重視票房；亦或強調藝術自主性與原創性，著重精英品味與藝術性？商業化／藝術化兩者間的爭議遂形成台灣文化場域尖銳對立的喧嘩。在高科技的發展與大眾審美趣味的變化，大眾文化影視生產時常將文學作品改編加工成電影或電視作品，使影視製作與文學文本產生密切互動關係。經典／通俗文學作品影視化的現象將精英文化／通俗文化的界限模糊，一部經典文學作品可能在電影改編中變形為諧謔的文本，成為大眾消費文化的一環；反之，一部通俗文學作品透過編導的再創作，可能成為經典電影的重要文本。在阿多諾和霍克海姆所痛斥的現代「文化工業」和大眾傳媒裏，通俗文學和好萊塢的電影正是通過完全的商品化而化解藝術及社會成員的積極思維和抵抗意識，從而保證並且強化管理型社會所必需的社會共識。〔註15〕

一個文化產品如何被生產，傳遞，接受及評估，在文化生產的組織層面，初級生產者和次級支援生產者之間的合作或衝突，生產過程中可得到資源或受到的限制與當時文化場域結構與同業競爭習習相關。文化社群的組成及傳統成規亦會影響其成員，以及對文藝品味的定義與培養，並進而影響到資源及榮耀的分配。筆者試圖釐清八〇年代文學／電影改編現象，在商業／藝術的爭執裏，究竟是經典文學或是通俗文學較受到電影創作者的青睞，若再加上筆者想要詳加解析的女性文本，那麼女性創作者的性別觀點，以及女性文本影視化的歷程，是否達成女性主義者所強調的消解文學經典形構中的男性中心意識？筆者將嚴肅文學／通俗文學的分際、精英文化／通俗文化的區隔視為文化行動者間的象徵性權力鬥爭，援引布爾迪厄（Pierre Bourdieu）有關文化場域的研究，探究文化象徵資本，權力結構的組成與社會階層化之間的關係，以釐清八〇年代文學／電影互文現象所牽涉到的文化品味、評鑑機制與美

〔註14〕關於文學社會學的討論，可參見何金蘭，《文學社會學 —— 兼論在中國文學上的實踐》，台北：桂冠，1989 年。

〔註15〕Max Hokheimer, and Theodor Adorno, *Dialectic of Enlightenment*, trans. John Cumming", New Youk：Continuum, 1988, p.148.又見該書第二章"Enlightenment as Mass Deception", p.p.120～167。

學形構等問題。

（三）象徵符碼的互涉參照：文字符號與電影語言的生成轉化

圖像、文字與音樂是各自成一套自足體系的符號成規，當一個文本轉引、借用或者模仿其他藝術文本、風格與形式，甚至重新拆解並改寫時，就包含複數的符號系統的再現形式，這就涉及到文本符碼的再現與指涉過程，諸如：以電影再現小說，以詩歌再現繪畫，以音樂再現詩歌等等，此種藝術形式之間交互援引的再現歷程，可稱爲跨藝術互文現象（interart intertextuality）。〔註16〕此種創作者意欲跨越異質符號的衝動，彷彿是一個無法理解的「符號她者」，而跨藝術互文中如黑洞般的「符號她者」爲何會吸引創作者？因爲她提供了進入異質系統的可能性。法國理論家克里斯多娃（Julia Kristeva）討論創作衝動的未知地帶時，借用母性空間（Chora）的概念發表發言主體與象徵系統之間的動力關係。發言主體進入象徵系統之前，是在一種無語的狀態，由各種慾望衝動交錯橫越或牽引。這無語的狀態，克里斯多娃稱呼爲母性空間（Chora）。Chora 這字的本義是子宮，是母親孕育生命，包容能量的空間，只有聲音或是律動的節奏才能呈現這種存在狀態，這也是驅使主體發言創作的動力。克氏認爲創作者帶著 chora 的狀態，面對既存的象徵系統與各種文本，在選擇語言與保留自身創作慾望之間拉扯。詩語言的革命力便在於依藉著 chora 的動力，進入語言系統，卻同時以遊戲的姿態越界，改動文法規則，嘗試各種前衛的實驗。〔註17〕以電影再現小說文字勢必牽涉到不同的符號體系越界的磨合，在六〇年代西方的電影學者試圖引用符號學、敘事學及文本分析來解讀電影文本，促使文學與電影能夠在文本符號的分析平台上尋繹出對話的空間。

筆者在尋繹八〇年代的文化語境時，對於文學援引各類其他藝術、美學技巧的互文拼貼現象，感到饒富興味，對於當代文化語境裏美學上的互文與拼貼藝術如何被轉化成文學的寫作實踐，及電影的影像實踐，而文學與電影之間又如何在此語境裏互相援引，互相轉化，皆是筆者所欲探究的課題。在九〇年代文學、影視文化及視覺藝術的研究，發覺後現代美學中強調多向文

〔註16〕同註4。

〔註17〕Julia Kristeva, "Revolution in Poetic Language", *The Kristeva Reader*, Toril Moi ed., Oxford:Basil Blackwel,1986, pp89～123.又參見劉紀蕙〈跨藝術互文改寫的中國向度〉,「綜合藝術形式中的女性空間與藝術家自我定位Ⅰ」研究計畫,台北：國科會科資中心,1995 年。

本小說家以跨媒體互文的敘述引進影像語彙，以多向文本，超連結及影像語言吸引讀者注意，並展示出創作主體想要踰越文字符號的衝動，以及開拓文學的美感新視界的雄心壯志。此種跨藝術互文現象在台灣文化場域裏，有以畫入詩、錄影詩學、後現代小說等，大膽結合異質藝術媒材，並大量挪用異質符號的嘗試。錄影詩學可謂是文學跨媒體互文的先鋒，雖然呈現的媒材仍是以文字為主，但其詩作援引現代影視媒材的語言，羅青指出，詩以文字為表達元素；錄影帶則以圖像、音樂、文字綜合構想為主，以畫面膠卷為表現元素，分屬兩個不同的藝術範疇，但其背後的思考模式，卻可以互通有無。〔註18〕簡政珍更進一步指出，詩比起小說和戲劇，更像蒙太奇。〔註19〕由於詩歌精簡的文字更適於表達景象剪輯所造成的震撼，特別是多重的經驗由文筆的剪裁而成隱喻，並置使個體變得有意義。〔註20〕在後現代美學裏此種看似遊戲、拼湊的美學技法，如何與當代思潮，當代文化語境產生親密的對話，並廣泛地在台灣藝文界展現其瑰麗的身影，是相當值得注目的現象。

　　面對上述跨藝術互文現象，本論文除了探討文學改編電影的現象之外，也試圖探析女性作家與導演互動，以及當代影視文化的影響下，女作家援引電影語言，及攝影機技巧注入到書寫文本當中，形成文學語言與電影語言互相生成轉化的美學。鍾正道的博士論文《張愛玲小說的電影閱讀》，認為張愛玲小說具有豐富的電影感。他從「電影語言」、「攝影機技巧」等方向對張愛玲的小說文本進行「電影閱讀」，論析張氏小說對電影技巧與本體的掌握，如何轉化成為小說文本的獨特美學。〔註21〕八○年代台灣女性作家的小說文本被電影創作者所改編，而女性作家也吸納電影技法，轉化成為小說敘事技巧的呈現，甚至也有先有電影，再改寫成為小說文本的情況，此皆為跨藝術多元

〔註18〕羅青，《錄影詩學》，台北：書林，1988年，頁264。

〔註19〕蒙太奇，借用法文 montage 而來，原義是組合，裝配，發展到繪畫、攝影藝術上是指圖像拼貼的技法，挪用到電影上是指「剪輯」或「剪接」。蒙太奇指涉在電影藝術表現裏，不同影像連結時所產生的象徵意義。換言之電影透過剪輯的技巧，將時間空間化，或時空交錯，現實／虛構交叉剪接，達到推動敘事或傳達隱喻的目的。參見愛森斯坦（Sergei Mikhailovich Eisenstein），富瀾譯《蒙太奇論・蒙太奇》，北京：中國電影，1998年，頁206。里奧，〈蒙太奇、場面調度到電影符號──電影的視覺風貌與意義顯現〉，《影響電影雜誌》，1994年10月號，頁82～88。

〔註20〕簡政珍，〈詩與蒙太奇〉，《文訊》，第1卷，第40期，頁96～99。

〔註21〕鍾正道《張愛玲小說的電影閱讀》，東吳大學中國文學研究所博士論文，2003年。

的小說／電影互文現象。筆者想努力加以釐清與探討：這些豐富而多元的小說／電影之間語言符碼的生成轉化現象。

第二節 文獻探討：女性書寫、影像詩學與當前文化研究

（一）台灣女性書寫與通俗文類

台灣女性作家的書寫一向被劃歸於「言情文學」、「軟性文學」等通俗文類，八〇年代知識份子對女性作家的批評與攻擊，這個現象可視為文本性別化及不同文學社群之間的衝突。嚴肅作家（通常是男性）與通俗作家（通常是女性）之間的對立似乎都存在於中外文壇，嚴肅文學與通俗文學之分往往是看作者是否具有關懷社會，道德教化的使命感，女作家關懷的議題常周旋於婚姻、愛情、親子等軟調議題，因而在文化場域裏不受重視，被文壇邊緣化。再加上，八〇年代文學商業市場的入侵造就不少暢銷女作家，在台灣女性作家及其作品暢銷往往被譏評為符合社會庸俗化的傾向，並且被指責排擠了嚴肅文學的發表園地，曲高和寡的嚴肅創作無法與之競爭，或有學者認為女性的通俗文學麻痺人心，有助於政權安定等等，這些觀點都漠視女性文學本身的意義。

自九〇年代之後女性文學的研究，伴隨著女性主義批評理論、性別論述的崛起，而引發學者陸續投入研究，截至目前為止，台灣女性小說研究雖多著重在單一作家，[註22] 但對女性小說研究較全面性的關照者，亦不乏其人，台灣女性小說的研究至今已是相當繁華而富麗。其中林芳玫的《解讀瓊瑤愛情王國》可謂將女性通俗文類、性別論述，以及文化工業各面向作了深刻的剖析，使瓊瑤這個言情小說家，不僅創造台灣六、七〇年代單純的愛情浪漫幻想，更負載了一個鮮明的文化圖騰。此書追溯瓊瑤的言情小說從一九六〇至一九九〇歷時性的發展與變化，並從文學社群的組織結構來看作者、出版商、批

〔註22〕根據國家圖書館之博碩士論文統計，朱天文小說專論三部、合論一部；朱天心小說專論二部、合論兩部；李昂小說專論三部、合論一部；施叔青專論二部、合論一部、蕭麗紅專論四部；蘇偉貞專論三部；陳若曦專論一部；蕭颯專論二部；林海音專論三部；袁瓊瓊專論一部；平路專論一部；聶華苓專論二部，合論一部等等。前此這些論文多能深入剖析每位作家的文本，並標舉出其獨特的風格及重要議題。（此數據為 2005 年的調查）。

評家三者間的互動關連，以及小說家文學聲譽的形構過程，並由此勾劃出瓊瑤的小說被逐漸定位爲「商業化言情小說」的社會歷程。此書可說是對女性文學的性別政治在文化、政治、經濟各方面挖掘深究，並且作了最佳的操演示範。林芳玫的瓊瑤研究援引知識社會學的觀點企求解決以下的問題：在文學社區中，佔據什麼樣結構位置的個人或群體如何動員物質及象徵資源取得文化的定義權？在文化定義權的爭奪過程中，什麼樣的作家／作品得到推崇與認可？什麼樣的作家／作品受到排斥貶抑？嚴肅文學與通俗文學的區隔是社會動員及象徵性權力鬥爭的結果，女性的言情小說則是這場鬥爭的關鍵。因此研究瓊瑤就是研究台灣文化場域中不同團體，不同勢力的競爭與消長過程。〔註 23〕吳婉如的《八十年代台灣作家小說中女性意識之研究》綜論性地探討八十年代的女性小說，她以相當的篇幅概述台灣的婦女運動，然後以女性意識作爲論文的主軸，探討小說中的單身女性，以及小說中已婚婦女的處境。〔註 24〕劉秀美《臺灣通俗小說研究：一九四九～一九九九》界定通俗文學的屬性與價值，以文學社會學的視角爲主線，對五十年來的台灣通俗小說作了外緣性的研究，其論文內容主題兼顧社會言情、武俠、科幻、歷史、推理、鄉野傳奇等各類通俗小說在歷時性的發展現象，爲台灣的通俗文類理出一條清晰的脈絡。她的論文將八〇年代女性作者，諸如李昂、廖輝英與瓊瑤同劃歸在言情、愛情社會小說類別，這樣的泛化劃分其實沒有觀照這些作家作品所涉及的評鑑機制、文壇的象徵權力及社會文化場域。

　　本研究試圖從女性的書寫與電影（影像文本）、劇本的連結，作爲探討女性文學與通俗文化關係的起點，究竟在八〇年代所崛起的女作家所寫的女性小說，與被歸類於通俗文類的言情小說文本是否劃屬於同一種文類，以及與當時盛行的希代紅唇族系列小說，又有何區隔？在八〇年代的文化場域、文學評鑑機制如何詮釋這些女性文本，他們的評論與詮釋又與當時商業市場機制產生何種對話？本論文所探討的女性作者包括：廖輝英、蕭颯、李昂、蕭麗紅、朱天文等人，電影導演包括：侯孝賢、萬仁、張毅、曾壯祥等，希冀從另一面向來切入八〇年代女性文學，並尋繹出通俗文類與消費市場間錯綜複雜的關係。

〔註23〕林芳玫，《解讀瓊瑤愛情王國》，台北：時報，1994，頁 16。
〔註24〕吳婉茹，《八十年代台灣作家小說中女性意識之研究》，淡江大學中文所碩士論文，1993 年。

（二）女性影像、性別表演與身體政治

當電影導演試圖改編女性小說時，對於女性小說原有的女性意識是再次強化，予以提昇，或者是將女性小說中的性別意涵予以削弱，或甚至是扭曲呢？而一位男性導演改編女性小說，或女性劇作，是否可以歸類為女性電影？或者必須由女性導演所執導的電影才能歸類為女性電影？針對八○年代男性導演改編女性小說的編導方式，所呈現出的電影作品，其屬性應該如何歸類與劃分，以下就先從女性電影的若干問題談起。

女性電影這一類型在定義上似乎有許多矛盾及待辨明之處，首先「女性」的定義是純綷生理上的定義嗎？在本質論者眼中，生理上所定義的女人即是女性，然而當涉及心理層面時，女性特質的範疇則模糊而多面，女性特質或女性心理是什麼？在生理上所定義的女人是否一定具有女性的心理特質？曾深究藝術文學的心理學家卡爾.榮格（Carl Jung）分析人類的意識，認為人類擁有男性潛質（animus 劃屬於陽性特質）與女性潛質（anima 劃屬於陰性特質），〔註25〕此兩者雖然代表男女兩性精神心理的不同原型，但它們在個體經驗中經常互相包容，對立或統一，只不過某一段時期一方佔據優勢起主導作用，而另一方暫時處於順從的位置。故這兩種潛質不囿限於生理上所區分的男人或女人，而是並存於男人／女人的心靈之中。

若推衍到潛意識的抽象層次，拉岡的心理分析所演繹出的想像期與象徵秩序，可理解到男／女的性別差異與氣質特性並非與生俱來，而是孩童在進入社會秩序與家庭體制之後，接受到父權觀念的象徵秩序，確立「父親的律法」（father's law），進入文字語言的社會化過程，使兩性產生二元化的認知。在原初的階段，孩童並沒有人我之分，亦沒有男性或女性的具體認知，因此人格特質上「積極／男性化／陽性特質」與「消極／女性化／陰性特質」之間結構上

〔註25〕 榮格以「anima」表示女性原型，意指男性心理的「潛意識女性傾向」，即男性精神心理的女性化本性，其象徵通常是被關在古堡中幽禁的公主，或是被女巫的咒語迷失心智的公主。有時「anima」會以魔鬼般的凶惡形象出現，此時它的象徵多是冷酷無情誘惑男人落入陷阱的女人。「animus」表示男性原型，以此來表示女性心理的「潛意識男性傾向」，其象徵一般是具有男子氣概的英雄，他們身披盔甲，擁有冒險精神；有時 animus 的象徵是凶殘的男人，他們把女人作為洩慾的工具，有時 animus 也被用來表示好勝心強並有權力慾的女人。David Fontanat, *The secret language of the symbols: a visual key to symbols and their meanings,* 何盼盼譯，《象徵的名詞 —— 進入象徵意義的視覺之鑰》，台北：米娜貝爾，2003 年，頁 11～12。

的聯繫，是受到文化傳統的制約，或是長久以來社會上約定俗成所模塑的觀念。對於女性本質論（essentialism）或是建構論（反本質論 anti-essentialism）的反思一直是性別議題的關注焦點，並因而形成不同的思考路徑，影響文學與電影發展出各異其趣的創作及論述。

台灣的女性影展自 1995 年開始已有豐碩成果，這個影展每年邀請世界各國及台灣本地的女性導演，放映她們所創作的影片，並舉辦多場女導演與學者、觀眾的對談，企圖使台灣影壇有更多女性發聲，注入更多的性別反思，並拓展女導演作品發表的空間。但是如果我們認為「女性」的定義並不囿於生理上本質上的女性，而是涉及作品內涵有女性特質，關懷女性議題的創作，是否也可稱為「女性電影」？對於「女性電影」是否有個檢驗標準來作定義？什麼樣的作品可被指稱為「女性電影」？這引發筆者相當多的思考。本論文採較寬泛的定義，將女性電影的特性指稱如下，在內涵方面：有女性工作者參與製作（編導、製作、攝影、剪接等）的電影；女性電影是指以女性角色為中心的電影；以女性觀眾為訴求的電影而攝製的電影；女性電影具有一定的「女性意識」。形式方面，特屬於女性電影的語言，在畫框，聲音與敘事手法上強調女性主體性，或者諧謔經典的男性大師作品。

九〇年代台灣女性導演及女性影展乃奠基於八〇年代新電影的帶動，本論文將焦點往前推溯關注一九八〇年代崛起的台灣女作家，其所著女性小說被改編成電影作為論述範疇。本論文將女性電影作較廣義的含括，分析下列的小說及電影：一、為有女性工作者參與製作的電影（如擔任編劇、編導），二、為含女性意識的小說所改編的女性電影。由於二十年前的影片有些已沒有發行公司再製與出版，或者難以搜尋，主要以目前能看到新電影導演的電影作為分析的文本。詳細的片單及工作人員參見附錄。

在女性影像的批評領域，由於本質論及建構論的立場不同，因而引發相當多的論爭，在此筆者將回顧這些論點，以作為開展本研究的基礎。本質說以生物學的認定作為「女性」的定義，強調女性本質，並認為女性的特質優於男性特質，但是社會價值觀長久以來被父權所統治，所以女性本質、慾望及形象遭受到貶低與扭曲，所以他們致力於發掘女性本質的「真實」，以扭轉社會對女性惡意的壓抑，並提倡正面的女性價值觀，以「女性特質」為論述中心，強調女性與生俱來秉賦是美好而優秀的，以批判目前宰制社會的父權體系思想。以此觀點挪移到電影批評，則標榜女性的閱讀觀點，堅持女性觀

眾對於影片具有獨到的眼光，強調女性可以判讀電影中女性角色的呈現是否「真實」，而女導演的作品也較能反映屬於女性的真實經驗。在六○年代西方婦運所帶來的衝擊與覺醒下，女性主義者經常檢視父權文化中各類藝術形式對女性的呈現與描繪，在探討電影時，經常側重特定角色的塑造，諸如家庭主婦、母親，或者妻子之類的角色是否如實地反映當時社會的狀況。他們也對影片女性角色設定若干的正面標準，諸如女性角色是否自主，是否達到自我實現，是否自我肯定，或者在社會、經濟等方面有所成就等，以此來評量影像中的女性角色的型塑。

建構論或反本質論的電影批評者對本質說的質疑：主要來自於對於女性觀眾或女性電影工作者是否就具有女性意識，或批判父權的意識，是值得進一步檢驗。在生理上的性別差異是否就可論斷女性觀眾能有獨到的見解？而女性創作者運用電影攝影裝置是否就一定產生與男性作品迥異的影像作品？女性身處社會環境，歷史情境，以及教育的形塑和影響，再加上社會階層，種族，及家庭經驗，甚至閱讀電影的觀影經驗與教育訓練等等，所形成的差異是種複數的差異，並不只能用性別差異加以單一化。另外，依據榮格的心理學研究，生理上的差異並不等同於個性特質或心理特質，諸如攻擊、侵略、剛強等男性化特質（陽性）與柔順、嬌弱、被動、敏感等女性特質（陰性），此亦是建構論者經常作為翻案的論點。

再者，本質論者以為由社會學角度閱讀電影文本內女性的形象，要求女性角色的塑造應能反映社會「現實」的論點也受到批判。根據阿圖塞（Althusser）學說強調「意識形態」論，所有的文學藝術創作無法避免國家機器的干擾與控制，因此文藝創作所表現的「真實」是藉由掩蓋文本構成意義的過程，製造假象，使閱聽人能內化國家所強調的意識形態及詮釋世界的觀點和意義。對於本質論者認為影像上的女性形象是真實的，反駁者認為此種批評是落入假像的虛構世界裏，忽略影像詮釋的過程，以及影像實際上由意識型態所操弄，而將之與現實生活混淆。反本質論者主張電影中的主體位置不是社會的真實反映，而是一種建構過程的產物，這種建構過程往往會受到父權社會無意識機制的符號運作的影響。

反本質論者否定有所謂的女性本質，而著重在探究父權文化中如何形構女性／男性主體性，以此來批判與解構父權的體制。當電影理論批評者試圖以符號學詮釋影片之後，電影也被視為一種相當於語言（language）的符號系

統，這套符號系統如何受到父權意識型態所操控與利用，即是反本質論者所關切的議題。他們把研究的焦點放在分析破解電影裝置（cinematic apparatus），將電影裝置裏視爲父權的象徵系統（symbolic system），此系統如何建構觀影者的性別差異，加強了性別刻板印象，以及電影在社會文化脈絡裏如何構設「女性」（female sexuality）的影像符碼。

一九七五年蘿拉‧莫薇（Laura Mulvey）發表〈視覺快感與敘事電影〉（"Visual Pleasure and Narrative Cinema"），她指出好萊塢電影中的觀看快感是男性的專利，通過對觀看行爲裏性別角色的位置，進入好萊塢電影的敘事模式，將其父權的話語作全面拆解及抵抗式閱讀。她將傳統好萊塢電影視爲一種父權秩序的無意識符碼結構，由此，她對電影中的男性，女性各自的位置做了劃分，對於觀看者及如何觀看做了描述。她認爲「在一個由性別不平衡所安排的世界中，看的快感分裂爲主動的／男性和被動的／女性。男人的眼光起著決定性的作用，他把他的幻想投射到照此風格化的女人形體上。女人在她們傳統裸露角色中被人看和展示，她們的外貌被編碼成強烈的視覺和色情感染力，從而能夠把她們說成是具有被看性的內涵……她承受視線，她迎合男性的欲望，指稱他的欲望。」﹝註26﹞好萊塢資產階級的電影文化透過一種壓制、剝削女性的父權主導與控制，並引導著敘事進行及視覺的愉悅感。在此種電影話語中男性的慾望及其實踐，是敘事線的動力，男性角色及男性觀眾的觀看期待視野，就完全控制電影的敘事與想像，女性只能作爲一種客體存在，無法成爲創造意義的主體，在社會儀式實踐之中，她被交換而無法左右交換行爲。

由於莫薇所指出的男性視覺快感的閱讀模式，啓發許多學者試圖研究觀眾主體，此後，女性主義者便群起探究有關電影與女性觀眾的關係，這些學者藉著不同的電影，洞察有關女性觀眾主體的相關議題，然而他們所討論的電影卻囿限於幾種充斥女性主義意識的電影類型，如美國四○年代的女性電影或恐怖電影。在台灣引介西方女性電影的研究中，李臺芳所著《女性電影理論》以淺顯易懂的文字，系統性地介紹有關女性電影的理論，強調觀影現象的性別辯證。﹝註27﹞凱普蘭（E. Ann Kaplan）所著，由曾偉禎等譯《女性與電影——攝影機前後的女性》（Women and Film：Both Sides of the Camera），

﹝註26﹞ Laura Mulvey, "Visual Pleasure and Narrative Cinema", Autumn 1975, *Screen* 16, No. 3, pp. 6～18.

﹝註27﹞ 李臺芳，《女性電影理論》，台北：揚智，1997 年。

強調解構男性的主觀凝視，並用心理分析來解讀影片中的拜物論與母性的壓抑，另外詳細論述獨立製片的女性主義電影，展示前衛電影在女性電影中的貢獻與努力。〔註 28〕台灣本土的女性影展策展人游惠貞曾經編輯有關女性與影像的論述，《女性與影像——女性電影的多角度閱讀》，〔註 29〕另一本是由女性影像協會所主編《凝視女像：56 種閱讀女性影展的方法》，〔註 30〕這兩本書皆以女性影像所策展的片子為論述對象，主要引介歐美前衛的女性電影所延展的性別議題及省思。在台灣文學的研究中，呂蓓蓓的博士論文《李翰祥《梁祝》電影研究——以女性觀眾凝視角度分析》探討《梁祝》這部由戲曲改編的黃梅調電影，以扮裝論述及心理分析切入這個電影類型在台灣文化脈絡的意義，並突顯扮裝電影類型與女性觀看主體之間的關係，藉由性別主體與心理認同來探索扮裝者的性別表演如何影響女性觀眾的主體建構。〔註 31〕

　　筆者所欲探究的課題在於：台灣在八○年代有許多得到文學獎的女性小說被改編成為電影，其中尤以新電影的導演拍攝較多，女性小說改編過程以女性角色為主，鋪敘女性意識、女性關懷，以及女性在社會上的現實處境，筆者認為可以劃歸為「女性電影」的類型作探討。若從建構論的角度而言，男性導演也能拍攝出女性電影，我們也能在男性導演的鏡頭裏讀出「女性書寫」。筆者想藉由八○年代女性小說文本／電影文本（影像）之間的互動，探索當女性小說文本介入電影之後，以往女性在電影的象徵系統裏，被意識型態建構為刻板形象與符碼，即好萊塢影片類似的敘事模式與觀看機制，此強化父權社會性別符碼及對女性的貶抑，是否被一步步瓦解？與這瓦解相對的，是否有一種全新的敘事模式及敘事動力進入電影文化產業？女性在八○年代的主體再現中是否從單純被看地位中轉換出來，從純客體，承擔價值的身份轉換成具有主體威勢與創造意義的身份？她們是否不再被男性作為視

〔註 28〕E. Ann Kaplan，曾偉禎等譯，*Women and Film:Both Sides of the Camera*，《女性與電影——攝影機前後的女性》，台北：遠流，1997 年。

〔註 29〕游惠貞編，《女性與影像——女性電影的多角度閱讀》，台北：遠流，1994年。

〔註 30〕陳儒修，黃慧敏，鄭玉菁主編，《凝視女像：56 種閱讀女性影展的方法》，台北：遠流，1999 年。

〔註 31〕呂蓓蓓，《李翰祥《梁祝》電影研究——以女性觀眾凝視角度分析》，台北：文化大學中國文學研究所博士論文，2002 年，頁 5～20。

點交換的客體，同時開始解構某種傳統的交換方式。在以女性為主角的影片中，女性的主體性在敘事形態及符碼意義之中不斷型塑而成的，男性的主體地位，及主動的觀看者地位是否逐漸喪失？筆者希冀藉由八○年代女性小說文本的爬梳，及電影影像再現的運作過程，作為理解八○年代文藝現象的一個切面。

第三節　研究方法：性別、敘事文本與影像媒體相關理論

（一）文化鑽石

Wendy Griswold 以社會世界（social world）、創造者（creator）、文化客體（cultural object）、接收者（receiver）以此四個單位解釋文化與社會建構的關係。此詮釋體系的四個分析要素及相互之間的關連，形成一個類似鑽石的形狀，故稱之為「文化鑽石」（cultural diamond）。〔註 32〕林芳玫將此四個分析項目轉化為四個適用於傳播及文化研究的慣用語：社會（society）、生產者（producer）、文本（text）、閱聽人（audience）。〔註 33〕文化符碼與社會之間的關係以鑽石的意象作為分析的模式，Griswold 強調此四個要素互動之後，彷彿鑽石般可切割成多重面向，端視其詮釋的視角，由不同視角、觀點切入，就可能分析出不同的文化意涵。

1. 文本分析：類型特色、敘事結構、符號語意

本研究的文本分析涉及三種文類，一是小說的文字文本，二是電影的影像文本，三是由小說改編而成的電影劇本（電影腳本），筆者根據國家電影資料館所搜集的電影劇本文獻資料，將小說、劇本、影像三者交叉比對，作為互文研究的文獻基礎。文本分析要點包括：類型特色，敘事結構，符碼語意等，類型是文本的分類，這會影響閱聽人面對文本內容時所採取的認知框架，閱聽人面對通俗文本與嚴肅文本所採取的閱讀策略會有所不同。影片也可分為文藝愛情、歷史、武俠、家庭倫理等各種不同的類型，雖然電影的發展一直與商業文化密切相關，也與大眾文化的通俗品味緊密牽連，然而電影藝術

〔註 32〕 Wendy Griswold, *Culture and Societies in a Changing World*, Thousand Oaks, Calif. ：Pine Forge Press, 1994, p. 15。

〔註 33〕 林芳玫，《女性與媒體再現》，台北：巨流 1996 年，頁 14。

創作者一直努力想擺脫通俗文化的層次，而朝向高雅藝術的文化層次，因此發展出不同的電影文本的形式特徵，學者將之大略區隔為「藝術電影」與「類型電影」（genre）。類型、敘事結構與符號語意不但反應主題與內容的特色，在更細部的層次上分析文本的組織方式及其美學形構，也影響閱聽人的認知及詮釋。

在八〇年代台灣文學／電影互動裏，由於新電影所標榜的藝術品味，使得文學改編成為盛行的取材方式。台灣電影在文學改編上所選取的文本，其敘事風格、類型特色為何，新電影的崛起，以及女性小說作者之間互文改編的關係為何，其小說敘事風格與類型特色是否會牽動轉化電影的風格與類型？筆者試圖在八〇年代的文學文本／影像文本分析其敘事風格，類型特色，以及符碼象徵上的意涵，以剖析文學電影改編類型與商業通俗的大眾文化之間的關係。

2. 生產者分析：專業主義、文化工業

小說原著的改編進入媒體組織之後，成為媒體組織生產者的一環，小說家在影片的產製過程究竟扮演什麼角色？對於編導的過程是否享有部份的作者詮釋空間？八〇年代有一批文學創作者進入台灣電影的場域，他們對台灣電影的文化生態產生什麼作用？建構了那些文本及美學策略？影片的生產者在專業分工與專業倫理的產製過程中，生產者是個工作團隊，影片會受到導演、編劇，攝影師及眾多技術人員，甚至文化工業商品化的影響，因而再現小說文本的電影就不再只是原著的重現，而是經由導演等電影工作者的再詮釋，再創作。

另外，分析電影的產製過程我們必要從導演手法與編劇理念等層面進行研究，試圖將八〇年代的文化場域所關注的美學策略及影像敘事納入考量，以詮釋再創作的音像文本如何產生挪置及變形。由於電影媒體主要以商業營利方式來運作，因此具有文化工業的本質，我們對生產者的研究因而必須置放在整體的政經結構下來考量。在媒體組織講究專業分工之下，固然有助於媒介品質與形象的提昇，但如果沒有加入性別意識的考量，專業主義往往在中立超然的外殼下包含著男性中心的價值標準，為了商業利益的考量，女性形象與女性身體在螢光幕上往往有受到貶抑、剝削或性別符碼化的扭曲現象，此是在小說改編為影片的產製過程需加以檢視的。

3. 閱聽人：生活情境，品味偏好，解讀策略，詮釋類型

關於閱聽人的研究取向很多，可在宏觀層次研究其人口結構（性別，年

齡，教育程度，社經地位），也可在極微觀的層次探討閱聽人的心理認知模式。閱聽人對文藝文本的接受與排拒往往深受閱聽人本身的生活情境，品味偏好的影響，但是學院學者及報章媒體的報導也會引領閱聽人學習文本的解讀策略，甚至媒體或學院專家所提倡的文藝美學也會影響閱聽人的品味。本研究的閱聽人部份主要以建構台灣新電影論述，以及非難新電影疏離美學的兩大知識份子社群爲主，依據齊隆壬對於影評的分類，可以將台灣影評的詮釋類型大略分爲兩個社群：「作者電影」影評，以及「觀眾電影」影評，〔註34〕此兩大不同的影評社群形構了台灣影像文本的詮釋系譜，他們對於八○年代文學電影的評價與論述爲何？他們如何剖析新電影與文學改編電影之間的互動關係。我們可依據新電影與非新電影之間所形成的社群結構與詮釋類型，進而推論評論者的美學形構與整體社會價值觀及主流意識形態間的關係。

4. 歷史社會脈絡：性別分工、文化與品味階層化

以本研究而言，宏觀層次的社會結構主要牽涉到性別分工，文化與品味階層等問題。男女性別角色分工使女性集中在低階層的工作，資淺與低階者通常是年輕女性。媒體組織上呈現相當明顯的性別角色的分工結構，影片產制過程中，除了女性明星擔任演員角色之外，女性大多是報酬較少的編劇，及周邊宣傳行銷的工作者，甚少有女性能擔任導演或者攝影師的工作。這樣的產業性別分工下，我們特別注意到台灣女作家朱天文與侯孝賢之間的合作，雖然在產業性別分工下，朱天文仍從事小說、劇本等工作，但是她的作品所呈現的散文特質，轉換爲影像上，對於編導影視美學上的影響值得我們加以關注。此外，正常的家庭關係，由於男性一定是親屬結構的中心（男性是父系家庭的必然成員），而女人則具有結構上的曖昧位置（女性的身分附屬於男性），遂造成女人與女人之間爲了爭奪男性同盟而彼此競爭，因此影像上所呈現出來的女性，往往是男性凝視（male gaze）下的產物，女性被性別符碼化，不是好女人形象，塑造成賢妻良母，就是成爲男性外遇對象，或者是男性情慾投射的對象，女性形象也因而成了情感引誘者。在社會結構下，女性被賦予情感勞動的任務，不論是在家庭裏還是在其他領域，女性均扮演提供情感撫慰的角色，形成藝術上女性文本傾向於軟調文化，而被排拒在文藝經典（嚴肅創作）殿堂之外。這個現象是因爲男性執行工具理性角色，並因而擁有較充沛的政經與物質資源，而女性執行情感角色並依賴男性分配資

〔註34〕齊隆壬，《電影沈思集：風潮結構與批評》，台北：圓神，1987 年，頁 42～43。

源，性別分工因而不是兩性互補，而是男尊女卑性別階層化與不對等。

社會結構對兩性關係與媒體文化的影響是雅俗之分，以及文化區隔所形成的品味階層化。嚴肅文學與藝術電影具有較崇高的專業聲望與社會地位，通俗文學與類型電影（如：文藝愛情片、通俗劇）常被貶低爲庶民品味及小道末流。這種文化區隔也存在性別權力結構中，女作家所書寫的小說，以及文藝愛情劇及通俗劇往往被歸類爲女性文類，而女性閱聽人則被視爲較偏向軟性文化。文化上的雅俗之分與軟硬之分攸關媒體內部酬賞結構對資源的配置，同時也與閱聽人的市場定位及閱聽人形象有關。將軟性文化與女性連接在一起，使得女性文化生產者及閱聽人未能得到充分的尊重。本研究試圖檢視文化品味與社會結構之間的連繫，並探求女性文本與影像裏所呈現出的性別政治意涵。

（二）影像符碼與互文理論

二十世紀後半葉，人文學科所關注的議題呈現一種「語言學的轉向」，語言學與符號學的研究成果影響人文學科的研究取徑，〔註35〕這個傾向到後結構主義理論，強調人的主體性是由語言所建構，而社會裏所充斥的各種意識形態話語，則需要予以解構並剖析其權力建制，故語言學的研討則深化爲「話語分析（discourse analysis）的轉向」。符號學（semiotics，又稱記號學）原先是主張「將所有表義的媒介（語言、文字、圖像、樂音、物件、姿勢等等）歸化爲記號（sign），把這些記號學形成及運作過程找出來，做系統性的了解，一方面加以比較，一方面更尋求其共同的表義過程。」〔註36〕此種符號學的研究近來受到文化研究及歷史脈絡化的要求，符號（sign）的分析遂成爲具有意識形態與權力建構的符碼（code），更深化其表層語義下的深層社會思想的連繫。電影領域亦受到語言學與話語分析的影響，六〇年代的電影符號學師法索緒爾學派，把大部分的精力花在搜索語言單元和電影單元間的對應，諸如：以符號的分段，分節及最小單位來比喻電影的影段，但電影不

〔註35〕語言問題的突出是二十世紀西方哲學、文藝理論相當重要的特徵，語言哲學甚而被標舉爲現當代的「第一哲學」。這種對語言突出性的哲學思考既表現在當代英美分析哲學，也表現在歐陸人文語言哲學學派中。英美分析語言哲學學派從事語言形式的邏輯分析和語義分析，法國哲學啓發語言對社會和知識的構成性與消解作用，而德國哲學家則直指存在與語言之思。參見孫周興，《說不可說之神秘》，上海：三聯書局，1993年，頁354。
〔註36〕古添洪，《記號詩學》，台北：東大，1984年，頁19。

同於語言，它是屬於多重的符碼所建構出的複合文本，自然語言與電影語言間在歷時性的變化上有相當的差異，自然語言對個別創造和開發性相當封閉，例如：台灣所創造的口頭禪，或俚俗語彙，在大部分的情況下可能僅侷限在台灣地區構成溝通的語碼；但電影語言則不同，它可能因新的科技嘗試而突然躍進一個新的里程碑，諸如從默片到有聲片，從黑白片到彩色片，新的拍攝技巧也可能在短時間內風靡全球，為全球的電影工作者所模仿。但我們仍可借用符號學所帶來的象徵符碼的概念，以及廣泛的語言的意義，來針對文學與電影不同媒介的表現本質作詮釋定義。表現本質意謂以指示意義用來表現本身的實質物，或是羅蘭‧巴特（Roland Barthes）在《符號學的基本元素》（*Elements of Semiology*）中的詞彙，可稱為「典型符號」（typical sign），以此概念解析之，文學語言的訊息表現本質即書寫；電影語言的訊息表現本質則包括五種軌道（five tracks）或管道（channel）：畫面上的影像、錄音下來的音軌、音樂（配樂）和書寫文字（如：影片中的字幕卡，致謝詞及片頭片尾工作人員名單等）。執是之故，電影可稱之為語言，一種視覺及聽覺所綜合而成的文本，是屬於音像文本；電影亦是一藝術語言，有著多重特殊符碼化的指示意義語言。

　　面對影像所複合的多重語言符號，我們如何理解它的製碼（encoding）與解碼（decoding）過程，在此，借助英國學者威廉生（Judith Williamson）在其著作《解讀廣告》（*Decoding Advertisement*，1978）一書的研究，在現今的消費社會中，廣告對人的影響是無所不在的，廣告甚至取代傳統社會中宗教或藝術的執行功能，創造出當代社會的意義結構。〔註37〕女性主義者在檢視文化中的性別結構時，注意到廣告在幕前扮演的建構主體的角色，而幕後又受制於各種權力與宰制性意識形態。威廉生分析報紙和雜誌廣告發現，廣告使我們陷入經濟和父權意識形態中，他以馬克思唯物論、心理分析和結構主義符號學為理論基礎，分析披露資本主義和父權意識形態之間的互惠關係。廣告執行意識形態功能，把我們定位其中，視意識形態為必需與自然。亦即，充斥日常生活空間的廣告，將文化建造出來的性別觀予以自然化。由於主體性與（性別）社會關係都是透過對意義的理解而形成。意義生產則受制於意識形態的表徵實踐，因此當我們說廣告創造意義結構時，其實是指在意識形態的支配之下所產生的表意體系。若要透析此表意體系所建構的女性

〔註37〕Judith Williamson, *Decoding Advertisements*, London：Marian Buyers, 1978.

符號意涵，自當先了解廣告之表徵實踐與資本主義父權社會中的支配性意識形態之間的關係。

　　威廉生歸納上述，將廣告符碼的表意過程，進一步詳析如下：

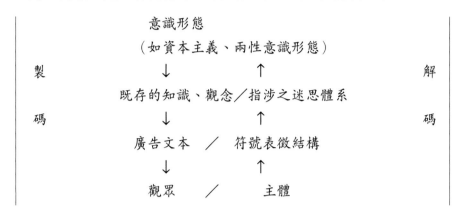

　　雖然上述的研究是針對廣告文本，但啓發我們對電影文本的性別符碼意涵的深究與延伸，在八○年代台灣電影出現新電影文化運動，雖然它強調藝術形式的創作，但是其影片仍然是個文化產品，其製片及投資者所著眼的亦是以商品賣座及吸引消費者爲主要訴求，不論電影影片推出後是否賣座成功，幾乎都無法逃避商業市場的票房壓力。因此，八○年代女性小說所改編成的電影，受到商業市場機制與文化場域競爭的影響，其電影文本在資本主義及父權意識形態建構下，對女性書寫、女性形象、女性在螢幕上所展現的性別符碼背後所牽涉的歷史脈絡、文化場域及觀眾心理，都是筆者想探索的課題。

　　互文性理論是在西方結構主義和後結構主義思潮中產生的一種文本理論。它涉及到當代西方一些主要文化理論，並覆蓋文學藝術中不少重大問題：如文學的意義生成問題，文本的閱讀與闡釋問題，文本與文化表意實踐之間的關係問題，批評家的地位問題等等。「互文性」這一術語最早由法國理論家克里斯多娃在《符號學：解析符號學》一書中提出，在隨後的《小說文本：轉換式言語結構符號學方法》中，她以一章的篇幅詳細論述「互文性」概念的內容。在克里斯多娃提出這一理論之後，不少西方文學批評家對之進行探討。其中大多數是法國批評家，如：羅蘭巴特，德希達和熱奈特（Gérard Genette），並形成有關互文性的廣義與狹義之分。狹義的界定以熱奈特爲代表，他認爲互文性指一個文本與可論證存在於此文中的其他文本之間的關係。廣義的定義以克里斯多娃和巴特爲代表，他們認爲互文性指任何文本與

賦予該文本意義的知識、代碼和表意實踐之總和的關係，而這些知識、代碼和表意實踐形成一個潛力無限的網路。關於這些互文性論述的探討，以及對於影像文本的符碼詮釋，筆者將在第三章再詳論。

互文性理論不僅注重文本形式之間的相互作用和影響，而且更注重文本內容的形成過程，注重研究那些「無法追溯來源的代碼，無處不在的文化傳統的影響。」〔註38〕因此，克里斯多娃的互文性理論對後結構主義和解構主義文本理論影響甚大。本研究將借鏡克里斯多娃對互文性的定義，以及熱奈特在 *Palimpsets* 一書中對互文的細目分門別類，作為小說文本與影像文本互文參照的參考依據。

（三）女性主義與女性文本

1. 台灣女性主義的接收與引介

台灣大約在一九八六年興起以女性主義切入文學研究的路徑，當時三個重要文學刊物，《中外文學》、《當代》、《聯合文學》分別推出相關專輯。〔註 39〕之後學者積極引介西方女性主義進入台灣的學術場域，女性主義、女性意識、女性閱讀與女性觀點紛紛登堂入室，作為解構文本的閱讀策略。女性主義批評是建構在女性長期對自我處境的反思與具體行動實踐所累積的成果之上，由於女性在社會文化中遭受結構性的不平等，女性主義者希望探索此不平等的根源，並改造制度，扭轉父權結構，改變女性受壓迫的文化。性別差異所造就的不平等是社會現實，然而父權所掌控的性別結構及性別論述亦銘刻在文學與藝術的領域中，故女性主義介入文學文本、藝術文本，試圖解讀出文本的生產、接受及歷史脈絡中，背後所隱含的性別權力及性別符碼。西方女性主義文學批評將性／性別與政治帶入文本分析與研究的領域，另外，當代解構思潮拆解文本經典的建構，並崩解了理體中心（logocentrism）二元對立的論述，此有助於女性主義質疑與批駁理體中心主義同質同構的菲勒斯中心主義(phallocentrism)。〔註40〕由於歷史文化脈絡的不同，以及理論架構所依恃的傳承不同，分別走向

〔註38〕 Jonathan Culler, *The Prusuit of Signs:Semiotics,Literature,Deconstruction,* Cornell: Cornell University Press, 1991, pp. 103～104.

〔註39〕 《中外文學》推出女性主義文學專號，《當代》推出《女性主義專輯》，《聯合文學》推出《女性與文學專輯》。

〔註40〕 菲勒斯（Phallus）或陽物，原義指陰莖（penis）的象徵圖象，在拉康學派的精神分析理論中，菲勒斯作為象徵進入語言的秩序，語言／理性代表父親，而男性生殖器則象徵著主體，菲勒斯成為超驗能指，建構了家長式的性別與

美國、英國與法國，此三者之間呈現互相交流、影響，並非三個截然不同的理論場域。大致而言，美國女性主義重批評實踐，英國女性主義有深厚的左派傳統，強調階級差異的馬克思或社會主義的研究視角，對文化研究的課題較為關注。在法國則受到精神分析、解構理論與語言學的影響，朝向精神分析，陰性書寫等理論的建構。蕭華特（Elaine Showalter）曾說：「英國女性主義批評基本上是馬克思主義的，它著重在壓迫；法國女性主義批評基本上是精神分析的，它著重在壓抑；而美國女性主義批評基本是文本分析的，它著重再現。」〔註41〕

　　但到後期多數女性主義批評者是兼容並蓄地採用不同的閱讀視角來解讀不同的文本，法國女性主義與英美女性主義漸漸不再涇渭分明，而是呈現多元視角的閱讀圖景。女性主義批評最初的研究集中在探究文藝創作中蔑視女性的現象：諸如在文學作品中總是把女性描寫成天使或惡魔的形象，在經典文學或大眾文學作品中貶低或謾罵女性，把女性作家排斥在文學史或藝術史之外等等。之後，女性主義批評者不再只專注於男性大師作品的解構，並試圖發掘女性的創作文本，確立出女性創作的系譜，重新審視男性所主導的文學史詮釋，美學觀，重構文學經典的建制過程，試圖讓女性創作者能浮出歷史地表，並以性別論述重探文藝文本，文藝批評方法，創作方法與文藝史觀。

　　台灣女性學者對於女性主義的引介及文本批評的實踐，其輝煌成績是有目共睹，其中張小虹較早涉入女性文學批評，並以豐富的論述在文化場域佔有一席之地，除了文學文本的批評之外，舉凡文化現象、流行服飾、電影、戲劇皆是她所觀照的對象，她所批評的方法取向，傾向於文化研究與性別論述的結盟。邱貴芬則以後殖民與文學史觀的論述備受文壇矚目，她試圖以後殖民及性別論述重新詮解台灣文學文本，並重構文學經典及文學評價，所編著的《日據以來台灣女性小說選讀》展現她建構台灣女性文學系譜的強烈企圖，近年其關注的議題轉向影像與史學之間的關係，後續的研究亦令人期待。范銘如的女性主義批評一向以輕謔妙語著稱，其批評策略在努力建構女性文本的評價，尋繹出其顛覆父權結構的文本潛能，她在淡江大學所主持的《中

父權的社會秩序，導致女性受制於「父親律法」的宰制，故菲勒斯中心主義在女性主義批評理論中，用以陳述男性中心社會，如何將其主體置於知識、經驗、感覺、價值、語言等領域的主宰中心。

〔註41〕 Elaine Showalter, "Feminist Criticism in the Wilderness", *The New Feminist Criticism：Essays on Women,Literature and Theory*, New York Pantheon Books, 1985 p.248.

國女性文學研究室》對兩岸三地的女性文本搜羅不遺餘力，典藏相當豐富，亦爲台灣開闢一個女性研究的優質環境。

自九〇年代以來，女性文學漸受到學者重視，一方面來自學院裏的學者發表研究成果，另一方面來自各大學研究生的博碩士論文。根據楊翠的研究，女性文學研究社群之形構及其間的權力政治，反映了外文系統的研究者主導當前台灣女性文學研究的視野，而博碩士的台灣女性文學研究者大多數出身於中文系所，此種現象呈顯出台灣女性文學研究的既有學術研究社群與新世代研究者的學科訓練之間，產生了嚴重的剝離與斷裂。〔註42〕對於這樣的剝離與斷裂，中文學界如何加以彌縫，並加以開展新的研究典律與成規，是值得深思的議題。

2. 陰性書寫與母性空間

本論文除了試圖以女性主義的觀點，重探八〇年代女性文本爲男性導演改編的現象，以差異性來觀照兩種文本不同的建構與詮釋之外。筆者亦借重法國女性理論學者所述及的「陰性書寫」與「母性空間」的概念，以探索女性主體的建構、男性導演的鏡頭詮釋。女性主體的建構在認同於父系律法的象徵秩序之後，主體雖然找到在現實的位置，卻使自我受到壓抑。法國女性主義理論家認爲，女人在以男性父權價值爲主導的象徵／語言秩序中，形同被放逐者。要讓女人重新找回做爲說話者的主體，必須找出新的語言，新的再現方式。她們的理論最具原創性的一點，就是把德希達的解構批評、延異的概念，與精神分析理論接合，在這個基礎上試圖建立一種「陰性書寫」（l'écriture féminine）的美學。爲了擺脫父權象徵秩序的「鏡像語言」，〔註43〕女性需要創造獨有的語言以呈現自我，依麗格瑞（Luce Irigaray）企圖建構一種陰性（the feminine）和流體（the fluid）的書寫來與陽剛的、固體的男性語言進行對話，她以爲男性書寫著重在視覺（gaze），而女性書寫著重觸覺（touch）。她提出以一種流動性的女性文體，寫出父權制話語所無法描述的身體慾望，以及曖昧性的話語空間，她名之爲「女人話」（le parler femme）。然而女人並不等同說「女人話」，「女人話」，是已被壓抑的語言形式，必須自覺地去尋回並實踐

〔註42〕 楊翠，〈新亮的星系——女性文學史論述概況的觀察與檢討〉，收於靜宜大學主編，《二〇〇一年台灣文學年鑑》，2003 年 3 月。

〔註43〕 「鏡像語言」一詞是由拉康的鏡像理論而來，拉康認爲兒童透過理解鏡中影像爲己身的反映，來確認主體的完整。吳爾芙也認爲女人像是男性的鏡子，用來映照出其男性高大雄偉的身影。因此，面對著父權體制，女性語言的發聲如同鏡像的反映，只是某種程度的模仿，如同「鏡像語言」。

它，而「女人話」的實踐也只能在父權象徵語言的縫隙中，以親密的隱喻、流動般的詩語、諧擬模仿等姿態展現。唯有靠此種新的語言表達方式才能呈現女性身體慾望，女性的主體性。〔註44〕

　　法國女性主義學者西蘇（Hélène Cixous）認爲兩性差異所形成的尊卑現象，一直存在於現有語言的象徵和隱喻系統中的二元對立，爲了瓦解父權二元對立思考與菲勒斯中心論，她提出「陰性書寫」（l'écriture féminine）的概念，以釋放書寫中多元異質、變化流動的差異性，此種「陰性書寫」著重的並非創作主體的性別身份，而是有別於陽性書寫單一觀點。她並提及女性主體在書寫中，歌頌身體，開發潛意識，讓書寫成爲多元而流動的場域。她認爲女性書寫與母親之間的聯擊，作爲所有陰性文本中可聽見的聲音的源流及根源，如「女人從來沒有遠離過母親……在她的內心總是至少存留了一些母親美質的乳汁。她以白色墨汁書寫」。〔註45〕她將女性書寫如同子宮的孕育，生命的創造，此種書寫特質源於母性空間的延展，通過主體／客體，自我／他者未被象徵秩序所割裂的情境，打破父權的語言牢籠與父權價值觀。

　　另一位學者克里斯多娃，質疑「本質的女性」是否存在，強調陰性特質跨越性別的概念，她認爲許多男性作家作品事實上也呈現所謂的「陰性」書寫風格。〔註46〕她認爲語言是一個開發多元異質的意指過程，許多無法意指的感情或衝動，潛存於語言的實踐與書寫行爲中，構成詩語革命的力量。克氏借用柏拉圖「母性空間（chora）」一詞的概念，引申爲象徵秩序之前，不可名狀，無形式的存在，這個母性空間涵容一切，以某種神秘方式參與理智界，它是一種暫時性的聲音，本質是流動的。此母性空間它提供對象徵語言的掌控提供顛覆的可能性，也因此提供新意義的潛能。〔註47〕

　　母性空間強調女性是能動主體，其子宮意象充滿生命力，且具有顛覆父權象徵秩序的潛能，但是父權文化的建構，「母性 —— 生育 —— 空間」力量

〔註44〕Troil Moi,*Sexual/Textual Politics:Feminist Literary Theory*. London and New York：Tougledge, 1993, p140.

〔註45〕Hélène Cixous"The Laugh of the Medusa", in Elaine Marks and Isabelle de Courtivron ed. *New French Feminisms*, Amherst:University of Masachusetts Press, 1981, p.251.

〔註46〕克氏所指的是十九世紀末、二十世紀初的作家，如喬哀思（Joyce）、馬拉美（Mallarmé）、阿爾多（Artaud）等，參見 Troil Moi, *Sexual/Textual Politics：Feminist Literary Theory*,p166

〔註47〕Julia Kristeva, "Revolution in Poetic Language" in *The Kristeva Reader* ,ed. Toril Moi. Oxford:Basil Blackwel, 1986, pp89～123.

日益貧弱，母性──大地之母的意象，漸淪爲人類想像與慾望投射的對象，成爲被開發，被擁有的客體。被客體化的女性化約爲一個生育空間，其子宮也被馴化成爲傳承父系家族子嗣的工具，母體子宮生產與繁衍豐沛意象也逐漸貧瘠。不論母土意象或女性身體都被具象化爲可供描述、填充的空間。這兩種不同的呈現，母性空間與被客體化／空間化的女性，交織錯縱在台灣八○年代女性書寫之中。筆者認爲父權的壓抑與自我主體的發聲，女性書寫依循父權價值觀與陰性書寫的潛能，皆存在於八○年代的文化場域。

筆者以爲在文學／電影跨藝術互文，其文字文本與視覺文本間互動的性別策略，跨越性別男女對立的二元關係。筆者以「主體性」與「母性空間」，闡述在八○年代女性文本所改編的電影，以涵攝這些文本所觸及母性身體、母性子宮、母職論述，以及原鄉母土的空間等議題。由於筆者論文主要是女性作家的作品改編爲主要討論文本，所以仍以「女性書寫」名之。不過筆者在討論小說文本與影像文本的互文裏，也試圖從男性視點所執導的電影，探索男導演在改編女性文本時，也有可能從事的「陰性」書寫風格。從建構論的觀點言之，男性／女性潛意識皆同時存有雙性本質。創作主體在互文改編的歷程可能會在不同性別位置之間轉換，他可能選擇陽性發言位置或陰性發言位置，但不論採取何者性別位置、或性別策略，他都可能與潛意識的母性空間或母體文化作回溯、推離或對話。這樣的閱讀策略，主要是回應台灣在經歷七○年代尋找自我主體文化，回歸鄉土的浪潮之後，創作者主體如何面對八○年代更形尖銳的意識形態，消費商業文化的入侵，以及自我主體、文化認同的再建構。

（四）社會學的觀照

文學文本與傳播媒介的關係屬於文學社會學的研究，所謂文學社會學是採取社會學的角度，運用社會學的方法來研究、探討、考慮整體的文藝現象，並以此角度進入文學、美學批評理論和方法論。〔註48〕文學社會學者羅貝爾‧埃斯卡皮（Robert Escarpit），以傳播的視野研究文學，是文學社會學中的重要流派，他重視文學傳播商業化的生產、發行和消費結構對文學和社會大眾的影響。他認爲「所有的文學活動是以作家、書籍和讀者三者的參與爲前提。總括來說，就是作者、作品及大眾傳播藉著一套有藝術、商業、工業技術等各項特質而又極其繁複的傳播操作，將一些身份確定的個人和一些通常無從得知身份

〔註48〕何金蘭，《文學社會學》，台北：桂冠，1989，頁1。

的特定集群連起來，構成一個傳播系統。」〔註49〕埃氏融合社會學與文學批評方法研究文學社會現象，講究精確的科學性，發掘出許多全新的課題，包括作者／作品／讀者的三邊關係，文學的生產，寫作職業，文學的出版行為，作家和出版商在文學事實和社會體制中的角色和地位、文學傳播問題，文學消費問題，特別是讀者接受情況，閱讀行為等，建構起層次分明的體系。文學社會學並非自外於文藝內部研究，而是保留文學內部的美學結構，多了一個角度探討文學與社會的互動關係以及社會對文學發展的影響。文學現象的構成除了作家與作品外，還包括其他一系列足以主導作家創作意圖與作品取向的要素，諸如出版商、刊載媒體、評論系統與文學支援團體等，這些便牽涉到文學社會學。〔註50〕埃氏指出寫作已成為一項職業，是可以獲利的活動，早就納入經濟體系的範圍，經濟因素對於創作生產的影響無庸置疑。本研究所關注的女性小說被改編成電影文本的現象，與傳播媒體、商業體制，以及通俗文化品味等習習相關，因此文藝社會學將是筆者需要借重的思考。

另外，法國社會學者皮耶‧布爾迪厄（Pierre Bourdieu）的部份概念，諸如社會空間及場域（field）的概念、慣習（habitus，或譯作「生存心態」、「習氣」、「習癖」）、象徵性權力（le pouvoir symbolique）對於文藝社會學的研究具有參考性。

布爾迪厄認為在當代社會中，任何行動者的實際活動，都離不開文化的象徵性因素的介入，文化的象徵性因素已經滲透到當代社會的許多領域，無時無刻地參與到社會運作的各個環節，深深影響著政治、經濟、社會生活和個人日常生活的領域。他闡述在當代社會，文化已成為象徵性的資本，文化愛好、品味與鑑賞力，不僅是人的一種心態、感受，亦是一種文化實踐方式，而在文化鑑賞活動中就呈現出個體或集體行動者在文化修養和文化資本的累積狀況，也呈現出行動者在社會空間裏的地位。不同的文化品味，直接或間接地展現人們的社會階級成分及其社會權力的掌控狀況，因此，人們以自己的文學和藝術的欣賞活動，有意識或無意識地參與了文化品味的象徵性權力鬥爭。再者，文化品味與愛好成為一種標誌，區隔出行動者自我與他人，突顯行動者的身分，自我認同感，以及特殊的性格；另一方面又將他人按照其

〔註49〕于沛選編，羅貝斯，埃斯卡皮（R. Escarpit）著，《文學社會學》，安徽：文藝，1987年，頁1。

〔註50〕蔡詩萍，〈一個反支配論述的形成〉，孟樊、林燿德編，《世紀末的偏航》，頁457。

品味、愛好，作分類區分，以實踐人們對社會成員階級間隔化的模式。〔註51〕

　　布爾迪厄認爲個人的資本的總量和資本的結構決定個體在社會空間中所佔的位置，社會空間裏有著各種資本和資源配置者，透過象徵性的權力配置以及所掌控的資本多寡，則決定個人或集體的位置及位置間的相互關係。根據布爾迪厄的定義，場域 field 是個體爲了維繫或改變特定的資本配置方式而競逐的領域，任何一個場域都是個人的或集體的行動者對其所掌握的各種資本進行相互比較、交換和競爭的一個場所。它爲各種資本提供一個互相競爭及轉換的場所，場域本身的存在及運作是靠其中的各種資本反覆交換及競爭加以維繫，換句話說，場域也是各種資本競逐的結果，也是這種競爭狀態的生動表現。場域可以被界定爲網絡（network）的一種，或者是位置（positions）之間客觀關係的結構型態。

　　布爾迪厄以 habitus 代表個人習慣性行爲或習性、稟性，此種持久的稟性或習性與行動者所處的社會歷史條件、環境、行動經歷、經驗，以及以往長期精神狀態有密切關係。habitus 一方面是個人意識內化社會價值觀，特別是社會中的教育制度在個人意識的內在化和象徵性結構化的結果。另一方面這種經由長久時間奠基而成的思維與行爲模式，內化成爲群體或個人的意識之後，habitus 能主動控制，調動個人和群體的行動模式，賦予各種社會行爲以特定的意義。因此，habitus 是日常生活的實踐邏輯，以及人的社會行爲、生存方式、生活風尚等實際表現及精神方面的根源。個人或群體依其位在社會空間的地位而決定其行動的模式，並展現在 habitus 的外顯行爲上。個人社會條件的異同會反映在 habitus 之中，因而處身在類似背景中的個體相對而言會有較同質的 habitus。habitus 是行動者的精神狀態、舉止心態、品味愛好、語言風格和行爲模式的總和，而個體身上便是匯聚 habitus 和資本兩項影響因素。它一方面掌管著階級知覺的區分，另一方面也是社會階級進行區別之後內在化的產物。

　　象徵鬥爭（symbolic struggle）是行動者藉由運作來爭取合法性（正當性），象徵資本含有不確定性，所以才有鬥爭可言，而象徵權力的牽動也改變了世界觀。象徵鬥爭有兩種不同的形式：其一在客觀上，可藉由個人或集體的表徵性行動，意圖去展現某些實體，或使之突顯出來；其二在個人層次上，則

〔註51〕 Pierre Bourdieu, *Language and Symbolic Power*, Cambridge：Polity Press, 1991, p. 230.

如高夫曼說的各種自我表徵的策略，用來操弄個人的自我形象，及個人在社會空間中的形象。象徵資本是合法化後的各種資本，這種爲了排他性所進行的無情鬥爭，便是布爾迪厄認爲文化發展的動力所在。他同時指出這樣的鬥爭是「爲正當宰制的基礎所進行的鬥爭」，而鬥爭的目標是爲了「區隔的標誌」（marks of distinction）。〔註52〕而爲了佔有經濟或文化財貨所進行的鬥爭同時也是象徵鬥爭，社會的日常生活文化遂成了象徵鬥爭的競技場。

　　總括而言，布爾迪厄認爲個人或集體行動者所掌握的資本總量和資本結構決定他在社會空間內分佈的狀況，最基本的社會權力包括經濟資本，文化資本和象徵資本，而爲了保存或改變自身擁有的資本，場域內的行動者將不斷地進行鬥爭。而各種資本的價值端賴各個場域的狀況而定，若某項資本在既定的場域中是有效的，這項資本的擁有者就能在該場域中發揮影響力和權力。

第四節　小　結

　　本論文所研究的對象是一群在八○年代崛起的女性作家，這群後起之秀在數年間囊括了各大重要的文學獎，並積極攻佔各大報副刊版面，被學界指爲「閨秀文學現象」，她們敘事技巧圓熟，以敏銳筆觸，捕捉細膩寫實細節，在出版市場上各展風華，作品經常引起社會大眾注目，被改編成電影電視，她們深受讀者欣賞，又得到評論者的討論，可謂在文人圈內報酬相當優渥的寵兒。此批活躍的女作家跳脫社會角色的扮演，道德倫理的定位，以情欲書寫爲策略，召喚陰性書寫與母親聲音（the voice of mother），撩撥人世的愛慾情仇，以女性身體的繁複感官重構女性主體，以女性生命歷程女兒、妻子、母親拆解男性所建構的大敘事及父系霸權論述。

　　這群女作家與台灣新電影導演一同成長於台灣四○、五○年代，這批新電影導演積極改編女作家的作品，在影像上呈現生動而豐富的女性面貌，展露女性的主體性與強韌，以期再現台灣斯鄉斯土的成長歷程，也藉由女性生命史轉喻鄉土情感與家國認同。八○年代文學與電影新生世代的邂逅結緣，重新翻寫重構台灣本土的影像，及台灣人的身份認同，相較於八○年代之前中國符碼時時現身於文本影像之中，新電影可謂台灣影像主體性建構的起始。八○年代台灣新電影及文學電影的出現及建構，逐漸發展出「電影作爲一種藝術」

〔註52〕distinction 這個詞有除了指「區隔」外，尚有優越、卓越的含意，故此種區隔的標誌，事實上隱含著秀異、優異的與平淡、庸俗的區別。

（film as an art）的論述，這除了電影本身的美學技巧之外，尚需要閱讀社群（影評人）及支援媒體參與論述，這個閱讀社群（影評人）以焦雄屏為主形成一個「班底」，強調知識份子的理念及專業的電影批評術語形構成「藝術電影精英社群」，以有別於傳統八卦印象式的電影評論方式，此社群對新電影的論述文章多半集結在《台灣新電影》一書。

在八〇年代電影與文學結合成一個高尚藝術，迎合中產階級崇尚品味的心態，並形成改編文學的電影風潮，因此，我們想要探問這種文藝現象的實踐過程是如何？又牽涉到那些因素與環節之運作？知識份子、電影工作者、影評人、與作家及學院內外的閱讀社群、批評者之間互動關係為何？在文化場域中各佔據什麼位置？女作家及新電影導演、影評人的文化資本及象徵資本，以及所謂的 habitus 如何催生、影響文學與電影的互動？這些皆是文藝社會學所關注的課題，社會學理論對本研究的啟發性主要在於：在探討女作家文本或電影文本時，不應忽視文藝場域和 habitus 的影響性，文藝活動和文藝實踐必須針對深層的結構性因素加以反思。作家除了從事文學活動之外，尚有其他的社會身份存在，並涉身於各種場域之中。文學場域和其他場域之間所具有的共構性不應忽視，其他藝術領域及政經變化對文壇的影響應納入研究的視野之中。

本論文研究對象主要以八〇年代（1981～1990）女性作家：朱天文、李昂、蕭颯、蕭麗紅的小說文本改編成電影為主，探析深具女性意識的小說文本，在男性導演的凝視與詮釋之下，其女性議題及女性書寫特質，是更為彰顯、飽滿，或者是被消弱、削減。男性導演的詮釋又與台灣社會文化產生何種互文現象？再者，本論文考察台灣電影／文學互文現象、女性小說文本改編成電影之後如何處理女性形象、女性身體等等議題。在研究的時間點主要以八〇年代為主，並回溯七〇年代的鄉土文學論戰，影響所及在八〇年代有鄉土小說改編風潮，以及新電影追求自我文化主體性與藝術性的努力。希冀透過文學與電影互文改編的考察，能更進一步理解八〇年代的文藝現象，以及電影與文學互相闡發，互相豐富彼此的美學特質。

第二章 八〇年代台灣「文學電影」現象與女性書寫

第一節 鄉土敘事與健康寫實風潮

前 言

一九八〇年代以來，台灣／中國意識形態爭議日深，回首七〇年代鄉土文學論戰的登場，可謂是台灣主體與中國主體展開對話的首航，鄉土文學所引燃的文化火花則促使文化界漸漸形成兩個方向，一方面將「鄉土」聚焦於關懷台灣現實，另一方面則是將「鄉土」視為關懷中國的文化實踐。從六〇至七〇年代台灣鄉土／中國鄉土的符碼在文本裏時常出現重疊意象，並且兩者交叉互文、互涉，既開展論辯的的複雜性，亦增衍出國族想像、文化認同的多重意涵，為八〇年代初期「台灣結」、「中國結」的爭議預留了伏筆。事實上八〇年代本土論述的興起需要逆溯至七〇年代，台灣在七〇年代進入蔣經國時期，政治結構開始進行本土化策略，培養拔擢台籍菁英，並納入國民黨的領導階層。〔註1〕但是在困頓難行的七〇年代外交情勢下，台灣猶如一個國際孤兒，文化菁英與青年學子紛紛展開對本土的反思，鄉土文學論戰可謂對台灣文化本質進行論述的引爆點。在文化實踐方面，林懷民的雲門舞集在台美斷交的當天於嘉義首演《薪傳》，並在開場前林懷民以台語介紹雲門《薪傳》，具體

〔註1〕 彭懷恩，《台灣政治變遷40年》，台北：自立晚報，1987年，頁101～106。

展現知識青年下鄉演出與文化紮根的歷史意義。此外，楊弦，胡德夫，李雙澤所引領的現代民歌文化運動也表現強烈的民族主義精神，此時期所強調的民族主義的文化本質和八〇年代風起雲湧的台灣主體意識仍有所不同，它基本上延續「中國是母（主）體，台灣是子（客）體」的中華民族認同觀，爲了對抗國際列強紛紛承認中共政權的合法性，知識青年們必須強調中華民族文化在台灣延續的正統性與重要性。〔註2〕但是這和官方反共文藝政策的指導下所產生的反共八股作品有何不同？事實上，從七〇年代跨越到八〇年代，中國國族想像與文化認同仍在文化場域佔據龐大的聲量，以當時文壇的場域而言，在七〇年代末兩派獲獎小說幾乎各佔半邊天，隱然形成「擁抱台灣」、「想像中國」的對立姿態，鄉土派作家如洪醒夫、履彊、廖蕾夫、吳念眞等自兩報小說獎受到文壇矚目，他們繼承日據時代新文學特色，師法的對象是六〇年代興起的黃春明、陳映眞、王禎和等鄉土派作家，富於本土精神、懷舊風味，文字較爲樸實。鄉土文學論戰期間，兩報小說獎遴選出許多鄉土小說，但鄉土派作家在當時卻未獲得優勢，部份外省作家對台語文學的運用，即表現出情緒化的排斥現象。〔註3〕七〇年代的鄉土思潮所衍生的文化產品，其積極開放意義就在於將台灣的地位提昇，正視嚴峻的國際現實，回歸台灣的本土文化，開啓八〇年代台灣主體性的建構。

在鄉土文學論戰之後，八〇年代台灣的文化場域夾纏在統與獨的論述中，中國結與台灣結成爲各方論戰夾纏的表述方式。另外，台灣社會從日據時代開始現代化與工業化的歷程，時至八〇年代已躋身現代開發中國家之列，政經的體質由於工業化及商業化程度日深，而在自我主體上展顯多元發聲的特質。因應著經濟變革而衍生新的文化解讀觀，諸如：都市文學的提倡，消費文學的出現等都激發八〇年代另一股文學的波動。學者普遍認爲：風行前行世代的文學創作潮流，例如：強調寫實及本土意識的鄉土文學，正爲消費社會多元化的價值觀所消解，並逐漸淡化下來。八〇年代的台灣社會正經

〔註2〕 七〇年代的民歌運動裏歌詞的象徵意涵，含攝中國與台灣，如民歌〈捉泥鰍〉，對農村田園的歌詠，呈現台灣田園與童年意象。中美斷交之後出現一系列中華民族意識形態的歌曲，如〈龍的傳人〉、〈中華之愛〉、〈唐山之子〉等等，則召喚中國文化母體的想像，其中國符碼的意象鮮明。參見張釗維，《誰在那邊唱自己的歌：一九七〇年代台灣現代民歌發展史——建制、正當性論述與表現形式的形構》，台北：時報文化出版公司，1994 年 8 月，頁 198。

〔註3〕 關於兩大報的文學獎機制請參見莊宜文，《《中國時報》與《聯合報》小說獎研究》，中央大學中文所碩士論文，1998 年 6 月。

歷著解嚴前後不安動盪的氛圍，社會運動如火如荼的進行著，各種社會議題正爭取著大眾的目光聚焦，紛紛躍上舞台活躍而生猛，當時的文學語境也反映著議題的訴求，彭瑞金提及八〇年代台灣文學可分類為政治文學，女性文學，環保文學，弱勢族群文學等等。〔註4〕呂正惠也認為：八〇年代小說的發展最凸顯的文類是政治，社會和女性小說。〔註5〕可知強烈的議題性的小說得到書寫者的關愛，並造就繁花盛開、眾聲喧嘩的台灣文壇。楊照在〈從鄉土寫實到超越寫實——八〇年代的台灣小說〉一文中，表明寫實的傳統隨著八〇年代日益開放的社會而漸趨變形，並漸為主流價值觀所收編，鄉土變成一種媚俗的題材。〔註6〕然而八〇年代的台灣在建構主體時，真的使鄉土一詞不再具有效性，或者無法創發新的意涵注入嗎？筆者以為從鄉土到本土的七〇至八〇年代電影文本或許可以提供另一個參照系譜，台灣人的影像如何從中國論述的框架到台灣主體，而鄉土的寫實風格與國族認同、身份認同又如何產生指涉的意義，影片裏所建構的台灣經驗及人物身份、形象，又如何召喚台灣的集體記憶，並形成台灣文化主體的一部份，這些皆是筆者想剖析及思索的問題。

（一）「鄉土文學論戰」與台灣敘事體

台灣一九七〇年代經歷保釣運動，國際情勢的困境與國內政治狀態的浮動，由青年知識份子引領社會風潮，批判美日帝國主義，試圖透過文化運動的策略，以突顯台灣島內的政治社會問題，使得「回歸鄉土」的思潮漸漸受到重視。〔註7〕台灣國際上的外交重挫，再加上島內經濟的變遷，農工經濟型

〔註4〕 彭瑞金，《台灣新文學運動40年》，台北：前衛出版社，1991年，頁198。

〔註5〕 呂正惠，〈八十年代台灣小說的主流〉，收錄於林燿德編《世紀末偏航——八〇年代台灣文學論》，台北：時報文化出版，1990年，頁286。

〔註6〕 楊照，〈從「鄉土寫實」到「超越寫實」——八〇年代的台灣小說〉，《台灣文學發展現象：50年來台灣文學研討會論文集（二）》，台北：文建會，頁137～150。

〔註7〕 一九七〇年代以來，台灣在各方面都呈現浮動的態勢，政治上，一九七二年，蔣經國任行政院長，大幅任用台籍人士出任閣員，台灣政權似乎呈現本土化的轉機，但緊接而來台大哲學系事件卻又揭示出政治風向的矛盾弔詭。在國際上，七〇年代以來台灣在國際外交上節節敗退，一九七〇年保釣事件的爭議之後，一九七一年十月，台灣退出聯合國，一九七二年台日斷交，一九七八年，台美斷交，台灣陷入外交孤立無援的局面。相關史事參見李永熾監修，薛化元主編，《台灣歷史年表：終戰篇（1966～1978）》，台北：國家政策研究中心，1990年12月。

態的轉型，出口導向的工業化政策，使得農村人口向都市游離，農業人口遂向工業部門擠壓。〔註8〕在國家機器介入台灣經濟發展過程中，逐步發展工業化，整體經濟政策可謂將農業資源壓縮移轉向工業部門，遂使得農業人口外移，良田荒廢，再加上產銷制度所產生的中間剝削等問題，使得農民處境艱困。另一方面，工業化的發展，引進了資本主義的生產模式，所伴隨而來的是勞力的壓榨，勞資雙方的磨合，都會生活的壓迫及工人處境形成新的社會問題。以往黨國教化詮釋體系全面控制的思想系統，〔註9〕隨著台灣進入國際分工網絡，經濟現代化的轉換，原本黨國威權的控制系統出現了漏洞，台灣知識份子以社會現實、土地與人民、鄉土等概念指陳台灣內部所呈現種種社會問題現況，蕭阿勤指出，七〇年代從保釣運動化身而成的社會服務運動與文化運動，是對於先前經由黨國教化所內化的中國民族主義的認同，經由這個「再辨識」（re-identification）的過程，使得民族認同與民族主義目標重新注入生命，賦予更實質的內容。蕭阿勤認為：

> 七〇年代初出現的這種關心社會大眾生活的社會改革意識，因此是涵攝在中國民族主義下對台灣「土地與人民」的關懷意識。而這種意識，後來就逐漸結合到「鄉土」一詞的詞意中。七〇年代初之後在文化領域與社會思想方面出現的「回歸鄉土」的趨勢，因此是上述以中國民族主義為中心主題的結論或解決方案的延伸。〔註10〕

從七〇年代以來對「土地與人民」的關懷意識，逐漸聚合於「鄉土」一詞所形成的文化運動，尤其是在鄉土文學論爭所引發的文學與文化及意識形態上的爭辯，達到高峰，就如同一把野火，點燃台灣文化朝向本土化的歷程。〔註11〕

〔註8〕 在一九六〇年代之後美日資本將勞力密集型產業大量向台灣投資設廠，出口導向的工業化政策，基本是「從農業部門擠壓資源到工業部門」。參見王震寰，《誰統治台灣？轉型中的國家機器與權力結構》，台北：巨流圖書公司，1996年9月，頁63〜64。

〔註9〕 七〇年代的臺灣文化生態，存在著幾組不同的知識體系，根據江迅的分類方式，當年的知識界的文化集體可分為「黨國教化詮釋體系」、「商品化詮釋體系」及「反黨國教化詮釋體系」。「黨國教化詮釋體系」意指戰後國民黨接收臺灣的統治權以來，於本島所建立的「反共抗俄」、「光復大陸」及「建設臺灣成為復興基地」之思想體系。江迅，〈鄉土文學論戰：一場迂迴的革命？〉收於《南方》雜誌，1987年7月號「鄉土文學論戰十年專輯」。

〔註10〕 蕭阿勤，〈民族主義與台灣一九七〇年代的「鄉土文學」：一個文化（集體）記憶變遷的探討〉，《台灣史研究》，第6卷，第2期，1999年12月，頁93。

〔註11〕 鄉土文學論戰的研究至今已累積相當豐厚的成果，亦是八〇年代末以降台灣文

對於台灣文化主體的建構與關懷展現在各個場域，而這樣的熱情也表現在各種文化領域，雖然在當時的文化運動是涵攝在中華文化運動的民族主義底下，然而其對台灣鄉土所展現的關懷，以文化形式實踐，並展現了知識份子的行動力。在音樂界，楊弦舉辦民歌作品演唱會；陶曉清策畫「中國現代民歌」；同時，透過唱片公司競相舉辦創作歌唱比賽，使得描繪生活真實情感的校園民歌興起，改變了流行樂壇的西化或靡靡之音。在美術界，人間副刊引介洪通與朱銘等庶民藝術家，重探素樸的民間藝術。在文學界，黃春明、王禎和及陳映真等人的小說被稱為「鄉土文學」。進入八〇年代台灣持續進行文化深耕，主體認同，及政治本土化的社會運動，此種文化身份、政治認同與台灣主體性的朝向本土化思潮，持續延燒到九〇年代。而七〇年代鄉土文學作家們紛紛以現實生活為題材，描繪工農人民的真實生活，並以黃春明的鄉土寫實手法為模範對象。同時，鄉土文學的討論引發一連串民族文化與文藝思潮的論辯，雖然 1977 年的鄉土文學論戰對於本土意義仍是模糊的觸及，但是，經由這場辯論，台灣的主體意識漸漸被彰顯，並成為進入八〇年代、九〇年代之前的一次啟蒙運動。

　　鄉土文學論戰的各方人馬，各自把持著自己的立場及意識形態，多方的聲音雜音互相交會，因而模糊了焦點，但是這次論戰對於文藝創作有兩個重要面向的提點，一是文藝創作以鄉土寫實為主調，二是確立以台灣自己的聲音發聲，形塑自我的主體。「鄉土文學論戰」可謂是在前述台灣國際困窘的局勢，社會經濟變遷的背景下，與中華文化運動所要型塑的民族主義，所緊密扣連的一場文學內涵／美學實踐／政治立場的論爭，所牽涉到的不僅是文學的美學實踐，亦涉及文學的主題意識，而其所強調社會現實的關照又與政治面向息息相關。究竟何謂「鄉土」？是誰的「鄉土」？又該如何描述其「鄉土」？各方所詮釋及界定的鄉土概念，游勝冠將反官方說法的文學意識區分為三類：以葉石濤為主的台灣本土論、以陳映真為主的民族主義論、以王拓為主的現實主義改革論，他們除了與官方立場抗衡，也同時批判西化派的現代主義文學。〔註 12〕其中我們有必要重新再回顧王拓先生及葉石濤先生的看

學研討關注的焦點，許多的論著及博、碩士論文及網頁可供參考，再者本論文所關心的主旨並不在論戰的社會背景、經過及其後的結果，故不擬再重述此論戰的歷史脈絡。

〔註12〕請參閱游勝冠，《台灣文學本土論的興起》，台北：前衛出版社，1996 年，頁300。

法。王拓的〈是現實主義文學，不是鄉土文學〉指出台灣文學受到西方現代主義思潮影響，而使得台灣文學界缺乏具有活潑生命力的文學，而散發出迷茫，蒼白，失落等等無病呻吟，扭捏作態的西方文學的仿製品。接著肯定在歐雨西風的浪潮裏台灣作家的自主精神，並以吳濁流、鍾肇政的作品為例，強調寫實主義精神才是台灣文學真正的特質。他認為鄉土文學的定義並非就是等同於鄉村文學，在七〇年代文學作品充斥鄉土人物與閩南語言，受到群眾的喜好，是基於一種反抗外來文化和社會不公的心理和感情所造成的。〔註13〕以台灣語言與人物為主的作品，是立基於當前台灣在國際政治環境受欺凌而形成的危機感，因而產生抵拒外來文化的民族立場，但是王拓進一步指出這種歌頌鄉村，描寫農漁民，以及突顯閩南語書寫的作品並非是鄉土文學的唯一標準，而是具有一種包容性，在鄉土這個平台界面上，將地域上的鄉村與都市，以及從農業到工業等等現代化與舊社會之間種種問題涵攝進入文本，故鄉土文學並不是要製造鄉村與都市的對立，也不是反對社會邁入現代化的進程，而是將「台灣這個廣大的社會環境和這個環境下的人的生活現實；包括了鄉村，同時又不排斥都市」作為書寫的主體，此即為「鄉土」文學的終極關懷。陳芳明先生在評估鄉土文學論戰與台灣歷史之間的關係時，提及葉石濤先生在一九七七年發表的〈台灣鄉土文學史導論〉是值得注意的一個思考突破。他認為葉石濤直接從台灣歷史的層面著手，極其周延地說明台灣文學史的自主性傳承。〔註14〕葉石濤特別強調：「台灣鄉土文學應該有一個前提條件，那便是台灣的鄉土文學應該是以『台灣為中心』寫出來的作品；換言之，它應該是站在台灣的立場上透視整個世界的作品。」他的論點，單刀直入揭示以「台灣為中心」的策略。葉石濤又更進一步申論：

> 這種「台灣意識」必須是跟廣大台灣人民的生活息息相關的事物反
> 映出來的意識才行。既然整個台灣的社會轉變的歷史是台灣人民被
> 壓迫，被摧殘的歷史，那麼所謂「台灣意識」──即居住在台灣的
> 中國人的共通經驗，不外是被殖民的，受壓迫的共通經驗；換言之，
> 在台灣鄉土文學上所反映出來的，一定是「反帝，反封建」的共通
> 經驗，以及篳路藍縷以啟山林的，跟大自然搏鬥的共通紀錄，而絕

〔註13〕王拓，〈是現實主義文學，不是鄉土文學〉，尉天驄編《鄉土文學討論集》，台北：自印，1978年，頁113。

〔註14〕陳芳明，〈歷史的歧見與回歸的歧路──鄉土文學的意義與反思〉，《後殖民台灣──文學史及其周邊》，台北，麥田，2002年，頁97。

不是站在統治者意識上所寫出的，背叛廣大人民意願的任何作品。

〔註15〕

在此，葉石濤先生揭示出「台灣意識」的主體性，同時將鄉土的範疇界定為台灣的人民與土地。大致而論，當時的「鄉土」可有三個層次的意涵：西方／中國鄉土（相對於西方的中國鄉土）；中國／台灣鄉土（相對於中國的台灣鄉土）；都市／鄉村鄉土（相對於都市的鄉村鄉土）。不同論述者佔居不同的想像場域，及不同的發聲位置，形構出繁華異質的鄉土論述。在這場論戰之中，反對鄉土文學的陣營，所欲爭辯的並非是「鄉土」的意涵，而是中國民族文化敘事體與台灣地域文化敘事體的存在空間，楊曉琪對於鄉土文學論爭的觀察說明了反對鄉土文學陣營的論點，他們之所以反對鄉土文學，乃因為鄉土文學所標榜的台灣地域色彩和文學典範（如黃春明、王禎和等人），與「中原中心」思想互相抵觸。在跟隨國民黨政府來到台灣的文學作家而言，他們帶著流亡遷徙中所銘刻的家國記憶、思鄉情懷，並信奉統治領導者的反攻復國神話。當時的台灣透過國家機器的推動，在很短時間內就在教育、媒體、政策建構反共愛國的意識形態，並迅速承接中原正統思考模式。但是在七〇年代末台灣突然成為國際孤兒，頓失中國合法代理權與歷史繼承權，迫使知識份子思考自身國家定位的問題，首先是對於正統民族身份的再召喚（龍的傳人），繼而是徘徊在自我認同困境之中。〔註16〕

七〇年代的鄉土文學論戰為八〇年代台灣意識與台灣文學正名作了奠基的工作，但誠如歷史學者蕭阿勤所作的研究，對七〇年代鄉土小說出現的歷史文化意義的重新認識裏，清楚勾勒出民族主義意識型態的發展與鄉土文學所建構的集體認同與集體記憶，是互相形塑又互相限制，也是相互辯證的，再者，文化認同的敘事模式並非是先驗性的存在，而是隨著社經、環境的變遷而不斷予以建構的歷程。〔註17〕在台灣文學敘事的表述裏，七〇年代鄉土文學被視為本土化的台灣意識的萌發；八〇年代則接續七〇年代的思想火花，並深

〔註15〕 葉石濤，〈鄉土文學史導論〉，尉天驄編《鄉土文學討論集》，台北：自印，1978 年，頁 72。

〔註16〕 楊曉琪，《七〇年代鄉土文學論戰暨文學場域的變遷》，南投：國立暨南大學中文所研論，2002 年 6 月，頁 135。

〔註17〕 蕭阿勤，〈民族主義與台灣一九七〇年代的「鄉土文學」：一個文化（集體）記憶變遷的探討〉，《台灣史研究》，第二期，第六卷，1999 年 12 月，頁 77～138。

化本土化的意識；到了九○年代，由於政治上統獨之爭更趨尖銳，省籍認同形同意識形態的標籤，國族認同與文化認同深陷情感與歷史恩怨情仇的糾葛之中，至今未歇。而台灣文學論述場域內所生發的鄉土文學論戰，雖然仍籠罩在中華民族文化的影響下，但是它突顯想要「唱自己的歌」，想要「說自己的故事」的努力應予以觀照。對於鄉土文學在不同階段呈現出不同的歷史敘事表述，可知台灣主體性的本土化過程必須經過不斷演繹，不斷自我改寫的敘事歷程。

　　鄉土文學論戰及回歸鄉土文化運動發展出「現實關懷」，「鄉土寫實」的思想意涵，被電影界所承接，在七○年代的健康寫實風潮的電影，我們已見其端倪，其所標榜的鄉土寫實風格已經觸及台灣當下的現實時空，及身份認同，家國想像等課題。到了八○年代新電影時期更以改編多部鄉土小說，作為對鄉土文學的致敬。從七○年代台灣由於國際局勢的險惡，所激發的回歸鄉土風潮，歷經鄉土文學論戰，確立文藝界關懷台灣現實的主軸，到八○年代所謂「後－鄉土論戰時期」，文學與電影之間產生何種的互動？由鄉土敘事小說所改編的文學電影，在健康寫實時期到新電影時期，有那些成果？以下筆者檢視七○年代至八○年代台灣的文學文本與影像文本的改編，並試著連結鄉土／寫實／認同等議題，探討文本中如何透過鄉土形塑台灣的主體性，這些影像與文本又是如何詮釋「寫實」的美學內涵，並「再現」鄉土與台灣特定的歷史互動中所形構的意涵。

（二）鄉土修辭與台灣電影健康寫實風潮

　　近年來，電影「寫實主義」的意涵隨著學界文化研究的擴張，使得「寫實」不再只單純於「真實呈現」，或是純粹的美學表現的討論，電影創作的「寫實」意義為何？電影的「寫實」代表影像忠實地將現實世界在銀幕上呈現？亦或電影的「寫實」是影像拍製透過創作過程轉化（transformation）現實世界，運用藝術美感的表現形式，以描述現實生活？或者，電影的「寫實」特質是依附在電影創作所處的現存社會環境的表意論述系統（signifying discourse）？換言之，電影的寫實意涵，不僅僅是單純地對於現實世界忠實地記錄，而是與電影攝製時所處的社會體制及意識形態互動及對話，因此，所謂「寫實」再現仍然與影像的特定拍攝環境及社會歷史脈絡習習相關。

　　戰後台灣電影美學的寫實傳統與鄉土敘事，可以回溯至六○年代崛興的健康寫實影片，從 1964 年《蚵女》至 1980《早安台北》，其寫實特質所形成的電

影風潮橫越二十年，由健康寫實所衍生的健康綜藝如《啞女情深》及《婉君表妹》，促成七○年代瓊瑤文藝片形式的先鋒文本，而其「寫實」取向的美學實踐也影響八○年代的台灣新電影。「台灣新電影」之嶄新意義，與其說是反省並且悖離於七○年代的僵滯電影文化，不如說是奠基於健康寫實電影傳統，在電影創作上「寫實」美學實踐的全新出發。這些電影文本在台灣電影的發展上，無疑的有著承襲開創的互文關係，彼此緊密接連而相互定義、指涉。

六○年代龔弘先生接任中影總經理之後，提倡健康寫實的拍攝手法。《蚵女》（李行導演，1964）作為健康寫實電影的第一部影片，取材充滿台灣的鄉土色彩，蚵田風光景觀特殊，加上彩色攝影的技術，當時頗有令人耳目一新的觀感。李行導演的場景一開始以大場面營造非凡的氣勢，載蚵的大隊帆船迎風招展，洶湧的浪濤配上大合唱及管絃樂，雄渾的歌聲映照著波瀾壯闊的大片蚵田，在磅礴的氣韻裏突顯田園純樸鄉情，蚵女個個精神奕奕，充滿戰鬥開朗的神情，穿梭在波光粼粼的水面上，勤奮地操舟及採蚵。這一連串的場景預示著美好的大自然，抒情愉悅的農村步調，以及真誠樸實的蚵女，如何在政府大力協助農村現代化的過程裏，促進農村的養殖產業以及選舉生態的民主化。

電影音樂所扮演的角色，無論是劇情片或非劇情片，在主流商業與前衛電影，電影音樂主要是用來增強敘事。以敘事學的語言詮釋之，一部影片或一齣戲劇所建構的世界是為「故事世界」或稱之為「故事體」，希臘文稱之diegesis。〔註18〕《蚵女》影片開頭，以及影片當中時時浮現的〈思想起〉管絃樂版的曲調，配合眾人的大合唱的歌聲，不僅作為敘事背景，以烘托氣氛，增強情境，同時也將螢光幕裏的一群蚵女與台下的觀眾「縫入」（suture）敘事的「故事世界」（diegesis），在蚵田的場面調度，〔註19〕以及蚵女的形象，宣

〔註18〕敘事學運用「故事體」的概念，來說明舉凡發生於某個故事體內的事件皆稱為故事敘述（diegetic narration）或戲內敘述（intradiegetic narration），反之，則為非故事敘述（nondiegetic narration），或戲外敘述（extradiegetic narration）。Robert Stam et al.*New Vocabularies in Film Semiotics*. New York ：Routledge, 1992, pp.96～97. 又譯為「敘境」，可參見《認識電影》書末所附專有名詞解釋。

〔註19〕「場面調度」一詞原來是用在劇場表演，描述舞臺指導的用詞，指將事物安排到場景中的作法（the fact of putting into the scene）參見 David Bordwell& Kristen Thompson,*Film art:an introduction*, New York:Alford A.Knopf,1986, p.199。電影批評裏，將該詞轉化為電影導演設計每個影像畫面的方式。因此，場面調度意指電影或戲劇裏的舞台要素，包括燈光、服裝、佈景與人物走位

揚教化的情節，以及合唱及弦樂合奏的歌曲曲式三者的緊密牽連，互文指涉出當時對國家建設及農村現代化的「全體動員」。樂器的合奏與人聲的合唱，象徵著鄉村人與人之間互助合作的美好，借由蚵女之間的良性競爭，以及鄉里的選舉事件，轉喻爲鄉土民間與黨國政府之間合作團結的重要，鄉土的進步需要眾志成城；推舉賢達人士成爲民間與政府之間溝通的橋樑，更是民心之所向，因此「團結力量大，共創美好明天」遂成爲整體鄉土敘事的語境，以此完成文本內情節鋪陳，與文本外的家國認同，〈思想起〉這個充滿鄉土符碼的曲調營造觀者對於美好鄉土的想像，並提供跨越歷史界限的族群想像（the imagined communities），以達成對黨國教化的再次認同。

此種健康寫實特色的影片有別於當時風行的黃梅調電影及古裝片，有論者以爲台灣所發展的健康寫實與義大利新寫實主義有密切的關係。〔註 20〕義大利新寫實主義是在 1945 至 1955 年之間所興起的電影美學運動，它在國際間所引發的回響最重要的是法國六〇年代的新浪潮運動，以及電影理論上，所謂巴贊現象學「寫實美學」的實踐典範。在當時寫實風潮下，台灣對義大利電影的引介與接收，曾放映幾部影片，包括《不設防城市》、《單車失竊記》、《慾海奇花》等。〔註 21〕義大利的新寫實主義的興起乃在於戰爭之後國內政治動盪和經濟蕭條，人民生活艱困，民生物資的缺乏，失業的困窘等等社會問題弊端叢生，因而促使電影創作者運用影像紀錄的特質，揭發社會貧窮、落後、犯罪的黑暗面，並揉合左派社會主義及人道關懷的視角，作爲影片寫實的中心旨意。台灣六〇年代健康寫實電影的崛起，直接或間接是來自「義大利新寫實主義」經驗的啓發。然而台灣所發展出的寫實意涵，相較於義大利新寫實主義的「寫實」，並不專注於社會陰暗面的揭發，而是光明美好的農村進步景像，以及充滿儒家教化的政宣文本，此種美學內涵的轉化，以及寫實

等。另外，「場面調度」可用來檢視電影影像是如何被建構而成的，諸如使用某種特殊燈光，或某個場景的設計，人物位置來建構其象徵意義。Lisa Taylor and Andrew Willis. *Media Studies：Text, Institutions, and Audiences,* Oxford: Blackwell, 1999, pp13～14.

〔註20〕請參見 「一九六〇年代台灣電影健康寫實影片之意涵」專題，《電影欣賞》，1994 年 11～12 月，頁 14～53。

〔註21〕當時台灣所放映的義大利電影：1945 年《不設防城市》（Open City）、1948 年《單車失竊記》（Bicycle Thieves）、1948《慾海奇花》（Bitter Rice）、1948 年《麵包、愛情與幻想》（Bread, Love and Dreams）、1948《地震》（The Earth Trembles）、1955 河孃淚（Women of River,1955）曾引發台灣電影評論界的重視與討論。

特質的位移，可說是台灣六○年代特殊的政治、經濟及歷史脈動下的產物，焦雄屏認為「健康寫實」本質上接近蘇聯史達林在三○年代提出的「社會主義現實主義」（socialist realism），亦指出其所背負的政治包袱根本不能與「義大利新寫實主義」相提並論。〔註22〕究竟鄉土的敘事修辭與七○年代健康寫實風潮所拍攝的影片之間，如何形構與連結？健康寫實特質的影片以何種「寫實」的電影語言重構台灣的現實與鄉土？七○年代的影片《家在台北》（白景瑞導演，1970）、《原鄉人》（李行導演，1979）即觸及健康寫實、台灣現實鄉土與家國認同的問題。

　　健康寫實時期的影片仍然帶有黨國教化的色彩，如：《蚵女》雖然以台灣養蚵為主的水寮鄉為敘事場景，敘事的主線分為二條，一是蚵女阿蘭與漁村青年金水兩人之間的愛情故事，另一條是漁村經由政府的輔導介入，使得漁村產業發展，民主政治日漸成熟。在漁村建設與蚵女愛情兩條敘事線裏，影像基調充滿光明奮發的氣息，一方面呈現台灣六○年代質樸保守的漁村社會與富人情味的人際關係，另一方面則強調在政府的領導下，協助蚵農開發更多農漁產技術，獲得更多的產能，並且透過民主選舉達到選賢與能的政治目的。而《家在台北》則是國族敘事藉由台北鄉土的呈現，以及親情倫理的連繫，對於當時留學生返國奉獻的呼告，並強化台北作為國家都市的象徵。《原鄉人》則藉由文學家鍾理和的人生旅程，受日本教育長大，因嚮往祖國而到中國大陸，最後又回到台灣。其影片觸及中國與台灣鄉土的認同，以及身份的定位。由以上影像呈現，我們可以得知健康寫實影片的「再現」是「美化的現實」。廖金鳳歸納其「健康寫實」特質，建構在以下幾項特質：鮮明的情節與敘事結構；主要的角色是由明星所擔綱；攝製農村及勞動生活的場景時運用實景與攝影棚景搭配；在美術效果上，為了配合彩色攝影，對於畫面的色調、燈光皆作特別的設計與安排；雖以台灣農村為背景，人物屬於勞動階級，但是不論旁白或人物對白皆以國語作配音。依據這幾項特質關於健康寫實電影的表現形式，其「寫實」的意涵是透過影像的場面調度，對於現實世界加以轉化之後再呈現於銀幕上，而這個經由轉化過後的電影敘事世界，明顯地與它所企圖想呈現的現實世界有相當程度的落差。〔註23〕

〔註22〕焦雄屏，《台灣電影的大陸情結》，台北：國立政治大學廣電學系「廣播與電視」期刊／創刊號，1992年7月，頁69。
〔註23〕廖金鳳〈邁向「健康寫實」電影的定義——台灣電影史的一份備忘筆記〉，

　　總言之，健康寫實影片的敘事結構隱含著黨政教化／鄉土的意識型態，對於台灣農村的生活描述與勞動階層經驗的呈現仍帶有黨政教化的色彩，在此鄉土的意涵是相對於黨政教化體系，鄉土與人民是需要被開發，需要被黨政所領導，以及需要政府的政策教化。黨政政策則象徵著教育、現代化及文明進步，故健康寫實影片是透過影像敘事達到召喚國族認同，促進鄉鎮建設和推行國語等等目標。這類的影像對鄉土的「再現」，是美化的現實，亦是理想化的寫實，其內涵大多隱含著肯定人性光明面，社會積極進步等主題意義，以期運用影像達到社會教化的功能。

第二節　台灣新電影與鄉土小說改編

（一）台灣新電影崛起

　　在七○年代鄉土回歸熱潮陸續開展的同時，電影仍然是以文藝愛情影片、軍教影片及武俠片當道。〔註24〕雖然健康寫實風潮的影像已漸漸凝視焦點在現實台灣，但基本上影片仍帶有強烈社會教化功能，其觀點也是趨於保守。從七○年代到八○年代初，台灣社會不論在政治上、經濟上都產生重大的變遷，台灣社會財富增加，中產階級逐漸成形，出生於戰後的新生代也漸漸成為社會的重要生產力。此時台灣電影文化開始出現本質上的變化，電影閱聽人平均年齡下降，台灣新一代電影觀眾群成為票房收入的主要來源。新生的一代普遍成長於五○、六○年代，成長經驗主要是體制內的學校教育，以及伴隨經濟成長所帶來的現實資本主義，大時代的動盪戰亂已經脫離他們的人生觀形塑，對於大陸鄉土的懷鄉情感並不濃烈，他們對五○年代的反共教條並不強烈認同，民間美國文化與日本文化成為他們汲取多元價值觀的另一個窗口。

　　此時電影界為了吸引觀眾再回到戲院，逐漸挖掘新鮮的題材，諸如學生電影、黑社會電影、喜感功夫、警匪片等，其中將兩大主要類型武俠片與愛

「一九六○年代台灣電影健康寫實影片之意涵」專輯，《電影欣賞》，第 72 期，1994 年 11～12 月，頁 43～44。

〔註24〕武俠片刀光劍影在六○年代後期便成為製片主流，瓊瑤夢幻愛情片在七○年代中期掀起風潮，以及李小龍功夫片亦席捲國內電影市場，根據《中華民國電影電鑑》的資料顯示，在一九七八年裏，功夫動作片與瓊瑤愛情片兩種類型，佔有全年總影片百分之七十。另有中影拍攝大量反共抗日的軍教影片，七○年代大型鉅片的拍製，如《八百壯士》、《筧橋英烈傳》、《黃埔軍魂》、《皇天后土》、《大湖英烈》等。

情片再求變化，將武俠片與現代犯罪時事結合，形成社會寫實動作片，將原先浪漫文藝愛情片的空間轉入校園，出現以青少年為主的校園學生電影。但由於缺乏長期專業性的經營概念，往往是以商業票房作為題材取捨的標杆，具有發展潛力的題材，一旦獲得觀眾票房的支持，旋即興起跟拍風潮，反而將具新鮮感的素材一再地反覆拍攝，形成制式化的類型，遂使閱聽人失去興趣，終導致市場的低迷，台灣電影工業遂面臨空前的危機。此時把握著豐厚資源的中影公司，有鑑於軍教影片不單未獲觀眾支持，反而造成鉅額虧損，因此以「小成本、低風險」作為製片的策略，並配合政治機構鼓勵年輕知識份子與國片的攝製，中影率先啟用年輕電影工作者進入電影工業體制，開啟台灣新電影之路。〔註25〕

　　在當時的政治局勢下，電影作為形塑象徵認同、凝聚共識的影像媒介，對內扮演形塑大眾意識，對外則是代表國家形象的關鍵角色，電影文化是官方當權者相當重要的文化資本，因此台灣新電影的發展與當時具官方色彩公營機構——中影有相當大的關係。台灣新電影的崛起其因素相當多，除上述影業結構的內在變化，觀眾閱聽人的結構改變，還包括中影明驥的人事開明政策，啟用一批年輕的電影工作者進入中影。〔註26〕而這批在八〇年代初陸續進入電影工業的新電影核心創作群，其年齡，背景，及現實關懷與誠摯態度具有同質性，〔註27〕他們的教育程度、學歷較高，大部份受過專業電影訓練，其年齡多半在三十歲左右，是戰後台灣新生代，與台灣社會一同成長，並且經歷七〇年代對本土文化回顧反省思潮。〔註28〕電影工業所展開的新嘗試，在

〔註25〕官方政治機構首先於一九七九年將金馬獎奧斯卡化，擴大舉辦；一九八二年推動「學苑影展」鼓勵知識份子關懷國片，電影處停止劇本檢查，改聘社會人士及影評人參與電檢工作等。一九八三年著手擬定電影法，將電影由長期以來的「特種營業」明定為「文化事業」；設立電影圖書館等等。相關史料請參照盧非易，《台灣電影：政治、經濟、美學 1949～1994》，台北：遠流，1998年，頁257～258。

〔註26〕小野，《白鴿物語》，台北：時報，1988年，頁71～73。

〔註27〕焦雄屏，〈從電影文化出發（序）〉，焦雄屏編著，《台灣新電影》，台北：時報1988年，頁15～16。

〔註28〕陳蓓芝曾大致整理新電影26名核心創作群，歸納其成長背景，有別於上一代具大陸經驗之導演，他們在台灣的成長經驗因此成為新電影重要的創作主題，另外，在她分析的15名導演創作者之教育及專業程度亦比上一代電影工作者高，有12人受過專業電影訓練，其中7人更在美國取得電影碩士或修習相關課程。見陳蓓芝，《八〇年代台灣新電影現象之社會歷史分析》，台北：輔仁大學大眾傳播研究所碩士論文，1991年。

一九八二年中影首先推出由四個年輕導演所執導的《光陰的故事》，深獲好評，成為台灣新電影的濫觴作品。隨後中影再推出《小畢的故事》，不但叫好又叫座，且贏得金馬獎的肯定，媒體影評譽之為新電影開創時期的代表作，緊接著改編小說蔚為風氣，《兒子的大玩偶》、《看海的日子》、《油麻菜籽》等片均獲得觀眾支持與評論的肯定，遂形塑新電影風潮。〔註29〕

　　台灣新電影在內容題材方面力求與戰後台灣現實社會作緊密的接合，並承接自七〇年代之後回歸鄉土文化思潮，試圖回顧台灣由傳統農業社會走向現代化過程，以「寫實影像」為台灣社會做個反思與回溯，當他們爬梳整理過往歷史的種種軌跡時，往往以自我的成長經驗，以及文學作品裏搜索素材。再者，戰後的台灣社會在中華文化、反共口號的黨政教化系統下，透過傳統家庭、教育體系、保守道德訴求、風俗信仰等形構成威權體制，使得台灣社會處處充滿壓抑，經歷七〇年代國際外交的重挫，鄉土思潮的洗禮，到了八〇年代台灣社會在政治上，為掙脫長期權威體制而興起社會抗爭；在經濟上，由於高度經濟成長帶來「大眾消費文化」，這種種內因外緣，遂使這些被壓抑的聲音，漸漸找到渲洩的出口，其中台灣新電影的出現可謂是八〇年代文化場域的重要現象。台灣新電影文本則以女性角色的敘事，以及青少年叛逆個性來呈現社會的變遷與轉型。

　　新電影文本裏探討許多女性在社會變遷中地位與角色，焦雄屏認為台灣面臨物質及價值觀的遞變，女性大量步入社會，父權獨佔體系隨之瓦解，此時女性面臨現代與傳統角色抉擇的徬徨，因此台灣電影此時大量引用文學小說的女性形象，嘗試為過去女性角色的壓抑及受苦下註腳，如《玉卿嫂》、《殺夫》、《小畢的故事》、《看海的日子》、《結婚》、《桂花巷》；另外，《青海竹馬》、《油麻菜籽》、《我這樣過了一生》則反映出女性在社會變化下尋找新身分的努力。台灣女作家也為女性敘事提供大量素材，其中以廖輝英、蕭颯、李昂的作品最受歡迎。這些由女作家改編的作品，則多半主題集中在女性面對現代生活的困境，

〔註29〕一般關於台灣「新電影」之研究及討論，將「新電影」一詞定義發生於1982～1986年的電影現象，但本文由於探索新電影現象之社會建構歷程，將60～70年代台灣逐漸接受西方藝術電影典範納入台灣文化場域，故往前回溯健康寫實主義。又新電論述之影響並不局限於1986年便結束，由新電影現象所逐步發展出的論述及台灣電影的國際能見度，反而在80年代末至90年代各個場域裏獲得藝術正當性，故本文並不以狹義的新電影意涵為限，而是往前及往後回溯台灣文化場域，以分析「新電影」現象與文學之間的關係。

以及傳統價值觀與現代新女性之間角色的挫折,如外遇敘事:《今夜微雨》、《不歸路》、《我的愛》、《暗夜》等等。〔註30〕另外,新電影工作者也熱中於處理青少年的成長經歷,試圖以青少年的叛逆個性突顯社會威權體制的僵化,大眾消費文化與資本主義所帶來的種種值得深思的課題。《小畢的故事》描述主角小畢從幼年到踏入社會的成長過程;《我兒漢生》、《風櫃來的人》陳述徬徨青少年內心叛逆,都會生活人際之間的疏離。此外新電影工作者更直接取材自創作者個人成長經驗,形成自傳式的影像敘事,充滿濃厚的懷舊色彩,如《童年往事》乃導演侯孝賢青少年時期在台灣南部生活的寫照;《戀戀風塵》則是根據編劇吳念真在青年時期入伍前後的生活片段;《冬冬的假期》依據編劇朱天文回憶童年時期的鄉間生活所寫成的小說改編。其電影文本不僅與小說文本形成互文,也與創作者人生、當時社會脈絡形成互文現象。

　　新電影在內容素材上落實關懷本土的寫實電影,新電影的影像文本在形式上有那些不同於以往「舊」電影的突破?嚴格而言,新電影的表現形式上並沒有統一的風格,但大致而言,這些新電影捨棄高潮起伏的劇情剪接模式,轉而以有意向性的「場面調度」(mise en scéne),作為電影的敘事風格。齊隆壬認為:「新電影之前的傳統電影係建立在(一)明星制度、(二)敘事的衝突性與封閉性(三)觀眾觀賞的認同性三方面。並依此在新藝綜合體(Cinema Scope)上產生一對應的特寫、伸縮鏡、搖拍、慢鏡頭、剪裁等電影語碼(codes)。」〔註31〕新電影強調寫實影像的美學風格下,運用長拍鏡頭(long take)與深焦構圖(deep focus),以加大畫面時空與空間的承載量,並運用非職業或者(小牌)演員,儘量不用當時紅牌明星演員,然後以固定的中、遠鏡位來攝取畫面中的人事物,讓影像裏的人物與周圍環境、場景產生互動,以營造自然的、生活的畫面。在此種鏡位,以及寫實自然的美學呈現下,觀眾會與影像世界產生距離感,無法完全與銀幕裏的世界產生認同感,以此讓觀眾跳脫傳統入戲者的觀影位置,而能以客觀的角度欣賞電影,齊隆壬指出以非職業演員,敘事的客觀性與開放性,觀眾觀賞距離性認同,新電影提出一套完全不同的電影語碼:中、遠景、普通鏡頭、客觀鏡頭、長鏡頭來與傳統電影對應。〔註32〕新電影

〔註30〕焦雄屏,〈第十六章:女性的變貌〉,「前言——由虛幻到寫實」,《台灣新電影》,台北:時報,1988,頁357~358。

〔註31〕齊隆壬,〈侷限於體制下的「新電影」〉,收入《一九八七年金馬獎國際電影展特刊》,台北:中華民國電影事業發展基金會,1987年,頁215~217。

〔註32〕同上。

在敘事處理上打破傳統戲劇模式（衝突／發展／高潮／紓解），而是依照時序，讓劇情情節緩緩在閱聽觀眾的「觀察」下開展出來（display）。這些對影像新形式的反省，對於閱聽觀眾觀影的「要求」，一方面是新電影工作群希望在影像上創新，開展一套不同的電影符碼語法，以豐富作品的內涵。〔註33〕此外新電影創作者受限於有限的成本與製作環境，被迫以低成本來完成一部電影，因此呈現自然採光、減少鏡位變化、保持鏡頭固定等「長鏡頭」的拍攝方式。

新電影在美學形式上的自覺，以及想要形塑閱聽觀眾成為「一個主動的詮釋主體」這樣的努力與企圖心，難以與閱聽人長久以來被動的、戲劇性電影語言相抗衡，也難以在電影工業裏得到出資人的贊助，而八〇年代經濟成長所帶動的商品化、全球化、通俗化的大眾消費市場，很快地將新電影的浪潮淹沒，導演萬仁感嘆的說：「新電影是個具有七〇年代反省尋根理想的風潮，卻錯置在八〇年代大眾消費社會。有許多題材都應該在那個時候拍的，卻要在後來才得以觸碰。」〔註34〕自 1984 年以降，新電影陸續在票房上失利，支持新電影的電影工作者、文學界、文化人士連署一份共同宣言，由詹宏志執筆，於 1987 年 1 月 24 日刊登於《中國時報》人間副刊，該宣言指出在台灣發展有別於商業電影的「另一種電影」。〔註35〕這些文化界人士指陳在現階段的台灣環境有三個不利於另一種電影發展的因素，促請有關單位及社會能夠予以正視。〔註36〕雖然該宣言無法撼動台灣整體文化工業體制，所能形成的效果有限，但是這是首次一群有自覺的電影人、文化人，以集體方式發聲，並訴

〔註33〕導演萬仁表示：「（新電影新形式語法的產生）是一種情緒反動。因為在我們之前，剪接、伸縮鏡頭、特寫、快慢鏡頭等技法，都已經在電影裏被用濫了。等到我們有機會嘗試創作時，自然希望能提出一套完全不同的語法，來豐富作品的內涵」。根據萬仁先生與李天鐸教授的訪談資料，1989 年 1 月 16 日。

〔註34〕根據萬仁先生對台北輔仁大學大眾傳播系學生的演講紀錄，1989 年 12 月 11 日。

〔註35〕宣言中對「另一種」電影所下定義為，有創作企圖，有藝術傾向，有文化自覺者。

〔註36〕他們認為發展另一種電影的三個難題為：第一，相關「政策單位」對電影不夠重視，對電影的管理輔導一直搖擺於政宣、產業，及文化取向之間，定位不夠明確；第二，「大眾傳媒」只重視明星花絮動態，對電影文化不夠關注；第三，他們對「評論體系」有所懷疑，此所指涉的對象主要是反對或對新電影有所質疑的影評，這類影評與缺乏多樣觀點的傳媒結合，使「新電影」或「另一種電影」發展不利。參見詹宏志〈民國七十六年台灣電影宣言〉，收於焦雄屏編著《台灣新電影》，頁 111。

求其美學理念及實踐能獲得社會的重視與尊重，在台灣電影史上有其重要的意義。雖然自此之後不再有 80 年代初那樣一系列的電影導演創作出現，只是零星個別作品出現，但是新電影風潮打開台灣「另一種電影」理念有被討論、被開發的空間，並且為台灣電影開展國際影展的路線，使台灣電影更有國際上的能見度，這些都是台灣新電影的重要貢獻。

（二）新電影與鄉土小說改編

　　「新電影」一詞最早出現於小野替《光陰的故事》所擬的企畫案中，但從上節的分析應可稍為說明，八○年代初期所謂「新電影運動」的電影文本，對於電影形式內涵，以及電影美學等觀點，以及創作者個人成長歷程，彼此之間的互動，確實與舊一代電影工作者有世代間的歧異，對於「新電影」的論述者試圖標誌此種世代上的差異，並強調此種「新」、「舊」差異有其美學及社會學上的意義。自八○年代之後，支持與反對「新電影」論述不斷地在文化場域裏出現，彼此爭奪其象徵權力與象徵資本，在一次次的論辯裏，這個原初只是中影公司由小野等人企劃的行銷策略，漸漸在媒體及電影論述的場域裏被建構為「新電影創作群」及「新電影現象」或「新電影運動」。「新電影」從原先是電影商品行銷的符號，以及描述影像創作者世代間不同的拍攝手法，經由媒體影評人的反覆論述，以及學術研究的辨析鑽研，「台灣新電影」一詞在文化場域裏成為台灣電影的合法代表，新電影的影像文本成為台灣電影的重要典律作品（canon）。

　　八○年代初期影片《光陰的故事》及《兒子的大玩偶》開啓台灣新電影的序幕，新電影能夠形構成一個風潮，實得力於八○年代初，一群支持新電影的影評人，在媒體上形成有力的論述網絡。〔註37〕焦雄屏以「新的敘事語法，新感性與新經驗」，將台灣新電影整體化為一個具時代性的電影經驗：「除了肯定的台灣經驗代表外，新電影的語言探索是它很大的一個成就，因為其電影形式及結構與傳統電影有顯著的不同，充份代表新一代電影人的形式自覺性及新一代電影觀眾的敏感度。」〔註38〕新電影評論以侯孝賢的作品為核心，歸納其風格法則，以「新寫實主義」作為統合此一時期諸多電影視覺風

〔註37〕包括詹宏志主持的《工商時報》影劇版，《聯合報》「焦雄屏看電影」專欄，黃建業等主持的「電影廣場」等對於新電影風潮抱持捍衛釐清的立場。參見焦雄屏，〈第一章：新電影崛起〉，「前言：環境・歷史・本質」，《台灣新電影》，台北：時報出版，1988 年，頁 22。

〔註38〕同上，頁 315。

貌的代表性語彙。在後鄉土論戰的文化場域裏，「台灣現實鄉土」已取得發聲管道，亦是當時文化界實踐其社會關懷的重要理念。是故新電影取材自現實生活的內容，與標榜「新寫實主義」的表現形式，遂與回歸鄉土的文化論述作了有效的接合。在後鄉土論戰的時空脈絡下，新電影接續了自民歌運動、雲門舞集、鄉土文學以來追尋身份認同的風潮，佔據文化範疇發言主體的新位置。

新電影改編鄉土小說，可說是對新電影與鄉土文學之間的關係最普遍的看法，也是對新電影採印象式觀察後，所成的典型化概念，實際上，新電影改編自文學作品的部份，同時兼具鄉土與現代派小說，黃春明、王禎和、朱天文、白先勇、李昂、廖輝英、蕭颯等作家的小說，皆曾被改編成電影劇本。〔註39〕葉月瑜認為：「雖然鄉土小說佔據的數量較多，但以此評斷新電影與鄉土小說的關連並不具說服力。至於為何有改編的情形產生，並不是新電影獨有的特質；也非一般所認為的，中文電影特有的現象，而是電影工業，和電影創作普遍存在的問題。」〔註40〕她追溯電影的初始，作為一種大眾娛樂，需要高潮迭起的故事情節來吸引觀眾，所以敘事性成為電影製作的重要元素。因此，新電影與鄉土小說或文學作品的「結合」，是一種結構性的連結，雖然文學與影像的連結是電影工業結構性的一環，然而對於台灣特定的歷史文化環境而言，我們仍然必須扣問：為何八○年代新電影的創作群要改編六○、七○年代的鄉土小說，又為何能引領出一種鄉土電影的改編風潮，這些被改編的小說文本及電影文本又是如何呈現「鄉土」的意涵？新電影時期所呈現的鄉土寫實特質與前世代健康寫實的關係為何？這些議題其實都與台灣七○年代回歸鄉土文化運動有所連結，也與當時鄉土文學的風潮有密切關連。

當時台灣新電影的出現，曾經引發藝術電影與商業電影的爭論，當時文化界，包括許多曾參與鄉土文學論戰的知識份子，支援新電影的拍攝，呼籲政府當局重視台灣影像的建構，開拓台灣新電影以及藝術創意的生存空間。〔註41〕

〔註39〕關於新電影對於文學改編可參見區桂芝執行編輯，蔡康永，韓良憶主筆，《台灣電影精選》，〈台灣電影與文學〉，台北：萬象，1993，頁2～12。

〔註40〕葉月瑜，〈台灣新電影：本土主義的「他者」〉，《中外文學》，第27卷，第8期，1999年1月，頁43。

〔註41〕「民國七十六年台灣電影宣言」係八○年代一次最大規模的集體文化行動。一群文化工作者意圖與電影工業，當局文化政策主事者，保守的評論體系展開對話，期待商業電影以外「另一種電影」存在的空間。從這份宣言的邀請簽名單可以看出電影工作者與文化界的密切關連。除了電影編導、製片及評

此外，新電影的重要劇本創作者成長於七○年代台灣鄉土文學運動中，當時的知識份子以關懷鄉土來作爲其美學創作的重要養份，故新電影創作群改編鄉土小說是呼應鄉土文學的召喚，亦是對回歸鄉土文化的具體實踐行動。新電影從關照鄉土出發，以台灣爲創作主體及發聲主體，試圖呈現台灣社會種種面向，鄉土文學事實上爲新電影在形構台灣的主體性時，提供理論的基礎及論述的框架。在建構台灣主體經驗的重要意義上，八○年代新電影或其他影像工作者重新詮釋、改編黃春明的鄉土小說，就成爲這一代電影創作者回顧台灣成長經驗時，對於台灣主體文化的認同象徵。其中新電影的重要編劇家吳念眞曾改編多部黃春明的小說，他也曾多次表示認同黃春明小說中的鄉土情感，與小人物生存情節的悲喜。〔註42〕當時在知識份子心中，黃春明可謂是對鄉土文化的重要耕耘者及實踐者。透過對黃春明小說的改編，台灣新電影則從健康寫實所呈現的鄉土意涵，轉化爲台灣本土文化的實踐。

到了八○年代新電影運動崛起後，我們則是見到另種觀看六○年代歷史的方式，新電影在重新定位及尋找台灣人的身份及主體上，付出相當多的努力，透過批判的精神，寫實的風格，電影創作者讓小人物的眞實生活細節，在演員平實表演、實景、自然光源、長拍、深焦鏡頭等表現手法下，有了不同於以往的「再現」。另外，族群身份問題在八○年代至九○年代初幾部電影包括虞戡平《兩個油漆匠》、萬仁的《超級市民》及李佑寧的《老莫的第二個春天》，不僅觸及社會階級的議題，或是小人物的悲喜，重要的是他們將台灣兩個弱勢族裔：老兵及原住民，納入台灣人的身份論述裏，葉月瑜云：「以種族文化多元論的角度切入，這樣的身分演繹，即將外省人納入台灣人的版圖中，是使台灣人意義複數化，而非單一化地掉入法西斯的牢籠裏。」〔註43〕這些影片意圖詮釋老兵及原住民在社會的邊緣位置，並將他們定格在台灣的歷史脈絡裏，成爲台灣歷史關注的主體。此時鄉土的意涵，並不僅僅站在西方，或者都市的對立面，鄉土內在必須包括更豐富的意義，鄉土並不只是閩南人的

論者，還包括當年鄉土論戰的陳映眞、高信疆、黃春明等，以現代舞碼重新詮釋民族主義的雲門林懷民，媒體工作者楊憲宏、金焯、丘彥明，學界的胡台麗、陳傳興、郭力昕等。請參考小野，《一個運動的開始》，台北：時報出版，1988年，頁135～139。

〔註42〕筆者是根據公視新電影二十周年播放「兒子大玩偶」之前，小野對吳念眞的訪問內容。

〔註43〕葉月瑜，〈台灣新電影：本土主義的他者〉，《中外文學》，第27卷第8期，1999年1月，頁50。

台灣鄉土，它亦涵蘊外省人大陸鄉土，以及原住民的家鄉鄉土。在此，台灣人的主體就不只是閩南漢人，同時也擁抱原住民、外省人。及至九〇年代有更多關於邊緣族群的身影出現在台灣影壇中，如張作驥的影片，影像讓多個少數族裔成爲具象存在的發言者，顯示歷史的謬誤及歷史的傷痕，這些小人物的悲情不僅止於社會階級的不公，還必須置於身份認同的主體建構的框架裏來敘事，並以荒謬謬謬的悲喜劇形式來轉化現實體制權力的殘暴不仁。

台灣在一九七〇年代在國際外交上的迭遭挫敗，由保釣運動開啓的反美日帝國主義風潮，青年知識份子採取兩條進路做爲文化及政治上的具體行動，其一是「回歸社會主義祖國」的風潮，由於台灣在外交的連續受挫，致使其象徵「中國」的合法性被解消，「中華人民共和國」成爲代表中國的合法政府，遂吸引當時海外青年學生回國報效祖國，引發當時「回歸祖國」熱潮。另一條青年知識份子文化實踐之路則是關心台灣本土內部的鄉土現實，作爲中國文化認同的再次銘刻過程，這條路徑則深掘台灣主體的本土化。再加上七〇年代至八〇年代政治上晉用台籍人士，促使政治的本土化，以及社會經濟工業化、現代化的變遷，城鄉人口流動，傳統性與現代性的互疊與交鋒，使得台灣社會內部主體性更加浮現，並加速邁向本土化之路。本章節試圖爬梳鄉土文學論戰所引發的台灣現實關懷，並從六〇至七〇年代台灣電影健康寫實運動及八〇年代台灣新電影中對於鄉土的呈現，小人物形象，及族裔的複數化，予以詮解及剖析。在六〇年代至七〇年代的健康寫實風格所呈現的鄉土仍不脫「戰鬥文藝」所要求的健康及光明美善的宣導，時有政府文藝政策中意識形態的斧鑿刻痕，其突顯的是以西方現代性的形式（表現形式）召喚中國／台灣之傳統性（表現內容），並涉入中國／台灣的鄉土現實。在影像文本裏鄉土的意涵，有時是相對於西方而言的國族鄉土，有時是相對於中國的台灣鄉土，有時則是相對於都市的鄉村鄉土，甚至台灣內部的鄉土因爲身份認同與族裔之間，亦使鄉土意涵有所差異。八〇年代的鄉土影像呈現庶民細瑣的歷史記憶，及「眞實」的台灣鄉土空間，具有台灣身份認同的指涉意義，影片內容意涵走向小人物的寫實敘事來突顯社會階級的不公，及歷史情境的謬誤，並試圖將觸角深入到少數族裔的社會位置及身份認同等問題，使台灣人的音像增加了深度，對台灣人身份圖象的論述，以主體複數化的形象，建構台灣的本土化的認同，肯定其他族裔的在地性及其台灣人的身份。進入九〇年代之後，台灣電影的鏡頭空間不再只鍾情於前工業化的鄉土，

反而轉向正在經歷國際化跨國資本的都市空間，並且對於影像與史實之間是否存在寫實的關係，持著相當自覺且質疑的態度，書寫歷史的影片往往強調史實與記憶的建構性，斷裂性，因此，都會化的台灣經驗，及傾向後設的後現代風格的九〇年代台灣影片，將是另一個有趣而值得深究的課題。

第三節 狂飆八〇與婦女運動

八〇年代的政治社會從初期、中期與晚期來看，可謂從戒嚴到解嚴，整個年代的思潮與政治風向起伏落差甚大，從街頭活動的抗爭，初期要承受司法審判制裁的威權體制，到解嚴之後群眾運動之自主意識高漲，以及從「黨外」體制外的抗爭活動到走入體制內成立「民進黨」，解消國民黨的一黨獨大。總體而言，八〇年代的政治社會情勢承續著七〇年代的社會變化，回溯七〇年代的台灣，國際上，一連串的外交重挫，包括台灣被迫退出聯合國，以及中美斷交，還有保釣運動，皆激發知識份子的民族情感，與回歸鄉土，護衛鄉土的理念。而國內的重大事件，先是 1975 年蔣介石過世，強人專權消逝。繼之反對運動展開，累積蘊釀多年的反抗力量，在 1979 年美麗島事件全然釋出，此次事件引發官方強烈的震撼，遂展開強制搜捕行動，社會大眾感染到一股白色恐怖及專制政體再次「君」臨，同時也帶動群眾民主意識的覺醒，成為八〇年代政治思維啓蒙的重大事件。〔註 44〕七〇年代的台灣國際地位令人憂心，國內政經局勢亦曖昧不明，使台灣社會上瀰漫著一股風雨飄搖的氛圍，當時有兩股歧異的社會現象漸漸成形：其一是知識青年有感於國家在外交上的挫敗，台灣在國際上被孤立而返國返鄉，結合本土的知識份子自覺，爲民族鄉土意識加溫；〔註 45〕另一股社會現象則是部份對於國家喪失信心的人民，在無所適從的茫然恐懼裏，跟隨著移民與留學的風潮，選擇他鄉（尤其對美國自由民主的憧憬）作故鄉。

〔註44〕 八〇年代所形成的政治及社會風貌深受美麗島事件的影響，許多作家如林雙不、宋澤萊、林文義、劉克襄、吳錦發、洪醒夫等都曾公開或私下宣稱美島事件給了他們徹底的洗禮，激發他們在文學上的自覺。吳錦發，〈八〇年代的台灣文學〉，《台灣學術研究會誌》，第 3 期，1988 年 12 月，頁 117。

〔註45〕 七〇年代的民族鄉土意識及國族概念，到了八〇年代逐漸演變化「台灣本土意識」，關於台灣意識在八〇年代高漲的背景分析，可以參考藍博堂，《台灣鄉土文學論戰及其餘波（1971～1987）》，台北：台灣師範大學歷史研究所碩士論文，1993 年，第四章。

　　從七○年代到八○年代台灣的政治與社會現象密切地牽動小說與電影音像的創作，同時也引發女權意識的深化，若要討論女性書寫與影像的再現，以及女性意識以「文學電影」形式的實踐，必須審視當時台灣的政治社會體質，以及對於女權意識在台灣各層面的接受情形。坊間對於八○年代此一斷代的探究，不論在政經、文化、社會等方面皆有頗具規模的論著，不論是從新聞報導的觀點切入，或者是學術論文所採取的文化研究論述，大抵認為八○年代的政治，經濟與社會面臨嶄新的文化情境與論述場域。〔註46〕本文擬將剖析八○年代台灣政經文化與婦女運動兩大面相，藉以挖掘政經文化現實實體下，女性意識與文化場域的互動及對話。

（一）政經文化

　　七○年代台灣鄉土意識的論爭，已將關懷的視角投注在台灣這塊土地上，八○年代則響應此革新的呼籲，落實與深化民主改革的力量。威權體制下的官方說法已經漸漸遭受到質疑，層層禁錮的政經體質正漸次鬆動，民間的群眾集體力量開始佔有一席之地，甚至在八○年代中期以後，官方與民間似乎不再只是相互對抗，還有互相角力、拉鋸的關係。黨外積極從事的民主運動，迫使官方開始一連串開放解禁之舉措，〔註47〕解嚴之後也使得群眾更加勇於加入街頭的抗爭運動，提出社會改革的訴求。解嚴之後，形成八○年代末至九○年代的各種社會活力迸發，百無禁忌的文化現象進入了眾聲喧嘩的後現代情狀。

　　1979 年的美麗島事件牽動知識份子對政治現實的質疑，社會反對運動的能量也因長久的威權壓抑亟欲宣洩，八○年代初期官方為了整肅美麗島事件的高壓手段，使得社會氛圍一度呈現緊張狀態，彷若「白色恐怖」再現，然而官方對於行動言論的箝制，無法壓制人民對於權利自主的冀求，因此八○年代大大小小的街頭活動與社會運動前仆後繼。〔註48〕相關議題包含婦女運動、

〔註46〕與八○年代的相關論著：楊澤主編，《狂飆八○：記錄一個集體發聲的年代》；林燿德，〈不安海域——八○年代前葉台灣現代詩風潮試論〉；游喚，〈八○年代台灣文學論述之變質〉；以及吳婉茹、蕭義玲、侯作珍、陳伯璋、李建民、謝春馨等博、碩士論文。

〔註47〕一九八六年政府開始一連串的開放改革措施：一九八七年解除戒嚴令、開放大陸探親；黨外勢力組織化成立民進黨，接著政府解除黨禁；解除報禁，至此，人民的言論、集會與結社不再是禁忌。

〔註48〕關於解嚴前後的社會運動，在徐光正與宋文里合編的《台灣新興社會運動》

勞工權益、原住民人權、教師人權、反核運動、五二○農民抗爭、二二八事件平反、弱勢團體請願等等。在八○年代政治氛圍仍然凝重的狀態下，反對勢力對於國家體制的衝撞成為此時的特色，而文學寫作上也相當地呼應當時社會運動所關懷的議題，因此彭瑞金提到八○年代有政治文學、女性文學、環保文學、弱勢文學族群文學（關懷對象包括農民、漁民、老兵、雛妓、老人、原住民）等等〔註49〕，呈現多元化的文學質素。八○年代的文學不僅對社會有多面向的關懷，在美學思潮的接收與實踐上也眾聲喧嘩，在《狂飆八○》中，紀大偉綜論台灣政經以及社會環境，對當時的文學現象剖析道：

> 八○年代適逢政治生態狂飆（如解嚴、蔣經國去世等事件）、經濟遊戲勃興（從大家樂到股市熱潮等等），現實感越來越讓人難以捉摸；耍弄語言的後設小說、後現代主義等等在八○年代台灣文字中頻繁出現，獲諾貝爾文學獎的南美作家馬奎斯以魔幻寫實風格搖控台灣文風，捷克作家米蘭昆德拉夾議夾敘的文體開始掀起熱潮……想來亦非偶然，當時離奇情境畢竟提供沃土。〔註50〕

八○年代文學文本以各種不同的議題，展現對於社會現實的關注，以及政治意識上的覺醒，而其他各種不同的美學取徑，如後設小說，魔幻現實小說，敘議夾雜的文風等等，雖是在鄉土寫實之外另尋新的寫作策略，仍然是與當時的政經體制作某種程度的對話。街頭運動以及文學書寫的多元化，標誌著八○年代台灣社會結構的質變，特別是政治議題深入社會各個層面，包括政治議題在小說中成為書寫的風潮，皆呈現出反體制與建立主體性的社會實踐。

　　八○年代的台灣社會雖然呈現改革開放的趨勢，但是文化結構依然擺脫不了官方的審查制度，以及官僚系統所主導的文化思維，另一方面，整體的文化場域受到經濟快速成長的影響，文化產品商品化、都會化、消費化的傾向日趨深化，相對地，文化思惟也面臨固有價值觀的變遷、異化或崩解。台灣經濟產業逐漸從勞力為主的工業向精密工業與服務業，社會整體經濟景況展現出強大的民間消費能力，土地、股票狂飆，以及賭風的盛行，大眾傳播媒體更加普及與科技化，種種指標呈現台灣社會由前工業狀況跨入到後工業時

　　　一書中，有許多深刻的討論。八○年代的社運可參見凌子楚，《台灣八○年代社運的政經分析》，台北：台灣大學三民主義研究所碩士論文，1993年。

〔註49〕彭瑞金，《台灣新文學運動40年》，台北：自立晚報出版，1991年，頁198。

〔註50〕收入楊澤編，《狂飆八○——記錄一個集體發聲的年代》，台北：時報文化，1999年，頁161。

代，以經濟消費掛帥的體質衍生新的文化現象，諸如都市文學、消費文學與大眾文化勃興，而前行世代所倡議的創作潮流，如：強調寫實及本土意識的鄉土文學，正受到消費社會多元化價值觀的衝擊，商品化與消費化引動另一波文學思潮。一九八〇年代是個以消費解讀所有文化面相，嬉遊輕快的文化產品大行其道，文藝創作也深受其影響，廖仁義如此詮釋這個以消費為思考核心的年代：

> 解嚴以後與報禁解禁以後的思想風景，……我們發現，我們對「美
> 麗島事件」的記憶已經遠去。不知道是「美麗島事件」之後的民主
> 運動已經因為新政權的成立而遺忘了知識份子的聲音，或者是知識
> 份子已經在新奇的觀念遊戲中遺世獨立，或者，知識份子與政黨即
> 使是在實踐的層面上還是有不同的遊戲規則？總之，殷鑑已遠。隔
> 著消費社會的複製機械，吶喊的聲音也不再鮮活。〔註51〕

當時所盛行的「文學電影」，可謂反映著文學文本被消費化與商業化的趨向，文學與影視媒體的合作，代表文化產品進入資本主義消費市場，內容更傾向通俗化與普及化，將文字轉化為影像，使得消費大眾可以跨越文字閱讀而直捷從影像來吸取文學風尚。文學電影化，諸如黃春明的小說〈兒子的大玩偶〉、〈看海的日子〉以及七等生的〈結婚〉等等，雖然象徵著文學的大眾化與通俗化，但另一方面卻為台灣影像採取人文關懷的視角，並為影像注入清新題材，開展出特色鮮明的台灣新電影的風格，文學元素注入台灣音像敘事，亦促成台灣電影的本土化特色。面對台灣八〇年代以降明顯出現的消費文化，使得長期以來鄉土文學在八〇年代所衍生出政治立場不同的創作觀，到了中期卻被消費社會多元化所消解，並逐漸淡化，如：杭之所言「台灣社會的都會地區愈來愈明顯地出現西方消費資本主義社會風貌，文化依賴的程度逐漸加深。」〔註52〕資本經濟狀況與政治牽連的社會情境，複音多調的思想風貌，以及消費社會的商業趨向，提供文學電影化發展的沃土，而女性小說與鄉土小說注入台灣音像的敘事，又有因應本土現實環境所拓展的美學特色。

〔註51〕收入楊澤編，《狂飆八〇——記錄一個集體發聲的年代》，台北：時報文化，
　　　　1999年，頁59。
〔註52〕杭之，〈八〇年代台灣的思想／文化發展〉，收入《邁向後美麗島的民間社會》，
　　　　台北：唐山，1990年，頁263。

（二）女性意識的崛起

八〇年代整體的社會體質漸趨向改革與開放，伴隨著經濟型態的轉型，性別意識也逐漸抬頭，戰後出生、成長的女性所面對的社會情境與經驗包括勞動市場的就業機會增多，進入教育體制就學的比率升高，以及城鄉移民所帶來的都會文化衝擊，旅行風氣的興盛，以及女性參與債券市場，追逐金融流動，到九〇年代女性投入網際網路的資訊流動等等，都為女性開啓更廣闊的天地可資悠游，形成女性自主主體建構的助力，並促使女性產生自覺意識。〔註53〕

1949 年之後執政黨長達四十年的威權統治，使得台灣人民處於相當肅殺的社會氛圍中，任何在日常生活裏與執政黨不一致的理念和行動，很容易被政治上的高壓手段所懲罰，因此造成日後台灣在任何議題上都易有「泛政治化」的傾向。〔註54〕從 1970 年代末期開始台灣經歷一連串政治情勢的變化，台灣社會陸續出現族群、教育、文化等爭議，幾乎都會被解讀為政治上台灣結或中國結，或者是統、獨的爭議，這股在解嚴之前不具合法性的「獨立」暗流，隨著政治上的解嚴及反對黨的茁壯，台灣進入了狂飆的八〇年代。八〇年代充滿抗爭議題與社會豐沛活力的街頭運動，女性並沒有缺席，自 1988 年救援雛妓（華西街遊行）之後，以婦女議題為核心，走上街頭遊行的活動日趨增多。〔註55〕街頭遊行的行動清晰地表達了女性集體的現身（現聲），透過女性的集結和女性議題的聚焦，在各種身份認同之中標舉出自己的女人身分與意識，以街頭遊行的形式展現了集體意志，將個體從僅僅是移動的女性身體，轉變為行動的主體，所以在街頭活動裏，女性身體移動的能力與日常性，

〔註53〕 王志弘將七〇年代與八〇年代重要的性別化流動事件，標舉如下：加工出口區女工雲集，女性勞動參與率提昇，女性就學率與學歷提高，女權運動萌芽（呂秀蓮），女性機車市場受重視，女強人論述，晚婚、晚生育和少生育的趨勢，不婚的趨勢與離婚增加，女性國外自助旅行的風氣，女人為主體的示威遊行，女性汽車市場受到重視。女性行動能力的增強展現了主體的意向，並且確認主體之存在地位。請參閱王志弘，《性別化流動的政治與詩學》，台北：田園城市文化，2000 年，頁 202。

〔註54〕 所謂泛政治化有兩個不同層面的意義：首先，在較低的層次上，台灣領域的任何議題——不論當事人在主觀上所賦予的意義為何——都會被人解釋為具有政治意涵的聯想。其次，在另一個層次上，所有政治觀點上的差異，都會被無限上綱到「國家認同」的立場——也就是台灣統獨的爭議。

〔註55〕 近年來以婦女議題為核心，走上街頭遊行或舉辦活動的主要行動，包括了救援雛妓（1988 年華西街遊行）、反性騷擾（1994）、反禁孕及單身條款（1995）、新女廁運動（1996，抗議公廁的性別歧視）、女性人身安全（1966～7），紀念彭婉如遇害事件；白曉燕遭綁架撕票案引發的 504，518 遊行等）。

在此轉化爲流動的顚覆潛能，爲女性爭取其開拓的發言空間。

在八○年代之前，由於長期的戒嚴體制下，台灣人民普遍對政治相當疏離與淡漠，再加上國際社會冷戰的對立情勢，以及兩岸政治的對峙，許多社會運動及政治訴求，往往在強權壓抑下潛流伏動，在解嚴之前女性的解放議題，時常被包裝成「婦女活動」，或是「開發婦女潛能」、「婦女成長」等較爲符合家國利益的、保守的字眼。台灣的婦女運動在 1970 年代，由呂秀蓮所發起的「新女性主義」開啓戰後的第一波婦運，「新女性主義」的基本主張除了「先做人，再做男人或女人」和「人盡其才」以外，還有「以『喚醒婦女、支援婦女、建立平等和諧的兩性社會』爲宗旨」。呂秀蓮提倡兩性平等的意識，奠定台灣婦運的發展基礎。根據顧燕翎的分析，呂秀蓮的「新女性主義」所著重的實踐方式，以及對傳統性別角色表現出高度的妥協精神，對於父權社會用以枷鎖女性的婚姻制度、異性戀機制和「母性」，尙未做過深刻的批判。〔註56〕在呂秀蓮之後非傳統性的女性組織逐漸產生，在不同面向針對台灣社會性別問題作探討，除了要求實質平等之外，更進而探討性別差異社會化過程，父系價值的缺陷，以建立完整人格（突破傳統的二分法）及平衡的兩性文明爲目標。1980 年「婦女研究」的成長、茁壯便是第二波婦運的果實。在這一波的婦運中，不同性質的婦女團體及女性雜誌也相繼成立，其中以李元貞在一九八二年所創辦的《婦女新知》雜誌可謂是此時期的代表，初期以雜誌文字媒介來傳達女性意識，隨後《婦女新知》轉型爲基金會，以拓展關懷的觸角。〔註57〕在婦女研究與女性思潮的引介方面，《婦女新知》除了繼續關注婦女在公共領域中的平等權益外，也努力於把女性主義的理論和知識運用到心理、藝術和文學批評各方面，譯介西方女性主義的經典著作，從我國的歷史和典籍中去探索女性受壓迫的根源，致力女性文化的發展和建構等等。周碧娥指出這一波的女權風潮和上一波的婦運，在許多方面都有所差異：

> 在努力的重點方面，不再以「新女性主義」爲口號，而強調以「新兩性關係」爲取向：以建立兩性平等、和諧的社會爲目標。在鼓吹和努力的層次也比較不再侷限於少數個人和團體的努力，而趨向分

〔註56〕請參閱中國論壇編輯委員會，《女性知識份子與台灣發展》，台北：中國論壇出版，1989 年，頁 114～117。

〔註57〕《婦女新知》雜誌自一九八二年二月創辦，而於一九八八年三月改組爲基金會。參閱顧燕翎，《女性知識份子與台灣發展》，台北：中國論壇出版，1989年，頁 117～122。

散和多元。由學術界,女性專業人員和許多婦女團體分頭努力,甚
至聯合行動和抗爭的方式來表達婦女的意見和立場。……總之,這
時期自發性婦運的可見性較高,雖然仍以中產階級的婦女為主流,
但對女性和性別體制的意識型態漸出現不同的看法。其訴求的對象
和議題也有差異。〔註58〕

此階段的女性行動多以時事評論組成小組聚會方式進行,主要行動者大都是
知識菁英,因此運動的推展仍是以女性意識啓蒙為主,並對傳統社會中重男
輕女、男外女內、男性優越感以及雙重道德標準多有批判。解嚴前後,台灣
女性一方面參與政治運動,另方面加強女性組織的多元化,擴大女性行動的
基礎。到此時,以提昇女性自主意識為主的團體已經發展成相當成熟,甚至
相關的女性與性別研究課程陸續在校園中出現,婦運的行動對台灣主流價值
漸漸具有影響力。

　　藉由群體的力量以謀求改善女性在社會中的處境,地位,以及改變社會
中所有人對女性的想法和看法就是婦女運動的宗旨,這樣的行動與介入社會
本身,就是一個政治行動,如林芳玫所言:

女性主義理論與婦女運動針對父權社會的觀念、習俗、文化及日常
生活的各個面相(向)提出挑戰、顛覆與再詮釋。這種現象本身就
是廣義的政治,一種女性主義文化政治(feminist cultural politics)。
由於女性主義所觸及的,不只是個人外在行為的改變或是政府公共
政策的制定,更牽涉到個人內在主體認定的型態改造。因此,女性
主義文化政治也可以說是一種認同政治(identity politics)。認同政
治所追求的,除了傳統代議政治裏利益團體所要求的有形物質資源
與對資源的近用權(access),更包括對自身與身份處境的命名,以
及社會其他成員對此命名的認識。〔註59〕

王雅各研究台灣八○到九○年代婦女運動,他論述婦女運動的開展其實是十分
困難而艱辛,在父權大眾傳播的操弄下,一般人對於女性主義、女強人或婦
運相關的人事物,都有負面的刻板印象。從呂秀蓮所推動的「新女性主義」

〔註58〕 馬以工等著,《當今婦女角色與定位》,台北:國際崇她社台北三社,1989 年,
頁 312。
〔註59〕 林芳玫,〈當代台灣婦運的認同政治:以公娼存廢為例〉,《中外文學》,第 27
卷第 1 期,1998 年,頁 66。

開始，從事婦運的女性，等同於女性主義者，大多被塑造成敵視男性、破壞婚姻、家庭制度、挑戰社會善良風俗、本身在婚姻關係中有缺陷，或者相貌不好的女人。〔註60〕所有婦女團體在 1990 年代之前被父權社會嚴重地污名化，在努力爭求認同的過程中，要求具有女性「身份」的人與「男性」有同樣機會的權力。在藉由賦權（empowerment）的過程，使女性意識提昇，並瞭解「個人的就是政治的」，幫助身處弱勢的女性明白自己的處境及壓迫者的特性，以及社會父權體制的機轉，與改變的可能性、重要性。婦運透過爭取權力，來達到重新分配資源的目的，徐佳青說：

> 婦運本來就是一個奪權的過程，也就是要重新分配資源。因為父權
> 文化扭曲了我們對性別的認識，因此我們要扭轉父權文化，這就是
> 意識型態的鬥爭。這兩者都可以說明婦運的政治性。〔註61〕

就婦女運動而言，不論是否與政治改革運動相關，它自身就是一個有奪取發言權企圖的政治性行動。在傳統的政治學探討中，權力是最核心的概念，不論是統治者／被統治者之間的關係，或者有關資源的分配，都是在探討不同面向的權力關係。傳統的父權社會在權力關係上，造成男人 —— 統治者，女人 —— 被統治者的現象，而統治者往往以他在支配位置上的優勢壓迫了被統治者，而婦運所追求的性別平等目標，在此脈絡中可看成是台灣社會的女人們，爭取自我主體，爭取發言權，以及資源的重新分配的社會行動。因此婦女運動無法豁免於台灣的泛政治化潮流中，婦運在七〇年代常被視為充滿著負面形象的「搞亂」和「造反」行動。呂秀蓮於 1970 年代提出並推行「新女性主義」時，也遭逢父權社會的強烈反彈，並將之與黨外活動作連結，這種針對兩性平等所做的觀念上和行動上的反動，到了九〇年代中期女權會成立時，還若隱若現地存在於台灣社會。

　　從解嚴前至解嚴後，女性的社會動員一直持續不斷，從「婦女新知」到「女權會」，此種女性社群的集結乃是針對父權體制中男尊女卑的意識形態、文化和制度，加以批判與挑戰，並且試圖以社會行動將性別平等的觀念履行（implement）並取代（replace）性別不平等的社會制度和習俗。婦女團體與街頭抗爭活動提供女性多重的越界流動經驗，以及性別化主體的演出和構成機會，女性為了女人議題而組織成社群或走上街頭牽涉多重的越界與轉化，

〔註60〕王雅各《台灣婦女運動解放史》，台北：巨流，1999 年，頁283。
〔註61〕徐佳青，〈婦解運動、國家資源和政治參與〉，《騷動》，第 3 期，1997 年，頁88。

在婦女團體的組織方面，促使女人的議題從被忽略的瑣碎或私密事務，成為公開訴求的公共與政治議題；女人自身從私領域進入到公領域。而走上街頭遊行的具體行動，除了使女人從私領域越界到公領域之外，也因身為行人而走上路，跨越了移動空間的日常用途和規範，並藉由街頭示威而將街道公共空間轉變為表達意見、展示社會衝突與矛盾，以及特殊社會群體透過集體現身而展現力量的公共領域。從一九七〇年代呂秀蓮的「新女性主義」至八〇年代的「婦女新知」，繼呂秀蓮之後，李元貞、顧燕翎、鄭至慧等人持續婦女運動，喚醒女性解放意識，反省傳統的性別角色，反對父權法條，一九七〇年代的婦運為後往的女性主義思潮奠定基礎，同時也將性別議題嵌入台灣社會運動的脈絡之中，使之成為八〇年代以來許多女性作家積極思辨的課題。至九〇年代的「女權會」，女性社群的集結與動員，以及女性主義思潮的引介，在女性意識的提昇上獲致相當豐富的成果。

第四節　女性書寫與傳播媒體

（一）文學獎／象徵權力／性別政治

　　台灣文學場域與文學傳媒生態關係密切，反共文學的興盛得力於政府的文藝機構推動，現代主義之受重視與文學雜誌關係至切，至七〇年代《中國時報》、《聯合報》副刊成為文學活動的主要場域。一九七六年聯合報小說獎創立，一九七八年時報文學獎亦設立，文學桂冠的頭銜成為象徵性的文化資本，而參與評審的委員亦掌握象徵權力，評審取向品味反映時代文學批評趨向的更迭，牽涉特定時空的美學觀點，文學需求，反映出文學創作／批評的發展，並且形塑文學典律，促使文學評論體系象徵性地由封閉的學院出走，轉移到眾聲喧嘩的傳播媒體及文化場域。許多重要的評審委員及台灣小說作者，幾乎都是從兩大報的副刊場域裏取得發聲管道，並經由副刊的傳播力量打開知名度，同時亦在文學獎的競逐裏引領文化風潮。文學獎的角逐過程除了標誌著小說議題與形式的變遷，以及文學流派，讀者鑑賞品味的消長過程，再者亦可尋繹出小說風格的發展脈絡：鄉土小說風潮在七〇年代末大量出現，隱然形成師法黃春明的小人物敘事模式，或者王禎和的嘲諷語態等等鄉土寫實的筆調，進入八〇年代以後小說多以都會為背景並採取新的敘述模式，引介後現代的文化思潮，展現多層次的現實感，不再以鄉土寫實為歸依，而以不同議

題及形式來衝撞政經意識形態，以呈現台灣複雜的現實情境。〔註62〕兩大報的文學獎及副刊在七〇、八〇年代漸漸形成主流的傳媒，屬於中產階級知識份子的讀物，擁有社會中堅份子的大量閱讀群眾，無疑地確立了兩大報的文化領導性格，成為文學創作美學思潮的風向球。

女性的文學創作在一九八〇年代漸漸成為台灣文壇不容小覷的現象，這批女性寫手紛紛摘下各大文學獎的桂冠，也引發評論者對女性書寫給予不同立場的評價，在〈八〇年代台灣小說的主流〉一文中，呂正惠從政治，社會變遷的角度爬梳八〇年代小說的發展，雖然作者精密地論證這些小說的崛起與時代精神的互動，卻又批判它們「共同表現出台灣當代小說之缺乏正確而深入的寫實精神」。〔註63〕他認為女作家獨霸文壇的現象，所表徵的是台灣女性讀者參與消費的行列，轉變經濟的結構，文學市場開始分眾，因而造成女作家的興起，另外，他認為女性創作流露出台灣中產階級的保守性格，以及與主流國家論述結合的趨勢。簡言之，中產階級短淺的目光使得小說無法呈現深刻的現實，或者是只能以幻想處理現實問題。作者所列舉的小說文本皆是寫實文類，然而他並沒有明確說出何為「正確而深入的寫實精神」，便批駁這些女性小說悉以「幻想而浮面的方式處理一些現實問題」，事實上，以幻想或言情的手法是否就無法顯示現實的特質，有待商榷。在此，以施淑對八〇年代女性小說的見解作為另一種聲音的回應：「以幻想彌補現實的八〇年代女性小說，是對於一個需要幻想來解救的苦難現實的恰如其分的反映或折射，是八十年代台灣女性的典型尷尬環境的典型表現」。〔註64〕

有學者以另一種角度來詮釋八〇年代女性書寫的蓬勃發展，其論述的觀點則著重在女性創作當中的顛覆性，如：邱貴芬指出八〇年代台灣女性創作在創作形式和性別刻劃上，具有拓發女性發言空間，並且鬆綁男性中心文學價值觀及父權社會體制對女性的箝制。〔註65〕張誦聖則以文化生產面向出發，歸

〔註62〕 關於兩大報文學獎的詳細論述可參見莊宜文，《《中國時報》與《聯合報》小說獎研究》，桃園：中央大學碩士論文，1997年。對於文學作品與傳播媒體之間的關係，可參見林淇瀁，《書寫與拼圖——台灣文學傳播現象研究》，台北：麥田出版，2001年。

〔註63〕 呂正惠，〈八十年代台灣小說的主流〉，收錄於林燿德編《世紀末偏航——八〇年代台灣文學論》，台北：時報文化出版，1990年，頁286。

〔註64〕 孟樊，林燿德編，《世紀末偏航——八〇年代台灣文學論》，台北：時報文化出版，1990年，頁295。

〔註65〕 邱貴芬，《仲介台灣‧女人》，台北：元尊文化，1997年，頁39。

納出張愛玲文風的影響，形成台灣文學場域的特殊風景。〔註66〕范銘如以八〇、九〇年代作為台灣女性小說的文藝復興時期，論述裏積極地翻轉愛情小說的位置，並且努力建構女性自主意識與社會秩序與女性書寫、閱讀愛情小說有密不可分的關係，以期顛覆愛情題材與社會脫節，乃是空中閣樓的產品這樣制式的觀點。並爬梳女性小說從七〇年代後期如何轉進八〇年代，女性文類以愛為名作為航行起點，探索性別與愛情的議題，以及女性自我的發掘與定位，然後一路挺進，到九〇年代此文類已成熟茁壯，以女性之聲介入及拆解大敘述，批判複雜紛擾的文化與政經生態，女性作家們紛紛由愛出走，發展出豐富而形態各異的女性異質書寫。〔註67〕

　　八〇年代女性作家在兩大報文學獎頻頻顯露出不凡的身手，屢屢有所斬獲，這時期的女性小說，家庭生活等題材之作明顯較多，特別是中長篇小說有相當多佳作，如：蕭麗紅《千江有水千江月》、蕭颯《霞飛之家》、李昂《殺夫》、蘇偉貞《紅顏已老》、《世間女子》，廖輝英《不歸路》、李黎《傾城》等，九〇年代中國時報百萬文學獎由朱天文《荒人手記》及蘇偉貞的《沈默之島》競逐，更是台灣女性小說一次輝煌的戰果。〔註68〕女性小說也有著階段性發展，從傳統的認命認份過渡到追尋自我的過程，從含蓄內斂到情慾自主，如李昂《殺夫》、袁瓊瓊〈自己的天空〉、廖輝英〈油麻菜籽〉等作震撼力與影響十分重大。八〇年代社會轉型期前後，還出現不少探討家庭問題的小說，以及處理老人或青少年問題的作品，如蕭颯〈我兒漢生〉、朱天文〈尼羅河的女兒〉，朱天心〈天涼好箇秋〉。為數眾多的愛情小說，從早期有情無慾，中期愛欲交戰，近期則是情慾橫流，題材也從校園式純情愛戀，到都會男女戀情，以至於近年盛行的同性戀議題。小說的發展變遷並非在表面上所選擇的題材，而是在詮釋題材的態度上產生意涵的轉變。晚近後現代小說特重形式，已凌越主題，超出近二十年的主流類型。從得獎小說類型來看，可見兩報小

<hr>

〔註66〕張誦聖，《文學場域的變遷》，台北：聯經出版，2001年，頁55～82。

〔註67〕范銘如，《眾裏尋她——台灣女性小說縱論》，台北：麥田出版，2002年，頁151～152。

〔註68〕八〇年代以來女作家透過參加文學獎成就文名，享有優渥酬勞，有的多次獲得評審的青睞，如朱天心即曾獲中時、聯合文學獎和總計7次，外加洪醒夫文學獎、台北文學獎；而蘇偉貞也曾獲中時、聯合文學獎共計5次，外加國軍文藝獎、中華日報、中央日報等等，合計共13次。針對女性小說獲兩大報獎項的記錄，可參看陳明柔，《台灣八〇年代小說的感覺結構》，台中：東海大學博士論文，1998年。

說獎得獎作品有率先帶動一時文學風潮的作用，促成文學的演進。

文學獎不僅帶動文學風潮，同時也帶動文藝走向，文學獎機制的形構，也同時建構了文學典律，以及文學批評典律，並影響女性作家創作過程文類的擇取和文章風格偏向，簡言之，文學獎機制成為主流媒體、文學典律、文學資源分配等等權力政治的操演場域。兩大報獲得文學獎殊榮的作品，得以在媒體造成高度的曝光率，吸引一定的閱讀人口，因此，獲得文學獎，則促使作者知名度的提昇，也就成為書本的銷售票房保證。這些能夠掌握時代脈動，以及當時女性議題的小說，往往也成為電影片商所喜愛改編的題材，自一九七六年至一九九〇年獲得文學獎的小說曾被改編成電影的作品如下：

聯合報小說獎與時報文學獎

小說得獎時間	作　者	篇　名	改編電影片名	得獎類別
1976 聯合報	朱天心	天涼好箇秋	小爸爸的天空	佳作
1979 聯合報	蕭颯	我兒漢生	我兒漢生	中篇小說獎 第二名
1980 聯合報	蕭颯	霞飛之家	我這樣過了一生	中篇小說獎
1982 中國時報	廖輝英	油麻菜籽	油麻菜籽	小說甄選獎首獎
1983 聯合報	朱天文	愛的故事	小畢的故事	愛的故事徵文
1983 聯合報	李昂	殺夫	殺夫	中篇小說獎 第一名
1983 聯合報	廖輝英	不歸路	不歸路	中篇小說 特別推薦獎
1984 聯合報	黃凡	慈悲的滋味	慈悲的滋味	中篇小說獎

另外，台灣新電影的重要作品《小畢的故事》，乃改編自朱天文參加民國七十一年聯合報「愛的故事」的徵文比賽，侯孝賢等人在聯合報上閱讀到這篇佳作十分喜愛，遂與朱天文洽談購買電影版權的可能性，也促使朱天文與電影劇本結上不解之緣，其後與侯孝賢、陳坤厚等人合作多部台灣重要的電影。在這個時期年輕的女作家要能展露頭角，多依循文學獎模式，電影改編的機緣往往也是來自這頂文學桂冠，文學獎常勝軍如李昂、廖輝英、蕭颯皆有多部小說被改編成為電影〔註69〕，另外，知名的台灣電影劇作家吳念真當

───────────────

〔註69〕李昂的作品：《殺夫》、《暗夜》；廖輝英作品：《油麻菜籽》、《今夜微雨》、《不

年亦是文學獎的常客。可知文學獎與電影改編之間的確存在密切的關係，首先文學獎反映著時代議題及美學走向，已為改編題材淘選出優良的文本，再者文學獎對於創作者個人帶來加冕光環，透過傳播媒體的宣傳聚焦之後，創作者不再是個人手工業，而是進入龐大消費市場的重要商品，持續筆耕的創作者以一系列題材類型相似的文本，形成個人品牌，營造出名家手筆，女作家正是得到報紙副刊及文學獎的青睞，得以在主流媒體開疆拓土，增加曝光率及知名度，如：八○年代的廖輝英及李昂、蕭颯等人都是從文學獎出發，繼而在副刊發表更多作品，以獲得更廣大的閱讀群。呂正惠認為八○年代這群女作家應劃歸於「閨秀文學」類別，並認為這群女作家書寫「不夠寫實」，然而若重讀廖輝英、李昂、蕭颯等女作家，我們發覺她們的小說筆法是以寫實主義為歸依，試圖剖陳商業社會裏蒙受道德崩潰，信仰淪喪的種種亂象，從家庭與情愛的權力糾葛出發，呈現時代徵候，引發閱讀者強烈的共鳴，及社會廣大的回響，其作品並力陳女性在經濟活動及社會父權的壓制裏所佔領的位置，突顯出女性在社會邊緣的弱勢及強悍的生命力。

相對於一九七○年代以來台灣內外局勢的動盪不安，「閨秀文學」似乎呈現內圍的女性世界，專事描繪愛情、婚姻、親子關係等等課題，事實上「閨秀文學」中所隱含的批判父權思維，展露性別權力的課題，鬆動既有價值觀，以及暴露社會體制、家庭機制以及校園問題，再再都呼應著整個社會政經結構的變遷，因此也成為台灣電影片商所喜愛改編的體裁。

（二）性別與文類

八○年代以來由書籍市場所推出的暢銷書籍排行榜對於當代台灣文學所影響的層面來看，文化工業的運作下所展現的強勢作用力的確左右了大眾閱讀的市場；傳統文學定義與大眾認定的文學之間無可避免的出現罅隙。在八○年代台灣文學書籍在市場規律下呈現幾種現象，包括書市對文類的歧異，暢銷書的隱藏規律，物質特徵等，以及當代社會生活和消費意識對文學現象，文學觀念的滲透。由於文化工業的運作與大量複製的手法，再加上流行體系與消費規律的交互作用，促使文學加速商品化的現象。商品化是伴隨現代化工業發展而來的一個現象，而文學商品化應是在工業經濟發展成熟之後才會產生的現象。文學商品化簡言之就是文學成為資本家牟利的工具，作品存在

歸路》；蕭颯《我兒漢生》、《霞飛之家》（電影名稱：《我這樣過了一生》）、《唯良的愛》（電影名稱：《我的愛》）等皆曾被改編成電影搬上大螢幕。

的意義是以交換價值而非美學價值來衡量。文化產品逐漸如同工業產品一般，必須不斷地被產出，交換爲資本家積累財富。文學商品化對藝術創作領域造成的最大傷害便是——讓異化現象在文化領域中出現。此外，商品化現象令論者關切的焦點是人的自主性，或者說是在資本主義社會中消費者自主性的問題，在觀察文學商品化現象及文學產銷過程中，究竟有沒有造成文學創作者與消費者自主性逐漸淪喪的問題。

八〇年代台灣邁入學者所謂消費社會的階段，在學界的論述裏開始產生一些分析概念：商品化，商品美學，並且不時地交叉穿插著文化批評的論述，此時「文學商品化」的現象亦爲當時知識份子所關注，並引發諸種不同的論點及觀察。若從表象而言，文學商品化所指涉的是：文學文本在市場機制下，注重包裝，行銷，內容也傾向於通俗化及普及化。〔註 70〕最早討論文學商品現象的是陳映眞，他於 1983 年即在《文季》發表〈大眾消費社會和當前台灣文學的諸問題〉，文中對消費社會與「消費人」的特質有鞭辟入裡的見解，由於他長期重視資本主義入侵台灣的問題，亦長期關注帝國以經濟網絡重新整編世界資源的權力結構，因此對於文學與商品消費之間的關係，他認爲在偏重資本消費活動的台灣，其文學活動將會有如下的困境：文學作品思想貧乏，消費型文學發達而嚴肅文學衰落等。陳映眞所著眼的並非在消費社會裏對於行銷包裝的過度強調，而是消費社會所帶來的「異化」問題，異化使每個人成爲單面向的人，作家的思考層次也傾向「單向度化」，讀者無能（或沒有意願）閱讀思想深刻的文本，消費型文本將大行其道。再者，陳映眞不僅對文學與商品消費之間的關係作一番省思，他還察覺到台灣社會結構與西方消費社會之間的差距，他認爲台灣是處於「虛構」的消費社會階段。〔註71〕

對於文學商品化面向觀察，針對書本從出版社到經銷商到書店，一系列的產銷過程中，出版所進行的行銷及包裝策略，如出版社爲了迎合市場需求，推出編輯企劃的系列圖書以刺激消費，或者提高書籍曝光度（宣傳廣告，打書），或者以學者名家推薦寫書序等建立「口碑」的方式。孟樊曾說：

> 被動的讀者大眾之所以普遍接受某類型作品，其實是來自出版者（當然包括雜誌及副刊的編輯）的鼓勵，出版社編者在某種程度上替讀

〔註70〕王燕玲，〈談詩集的包裝與出版〉，《文訊》，第 39 期，1998 年，頁 150～153。
〔註71〕陳映眞，〈大眾消費社會與當前台灣文學的諸問題〉，《大眾消費時代的文學家和文學》，台北：人間，1988 年，頁 116～129。

　　者決定了該閱讀那些作品或不該讀那些作品，甚至也往上回溯到作
　　者那邊，決定作者的寫或不寫（不出版也就等於未寫），決定作者該
　　寫哪種類型的作品；換言之，作品能否流行，能否為多數讀者所接
　　受，一大半的責任落在使作品從作者藉由它傳播出去的這個「轉換
　　（傳遞）者」的身上。有鑑於此，文學的研究，不只要從過往專注
　　於作者、作品（文本）之上而側重讀者身上，從文學傳播的角度言，
　　更要放在「編者」這個角色上……。〔註72〕

由於台灣經濟成長力不斷強化的結果，其影響層面則是導致文學更形商品
化，故文學商品化可謂是一種利潤導向的文學出版現象。蔡源煌在〈八〇年代
文學商品化的趨勢〉一文中說：「文學逐漸走上大眾化，商業化之路，即使是
嚴肅的文學創作或評論作品，照樣講究包裝。」所謂包裝係指商品美學，它
的基本義理乃是將文化、知識視同商品一般來促銷和販賣〔註73〕。此觀點以
文學產銷層面來詮釋商品化現象。另一位學者葉維廉則將商品化與大眾化／
通俗文學等劃上等號，他以為「商品化文學」的特色，歸納起來約有二點：
一，商品化文學是一種軟性輕鬆的文學，是供讀者消費之後迅速遺忘的非嚴
肅文學；二，商品化文學是以商業利益為優先考量的文學。〔註74〕是故舉凡
商業機制運作下的暢銷書所表徵的無疑就是通俗文學／大眾化文類，而排行
榜則潛藏著操縱盲目的大眾的功用，再者，登上暢銷書排行榜的作品亦是無
法得到學院精英青睞的庸俗作品，故在 1988 及 1989 年《聯合報》及《中國
時報》分別推出「質的排行榜」，「一周好書」等企圖以菁英品味來引領社會
大眾。然而以商業化或者暢銷書來作為嚴肅文學或通俗文學的分野，在日益
消費化的台灣，似乎已有所不足，因為任何文化產品必然無法置外於商業運
作的機制，亦無法逃脫讀者市場的閱讀反應。

　　另外，鄭明娳在〈八〇年代台灣散文現象〉中指出，時至八〇年代台灣文
學的消費性格已逐漸形成，從閱讀者的口味及愛好而言，雖然八〇年代的閱讀
市場應較昔時更大，然而讀者看待文學文本的觀點乃是用來休閒的消費品，
而非藏諸名山之經典，再加上多數閱讀大眾缺乏對文本的詮解能力，往往依

〔註72〕孟樊，〈民國八十五年文學傳播〉，《文訊》139，1997 年，頁 26～30。
〔註73〕請參閱蔡源煌，《解嚴前後的人文觀察》，台北：遠流，1989 年，頁 302。
〔註74〕葉維廉，〈殖民主義文化工業與消費欲望〉，收入《解讀現代、後現代——生
　　　　活空間與文化空間的思索》，台北：東大，頁 146～165。

賴暢銷排行榜作爲購買指南，並崇信名家及排行榜所建構的「名牌」，因此暢銷書的機制助長文學商品的消費性格，此種性格由閱讀者、傳播媒體漸漸渲染至作者及其作品。〔註75〕彭明輝（1988）認爲大型圖書門市的成立與暢銷書排行榜引領著文學走向商品化，對於行銷策略而言，他以爲暢銷書能觸發讀者購買慾，促使書香社會的成形，然而文學類排行榜中混雜嚴肅文學和通俗文類，迎合讀者口味的大衆文本往往在排行榜上居高不下，潛在左右了讀者對文本的認知與選擇。〔註76〕因此，大型書店的企業化經營及暢銷書的機制，遂使文學消費性格漸濃，並使文學文本走向商品化的緣由之一。

　　從八○年代的出版地圖中，我們清楚看到純文學類型的書籍已喪失主導書市的地位，在 1980 年文學書佔當年圖書出版總量的 24%，到 1990 年只剩下 11%，符合工商業社會體質的實用性知識類書籍幾乎佔據整個出版事業〔註77〕。文學出版量的萎靡不振象徵著文學與其他知識比較之下相對地位的沒落，林芳玫曾在〈雅俗之分與象徵性權力鬥爭〉一文中，細膩分析八○年代之前與之後文學分類系統在台灣社會改變的趨勢，她指出：八○年代以後，文學作品風格與類型呈現多元化的面貌，分化與多元化使得高／低，好／壞，雅／俗的價值階層不再像從前那樣顯著，隨著雅／俗之分日趨模糊，藝術價值判斷標準的普遍同一性也逐漸萎縮，以往純文學所代表的地位與品味象徵其效用與價值均大不如前。〔註78〕由於以往將商業化作爲評判嚴肅／通俗，雅／俗文學的標竿，所以在八○年代所興起的女作家頻頻高居排行榜，遂引起許多文評家的注意，其中以呂正惠的意見可謂代表：

　　　　台灣文學商品化的現象是在七○年代的兩大報副刊上開始萌芽的。
　　　　進入八○年代，隨著金石堂企業化的書店經營的逐步拓展，隨著金
　　　　石堂暢銷書排行榜的制度化，文學的商品化過程遂告完成。就在這
　　　　個時機，藉助於台灣的文學商品化體制，台灣的文壇出現了第一個

〔註75〕鄭明娳，〈八○年代台灣散文現象〉，收入孟樊、林燿德主編《世紀末偏航——八○年代台灣文學論》，台北：時報，頁 15～93。

〔註76〕彭明輝，〈民國七十五、七十六年文學圖書出版概況〉，《中華民國七十七年出版年鑑》，台北：中國出版公司，頁 48～57。

〔註77〕資料來源請參看《中華民國八十二年出版年鑑》，台北：中國出版公司，1993年，頁 35。

〔註78〕林芳玫，〈雅俗之分與象徵性權力鬥爭——由文學生產與消費結構的改變談知識份子的定位〉，《台灣社會研究季刊》，第 16 期，頁 55～78。

　　大規模的流行文學，即以年輕女性爲主要讀者群的女作家的作品，
也就是一般所謂的閨秀文學。〔註79〕

台灣女性小說與主流媒體的良好互動，形成小說的暢銷性，就台灣文學場域
裏媒體所隱含的象徵權力與象徵資本而言，解嚴前的台灣女性小說有相當大
的比例是透過主流媒體管道發表，或直接或間接爲主流政治勢力服務。至於
八〇年代所興起的女性書寫，其興起的背景與當時政府打壓「鄉土文學」的政
治干預不無相關。再加上八〇年代之後大眾傳播媒體日益將文學商品化與資本
主義化，強調商業機制與市場取向，台灣女性小說的暢銷性使這些文本被歸
類爲軟性的通俗文學。在文學批評傳統裏，作品的暢銷與藝術往往被視爲有
扞格之處，小說雖然是一種文化商品，但是在文學批評所強調的藝術性，乃
是以曲高和寡的精英文化，暢銷的文化產品總是被文學評論者懷疑它的藝術
眞誠性。在這些解讀脈絡下，即使女性文本在性別議題或其他層面有其顛覆
性，也難得到文學評論家的青睞。然而，在學院標準及男性詮釋中心底下，
閨秀文學這個詞本身就帶有種貶抑的成份，亦指涉性別與文類形成巧妙的共
構關係，閨秀文學所指陳的乃是女性所創作的文本，而歷來女性所創作的主
要文類是言情小說，自六〇年代以降華嚴、瓊瑤，至七〇年代徐薏藍、玄小佛、
亦舒，此文類江山代有才人出，至八〇年代則進入文化工業的產銷模式，由希
代、林白等出版公司透過整體編輯企畫，創造龐大的創作群及閱讀群。〔註80〕

　　在八〇年代這批崛起的女作家所創作的作品內涵及題材事實上與希代的
「紅唇族」是有所區隔的，然而女作家的作品暢銷，題材又是婚戀與家庭，
很容易就被貼上屬於消費型、軟調的閨秀文學，與流行、膚淺的大眾消費文
化等同，提供女性舒散身心、沈醉於幻想，遠離現實苦難的享受。女性大眾
文化所受到的批評不是因爲它低俗，而是因爲它沒有批判性，被視爲軟性文
化。言情小說、電視劇（單元劇及連續劇），文藝愛情電影已成爲重要的女性
次文化，吸引廣大的女性讀者與觀眾。然而女性常對女性次文化抱著不安與
遲疑的態度，似乎女性通俗文化背負著社會污名（stigma）的壓力。我們經常
在女性身上看到這種對女性通俗文化的排斥與拒絕正顯示「女性」與「軟性
的、無病呻吟的、做作的、濫情的、庸俗的大眾文化」兩者之間常被劃上等

〔註79〕呂正惠，《戰後台灣文學經驗》，台北：新地文學，1992年，頁140。
〔註80〕關於言情小說的發展與商業機制運作之間的互動關係，可參見林芳玫，《解讀
　　　　瓊瑤愛情王國》，台北：時報文化出版公司，1994年。

號。一般觀念中菁英文化與大眾文化的二元對立在女性通俗文化上更為顯著，女性本身就內化社會對女性文化的輕視，使得女性不是對自己的文化品味感到自卑，就是和女性文化疏離，向主流文化靠攏。而主流文化中的菁英高級文化，標舉著中性、中立的旗幟，實則排斥女性經驗的呈現。

　　在八〇年代「閨秀文學」的命名與歸類，其實是學院文學批評機制將文類加以性別隱喻化，再加上消費社會的經濟趨向，而使得文學日益商品化，以及諸多女作家在書市排行榜上迭有佳績，遂被文學正統典律形塑過程中，將「閨秀文學」視之為瑣碎、平庸與通俗，而在二元分立的價值判斷裏，硬性／軟性、精緻／通俗、知性／濫情，女性文本總是被編納為較弱勢而低劣的那方，此種高級文化／大眾文化的二元對位，女性遂受到雙重的壓抑，首先是高級文化的典律所造成的品味區隔，實際上是由性別所造成的品味區隔，對於女性及其他弱勢團體的文化成就缺乏瞭解；其次女性通俗文化受到輕視，也與學院教育充滿父權的觀點有相當關係，使得具有文化善意，意圖上進的女性亦對女性通俗文化抱持排斥與否定的心態。在八〇年代，女性文本除了透過文學獎機制得到注目，其餘的作品則是直接介入大眾文化中承受商業壓力，而在文學典律、精英文化與商業作用三者共謀的狀態下，女性文本裏所關注的女性議題與女性文化沒有受到應有的重視，被簡化地被歸類為軟性的通俗文本，排斥女性作家參與當時文學典律的建構。〔註 81〕由於文學獎的冠冕使得女性小說進入菁英文化，象徵的權力核心，而與八〇年代所形塑的新電影論述，所標榜的菁英口味、知識份子影像美學契合，故八〇年代女性小說受到傳播媒體的大量關注，並且有多部小說文本改編成為新電影文本。但另一方面由於文化場域的商品化、大眾消費的暢銷機制，女性小說文本往往被簡化為由女性角色所塑造的「情愛故事」，在影像媒介及大眾文化大量地剝削利用女性的形象。女性意識的訴求與商品化之後女性形象之間的對應關係，這是在八〇年代文化場域裏相當值得深思與玩味的現象。

〔註81〕邱貴芬認為戰後台灣女性小說創作十分豐沛，然而卻無法進入台灣文學史的論述裏，形成台灣女性創作在在台灣文學史上有顯著不對稱的地位。請參照邱貴芬，〈台灣（女性）小說史學方法初探〉，《後殖民及其外》，台北：麥田，2003 年，頁 30。

第三章 小說敘事／影像再現與文化工業

第一節 符號、文本與互文

（一）文本越界

1902 年電影發展初期，法國電影導演喬治.梅禮葉（Georges Méliès）所拍攝的《月球之旅》（*Le Voyage Dans La Lune*）即是改編自儒勒.佛爾諾（Jules Verne）《從地球到月球》（*De la Terre á la Lune*）及 H.G.威爾斯的小說 *Fist Men in the Moon*，開創了虛構劇情片的敘事話語，也開展科幻電影的類型，故文學與電影自始即有密切的關係。文學與電影這兩個藝術媒介之間的深度對話從未間斷過，如艾森斯坦便認為狄更斯的特寫描述法，對葛里菲斯（Griffith）的蒙太奇手法，有直接的影響，可見新興的電影時常向古老的文學汲取靈感，及敘事手法上的奧援。法國電影史學者薩杜爾曾說：「當電影開始描寫心理、複雜的情節或一些來自歷史和戲劇中的題材時，它還不知道怎樣敘述故事。」又說「為了把那些比光顧市集木棚的觀眾更有錢的人吸引到電影院裏來，電影就必須在戲劇和文學方面去尋找高尚的題材。」〔註1〕

影像的發明，帶給觀眾視覺上窺奇的樂趣，此種觀看慾望來自於鏡頭呈現出一個真實的世界，同時也把平日所無法觀看或其他文化異質的事物帶到觀眾眼前，拓展觀眾的視野。〔註2〕此外，視覺的刺激往往還要伴隨角色的扮

〔註1〕薩杜爾，《世界電影史》，中國電影出版社，1982 年版，73 頁。
〔註2〕McQuire Scott, *Visions of Modernity：Representation, Memory, Time and Space in*

-71-

演、聲音對白的鋪陳、情節線索的發展，營構出一個既虛構又真實的敘事世界，操弄著觀眾情感的涉入，因此，文學文本成為電影豐蘊的素材養料，而電影所具有的大眾傳播特質，又使得原本被區隔為精英文化的文學文本迅速散播到庶民階層，電影文本遂跨越精英與庶民的階級區隔，也雜糅小眾精緻文化與大眾狂歡戲仿的趣味。

電影語彙符碼是鏡頭、剪接、場面調度及攝影機運動，比起文學的基本表現媒介──文字，有更複雜而多元的符號指涉系統，因此，從文學文本到電影文本，我們需要一個中界的符號系統作為接引，並跨越兩個藝術媒介的領域，此中界的文類，即為改編的文本。改編的文本即可視之為文學作品的次文本及電影的前文本，故改編文本所扮演的角色及引發的功能，遂成為一個饒富興味的問題。因為文學的文字與電影的光影聲色分屬不同的符號系統，在文字語言與影像語言接合與建構的互動過程中，電影如何將文字所營造的抽象意象，轉換為銀幕空間中具體的視覺影像；如何從文字敘事轉換到攝影機運動，以此鋪展其情節；以及如何藉由影像傳達文字所構築的文學性（如隱喻、主題、哲思等）都是文學作品改編成電影時需要思索的課題。

（二）從文本到互文

文本此一概念，原為結構主義文學批評的術語，後被廣泛用於符號學、文化學乃至哲學等人文社會科學研究領域。在〈從作品到文本〉（From work to text），羅蘭・巴特（Roland Barthes）將作品（work）和文本（text）區分開，文本的概念，就語源學上而言，其本義為「組織」、「編織」，故文本的提出強調詮釋者、讀者的作用，傾向於對文藝作品視為一種文化產物，一種建構，而非對現實生活的擬態仿傚。巴特寫道：「我們現在知道，文本並非放射出單一『神學』意義（作者像是神一般傳遞寓意），而是各種不同的書寫混和在一起，無所謂原始樣貌，並且互相交織衝撞的多重面向空間。」〔註3〕以往，書寫是精英階級權力運作的展現，閱讀因而成為聆聽訓示的嚴肅朝聖。祭司（作者）透過儀式進行（閱讀），將教義（作品及其涵義）授與信徒（讀者）。讀者儘管窮盡心力爬梳作品，卻不被允許逾越作者初始作品形塑的範疇，進行超越的解讀。進入眾聲喧嘩的九〇年代，書寫權力與形式解組，讀者面對文本，

---

the Age of the Camera, Sage Publications,1998, pp.11〜43.

〔註3〕 Roland Barthes, *Image/Music/Text*.Trans. Steven Heath, New York：Hill&Wang, 1977, p.146.

可以欣然接受，也可以自由開發、建構、重建，產生多義性的文本解讀。讀者至此全然掌控閱讀的自由與權力。從作品走向文本，不妨換個角度閱讀。自由進出文本情境，轉換虛實場域，任意選擇扮演的角色，不受任何宰制，樂趣於焉發生。每次閱讀，都是一場未知的華麗探險。

　　學者將文本定義為：「以一種符碼或一套符碼，通過某種媒介從發話人傳遞到接受者那裏的一套記號。這樣的一套記號的接受者，把他們作為一個文本來領會，並根據這或這套可以獲得的和適合的符碼，著手解釋它們。」〔註4〕故文本是指一個包含意義且「向解釋開放的」符碼或符碼系統，即一個由語言符號或者非語言符號，按照一定的規則組合而成的，具有多層次結構的能指系統。就文本形式而言，除由語言符號組合而成的語言文本之外，還有由非語言符號組合而成的非語言文本，諸如：由音符所構成的音樂文本，由線條，色塊所組成的繪畫文本等等。本論文所關注的電影文本，則是由文字文本、聲音文本及影像文本三種不同的藝術符碼所組構成的象徵體系，故電影文本，亦稱之為音像文本，是屬於複合式的多向文本。電影的文本分析經由法國學者梅茲（Metz）的論述開展電影的符號學，及敘事學。梅茲主張電影雖然缺乏可分析的文法，但仍包含擬似多元符碼的媒介，它類似語言運作法則。〔註5〕對梅茲來說，影像文本分析可分為兩大類符碼，第一類在探究電影符碼（cinematic codes），諸如：攝影機運動（camera movement）、畫外音（off-screen sound）的位置。第二類是電影之外的符碼，像是自然／文化、男人／女人等思想體系的二元對立。梅茲認為所有的電影都是混和的場域，都建置了電影的符碼以及非電影的符碼，即使有許多電影僅論及電影機制本身，或是電影的經驗，以及閱聽人對於電影經驗的傳統期望，然而沒有任何一部電影是只以電影符碼單獨構成的，電影作為一種表意的實踐，是藝術家的創作過程和社會脈動相結合的文化產物。〔註6〕

　　文學與影像兩個文本之間的關係，牽涉到互文性的概念。互文性，簡言之，即指文本之間互相指涉的問題，主要是指不同文本之間結構、故事等的相互模

〔註4〕Robert E. Scholes, *Semiotics and interpretation*，譚大力，龔建明譯，《符號學與文學》，瀋陽：春風文藝出版社，1988年，頁246。

〔註5〕請參見 Christian Metz, *Essais La Signification Au Cinéma*，劉森堯譯，《電影語言：電影符號學導論》，台北：遠流，1996。

〔註6〕Robert Stam, *Film Theory*,陳儒修、郭幼龍譯，《電影理論解讀》，台北：遠流，2002，頁257～258。

仿，也包括具有反諷意味的滑稽模仿或正面的藝術模仿、主題的相互關聯或暗合等情況，也可以指一個文本對另一個文本的直接引用。對於互文性一詞的界定可概分為狹義與廣義兩方面。狹義的界定以熱奈特（Gérard Genette）為代表，他認為互文性指一個文本與可論證存在於此文中的其他文本之間的關係。廣義的定義以克里斯多娃（Julia Kristeva）和巴特（Roland Barthes）為代表，他們認為互文性指任何文本與賦予該文本意義的知識、符碼和表意實踐之總和的關係，而這些知識、符碼和表意實踐形成一個潛力無限的網絡。〔註7〕

　　強調互文性的理論家認為，文本互涉是文學文本得以產生的條件，新的文本的產生是以對過去文本的模仿為基礎的，有意無意的對前代文學的模仿，例如：對於文學母題的改造或暗合，或者直接的指涉，如：詹姆斯·喬伊斯的《尤利西斯》，從小說標題上就宣示了它與古希臘史詩之間的聯繫。事實上，不僅小說，其他文本類型中也存在大量的文本互涉。如詩歌中的用典，本質上也就是一種文本互涉現象。〔註8〕文本與文本之間各個構成要素相互聯結，相互作用，構成一個具有多重內涵的意義系統，形成文本的能指性。文本經由表層的符號結構，要達到深層的意義內涵時，需要透過讀者自己的解讀，故文本內涵意指的最終實踐有賴於讀者與文本的交流，如：伊瑟爾所指：「文學文本只有當其被閱讀時才能起反應。」〔註9〕西方學者就此種讀者閱讀行為及期待視野所形成的文本存在形式，將其區分為「第一文本」、「第二文本」或「現象文本」（phéno-text）、「生成文本」（géno-text）。〔註10〕作者提供的只是一個被賦予了表面形式的「現象文本」，只有通過讀者的理解，「現象文本」才能獲得自己的本質性存在成為「生成文本」，即「作品」。換句話說，文學作品是由讀者參與，在讀者的接受過程中最終完成的。據此，法國著名文論家羅蘭·巴特還從文本能否最大限度地激發讀者的主動參與意義創造的角度，將文本區分為可讀的（lisible）和可寫的（scriptable）兩大類別。〔註11〕

〔註7〕　羅婷《克里斯多娃》，台北：生智，2002 年，頁 112～113。

〔註8〕　王耀輝，《文學文本解讀》，武漢：華中師範大學出版社，2000 年，頁 167。

〔註9〕　Wolfgane Iser, *The Act of Reading*,《閱讀行為》，金惠敏等譯，湖南：湖南文藝出版社，1991 出版，頁 207。

〔註10〕　第一文本或現象文本即由作者賦予表面形式的書本製成品，這是文本的物理存在形式；第二文本或生成文本，即將經過讀者接受的而生成新的意義的，讀者頭腦中的文本，這是文本的審美存在形式。Roland Barthes, *The Pleasure of the Text*, Trans. Richard Miller, New York：Hill&Wang, 1975, pp. 104～105.

〔註11〕　所謂可讀的文本，是指那些用讀者熟悉的符碼寫成因而一讀就懂的文本，這

　　巴特的「可寫的文本」是以無限多的方式進行表意的文本，是開放性的
文本。「可寫的文本」解放了讀者，讓讀者積極參與文學本身的活動和生產，
讀者通過發現文本意義的新組合而重寫文本。電影改編小說文本，即是將小
說文本變成可寫的文本，對小說文本進行再解讀與再創造，電影工作者閱讀
小說，作爲一名具創造性的讀者，對於小說的人物、角色、場景，進行具象
化與影像化的工作，然後拍攝成爲電影。電影工作者不僅是讀者，同時也是
創作者，兩種身份的生成轉化，讓讀者不再只是被動地消費，而是擁有主體
性的文本生產者。另外，台灣電影中還有編導合一的方式，也就是一群工作
者一同討論角色、場景、劇情，然後編寫成爲劇本，拍攝成爲電影之後，再
轉化寫成小說，此時原先的電影敘事、架構、鏡頭技法等，與劇本對白都形
構成影響小說書寫的元素。

　　斯坦利・費什（Stanley Fish）認爲，「意義既不是確定的（fixed）以及穩
定的（stable）文本的特徵，也不是不受約束的或者說獨立的讀者所具備的屬
性，而是詮釋社群（interpretive communities）所共有的特性。詮釋社群既決
定一個讀者（閱讀）的活動形態，也制約了這些活動所製造的文本。」〔註12〕
費什在此一針見血的指出了讀者（群）或者閱聽人對於文本意義詮釋的決定
作用，如果我們進行逆向思考的話，毋庸諱言，讀者也成爲文本流行的決定
因素。這些文本理論的思考也促使我們更進一步地理解台灣八〇年代，文學文
本轉換成電影文本的一個重要的動機，也就是文本受到讀者的喜愛之後，遂
成爲導演及電影工作者得以加以詮釋與解讀的改編文本，而電影工作者所形
成的詮釋社群則是從某一種接受視角對於文學文本作再創作的轉換生成，亦
使得被改編的文學文本從現象文本轉化成爲生成文本。由於文本互涉現象的
存在，事實上也給文本解讀者提出了一個要求，那就是，解讀者在面對不同

類文本一個突出的特點，就是用讀者已經習慣的語言運用方式，將一切都描
繪得清清楚楚，造成一種符合現實世界的眞實的假像，且它的意義指向清晰
而確定。面對這類文本，讀者的只能選擇接受或者拒絕，而不必參與文本的
創造。所謂可寫的文本，則是那些用讀者不熟悉的符碼寫成的文本。這類文
本總是最大限度地突破語言的常規，其意義指向既不清晰也不確定，因而需
要讀者積極的思考去進行創造性的解讀，面對這類文本，讀者不再只是被動
的文本消費者，同時也成爲了文本生產者。請參閱羅蘭・巴特著，《S/Z》，屠
友祥譯，上海：上海人民出版社，2000 年。

〔註12〕Stanley Fish, *Doing What Comes Naturally：Change, Rhetoric ,and the Practice of Theory in Literary and Legal Studies,* New York& London, Oxford Univ., 1989.

時代的文學文本的時候，保持一種開放的、比較的眼光，要能夠在互涉文本的對照中去領悟它們的深刻內涵，在八〇年代台灣導演所改編的文學電影裏，電影工作者如何深刻地理解這些文本的意涵，又是從那個角度對文學文本作解讀，而改編成的影像所形塑出的時代品味與讀者接受美學，皆成為饒富興味的議題。而且，應該特別指出的是，當我們重新審視八〇年代文學電影的現象時，面對電影工作者由讀者到創作者這樣的身份轉換，以及筆者所從事再建構、再創造這樣一種閱讀方式，不僅有助於我們更加深刻地理解文本，而且它本身也會增加許多閱讀的樂趣。

（三）「文本互涉」的論述

互文性理論是在西方結構主義和後結構主義思潮中產生的一種文本理論。它涉及到當代西方一些主要文化理論，並涵蓋文學藝術中不少重大問題：如文學的意義生成問題，文本的閱讀與闡釋問題，文本與文化表意實踐之間的關係問題，批評家的地位問題等等。我們可以藉由互文性的概念來探討以下文藝理論，諸如作家與作品（如文本的生成過程及其作家的文學觀）、作品與世界（如文本與客觀世界的關係、文本的意義生成）、作品與讀者（如文本意義的闡釋及求解）以及作品與作品間的特殊關係（如文學的文體間以及文學與非文學文本間的關係問題）；它直接鏈結到文學的社會生產、消費（鑒賞）過程之中。正是這種包容特性使互文性的概念撒播在幾乎所有的當代文論中。

克里斯多娃在 1969 年出版《符號學：解析符號學》（Séméiotikè：Recherches pour une semanalyse）一書中首先提出互文性（*intertextualité*）這個術語。〔註 13〕之後不少文學理論家都提出關於互文性的理論或者對其進行闡釋。其中大多數都是法國批評家，如：羅蘭.巴特（Roland Barthes）、雅克.德里達（Jacques Derrida）、熱奈特（Gérard Genette）和米歇爾.利法代爾（Michael Riffaterre）。「互文性」界定的基本內涵是，每一個文本都不是孤立存在的封閉體，從文本的生產開始直至被觀照都以其他文本為鏡子，並在文本的符號形式形成後構成其他文本的參照體，每一個文本都同其他文本處於相互參照、彼此勾連的互動關係中，形成一個潛力無限開放的動態網路，並且形構成不斷地衍生和再衍生出的文本系統。強調文本間的互動關係這一基本內涵被後來所有提到互文性理論的流派所接受和繼承。

〔註 13〕 Julia Kristeva, *Séméiotikè:Recherches pour une semanalyse*,Paris:Seuil,1969,p54, p146.

　　由於本論文我們所討論的對象不限於文學創作，所以我們將引介另一位文學理論家熱奈特（Gérard Genette）對互文的分類，以及史坦（Robert Stam）如何挪置此互文的分類應用在電影研究上。

　　法國批評家熱奈特於 1982 年出版的《羊皮紙文獻》（*Palimpsestes*）〔註14〕，乃建立在巴赫汀和克里斯多娃的理論基礎上，他以「跨文本性」（transtextuality）一語來說明「互文性」的問題。他認為「跨文本性」指涉「一個文本（不論是明顯的或私下的），與其他文本互相關聯的所有關係。」雖然熱奈特在書中大多數只討論文學的例子，他唯一提到的一部電影是"*Play it again , Sam*"，但史坦在《電影理論》（*Film Theory*）認為可以將互文的概念帶入電影研究。〔註15〕

　　熱奈特試圖分析圍繞互文性理論叢生的術語，因此，熱奈特提出了跨文本性的五個主要類型：1. 互文性（intertextuality）：熱奈特的定義比起克里斯多娃而言較為狹窄或嚴謹，他把文本互涉定義為：「兩個文本有效的共同存在」，其互涉的形式包括：包括引語、典故及抄襲。在電影的應用上，引述就如同把舊的影片片段插入。而典故方式則運用文字或影像來指涉其他影片，作為評論電影世界的虛構性。2. 準文本性（paratextuality）：此指文本與「相近文本」（paratext）之間的關係，指圍繞在文本周遭的附屬資訊，如一部作品的序、跋、插圖及封面上的文字。這個範疇與電影的關聯可以在電影的行銷過程所產生的海報、預告片、及附屬產品（如：玩具和模型）等等圍繞在影片所產生的附屬文本。3. 後設文本性（metatextuality）指與「評論」的關係，這種評論把一個文本與此文本所談論的另一個文本聯繫起來。此所涉及的文本可能被明確地引述，或是隱喻性地喚起。如在《末路狂花》這部電影，藉由片中的女性角色擺在駕駛座上，隱含地批評男性為中心的公路電影類型。4. 原文本性（architext）指為了充分理解一個文本及其互文本，讀者需要了解組成文學領域的種種類型的等級體系（the hierarchy of genres），亦指由文本的標題或標題所相應或抗拒的類型，原文本和文本（如一篇文章、一部小說、一部電影）將自己的特性直接或間接地表現在標題上，如《暗戀桃花源》這部電影的片名，即讓人聯想到陶淵明的名篇《桃花源記》；《梁祝》（吳奇隆，楊采妮主演）這部電影的片名，也呼喚出由凌波所主演

〔註14〕 Gérard Genette, *Palimpsestes : Literature in the Second Degree,* trans. Channa Newman and Claude Dubinsky, University of Nebraska Press, 1997.

〔註15〕 Robert Stam, *Film Theory : An Introduction*, Malden, Mass ：Blackwell, 2000, pp. 207～211.

的《梁山泊與祝英台》，以及中國傳統的梁祝故事。5. 超文本性（hypertextuality）指把文本 B——熱奈特所稱的「超文本」（hypertext）同一個前文本 A——熱奈特稱之「前文本」（hypotext）聯繫起來的任何關係，文本 B 在前文本 A 的基礎上進行了「嫁接」（grafted）。超文本性注意所有的變化運作，一個文本可能變形爲另外一個文本，如把「崇高」的文本變爲輕佻平凡的文本。周星馳所主演的《大話西遊》則拼貼、諧擬中國經典小說《西遊記》，將向西方取經的神聖任務，艱困的旅途，改寫爲一個戲仿（parody）、笑謔（travesty）的電影文本。

　　本文所牽涉到電影與文學之間文本互涉的關係，主要應該是指熱奈特所分類的第五類，即將兩個文本嫁接的動作，將 A 文本變形爲 B 文本。但是熱奈特其他的分類法也讓我們注意到環繞在電影文本種種的其他文本的關係，包括電影行銷策略上，海報如何呈現這部電影，如新電影的宣傳行銷策略，強調電影「新」：新導演、新拍攝技巧、新文化感性，作爲「舊」電影的區隔。海報上的廣告詞如何界定與行銷電影與文學之間關係，亦會影響到閱聽人對於電影類別的判讀。另外，圍繞在電影與文學兩個文本的改編，也會牽涉到熱奈特所談後設的評論與文本之間的關係，諸如在八○年代評論者對於電影與文學改編的態度、思考，覺得自創劇本較符合電影語言，或者是改編文學文本成爲電影劇本，會較符合電影影像的特質，這些問題都是熱奈特所談到的一個文本所能牽涉到其他各式各類文本，可能會產生的互文關係，也開發我們對於互文關係的各種想像。

　　在法國學者提出互文性理論的同時，美國的一些作家和學者也以他們的實踐和理論充實並發展互文性理論。小說家約翰‧巴思（John Barth）於 1967 年發表了著名文章〈枯竭的文學〉（The Literature of Exhaustion）。〔註 16〕巴思在文中宣稱，我們已進入了文學史的一個新階段——「枯竭的文學」階段，在這個階段所有的創造性動力已消耗殆盡，並且獨創性僅以現存文本和傳統結構的複雜遊戲的形式殘存下去，這些形式即：典故、引語、滑稽模仿和拼貼。巴思的短篇小說集《迷失在遊樂園中》（Lost in Funhouse,1968）就是一部互文性作品的創作實踐。另一位美國小說家兼批評家雷蒙‧費德曼（Raymond Federman）

〔註 16〕 John T.Matthews ."The Ideology of Parody in John Barth", Patrick O'Donnell and Rober Con Davis eds., *Intertextuality and Contemporary American Fiction*, Baltimore：Johns Hopkins University Press, 1989, p. 41.

認爲文學生產是一種持續的「(遊戲性) 剽竊」(pla (y) giarism)，即這是一種遊戲與互文的結合，一種嬉戲性的和自覺的剽竊。〔註17〕對互文性問題作了全面闡述的美國學者可能要算喬納森·卡勒 (Jonathan Culler)。他在《符號的追尋》(1981) 中論述道:「閱讀一部作品，必須與其他本文相聯繫或對照才行，其他本文如同一層格柵，通過它的篩濾，這本書才能按照閱讀前的目的和期待進行閱讀和架構。讀者的期待使他從中挑選醒目突出的特點，並賦予它們某種結構。」〔註18〕同樣也強調了讀者的閱讀期待與文本間性的密切關係。

卡勒認爲「互文性」有雙重焦點。一方面，它喚起我們注意先前文本的重要性，它認爲文本自主性是一個誤導的概念，一部作品之所以有意義僅僅是因爲某些東西先前就已被寫到了。互文性與其說是指一部作品與特定前文本的關係，不如說是指一部作品在一種文化的話語空間之中的參與，一個文本與各種語言或一種文化的表意實踐之間的關係，以及這個文本與爲它表達出那種文化的種種可能性的那些文本之間的關係。因此，這樣的文本研究並非如同傳統看法所認爲的那樣，是對來源和影響的研究，它的範疇擴大許多，它包括了無名話語的實踐，無法追溯來源的符碼，這些符碼使得後來文本的表意實踐成爲可能。〔註19〕卡勒在此書中還進一步指出，文本是一個互文性的建構，只有依據它所擴展、補充、改造並使之昇華的其它文本才可能理解它。

根據歐美學者的互文性理論和文學作品的實際情況，我們可以把互文性在文學作品中的體現大致歸納爲如下幾種情況:

1. 引用語。即直接引用前文本，引號就是明白無誤的標誌。
2. 典故和原型。指在文本中出自聖經、神話、童話、民間傳說、歷史故事、宗教故事及經典作品等等之中的典故和原型。
3. 拼貼 (collage)。指把前文本加以改造，甚至扭曲，再拼合融入新的文本之中。
4. 戲仿、嘲諷的模仿 (parody)。這種方式古已有之，不過它在當代西方文學作品中，尤其是後現代主義作品中得到十分廣泛的運

〔註17〕 M.Pfister,"How Postmodern is Intertextuality?" Heinrich.F.Plett ed., *Intertextuality*, New York:W. de Gruyter, 1991, p.209.

〔註18〕 Jonathan Culler, *The Pursuit of Signs－Semiotics, Literature, Deconstruction*, Ithaca New York :Cornell University Press, 1981, pp. 103～104.

〔註19〕 同上註。

用，以至於加拿大著名女學者琳達・哈琴（Linda Hutcheon）把嘲諷的模仿視為互文性的當代標誌。

5.「無法追溯來源的代碼」。這是巴特等人的觀點，它指無處不在的文化傳統的影響，而不是某一具體文本的借用。〔註20〕

互文性理論動搖作者個人的主體性以及作者對文本的權威性，打破傳統的自主、自足的文本觀念，從而使創造性和生產力從作者轉移至文本間的相互關係，我們可以試將互文性理論與傳統的文學研究的差異初步歸納為如下幾點：1.傳統的文學研究以作品和作者為中心，注重文本／前文本作者的作用；互文性的研究則注重讀者／閱聽人的作用，讀者參與了作品的寫作，因而打破了作者的威權。2.傳統的影響研究注重前文本對文本意義的影響，側重在歷時性的開展，原文本或前文本是意義的來源；互文性研究則更關心文本「內容被形構的過程」，強調文本共時性的特點，以及文本之間的相互指涉。3.傳統的文學研究認為文本有其終極意義，批評家力圖追索文本的明確意義；互文性理論則否認文本有所謂的固定不變的意義，而主張文本語義的流動性，更重視意義的生成過程。4.傳統的影響研究注重一個文本對其它文本的具體借用；而互文性理論的範疇則擴大許多，它還研究那些「無法追溯來源的代碼」，無處不在的文本符碼的影響。5.更令人引起關注的是，與傳統的文學研究相比，互文性理論十分注重文學與非文學的其他種種文化因素的關係。互文性研究把文學納入非文學話語、符碼或文本符號相關聯的整合研究中，突破傳統文學研究的封閉模式。〔註21〕這樣的觀點所帶來的影響是拓展了文學研究的視野，亦將文本研究滲透到其他領域。

互文性理論不僅僅注重文本形式之間的相互作用和影響，而且更注重文本內容之間的相互作用和影響。同時，互文性理論強調文本與其它文本的關係，注重文本與文化的表意實踐之間的關係，從而突出了文化與文學文本以及其它藝術文本之間的關係。在這種開放性觀點的影響下，互文性研究不僅擴展到文學與其它藝術門類關係的研究，而且還擴展到非文學的藝術門類之間的關係研究，由此觀點再來重探文學與電影之間的關係，無疑地，互文理論是對傳統與創新關係的一種新視角。

〔註20〕Patrick O'Donnell and Rober Con Davis ed., *Intertextuality and Contemporary American Fiction,* Baltimore：Johns Hopkins University Press,1989.

〔註21〕請參閱羅婷，《克里斯多娃》，台北：生智，2002年，頁141～142。

第二節　小說／電影互文與文化場域

（一）改編：視覺符碼與文字符碼的互文

在進入文學與電影的改編問題之前，我們有必要先回溯台灣文學與電影的互文實踐，筆者試圖將台灣八○年代之後藝文界所嘗試的互文美學策略，作一番爬梳，以理解影像改編在台灣如何被脈絡化以及作為藝文的創作實踐。

電影中的改編牽涉到對其他藝術符號系統的轉化、挪置及對話關係，台灣電影自台語片時期（1955～1972）就以改編文學作品及本土的歌仔戲碼作為拍攝素材的重要來源，甚至將外國文學予以本土脈絡化，展現出台灣生猛活潑文化想像。〔註22〕而在主導文化的官方機構，根據曾西霸〈淺談小說改編電影〉論及五○年代中央電影公司曾改編孟瑤的《家在台北》，徐薏藍的《葡萄成熟時》與林海音的《薇薇的日記》。〔註23〕六○年代中期電影《婉君表妹》之後，瓊瑤電影開始蔚為台灣電影史上文學作品改編成電影的第一波高峰，六○年代結束前便有二十二部瓊瑤電影推出。瓊瑤的愛情王國一直延續到八○年代，並轉戰電視媒體，成為台灣愛情文藝片與言情小說的鮮明文化表徵。〔註24〕

另外，古龍武俠小說則是在七○年代也掀起改編電影的熱潮，成為電影市場上與瓊瑤電影互別苗頭的另一種類型。在八○年代之前，曾有幾部在台灣影史上可謂經典的改編作品，如：《破曉時分》（朱西寧原著，宋存壽導演）、《冬暖》（羅蘭原著，李翰祥導演）、《母親三十歲》（根據於梨華小說《海天一淚》後改名《母與子》，宋存壽導演）。八○年代初期由中央電影公司引領一批新電影導演，從事影像創作，大量改編台灣小說，試圖恢復電影做為記錄土地、

〔註22〕關於台灣台語片的文化論述請參閱：黃仁著，《悲情台語片》，台北：萬象圖書公司，1994。本書所論及台語片類型：「台語片中的文學作品」、「取材社會新聞的刑案片」、「戲曲電影篇」、「民間故事篇」等都涉及互文參照的符號系統及文化再現的問題，可惜論者並未從這方面加以闡發，而較著重於資料的分類工作。直到廖金鳳所著，《消逝的影像──台語片的電影再現與文化認同》，台北：遠流出版社，2001年，才以文化符碼及再現體系作為論述的焦點，對於本土電影文化的符碼化及知識體系論述上的辯證。

〔註23〕參考曾西霸，〈淺談小說改編電影〉，《電影欣賞》，第90期，1997年，頁90～103。《家在台北》改編自孟瑤小說《飛燕來去》，《葡萄成熟時》改編自徐薏藍的《河上的月光》。

〔註24〕瓊瑤言情小說與媒體的研究請參閱林芳玫《解讀瓊瑤愛情王國》，台北：時報文化，1994年。

歷史與人類生活情感的藝術媒介的尊嚴。當時的新銳作家及知名作家如：朱天文、廖輝英、七等生、王禎和、李昂、黃春明、白先勇、蕭颯、蕭麗紅、楊青矗等風格流派各異的小說家，其作品被陸續改編成電影。形成台灣文學改編成電影的第二波高峰，爲國片帶來蓬勃的生機與更大的發展空間。

八○年代的改編電影自選定文學作品到拍攝過程往往引發媒體及社會大眾的關注，享有盛名的作家如：白先勇的《玉卿嫂》在改編的過程中，引發許多文學文本與電影影像互動與轉化上的爭議，包括作者白先勇及導演張毅等人的改編版本就多達四個版本，這四個不同版本的劇本改編，與先前白先勇的小說所形構成的文本關係，就形成熱奈特所稱的龐大的超文本。這不同版本的改寫，其中所牽涉的課題不僅是個人的美學品味，更涉及接受美學所談的讀者詮釋、想像；以及不同的藝術符碼之間的轉換框架。〔註 25〕在進入電影與文學轉換的文本脈絡及象徵符碼的討論之前，我們不妨先來回溯一下，改編電影的意義及改編的論述是建構在怎樣的藝術批評及文化形構之下，電影評論者及作家又是基於什麼批評的態度及創作原則來檢視電影改編的版本？電影評論者往往是根據小說的版本去評判電影是否忠實於原著，對於忠實於原著的電影則給予高度評價，反之則厲聲批評。

有評論者認爲電影改編自文學之主要動機在於文學本身之通行有助於電影票房，同時，文學內容價值有助於電影拍攝出來的成績，亦有助於其獲獎。〔註 26〕台灣的評論者則以電影爲主體，而戲稱文學沾了電影的光，使小說更加暢銷，如聞天祥指出：八○年代文學改編電影的熱潮促使許多在七○年代早享文名的大作家，增添更多年輕讀者，使這些小說作家的文學光環更加耀眼。〔註 27〕而盧非易亦指出台灣文學讀者市場與電影觀眾市場懸殊，台灣較難存在所謂以文學作品之讀者來支持電影的說法，反而是文學藉重電影宣傳，促進兩者的行銷。然而在八○年代改編文學的電影風潮中，我們經常見到男性經

〔註 25〕 請參見白先勇，〈《玉卿嫂》改編電影劇本的歷程與構思〉、謝家孝〈苦命玉卿嫂「難產」十四年〉《玉卿嫂》，台北：遠景，1985 年。遠景出版公司曾在八○年代策劃「文學與電影」系列，將原著小說與改編後的電影劇本併在一起，並加上劇照及電影拍攝過程的內幕報導，對文學作品改編拍成電影所涉及的諸多問題，留下珍貴的記錄。

〔註 26〕 參見 Lester Asheim, *From Book to Film,* Ph.D. dissertation, University of Chicago, 1949.

〔註 27〕 聞天祥，〈台灣新電影的文學因緣〉，收錄於《台灣新電影二十年》，台北：台北金馬影展執行委員會，2002 年，頁 67。

典大師的身影，諸如：黃春明、王禎和、白先勇等，這些小說之所以被改編
成電影，因為作者業已經典化的文學地位，故電影改編乃借重於經典大師的
文學知名度與讀者支持率。但是當時電影片商投資者認為只要模仿大師的鄉
土框架，就能有市場上的票房，所以形成一陣跟風搶拍鄉土電影的風潮，這
類電影筆者認為是一種「戲仿」（parody）的互文關係。「戲仿」原本是指嘲諷
的模仿，或是戲謔、滑稽的模仿，在互文性理論中相當重要一種文學手法。
在此處除了借用戲謔的原義之外，並試圖挪置其語義，兼指電影對於文學作
品相同題材的改編及仿作，或者取材自文學作品，卻只放大或強調其戲謔的
橋段，而忽視作品深刻的批判性。

　　在台灣電影裏改編大師作品或者是得到文學獎作品所牽出的課題相當複
雜而有趣，如：作品的典範及內涵意蘊透過影像化的再創作之後，是否失去
原汁原味？大師們對於自己作品經由影像再詮釋，甚至只取材其敘事框架而
予以戲仿的電影，又有何觀感？作家對於自己的創作是否具有權威的解釋
權？對於想要改編電影的導演們，該如何面對大師（作者）的「詮釋」及「建
言」？在改編過程中，這些大師們認真地參與電影製作，為之改編小說成電
影劇本，甚至行使影片審核、情節橋段的否決與選角的權力，究竟文學家介
入電影創作的權力有多大？而在電影的創作及產銷過程，小說原作者該在文
化工業裏那個位置及位階？這些問題都是環繞著台灣文學改編成電影饒有興
味的課題。在下一節有關於電影菁英品味的區隔與作品改編的關係，對上述
的問題作進一步的剖析。

（二）「藝術電影」品味區隔與影評詮釋系譜

　　電影的生產與消費，並非僅存於拍攝與觀影之間密閉的循環；它更牽涉
到一整套電影機制的運作——包含了電影文本與實踐，經濟因素，科技條
件，（創作者與觀影者的）形象，社會關係、電影美學語言的傳統，媒體實
踐，意識形態的承諾以及媒體對機器本身的再現。〔註28〕換言之，電影的意

〔註28〕電影機器（the cinematic apparatus）最初的理論概念，係由法國電影理論家
　　　　Comolli 提出，他參考 C. Metz 將想像界（imaginary）概念引介入觀影的後設
　　　　心理學討論，提出「電影機器」的比喻，用來指稱三組設置——觀點與鏡頭
　　　　（視覺的寫實主義及本體論），生產過程（攝影影像的完美再現，電影是工業
　　　　化商品），以及映演過程（觀眾與鏡頭或情節的認同）；這些都是指向「認知
　　　　欲望」的科技實踐。參見 Rose Jacqueline, "The Cinematic Apparatus：Problems
　　　　in Current Theory", *The Cinematic Apparatus*, Teresa de Lauretis and Steven

義並非僅在觀影本身即能具足，它還需透過行銷策略，類型的定位與預期，評論體系的詮釋等活動，來經營觀眾觀影前後的心理基礎。在台灣八○年代的文化場域裏，「新電影」一詞被評論界與文化界所主導建構並廣泛使用，逐漸變成一套指涉以導演侯孝賢、楊德昌為代表人物的詮釋系統。透過影評人與電影工作者在媒體上形塑出「新／舊電影」的評論系譜，台灣新電影的創作群被視為是「藝術電影的創作者」。隨之台灣新電影現象的論述，以及將「電影視為一種藝術」（film as an art）的觀影意識，以知識份子品味區隔菁英文化的行銷策略，漸漸在台灣電影的文化場域裏尋找到正當性，以及較高的文化品味位階，並且在八○年代後期至九○年代取得政府較多的國片輔導金席次。〔註29〕事實上在八○年代之前將影像視為一種藝術的觀念也有許多不同刊物、導演、影評人曾經鼓吹過，但是成效都有限，自八○年代台灣新電影文化論述崛起，逐漸出現西方「藝術」電影典範，並且被國外的評論家放在「作者電影」之系譜下探討，台灣電影也與國際影展接軌。此種藝術電影論述、新電影現象與台灣文學之間的關係為何？又與小說改編文本的關係產生何種互文關係？

　　環繞在電影文本周邊的影評詮釋系統，此是熱奈特所談的「後設文本性」，對電影的評論；以及「原文本性」，指為了充分理解一個文本及其互文本，讀者需要了解組成電影文本種種類型的等級體系，亦指由文本的標題或標題所相應或抗拒的類型，原文本和文本（如一篇文章、一部小說、一部電影）將自己的特性直接或間接地表現在標題上，其實「新電影」一詞就直接將自己所表徵的「新」的特色放置在名稱上。這些環繞在電影文本所形成的文本，是在談論八○年代新電影現象時，不可忽視的意義建構機制，亦是與電影文本形成互文建構相當有趣的現象。「新電影」及「新電影人」一詞，最初是小野等人對《光陰的故事》及《兒子的大玩偶》企畫行銷的詞彙。在《光陰的故事》企畫書裏特別形塑並強調「活動最好結合一有力之傳播媒體，廣為宣傳，以建立新電影人印象」，並以形塑這群年輕導演的形象時努力強調「我們是新電影人」。其中《光陰的故事》這部影片的商品概念「中華民國二十

Heath eds., New York：St.Martin's Press, 1980, p.178.

〔註29〕台灣新電影如何形構為「藝術電影」脈絡，及影評與新電影之間的權力形構，請參見張世倫《台灣「新電影」論述形構之歷史分析（1965～2000）》，台北：政治大學新聞學系碩士論文，2001 年。

年來第一部公開上映之藝術電影」，廣告行銷策略則「強調本片爲藝術電影
而非商業電影」，其宣傳手法著重在這是一部由四位學有專精的導演所拍成
的一部新電影。〔註30〕「藝術電影」一詞所指涉者，常與電影史上眾多電影
運動（film movement）與電影作者有關，以文本形式及特徵而言，藝術電影
強調視覺風格，重視導演做爲影片作者的獨特觀點，較不重視戲劇動作與情
節衝突，著重角色內心刻畫，角色缺乏好萊塢電影明確的動機行爲模式，常
使用開放式結尾等等。另外，藝術電影突顯「作者論」，將電影創作視爲個
人表達特殊觀點的藝術形式，在文化場域裏透過一套品味位階的評估、區
別、篩選機制，形塑出「文化」、「藝術」、「品質」的相關詮釋，這些詮釋將
藝術視爲個人表達，並把創作者個人視爲作品意義重要來源，並藉作者論來
策略性標示出與好萊塢或商業電影的差異。新電影在一開始的行銷策略上即
標榜「藝術電影」、「新電影人」、「新導演」，將藝術電影的品味區隔與導演
作者論作連結，往後這群電影導演接受金馬獎的評選機制，國際影展的評
選，漸漸獲得彷彿文學作品中「作者」地位，台灣的新電影導演即「藝術電
影」、「作者論」的詮釋系譜下取得文化場域裏象徵地位與象徵權力。

　　八〇年代初，一群支持新電影的影評人，在媒體上形成有力的論述網絡，
如上所述這群影評人是將新電影視爲有別於商業電影，以「藝術電影」、「作
者論」等詮釋系譜來建構台灣新電影，並開展社會的視野期待另一種電影生
存的空間，其中以焦雄屏爲代表，台灣新電影的形式與成果常以這「藝術」、
「導演作者電影」爲論述主軸，如：「侯孝賢，台灣新電影最重要的代表人物，
也是多次世界影評人共同選出來最重要的世界導演之一。……由於他的努力
（包括作品及言論），台灣電影終於在八〇年代中期以後，晉升入『藝術』的
範疇，並且在世界影壇奪得一席之地。……他不只是一個導演，更是觀念的
領導人，一個電影運動的先驅。」〔註31〕此種以「電影當作一門藝術」的論
述，在六〇年代之後就以各種方式被引介進入台灣，如：六〇年代《劇場》季
刊、七〇年代《影響》月刊等雜誌刊物，代表台灣知識份子試圖建構電影精緻
文化的企圖心，以介紹國外藝術電影正典以及具作者地位的導演等方式，而

〔註30〕請參照陳蓓芝，《八十年代台灣新電影現象之社會歷史分析》，台北：輔仁大
　　　　學大傳所碩士論文，1991年，附錄。
〔註31〕焦雄屏，〈台灣新電影的代表人物：侯孝賢〉收於林文淇等（編），《戲戀人生：
　　　　侯孝賢電影研究》，台北：麥田2000年，頁21。

成為台灣電影工作者重要影響來源。八〇年代支持新電影論述者的評論實踐，事實上可以理解為近似《劇場》及《影響》這個傳統下的延伸及發展。另外，許多年輕導演及影評人出國留學的經驗，也吸納西方藝術電影正典及相關論述。八〇年代之後電影資料館的成立、MTV 盛行，以及金馬國際影展等等設立，使得藝術電影的概念，另一種電影形式的思考影響新一代電影人，自然對於過去台灣電影的表達形式感到有所不足，對於強調商業電影、觀眾票房的傾向有所不滿。到了八〇年代新電影現象的出現，使這些影評人及電影工作者找到積極介入台灣電影評論的切入口，並藉此將他們所欣賞的西方電影運動，包括法國新浪潮、德國新電影、義大利新寫實主義電影等等電影運動及作者論進行接軌與連結，建構出「台灣新電影」的論述系譜。

這些吸納國外「作者電影」的電影工作者進入電影工業體之後，與上一代的電影工作者漸漸產生「新／舊電影」不同美學形式之爭，也產生「新舊影評之爭」。支援新電影的影評人及傳播媒體：包括詹宏志主持的《工商時報》影劇版，《聯合報》「焦雄屏看電影」專欄，黃建業等主持的「電影廣場」等〔註 32〕。對於新電影風潮抱持捍衛釐清的立場，並曾在八五年《青梅竹馬》、《童年往事》票房失利後，與質疑新電影商業價值及拍攝手法的論者展開辯論。

當時雙方論辯主要表現在下列幾點：一、電影語法：支持者認為新電影導演慣用長拍鏡頭與深焦構圖，改變了傳統電影只求戲劇性的語法，充滿客觀寫實的意味，使觀眾由被動的訊息接受者轉變成主動的思考者。批評者則認為新電影導演過份拘泥於長鏡頭與深焦構圖，而使得作品疏離觀眾，缺乏電影應有的戲劇張力。二、評論方法：支持者沿用七十年代台灣盛行的作者論評論法則，著重導演個人風格的表現與一貫主題分析。批評者則基於五十年代以來「觀眾電影」的批評態度，著重作品與觀眾之間的互動，以觀眾接受立場為出發點。三、針對工業體制與電影環境的看法：支持者強調「電影是一種藝術形式」的觀點，抨擊電影工業體制與環境的僵化保守，普遍認為大眾觀者沒有培養觀看新電影風格的品味，批評者則是基於「電影是一種大眾消費商品」的角度，斥責新電影創作者沉溺於個人意念的表現，而忽視電影作品的市場危機。〔註 33〕這場論戰在當時，由於兩造情緒過於激烈對立，

〔註 32〕 焦雄屏，《台灣新電影》，台北：時報，1988 年，頁 22。
〔註 33〕 請參照陳蓓芝，《八十年代台灣新電影現象之社會歷史分析》，台北：輔仁大

又牽涉到各自的利益基礎，而流於情緒化論戰，被評為「一次格調不高的文化論戰」，但從這場支持／反對，新／舊對立的論戰中，已可窺見持支持立場的論者所構築起來的詮釋系譜，在新電影美學語言的建構上，扮演著關鍵性的角色。

　　關於八○年代台灣新電影的各種論辯，大多以「商業 v.s.藝術」的命題為分析路線，時至九○年代仍有許多影評家對於這些導演「過度藝術」、「不夠商業」加以批判，他們認為台灣電影要能融入商業機制，才能拍出叫好又叫座的好電影。然而台灣新電影現象，其實與當時文化評論機制、文化場域象徵性權力習習相關，不只是若干導演個人風格或個人意志選擇的展現。八○年代影評人、電影工作者、相關媒體評論所強調「新電影」論述，代表一種試圖將「另一種」電影典範進入台灣文化場域的思考，而此種另類電影典範的重要特色，就是連結「電影做為一門藝術形式」，以及「作者電影」的影評路線，並以西方藝術電影的框架來作為觀念的突破，以取得文化場域裏重要的發言權。〔註 34〕從新電影以「藝術電影」、「作者論」來作為論述路線，以此提供一個基礎點，使電影工作者希望能結合文學作品及文學名家所累積的聲望，以及電影作者大師與文學名家大師兩者的結盟加持，使電影不再只是大眾娛樂文化，也是一種菁英藝術品味，此點我們在下一個段落再深論之。

（三）小說作者與電影導演的詮釋權

　　八○年代台灣電影還處在藝術與商業之間孰輕孰重，混沌不明的爭辯裏，在中影所策劃的《光陰的故事》及《兒子的大玩偶》兩部影片獲得票房的成功之後，台灣電影受到新生代導演推動的影響，逐漸建構起台灣本土藝術電影的系譜，即以作者電影為主導的新電影。電影自發明時刻起，一直有些創作者努力想讓電影擺脫通俗文化的層次，而朝向高雅藝術的文化層次，因此學者藉由電影文本的形式特徵區隔為「藝術電影」與「類型電影」（genre），David Bordwell 在其著作《電影敘事：劇情片中的敘述活動》（*Narration in the Fiction Film*）區分出古典電影敘事與藝術電影敘事對於「再現真實」有不同的美學策略，古典電影敘事奠基於通俗小說等文類，將真實統一於事件的敘

　　　學大眾傳播所碩士論文，1991 年，頁 76～77。
〔註34〕瓊瑤言情小說與媒體的研究請參閱林芳玫《解讀瓊瑤愛情王國》，台北：時報
　　　文化，1994 年。

事裏，個人身分具有清楚的一致性。「藝術電影」的敘事法則常受到現代主義文學影響，對所謂連貫一統的「真實再現」多所質疑，故其敘事世界法則未必清晰，強調角色個人心理狀況與社會之間疏離迷惘的情境。藝術電影的敘事特徵，主要偏離古典的敘事模式，透過前衛的美學觀再現所謂的「現實」。從歷史脈絡而言，德國新電影及法國新浪潮之後，具高度個人特色的導演，以「作者電影」爲名開始崛起，其美學策略常從文學與劇場文本中的現代主義借光，另外，藝術電影的源起也常與各國民族電影工作者試圖建立本土電影美學，以抵制好萊塢電影工業的侵襲有關。〔註35〕故類型、敘事結構與符號語意不但反應主題與內容的特色，在更細部的層次上分析文本的組織方式及其美學形構，也影響閱聽人的認知及詮釋。

　　台灣受到歐美電影藝術思潮的影響，無論在創作方向上或評論標準上皆引用早期法國新浪潮對電影作者（auteur）風格的強調與重視，〔註36〕所謂電影上的作者論：「在一組電影作品中，一位導演必須不斷重複的風格。這種風格猶如他的『簽名』一樣。」而此種「作者」往往是侷限在男性作者：「藝術……應該只是一個單獨的（男）人（man）的宣言與視野。他便是創作中的藝術家。」〔註37〕八○年代台灣新電影所展開的作者系譜裏，主要想把電影擺脫商業的庸俗化，而提昇到藝術層級，所以電影雖然是個在商業產銷過程中的文化商品，卻經由新一派影評人的論述與評鑑，將新電影想像並建構爲一個電影運動，藉此和他們稱道並推廣的國外電影運動及作者論進行接軌與想像上的連結，以確立新電影的作者系譜。這一批影評人多以「知識

〔註35〕Bordwell David, *Narration in the Fiction Film*, London:Methuen, 1985, pp. 228～229.

〔註36〕在歐美電影評論界曾經盛極一時，自五十年代而降的「作者論」，基本上關心的，也經常只是男性作者。Alexandre Astruc（1948）用筆來譬喻攝影機（camera-pen），倡導電影導演脫離技術的宰制，達到一種「我手寫我心」的境地。他的呼籲鼓舞起一批正開始替《電影筆記》（*Cathiers du Cinema*）寫影評的年輕人，也執起攝影機，拍起電影來，於是掀起所謂「法國新浪潮」。而圍繞這批新浪潮導演而衍生，與他們共同成長的一種電影評論方法，史無前例地以一個人，一個叫做「作者」（Auteur）的人爲中心。游靜，《回頭已是百年身──尋找香港電影中的女性作者》，台北：第十屆女性影展國際論壇，2003年，頁167～177。

〔註37〕Alexandre Astruc, "The Birth of a New Avant-guard：La Camēra-stylo", *L'Écran Français* 144. Reprinted in *The New Wave*. Trans. Peter Graham, London：Secker and Warburg/BFI, 1968.

份子」自居，和藝文界關連較爲密切，並且慣以「知識份子」的立場介入／針砭／引介國外「藝術電影」，並以電影專業的術語評析台灣本土影片，透過他們的評鑑及影評，使電影作爲導演個人表述的載體，形成新電影的作者論。但此種重藝術輕商業的作法漸漸引發台灣兩派不同意見的爭議，〔註38〕對於商業電影／藝術電影的二分法，最常見的意識型態是藉由電影導演來策略性地標示出藝術／商業的「差異」，商業電影就是因襲好萊塢的模式，追求利潤；藝術電影則追隨世界電影美學思潮及重要的導演風格，追求創意；商業電影就是標準化的商品，藝術電影則是個人原創性的表徵等。但是作者的位置在那裏？傅柯（1977）認爲所謂「作者」，是一名論述的開創者（initiator of discourses）。在他的文章〈什麼是作者〉提到：「作者」這種論述要透過什麼方式才可存在？它從哪裏來；如何流傳；誰控制它？可能的主體被既定在怎麼樣的位置？是怎樣的人才可滿足到作爲主體的多元功能？〔註39〕因此，作者的地位是如何形成的？作者藝術聲望是如何形構而成的？作者被視爲一個藝術家，其間乃經過一連串論述或評鑑機制的背書，或是經過不同意見，不同社群及文化場域間的象徵權力的鬥爭，才能夠成形，故作者的聲譽並非僅來自他的創作，而是整個藝術文化場域的集體活動，藉由文化場域裏各個角色之行動來參與這個藝術聲望的打造過程。

　　新電影運動在推展之初一直與藝文界互動頻繁，由於影評人一直想要論辯的論述即「電影做爲一門藝術」及「電影作爲一種文化」（film as a culture），故他們積極與藝文界人士結盟或爭取奧援，再加上當時台灣社會對電影這門領域的認知仍然歸屬娛樂產品（film as commodity），在文化位階（hierarchy）裏屬於通俗低層的商品，故對「電影」當時未完全獲得藝術正當性的形式而言，藉由其他已被大眾所認可之藝術領域的重要作者（文學、劇場、舞蹈等）

〔註38〕主要以建構台灣新電影論述，以及非難新電影疏離美學的兩大影評社群爲主，依據齊隆壬對於影評的分類，可以將台灣影評的詮釋類型大略分爲兩個社群：「作者電影」影評，以及「觀眾電影」影評，觀眾電影影評立足於一般觀眾口味來評論，以一種大眾消費指南的形式呈現；至於作者電影影評路線以西方電影研究的專業，分析導演風格與技法，試圖建構台灣藝術電影的典範。此兩大不同的影評社群形構了台灣影像文本的詮釋系譜。齊隆壬，《電影沈思集——風潮結構與批評》，台北：圓神，1987年。

〔註39〕Michel Foucault, "What is an Author?", *Language, Counter-Memory, Practice：Selected Essays and Interviews,* Trans. Donald F.Bouchard and Sherry Simon.Cornell:Cornell University Press, 1977.

接軌及推薦，或者參與，自然對於強化其論述之正當性頗有助益。〔註40〕當導演作為一位「作者」時，而電影創作作為文化藝術的表徵時，文學與電影的對話遂朝向典範小說文本的詮釋及改編，新電影改編文學作品或與小說家合作之例，可以放在作者論中，作者成為一種「品牌」，而改編小說名家的作品，也產生一種小說家為這部電影背書或者提昇其藝術層次的作用。

在七○年代台灣文學界正經歷一場鄉土文學論戰，影響所及遍及各藝文領域，在這場論戰裏隱然形成鄉土派與現代派兩大陣營，鄉土派一貫抨擊現代主義文學的晦澀，頹廢和玩弄形式。認為西化的作家們在模仿西方現代主義作品時僅在表層結構上下功夫。一旦鄉土文學的典範被樹立，對文壇新進來說，具有符號功能的鄉土作品表層結構（如：方言的運用）也立即成為現成的仿效對象。於是在七○年代末，八○年代初兩大報的文學獎出現許多仿效鄉土的小說，鄉土小說風潮在七○年代末大量出現，隱然形成師法黃春明的小人物敘事模式，或者王禎和的嘲諷語態等等鄉土寫實的筆調。〔註41〕新電影開始之初，《兒子的大玩偶》的成功經驗，促使許多導演及片商願意投資文學改編的電影，再加上受到這股鄉土敘事風潮的推動，遂有多部鄉土小說被改編，究竟電影作者與文學作者之間的互動與影響為何呢？文學理論家哈洛德‧布魯姆（Harold Bloom）在《詩歌與壓抑》（*Poetry and Repression*，1976）中進一步徹底地摧毀那種自足、自主文本的理想主義觀念，他說：

> 「常識性」觀念認為詩歌文本是自足的，它有一種可以確定的意義或者不涉及其它詩歌文本的種種意義。……不幸的是，詩歌不是物品，而只是指涉及其它詞語的詞語，而那些詞語又進一步指涉及別的詞語，如此下去，詩歌處於文學語言的「人口過密」的世界之中。任何一首詩都是一首互指詩（inter-poem），並且對一首詩的任何解

〔註40〕例如，小野在談論《光陰的故事》時便說：「我認為文化界的人，應該要用對待『雲門舞集』、『蘭陵劇坊』、『雅音小集』的態度來看我們這部電影……」（小野，《一個運動的開始》，台北：時報，1986年，頁106）。新電影裏《兒子的大玩偶》上片宣傳時，更特別強調要以類似藝術季活動方式宣傳，招待藝文界人士觀賞（陳蓓芝，《八十年代台灣新電影現象之社會歷史分析》，台北：輔仁大學大傳所碩士論文，1991年）首映會時有數百位作家前來參加。小野，《一個運動的開始》，台北：時報，1986年，頁116。

〔註41〕關於兩大報文學獎的詳細論述可參見莊宜文，《《中國時報》與《聯合報》小說獎研究》，中壢：中央大學中國文學研究所碩士論文1998。對於文學作品與傳播媒體之間的關係，可參見林淇瀁，《書寫與拼圖——台灣文學傳播現象研究》，台北：麥田出版，2001年。

讀都是一種互指性解讀（inter-reading）。〔註42〕

布魯姆在《詩歌與壓抑》一書中，徹底地推毀了那種新批評所主張的自足、自主文本的理念，他說任何一首詩歌都是一首互指詩（inter-poem），並且對每一首詩歌的任何解讀都是一種互指性解讀（inter-reading）。布魯姆的這段話清楚地表明在文學創作和閱讀活動中互文性問題的普遍性和重要性。在《影響的焦慮》（The Anxiety of Influence）一書中，布魯姆指出文學的發展來自於人際之間，以及世代之間的對抗，每一代文學家都承受著上一代的影響，並且為了突破這個影響深深焦慮著，此分析帶有伊底帕斯弒父情結的絃外之音，兩代之間的文學藝術的角力，就如同父子之間的權力鬥爭，這種觀點被女性主義者批評為男性中心論，因為布魯姆只關注於男人之間弒父情結的代間對抗，卻沒有為女性與她們文學母親之間的親密關係留下詮釋的空間。但布魯姆的方法論將精神慾望帶入文本互涉的問題中。電影作者在八〇年代拍攝六〇或七〇年代的小說，面對人文知識份子對於鄉土所建構出的文學符碼，不論通過具體的作品，或是七〇年代鄉土文學論戰所營構的抽象符碼，電影導演、電影劇作家都經歷某種「啟發」過程，電影與小說之間也形成互涉的文本關係。

在《影響的焦慮》（The anxiety of influence）一書中，布魯姆具體研究了英美浪漫主義詩歌史上一些強勁有力度的詩人接受前輩詩人影響的事實，他分析認為，這種影響不僅僅是或說根本就不是對前輩詩人的承繼和吸收，而主要是在對前人進行誤讀、修正和改造。在《誤讀圖示》（A Map of Misreading）中，他進一步發展了「影響即誤讀」的理論。他認為回復作者原意的閱讀實際上是不可能的，或者說，閱讀實際上總是一種誤讀。故他以為影響「不是指從較早的詩人到較晚近的詩人的想像和思想的傳遞承續」，相反，「影響意味著，壓根兒不存在本文，而只存在本文之間的關係，這些關係則取決於一種批評行為，即取決於誤讀與誤解——一位詩人對另一位詩人所作的批評、誤讀和誤解。」〔註43〕不存在任何原初的、其他文本由以派生的原文，一切文本都處在相互影響、交叉、重疊和轉換之中，所以不存在原文，只存在互文性。把互文性觀點用到他的影響誤讀理論，他認為，影響就意味著互文

〔註42〕 Harold Bloom, *Poetry and Repression：Revisionism from Blake to Stevens*, New Haven：Yale University Press, 1976, p. 2.

〔註43〕 Harold Bloom, *A Map of Misreading*. New York：Oxford University Press, 1975. 又見中譯本《比較文學影響論：誤讀圖示》，朱立元，陳克明譯，台北：駱駝，1992 年，頁 3。

性，意味著詩人之間的相互閱讀、誤讀、修正、改造關係。詩人之間是互為主體、互為歷史的。

　　布魯姆的誤讀理論強調影響過程的誤讀、批評、糾正和重寫，打破了傳統「影響即是模仿、繼承、接受、吸收」的理論格局。我們將當時被改編小說數量較多的名家作家如：黃春明，王禎和，白先勇，試著將這三位名家的小說改編電影文本的過程視為名家大師與導演大師之間的對話；假設將文學作者與電影導演皆當作強而有力的詩人，這兩位詩人之間，並不只是存在著前行世代對後代的影響與啟發，更值得探究的是電影導演如何重新汲取小說的養料，然後重新詮釋，重新創作出影像作品，電影導演對這三位小說家的文本如何重寫，又是如何誤讀？這三位小說家崛起於六〇年代，在現代主義的洗禮及鄉土文學的浸潤之後，在八〇年代他們的藝術聲譽已漸漸成形，成為知識份子所熟知的文學名家，其作品在社會上可謂引起廣大的迴響，而他們所創作的文本也形成典律化的地位。此三位創作者在七〇年代鄉土文學論戰之後，分別被學院的詮釋社群、文學批評的機制及文學雜誌社團，貼上現代派及鄉土派的標籤，在八〇年代，有五部電影改編自黃春明小說，四部電影改編自白先勇小說，三部電影改編自王禎和小說，屬於政教機構的金馬獎執委會於 1993 年在回顧台灣電影，並擇選台灣電影作品中的代表作時，亦將文學改編成電影的類型區分為現代派及鄉土派。〔註44〕可知鄉土文學論戰的廣泛影響，以及文學的分析術語和工具被挪用在電影文本的解析上。

　　文學所帶給電影「影響的焦慮」不僅於此，在這本《台灣電影精選》裏，可見其政教機構積極介入台灣電影經典化的工程，並試圖以新電影導演作者的風格建構台灣電影的典律（canon）。雖然電影改編文學的風潮極盛，但只有黃春明的《兒子大玩偶》及《看海的日子》、白先勇的《玉卿嫂》所改編的電影被納入台灣的經典電影，至於王禎和的電影由張美君所拍攝，導演並非劃屬於新電影的範疇，故不列入，然而在當時被影評人認為是商業炒作的文學電影，遭受商業庸俗化所扭曲的改編，卻在 2000 年《作家身影：台灣篇》成為史料影像的方式進入文學家傳記的論述中，電影改編小說的片段再度成為詮釋作家作品的視角，並且再度被典律化。〔註45〕

〔註44〕關於台灣電影對於文學改編可參見區桂芝執行編輯，蔡康永，韓良憶主筆，《台灣電影精選》，〈台灣電影與文學〉，台北：萬象，1993 年，頁 2～12。

〔註45〕關於影像與文學史典律的相關論述可見邱貴芬，〈文學影像與歷史——從作家紀錄片談新世紀史學方法研究空間的開展〉，《中外文學》，第 31 卷，第 6

新電影與文學作品的「結合」，是文化工業裏結構性的連結，新電影的重要劇本創作者皆是濡染於七〇年代鄉土文學的運動中，其創作無法離開鄉土文學的召喚，吳念眞也曾仿鄉土敘事筆法，從事鄉土小說創作，並曾獲致文學獎〔註46〕。1977 年以降台灣文化從觀照鄉土出發，以台灣爲創作主體及發聲主體，雖然當時所指涉的鄉土定義模糊，但它爲日後台灣的主體性提供理論的基礎及論述的框架。在這樣的意義上，八〇年代重新詮釋改編黃春明的小說，成爲這一代電影創作者整理過往台灣經驗，並進而創發新台灣主體的重要文化資產。吳念眞在中影公司工作時，所提出的第一個企畫案就是改編黃春明的小說爲電影，他也曾在許多公開場合表示對黃春明小說的傾慕。〔註47〕隨著吳念眞所改編的《兒子的大玩偶》在票房上獲得肯定，將鄉土小說影像化的改編模式蔚然成風，黃春明、王禎和、楊青矗及七等生等作品都曾被改編搬上螢幕，連帶地被歸於現代派的白先勇及八〇年代新崛起的女性寫手得獎作品亦紛紛躍上影像媒體，一時之間，「電影最重要的卡司，似乎成了小說家的名字」。焦雄屏曾歸納出新電影小說改編風潮的原因：

> 缺乏原創編劇，新導演及部分編劇年紀都輕，人生經歷也撐不了過多製片的索求。選取現成小說的結構及劇情，是方便且素質高的做法。新電影工作人員大都對鄉土小說及張愛玲、白先勇小說有相當多認同感，閱讀經驗是其成長不可缺的一部分，這也與一般新知識份子觀眾的心理契合。如白先勇小說迷人語言及緊密意象，或鄉土小說對低下階層的憐憫心懷，都是新一代電影工作者樂於認同的。

> 大量小說家投入電影改編或編劇行業。最明顯的，莫過於朱天文、朱天心姐妹之於侯孝賢與陳坤厚（《小畢的故事》、《冬冬的假期》、《風櫃來的人》），蕭颯之於張毅，以及黃春明自己投入改編《看海的日子》的工作，甚至吳念眞，小野和丁亞民的任編劇兼企劃，都使小說素材易搬上銀幕。〔註48〕

除了在文化產業結構性上缺乏編劇人才之外，其餘皆與新電影創作者所形構

　　　期，2002 年 11 月，頁 187～209。

〔註46〕吳念眞〈看戲去囉〉曾獲民國六十六年聯合報小說獎第三名，〈白雞記〉曾獲民國六十七年聯合報小說獎佳作。

〔註47〕筆者是根據公視新電影二十周年播放「兒子大玩偶」之前，小野對吳念眞的訪問內容。

〔註48〕焦雄屏編著，《台灣新電影》，台北：時報出版，1988 年，頁 336。

的知識份子鄉土觀與文學理念有密切關係，而小說家面對影像媒體亦發生強烈的興趣，黃春明曾親自擔任編劇，將自己的小說《看海的日子》改編，此時我們不禁要探問，專業的編導人才來作改編工作與小說家來親自操刀有何不同？小說家的親自操刀究竟是更能貼近原作的精神，並適度地轉換跨媒介的框架？或者因為要「忠實」自己的作品，而不忍刪節割愛，反而無法轉換成電影語言的敘事？或者小說家的參與形成影片催生的「導師」，頻頻造成導演在詮釋時無法拋卻的「影響焦慮」？影評人黃建業曾針對吳念真的改編《兒子的大玩偶》及黃春明的自己改編《看海的日子》作過一番針砭及比較：

> 《兒子的大玩偶》三段體的成功，主要並不在黃春明小說的素材，反而是借著這三個素材所表現出來的敘事手段和映像結構風格。相反來看，由黃春明自己編劇，王童導演的《看海的日子》反而被生硬的倒敘弄得極度拘謹，角色不是扁平化便缺乏性格，若不是王童對角色不慍不火的同情和那份兢兢業業、規規矩矩的作風，《看海的日子》將比現在的版本更乏善可陳，較之由別人改編的《兒子的大玩偶》三段電影版，黃春明顯然對自己的小說缺乏電影的想像力。
> 〔註49〕

雖然有影評人嚴厲的批評，但《看海的日子》保有小說作品的意蘊，轉換成通俗劇的影像形式也頗能引起觀眾共鳴，甚至引起現實社會裏娼妓的觀影風潮及自醒自覺。黃春明身兼原著作者及編劇身份，面對外界的批評，他認為自己將電影中人物的對白生動地呈現，更覺得電影被觀眾廣為接受是電影社會功能的具體表現，而對自己編劇的能力質疑也作辯駁。〔註50〕王禎和也曾改編過自己的作品《嫁妝一牛車》、《玫瑰玫瑰我愛你》及《美人圖》，但這幾部電影由於導演張美君的影像失焦，無法將王禎和原著中嘲謔又帶著悲喜的小人物作適切的轉換，而使《嫁妝一牛車》變成一種「貧窮的奇觀」，而

〔註49〕 黃建業，〈一九八三年臺灣電影回顧〉，《電影雙週刊》，第 154 期，1985 年 1 月 17 日。又載於焦雄屏編，《台灣新電影》，台北：時報文化出版社，1998，頁 57。

〔註50〕 〈黃春明，吳念真，朱天文訪談錄〉：雖然是第一次寫劇情片，不過一來是自己的作品；二來過去他曾經拍過紀錄片，編導都一手抓，即使兩種影片性質不同，對他仍然相當有幫助，至少不會毫無經驗、手足無措……他覺得《看》片在對白上很生活化，是國片少見的，也是他編劇時特別注意的地方，而且《看》片的觀眾層面相當廣，表示大多數的人都能看得懂，並且能夠接受。《台灣新電影》，頁 255。

《美人圖》的抵殖民意涵卻被挪置為俚俗荒唐與賣弄情色的笑鬧片。王禎和認為電影戲劇影響他的創作甚深，執筆寫小說時，他能捉住最具戲味的地方下筆；撰寫影評時，不斷思考創作問題。他在台灣新電影初出茅廬時，即有自覺地將自己的小說改寫成劇本，並積極參與電影改編的工作，但他認為國片礙於環境長久以來的種種積弊，使得改編之後的電影往往著眼於行銷與票房，原著的情節、語境被大肆地刪節扭曲與變形，如：《嫁粧一牛車》受限於片長一百分鐘的規定裁掉四分之一，因而無法完整表達原作意念；《美人圖》因商業操作的媚俗，影片敘事小林受環境影響而被污染同化，由純樸的年輕人變成台北舞男，而喪失原作批判的意旨，王禎和為之氣結不已，直嘆遇人不淑。〔註51〕

八○年代許多電影導演運用小說改編作為影像的素材，亦有新電影的新生代導演張毅因為改編白先勇的作品，由於改編原著的堅持與白先勇產生歧異，使得張毅變成曝光率相當高的年輕導演，在八○年代初只要改編白先勇的作品便自然引起媒體注意及報導。白先勇的作品〈金大班的最後一夜〉則是由編劇者改編，但是白先勇則積極參與全片的攝製，提供相當多的意見，諸如對於情節的鋪陳、男女主角選角等等，在拍攝當中金大班的床戲就成為此片爭議的焦點，謝家孝紀錄當時的情況道：「文學作品搬上銀幕又涉及是否也有被認為藉機賣弄色情的問題，藝術與色情的分野，是屬於慣見的老爭論，寫『金大班』一片攝製內幕，也就從這熱門的電檢問題談起。當我們最初改編劇本時，就為編劇小組所公認的在『金大班』這個主角人物身上，有兩個重要的男人，也就是女主角金兆麗自己所說的：她一生只為兩個男人流過淚，而流淚都是在性愛過程之後，以電影的慣用詞來說，那就是『床戲』。」〔註52〕雖然電影影片想要藉由文學名家的聲望提昇其藝術的正當性，電影導演也想要在影片創作上達到藝術性的要求，成為一位「電影作者」，但是在改編過程中，仍然將女體的展露視為影片的重要情節以及改編的重點，而「金大班的最後一夜」，也就成為通俗劇裏「金大班生命中的三個男人」，以及其中情慾的糾葛。

〔註51〕請參考劉玟伶，《王禎和作品論：小說、劇本與影評》，清華大學中文所碩士論文，1998年，頁183。

〔註52〕謝家孝，〈「金大班的最後一夜攝製內幕」〉，《金大班的最後一夜》，台北：遠景，1985年，頁90。

　　另外，當時除了藝術對色情的爭端外，電檢的尺度與標準亦是爭議的重點，謝家孝認為：「床戲」的重點，大家知道十分緊要，不僅關係到電檢，影片藝術與色情的分野，評論與賣座，都息息相關，而且「金大班」片中有兩場床戲，與初戀情人月如的一場是純情的美，與船員秦雄一場是肉慾的掙扎，是一種奉獻式的告別。在劇本文字上沒有多少形容詞可以著墨，主要就得看導演怎麼運鏡處理，演員怎麼表演，如何能讓觀眾感動，有美感的反應，而不會被批評為粗俗下流。〔註53〕當時的電影界也就在藝術、文學、情色、票房之間互相的協商與糾纏，拍攝完成後白先勇和白景瑞導演曾為了金大班的床戲而有所爭執，白先勇認為金大班與歐陽龍的床戲拍得不夠美，應予刪除。白導演早已憋了很久的情緒爆炸開了，他叫起來，「好像人人都成了電影專家，那要我導演做什麼？那個鏡頭該剪都要你們來指點，等於我改你的文章任意的隨我高興，我看不順眼就刪去！不管你整個文氣通不通，你高不高興？太過分了嘛！」〔註54〕白先勇與白景瑞，一位是文學界久享盛名的文學名家，一位是電影界攝製過多部佳作的名導演，當大師遇到大師時，在文字與影像的轉換框架裏，導演的詮釋權與作家的詮釋權都在爭取自主的發言空間，形成彼此交鋒越界的爭端，最後是在送審時，兩位大師又聯手出擊，在電檢委員要重審剪除床戲時，導演白景瑞與原著白先勇，均表示要申訴要爭取，後來電檢處仍然稍作修剪，但鑑於白景瑞與白先勇兩位創作者的藝術聲望，遂維持大致的影像原貌。現在我們看到金大班與歐陽龍的「床戲」並不放在整個電影的敘事架構裏，而是金大班在舞廳度過最後一夜之後，在片尾主題曲的旋律中，將以往的片段剪輯，然後出現金大班第一次的眞心愛戀，與月如（歐陽龍飾）的一段情，床戲部份以白色薄紗營造浪漫純情的氛圍，緩慢的運鏡也蘊釀刻骨銘心的時刻，兩三個鏡頭都是以金大班女主角的臉部作為特寫，男主角月如的鏡頭則著墨較少，可知兩位大師最後在互爭詮釋權，協商，還有電檢制度下，影像呈現出純潔浪漫的文藝愛情戲碼。

　　八〇年代台灣電影對於導演作者與電影作者之間的合作與爭執，呈現出相當多議題的交集與糾葛，七〇年代的鄉土論戰所開展的鄉土派與現代派的語彙符碼，以及文學界所積累的藝術聲望與名家作者地位，一再地被電影工

〔註53〕謝家孝，〈「金大班的最後一夜攝製內幕」〉，《金大班的最後一夜》，台北：遠景，1985 年，頁 91。
〔註54〕同上註，頁 108。

作者所吸納及轉化，使電影能夠在影像創作及影像批評獲得某種加冕，以及藝文界的奧援與背書，逐漸樹立電影影像藝術性的正當位置。但是在小說改編電影的實際創作上，往往很難擺脫商業運作的機制，在影像世界裏，編劇／劇本雖爲製片的重要一環，但其市場價值抵不過將影像具體化的明星（男女主角），故爲了展露男女主角影像上的魅力，在改編上不免有影像的戲仿與誤讀的種種情狀，再加上女性身體表演所揭露出的文化訊息，使得文字裏所描繪的千迴百轉的情慾轉化成影像上視覺的愉悅，或者使影像只聚焦在「床戲」的情節上，八○年代矛盾又掙扎的商業電影與藝術電影之爭，以及電影導演與原著者之間的互動，使我們窺視小說改編電影所牽連的機制，電影工業與文化價值的協商，以及原著作者與電影作者如何在商業機制、藝術性、情色窺伺等價值觀下，折衝與協商，努力爭取發言的空間。

第三節　女性小說與電影工業

（一）言情小說與類型電影

　　女性小說在戰後與主流媒體關係相當密切，多數台灣女作家作品的問世來自於作品的暢銷，以及支流媒體的支持，其中暢銷的女性小說素材更是經常被電影媒體網羅，改編成爲電影文本，以下我們試圖尋繹八○年代之前女性書寫與電影文本之間的關係，以理解女性文本參與影像媒體，以及女性音像上的形構。

　　戰後初期來自大陸的移民潮中，有數量相當多且具有寫作能力的大陸女性，其在文壇上相當地活躍，並相當地多產。〔註55〕她們與官方組織「中國文藝協會」、「中國青年寫作協會」、「台灣婦女寫作協會」等往來密切，她們的作品得以問世與當時的「國語政策」，以及報刊等主流媒體的政治取向不無關聯，而當時肅殺的政治環境，也排擠批判性的聲音，著墨於家庭與愛情小說的流行亦有其特定的時代脈絡，葉石濤指出：「由於時代空氣險惡，動不動就會捲入政治風暴裏去，所以社會性觀點稀少，以家庭、男女關係、倫理等

〔註55〕如張漱菡出版十三部小說，童眞亦有十三部，郭良蕙出版三十二部小說，孟瑤二十二部，瓊瑤十四部，繁露二十七部等等。林芳玫，〈雅俗之分與象徵性權力鬥爭——由文學生產與消費結構的改變談知識份子的定位〉，《台灣社會研究季刊》，第 16 期，1994 年，頁 52。

為主題的女作家的作品大行其道」﹝註 56﹞。邱貴芬、范銘如等學者在解析戰後初期台灣文學景觀時,強調要關注女作家的小說文本,與當時反共戰鬥文藝所標舉的政治正確文本,二者在文學路數與調性方面均大異其趣。﹝註 57﹞邱貴芬在檢視既有的台灣文學史觀之後,回視當時五○年代台灣歷史情境,將外省籍女作家作品多產且豐富置於多重的時代脈絡下觀察:

> 指出現有台灣文學史隱藏的特定族群和性別觀點,看見戰後初期女
> 性創作盛況空前的同時,我們也不該忘了這樣的女性文學現象集中
> 於特定族群女性,而且這樣的女性文學豐收乃是建立在壓縮另外族
> 群女性創作空間之上。﹝註58﹞

如上所述,大陸來台女性創作的豐盛正是映照出本省籍女性創作的空白,以及本省籍女性作家在新語言政策底下成為「失語的一代」,從文學場域中被推擠下來,失去言說的空間。但是從另一方面而言,大陸女性作家介入文學場域,產量豐碩,無形中開拓台灣女性創作空間,所產生的正面影響不可小覷。根據林芳玫的統計,六○年代多產的小說作家中,其中有九位是外省籍女性作家。這九位作家中,有六位作者的小說曾被改編成為電影,再次印證並說明當時外省籍女性作家與台灣媒體的互動,以及其作品的多產與暢銷形成強烈的助因,其文本多產所形成閱讀人口,促使電影公司改編其小說,形成當時大眾文化重要的一環。

以下筆者即回溯當時幾部由女性作家作品改編成的電影,以略見當時女性多產的言情小說搬上電影螢幕的概況。

孟瑤,在六○年代有小說著作 22 本,其中改編成電影的有《懸崖》(根據《窮巷》改編),《家在台北》(取材自《飛燕去來》)《你的心裏沒有我》(根據《亂離人》改編,楊甦導演,陳思思,楊群,秦沛主演,榮堅公司民國六十年出品)。《懸崖》本片根據孟瑤小說《窮巷》改編,故事情節類似德萊塞的《郎心如鐵》(伊莉莎白泰勒,蒙哥馬利克里夫主演)敘述一個窮困青年受到居於窮巷中一對母女的濟助,並與少女有了親密關係後,因結識富家千金,

﹝註56﹞ 葉石濤《台灣文學史綱》,高雄:文學界,1987 年,頁 96。

﹝註57﹞ 范銘如,〈台灣新故鄉 —— 五○年代台灣小說〉,《眾裏尋她 —— 台灣女性小說縱論》,台北:麥田,2002 年,頁 61~62。

﹝註58﹞ 邱貴芬,〈從戰後初期女作家的創作談台灣文學史的敘述〉,《後殖民及其外》,台北:麥田,2003 年,頁 68。

進而嫌貧愛富，移情別戀，釀成悲劇。

繁露，在六○年代有小說著作 27 本，其中改編成電影的有《養女湖》、《蕩婦與聖女》。《蕩婦與聖女》影片的時代場景設定在清朝末年，日本佔據台灣時期，台灣同胞奮勇抵抗日軍殘暴統治的英勇事蹟。故事主角是一位弱女子，為拯救村民而犧牲色相，卻不為村民所容，視其為蕩婦，將之擊斃。若干年後真相大白，又被奉為聖女而大加表揚，是一部描述愛國女子傳奇的影片。《養女湖》這本小說是在探討戰後初期養女問題與省籍通婚。根據一般史料紀錄，台灣養女問題是由台籍女性省議員呂錦花於民國四十年在省議會提出後，受到當局重視，隨後並發起保護養女運動。〔註 59〕在保護養女運動推行之後，養女，似乎成為五○年代小說家喜愛採用的女主角身分。繁露的長篇小說《養女湖》（台北：國華，一九五六）也許是其中最著名的一部。此部小說曾因改編成電影《秋蓮》（鳳飛飛主演）引發版權糾紛，喧騰一時。

徐薏藍，於一九五八年發表的小說《河上的月光》，改編成電影《葡萄成熟時》（劉藝編導，甘泉合編，歸亞蕾、葛香亭、王戎、左艷蓉主演，民國五十九年出品），敘述葛維德（葛香亭飾）與鄧心怡（歸亞蕾飾）新婚燕爾，卻因為年齡差距太大，產生種種心理隔閡，最後澄清誤解，以喜劇收場，本片曾獲中國影評人協會民國五十八年度五大國片第三名。徐薏藍的小說性別觀點較為保守，她時常在小說情節裏提倡女性的美德，其女性角色具有純真、謙虛、重視貞節等傳統婦德，女性最重要的是保持純潔，自愛自重，就能夠得到一個好歸宿。小說場景常以腐敗的都市與純樸鄉下為對比，描述純真的女孩如何抵抗都市的罪惡，維持自我的身心純潔，小說敘事充滿道德訓示。《薇薇的週記》（宗由導演，劉藝、周旭江合編，王莫愁、明格、丁強、周明麗主演，民國五十二年出品）根據林海音原著小說改編，描寫小學教師發現女學生的週記把家庭寫得和樂幸福，原來是一篇謊言，父母在女兒的真

〔註59〕參見「二十年來的婦女」編輯委員會編輯，〈養女保護工作〉，《二十年來的台灣婦女》，台北：台灣省婦女寫作協會，頁 295～230。或李長貴編，《台灣養女制度與養女問題之研究》，台中：東海大學社會科學研究中心，1970 年。其實在民國三十九年婦女節，林海音即曾於「婦週」發表〈台灣的媳婦仔〉一文，呼籲大眾重視，解決本省的婦女問題。林海音，〈台灣的媳婦仔——一個值得注意的問題〉，《中央日報》，第七版，1950 年 3 月 12 日。此文立刻獲得外省籍主編武月卿的回應，鼓勵讀者加入關於本省婦女生活的報導寫作。武月卿，〈婦週是讀者的〉，《中央日報》，第七版，1950 年 4 月 23 日。

情感動之下，終於和好如初。

　　郭良蕙是位相當多產的作家，在六○年代她已出版 32 本小說。郭良蕙於民國四十九年接觸電影工作，為天工公司出品的《君子協定》（黃宗迅導演，王琛，紅繡雲主演）擔任編劇，民國五十六年出品。她的小說搬上銀幕有《遙遠的路》（關志堅導演，郭良蕙編劇，吳君麗，鄧碧雲主演，堅成公司出品）；《儂本多情》（張青導演，徐天榮編劇，原著書名《我心我心》，林璣，田明，陳青主演，亞洲公司出品）；《感情的債》（張英導演，貢敏編劇，林璣，田明主演，亞洲公司出品）。此後改編電影的還有《早熟》、《四月的旋律》（呂濱仲導演，郭良蕙編劇，韓湘琴，金漢主演，華藝公司六十五年出品）；《愛的小語》（曾江導演，王克編劇，胡燕妮，凌雲，蕭芳芳主演，民國六十五年出品）；《此情可問天》（宋存壽導演，郁正春編劇，林鳳嬌，秦漢，江明主演，鴻興公司民國六十七年出品）等多部作品皆曾改編成為電影。郭良蕙小說改編的電影雖未釀成特定的風潮，可是她的作品著重於女性的心理描寫，經營出潛伏性的內心衝突，如《感情的債》敘述一度淪為富商外室的李青青（林璣飾）與已婚的舊情人費慕人（田明飾）的曲折畸戀。《儂本多情》敘述不善表達愛情的施慕柔（林璣飾），輕易放過唾手可得的愛情，終於一病不起。《四月的旋律》敘述使君有婦的羅伯強（金漢飾）與羅敷有夫的石玢尼（韓湘琴飾），兩個上流社會紳士貴婦之間毫無結果的戀愛。其中由宋存壽導演執導的《早熟》、《此情可問天》，是個中佳作，前者描寫高中女生用自己的身心來摸索成長的經驗，在近乎狂亂的叛逆心理中，還保有相當濃郁的同情心；後者描寫孤注一擲暗戀姐夫的少女沈白芙（林鳳嬌飾），將內歛纖柔的女性轉變為剛烈已至於自棄自毀的心理，刻劃得令人怵然心驚。

　　在六○及七○年代由言情小說的類型公式，轉化為影像上通俗劇的想像，此時期可以瓊瑤的作品為代表，瓊瑤小說所建構的世代衝突及價值觀的妥協，將傳統父權結構內父母控制子女的價值觀，置換為父母對子女的照顧及關愛，以親情與愛情為主軸，並進一步將之化約為簡單，重覆的類型公式，在電影傳媒不斷地複製其幻想浪漫的愛情中心論，以及自由戀愛作為婚姻感情的基礎，作為自五四以來青年爭取自主的象徵。瓊瑤一系列的作品及電影的改編可視為言情類型的代表文本，而類型的區隔是種社會化建構的過程，是由閱聽人與創作者之間經由長期的互動及閱讀期待視野的折衝協調，逐步建構而成類型的成規（convention）。瓊瑤愛情王國的建構不僅在大量的言情小

說文本，同時跨足影視傳媒，提供一代青年男女的典範的愛情文本，以及戀愛的儀式化，透過小說敘事結構：愛情——世代衝突——妥協，所構成的情節推展，林芳玫將之擴展成敘事元素：匱乏與不滿（女主角因缺乏愛而缺乏生命力）→墜入情網（緣；天生註定而無法抗拒的力量）→世代衝突（往日戀情引發的夙怨與世仇）→衝突結束（女性的柔弱與被動無能）→結局（愛情外在於家庭及其他社會制度）。〔註60〕文論家要批評瓊瑤的言情文本虛幻不實很容易，但是這些批評瓊瑤的聲音往往忽略了：這個夢幻世界的成份觸及了中國文化中集體意識最核心的部分——個人與家庭的關係，如何建立自我而又保持與父母及家庭的感情連結？面對兩者的衝突時個人如何抉擇？瓊瑤的夢幻愛情其深層結構就是環繞著這些問題。六○年代瓊瑤小說言情類型的建立，到七○年代跨足大眾傳播媒體，形成小說創作，電影拍攝，電影配樂文本生產行銷作業線自上游到下游一體成型，大眾傳媒的特質遂介入文本敘事的創作活動中，在瓊瑤小說早期複雜多元的人物角色漸漸趨於平面化，主題也由大敘事的家仇國難化約為個人情愛苦惱，早期敘事策略的多線交錯也簡化為單一直線敘事，六○年代的瓊瑤則憑其個人的暢銷魅力，吸引許多廣播電台，電影公司和她簽約。她的小說在《聯合報》及《皇冠雜誌》連載，改編成廣播劇在電台播出，拍成電影搬上大銀幕，也出現在電視螢光幕。身為類型的傳輸體，大眾媒體及文化工業使類型特色更加鮮明穩定。

　　類型特色與文本意義在作者、讀者、社會之間不斷產生流動與建構的過程。大致而言，在六○年代流動的方向主要是由作者與讀者形成文學社區，進而影響類型的建立以及文化生產組織。在此時文化生產組織雖然影響力很大，仍扮演被動的角色，把作者寫出來的東西傳播出去。但是到了較後來（如六○年代後期或是七○年代），類型的特色及大眾媒體會反過來影響作者，作者不再是自發性的創作，而是在寫作時就預先考慮媒體的特性。七○年代瓊瑤甚至是一邊寫小說，一邊策劃電影劇本。小說的寫作可明顯看出適合電影的改編：早期冗長的段落及詳細的描述消失了，取而代之的是簡短的句子及人物的對話；古典詩詞的引用也顯著減少，換上白話，口語的短詩，這就成了電影歌曲的歌詞，如「一顆紅豆」、「才下眉頭，卻上心頭」、「月朦朧；鳥朦朧」等都成為風靡一時的流行歌曲。瓊瑤創造一個言情小說的類型典範，這個典範以及商業化，普及化的壓力也反過來影響她的寫作。

〔註60〕林芳玫《解讀瓊瑤愛情王國》，台北：時報，1994 年，頁 74～75。

在影視上的呈現則是二秦二林偶像的浪漫情愛，客廳、咖啡廳、舞廳三廳式的電影文本，以及沙灘漫步，雨中訴衷情等經典場景的建構，偶像明星、經典場景、流行歌曲以及瓊瑤式文藝腔的對白遂成為一個世代愛情劇的象徵符碼。林芳玫認為：

> （瓊瑤）創造了七○年代台灣文藝電影的黃金時期，也捧紅了所謂的二秦二林（秦漢、秦祥林、林青霞、林鳳嬌）。在這個時期，瓊瑤跨越多種媒體，對當時的演藝娛樂界有很大的影響力，電視、電影、流行音樂都有她的參與。所謂的「公式化」並不只是一種文本特色，它有賴於不同媒體間的一貫作業，從報紙副刊及雜誌的連載出書、拍電影、電影配樂，相似的情節與人物組合一再出現。瓊瑤公式的特殊意義即在於文本與集體性組織生產的結合。她集合了一群由導演、演員、攝影師、作曲家等人所組成的工作人員把她的公式以聲光畫面表達出來，形成了七○年代的一個重要的夢幻工廠，大量製造親情與愛情的夢幻。〔註61〕

從瓊瑤的文學文本所衍生出的影視文本，歌曲文本，明星形象等，一次又一次部分或全部地重寫先前文本，在主動積極的創作過程中，跟隨著社會文化的脈絡予以詮釋及再建構意義，再加上學者，批評者對於文學文本及電影文本的解讀，及大眾閱聽人的觀影與閱讀經驗，遂使得瓊瑤文本形成一個龐雜的超文本，評論家及閱聽人在瓊瑤文本上一層又一層地覆寫自己的觀點與詮釋話語，所以在建構瓊瑤超文本的意義時，此超文本也承載台灣社會自我認同的象徵意義，及文學與影視互動的文化圖騰。

在當時浪漫通俗劇加上言情小說的文藝電影類型深受閱聽人的喜愛，我們可以從另一部文學影像的改編，了解到文藝風潮與閱聽人之間的互動關係。《此情可問天》（1978）此部電影改編自郭良蕙的長篇小說《春盡》，敘述一個畸戀的故事，其結構十分獨特，尤其描寫少女沈白芙（林鳳嬌飾）對姐夫萬光宇（江明飾）那種純粹犧牲奉獻的愛情表達方式，足可令人震懾顫慄，她自始至終不曾明言的一片深情，也引發觀者深深的感動。本片由三組三角戀愛關係構成，主線是以沈白芙為主要核心，她與腳踏實地的青年陳雲程（秦漢飾），表面上是天造地設的一對情侶，私底下她暗戀被姐姐拋棄的姐夫萬光宇。萬光宇罹患嚴重的肺結核，白芙殫精竭慮的照顧他，送他到台北的療養

〔註61〕林芳玫《解讀瓊瑤愛情王國》，台北：時報，1994年，頁152。

院醫治。沈白芙辭離嘉義的工作，轉到台北的小公司任職，義無反顧的將精神與金錢傾注在姐夫身上，初時她以為自己是為不貞的姐姐贖罪，後來漸漸發現自己是基於長久以來對姐夫的崇敬與愛慕。相形之下，陳雲程只是她掩飾對姐夫愛情的一道煙霧，她不願理會陳雲程的追求，但在姐夫身上也得不到渴望的愛情，沈白芙的遭遇令人感到蒼涼可嘆。

另一組以萬光宇為軸心的三角戀愛，除了女主角白芙的痴迷暗戀之外，還有一個帶著小孩的中年女子馮玉華（江青霞飾），因為馮玉華的孩子也因肺結核住院，兩人因而結識，透過白芙的主觀鏡頭，她一直以為護士陸小姐是她與姐夫感情的介入者，對於陸小姐十分仇視嫉妒，但是沒料到萬光宇會與馮玉華墜入愛河，在影像的傳達上，萬與馮的愛情滋長只呈現一種家庭和樂的氛圍，強調萬與馮的孩子相處十分融洽，其餘皆以暗場交待，當萬光宇告訴白芙即將結婚的消息時，白芙還以為新娘是陸小姐，在此編導的處理增強了戲劇的張力。白芙深沈內歛的性格，是影像描繪的焦點，起初她與萬光宇同住於嘉義的日式木屋裏，顯見她對於姐夫的執迷痴戀。一再利用陳雲程的愛情來掩飾她的暗戀，當陳雲程向她表白內心的情感時，她就毅然斬斷與陳雲程的糾葛；當她看到護士陸小姐拉起屏風，為萬光宇打針，讓她獨自隔絕在外，那種執迷愛意所造成的嫉恨，都顯露出她性格剛烈的一面。相對於萬光宇身體日漸康復，白芙卻日益蒼白枯萎，這時白芙才發現自己早已傳染了肺結核。在萬光宇結婚前夕，身穿宛如白紗禮服的睡袍，侷促在房間一隅焚燒信件，有著「焚稿斷痴情」的淒楚；在婚宴上，她則一反常態，敷上濃濃的脂粉，穿上艷麗的服裝，遮掩本來蒼白的面貌，並有一種與新娘爭艷的意味。郭良蕙的原著善於刻劃女性心理的掙扎，而宋存壽的影像則一層層揭示女主角淒絕不肯表露的暗戀情事，塑造出悲劇性格，一步步接近死亡的沈白芙。

《此情可問天》與原著《春盡》最大的不同，是抽離了原著的時代背景，《春盡》成書於民國五十年，描寫的是 1949 年之後隨國民政府來台大陸人士的心境，萬光宇原是家財萬貫的富家少爺，因逃難來台落得孑然一身，成了不斷緬懷舊日繁華的落難公子，成書後十多年後改編自《春盡》的影片《此情可問天》，編導從另一個視角重新詮釋這部小說，因應當時流行的浪漫通俗劇風潮，刻意避開萬光宇的心理情結，使這個人物只剩下小姨暗戀姐夫的形式而已。同時陳雲程軍旅驛動的生活，浪跡天涯，單身來台的背景被刪減，

所以他急切需要家庭溫暖，不斷希望和白芙成家的動機，也變得十分薄弱。《此情可問天》抽離了時代背景，等於抽離了這幾個人物的心理背景，使得整部影片的感動力徒然減弱許多。宋存壽導演的運境則喜歡捕捉日式木屋，小城窄巷，以及台北明星咖啡館的樸拙氣息，爲全片鋪罩上一種幽暗不明的低調氣氛，固然與片中人的心態十分貼切，可是與片中許多場景表現出的現代情調不太吻合，成爲本片值得再商榷之處。從六○年代瓊瑤小說「類型」的建立，至七○年代則是由類型更進一步窄化爲公式，早期瓊瑤影像改編有著大時代的背景，人物眾多，故事主題較紛雜，包含兩代家庭的多重故事線，到後期則呈現較單線的敘事，以及將重心著墨於親情／愛情的對立，簡化了敘事的形式。在《此情可問天》裏，亦是剝落了大時代的背景，以及大陸來台人物流寓他鄉的心理，而將之簡化爲一個小姨子愛上姐夫的畸戀故事，可知當時瓊瑤言情小說及文藝愛情電影的類型公式，深深影響當時代言情小說的改編手法與敘事模式。在八○年代另外有一部郭良蕙的作品《心鎖》被改編成爲電影，八○年代對於女性角色的詮釋視角，女性角色的形象呈現，及改編所著重的焦點則與七○年代大異其趣，在八○年代的《心鎖》影像則呈現女主角情慾的糾葛爲主題，並以暴露女性身體作爲男性窺視快感爲宣傳主軸，此乃受到八○年代商業電影機制裏，女性形象更形商品化及情慾化的影響所致。

　　女性作家的作品，瓊瑤、郭良蕙、孟瑤、徐薏藍等常被改編爲影視文本，大眾媒界與通俗文類之間的互動流通，一直是學院知識份子視女性作家作品爲次等作品及區隔的重要憑藉，在文化場域中，精英份子時常要拋出一個問題：誰的作品更有資格，更值得使用強勢媒體，而閨秀文學往往被貶抑爲通俗／言情／公式化，缺乏描寫眞實及美學品味的書寫，不值得閱讀，而所改編的電影也不值得觀賞。這些女作家被置於文化場域的不同發聲位置，所受到學院學者的關注角度亦不同，郭良蕙在一九六二年出版的《心鎖》，因爲亂倫的情節及情慾的描述，引發其爭議，一九六三年《心鎖》的查禁與郭良蕙被婦協及文藝協會註銷會藉，象徵主流的反撲、官方論述滲透和操縱文學的權力與決心。而瓊瑤自一九六二年發表《窗外》之後，後續的創作亦引發當時知識份子對於通俗文學與嚴肅文學分野的爭議。以上兩位女性作家是參與台灣文學場域，具有發聲身份的一份子，因此她們的創作受到來自主流文壇建構的文學典律所檢視。

　　另外一位繼瓊瑤之後重要的言情小說家──玄小佛，雖然在七○年代出版十八本小說，則完全置身於文壇之外，她的書是在租書店裏流通，被視爲下層大眾文化的通俗文類，一般的文評家完全不將她納入批評或討論的對象，但她有十多部小說被改編成電影，成爲七○年代後期，唯一能與瓊瑤略作抗衡的女作家，玄小佛生於民國三十九年，她在一九七二年間，發表於《創作》月刊的小說《小木屋》，經改編拍成電影《白屋之戀》（白景瑞導演，鄧育昆編劇，甄珍、鄧光榮、江明主演，中影公司民國六十一年出品），自1980起，與女導演楊家雲合組陽光公司，專事拍攝自己的小說。玄小佛的作品改編成電影者，茲列舉如下：白景瑞導演曾拍攝過三部玄小佛的作品《白屋之戀》（1972）、《沙灘上的月亮》（1978）、《踩在夕陽裏》（1978）；賴成英導演的《昨日雨瀟瀟》（1979）；魯繼祖導演的《一溪流水》（1980）；楊家雲導演拍攝過《晨霧》（1978）、《小葫蘆》（1982）、《誰敢惹我》（1982）；方豪導演《笨島滿天飛》（1982）等等。玄小佛所塑造出的女性形象與愛情敘事模式與瓊瑤大相逕庭，女主角有強烈的自主性及獨特性，以思想行動反抗現行制度，呈現出放蕩不羈，以及暴烈乖張的脾氣，對現實表現出極度的不滿，因而時常衝撞家庭或社會的常規，玄小佛小說的議題：女性個性自我的展現與外在社會規範間的衝突矛盾，影像的呈現往往強調女主角不僅追求愛情，也有現代都會女子對工作的企圖心，以及對事業成功的嚮往，此種女性形象的塑造反應著七○年代後期至八○年代初期女性投入職場的現實處境，也顯現出「擬女性主義」的書寫策略，玄小佛可說以另一種方式對父權社會提出挑戰，以及適應現實，與社會妥協之道。

　　文本的生產，傳播與讀者接受三者是環環相扣，文本意義的建構過程代表社會、媒體傳播、詮釋社群之間的相互影響。前面篇幅，筆者將戰後女性小說所改編的電影做一概要的描述，至八○年代兩性關係日趨複雜，約會與自由戀愛亦不再是禁忌時，唯美浪漫的愛情主題削弱了它的社會功能時，新型態的女性書寫遂開始有了她們發聲的位置，八○年代女性小說改編成的電影裏，我們可以看到更寫實、多元的女性音像。由以上對女性小說改編爲電影歷時性的討論，六○至七○年代言情小說被改編爲通俗浪漫的文藝電影，是其中最重要的類型，范銘如認爲戰後初期的女性小說仍在戰鬥文藝的政策底下，因而傾向保守的意識形態，國共對立，楚河漢界依然是涇渭分明，女性小說所呈顯的性別批判也僅是零星火花，雖然沒引起文壇太大的爭議或注

意，但是它們對當權的批判性與顛覆潛能卻不容忽視。〔註62〕自八○年代以來，文化研究所強調通俗文化消費過程深具顛覆主流價值的潛能，在此筆者指的是以費斯克（John Fiske）為代表的文化研究者，對大眾文化抱持過度正面、樂觀、肯定的態度。誠如張錦華對費斯克的批評指出，費斯克將觀眾逃避現實的現象解釋為閱聽人主動權力的發揮，因而他無法區隔不同權力的差異，彷彿觀看過程中的文化政治就可以抵銷現實生活中的政經壓迫。〔註63〕是故，上述這些言情小說所改編的影像創作，對於性別議題制度性的不平等並無批判或反抗的意味，甚且受到瓊瑤類型的影響，在小說文本裏出現多元而心理層次複雜的女性角色，在強調愛情元素的通俗浪漫劇裏，人物造型及敘事結構皆予以簡化，以符合瓊瑤式文藝電影的類型公式。另外，通俗文藝存在的功能並非僅有「文以載道」，謀求剖析現實，進而解決社會問題，而是提供閱聽社群某種人物典型，敘事模式，以使閱聽人在享受文字、聲光的樂趣，提供心靈情感的慰藉，並在虛構想像的層次面對社會現象，在小說敘事與影像聲光裏體會人生百態。〔註64〕

（二）女性書寫與新電影

八○年代台灣新電影現象的建構，主要是以「藝術電影」來作為區隔主流「商業電影」，並以導演特殊觀點與風格形塑成「作者電影」，在上述的討論中，我們得以了解透過「作者論」的鼓吹與建構，以提昇電影作為文化場域裏菁英品味的形象，男性文學名家大師如黃春明、王禎和、白先勇等已經在台灣文學場域裏累積一定聲望的「作者」，電影工作者試圖改編他們的作品提昇電影的文化位階，形成「導演作者」與「文學作者」的對話，也是「大師影像」與「大師文字」互文改編之後的藝術盛宴。但是以瓊瑤為代表的女性言情小說創作者，其作品類型往往是被改編成文藝類型電影，而且與主流商業機制形成強大的結盟，除了瓊瑤因受到大眾媒體的注目而引起評論者的

〔註62〕范銘如，〈「我」行我素──六○年代台灣文學的「小」女聲〉，《眾裏尋她──台灣女性小說縱論》，台北：麥田，2002年，頁61～62。

〔註63〕張錦華，《媒介文化、意識形態與女性──理論與實例》，台北：正中，1994，頁33。

〔註64〕Radway以家庭主婦為研究對象，她發現閱讀小說對家庭主婦最大的樂趣是獲得獨處休息的片刻，並在閱讀過程中得到情感滋潤。Radway的詮釋使我們能將家庭主婦在媒介使用上所顯現的逃避現象，置放在整體性別角色分工的社會脈絡下加以了解。Janice Radway, *Reading the Romance*, Hill:University of North Carolina Press,1984.

爭議，其他如玄小佛等女性言情作家在當時「純文學」、「通俗文學」分類裏，是被歸類爲距離文化場域權力核心相當遠的「通俗文類」，一般學院裏的學者或者是文化評論家都很少予以嚴肅正視與評論。在上文論述裏已說明八○年代瓊瑤及玄小佛等言情小說仍有幾部被改編成電影，但在一九八三年《昨夜之燈》的票房不佳之後，瓊瑤結束巨星電影公司，從此告別電影銀幕，轉戰電視圈，此亦宣告台灣電影言情小說與商業類型電影結盟的銳減。取而代之的是台灣新電影強調「藝術」品味、「作者論」的文學電影，由於新電影強調影像作爲一個藝術主體的自覺性，七○年代知識份子回歸鄉土風潮的鄉土小說，即成爲改編的名家要角。另一方面則是從當時文學獎的機制裏，尋找藝術性高、美學品味高的文學作者。

　　台灣電影在強調自身作爲一個藝術電影的表述裏，積極尋找嚴肅文學作品改編，以嚴肅文學作品所產生的文化象徵資本，以及文學家所累積的讀者與藝術聲望，作爲電影在文化場域裏形構成一門嚴肅美學的藝術。在八○年代文學獎機制所出現的文學名家，及其作品也成爲電影改編所搜尋的文本。筆者第二章的論述裏，已說明文學獎與女作家崛起之間的關係，文學獎所象徵的意義代表文化場域裏透過一套評鑑機制，將具有個人原創性及美學性的作品擇取出來，授予獎項。雖然不同的文學獎可能牽涉到評選者的美學品味、不同藝術風格流派、主流／非主流的意識形態，因而無法有一個完全相同標準尺度，但是在八○年代台灣兩大報的文學獎仍有一定的公信力與影響力，牽動著文壇的美學品味與藝術走向。在八○年代台灣新崛起的女作家藉由文學獎累積自己的藝術聲望，取得接近文壇核心的大眾傳媒資源，所以這些女作家雖然不同於男性作者大師已累積一定的成名作品與文化地位，但是透過文學獎的擇取機制，她們也獲得傳播媒體與閱聽群眾的關注，並且成爲文壇權力核心標榜文學品味裏所認可的「作者」。

　　在八○年代透過文學獎機制獲得名聲的女作家，不僅得獎作品在文學獎裏得到藝術成就的肯定，其後一系列的作品也長居在暢銷排行榜上，如李昂、蕭麗紅、廖輝英等。在八○年代電影論述強調「作者論」，主因在於藝術作爲「個人表述」的形式載體，以作者來區隔藝術性位階，以及美學品味的高低。再加上，文學獎裏的女性作者與新電影的新電影人，都是約二十、三十歲上下的年輕人，在台灣戰後成長共同背景，彼此在電影文本／小說文本互文改編上有相同的理想。在藝術電影與嚴肅文學缺乏一致的風格與分類下，文學

獎脫穎而出的女作家通過文藝品選機制，故被劃歸在「作者論」系譜下，遂與台灣新電影的導演作者連結。作者的名字成爲藝術作品的個別標籤，成爲某種殊異觀點、獨特風格或者是類型的表徵人物，有如品牌利於市場行銷。另外，「作者」成爲文化場域裏一個清楚的「對象」，電影出資人與電影工作者，當他們要改編文學作品時，文學獎裏的得獎「作者」，成爲他們挹注資金時清楚的目標。是故八○年代女性小說創作者獲得文學獎的作品，被改編成電影機率相當大，而女性小說家得到文學獎的肯定之後，也成爲有名聲的作者，其作品也成爲電影工作者積極改編的對象。〔註65〕

八○年代的女作家對於自己的作品被改編成電影的過程，是如同男性文學大師般珍視自己作品的藝術性，積極作編劇，親力親爲，並介入電影攝製過程；還是認爲電影影像是一種再創作，小說家無置喙餘地，而將再創作、再詮釋的空間釋放出來，交付給電影工作群？考慮到性別觀點的角度，再去觀察八○年代台灣電影文學現象時，我們發現性別位階仍然在電影文化場域裏佔有關鍵影響。女性在台灣電影工業內的工作，大多數是擔任低階的場記、編劇、化妝人員等幕後工作者，較有知名度的是擔任明星，極少數女性能擔任導演、攝影師等被視爲藝術家的工作。〔註66〕男性掌控媒介工業，女性在電影場域內的工作，有時像是家務職責的延伸，作爲明星的經紀人，擔任場記、化妝人員等，皆與女性特質有關：如善於體貼、照顧、細心等等。電影片廠或電影拍攝的工作由於工作場所沒有托育設施，以及受限於社會的價值觀與信仰，對於女性而言，要兼顧媒體工作與母職是極爲困難的事。女性小說家在面對男性電影工作者改編其創作文本時，大多是擔任編劇的角色，少有在影視敘事上強力介入或是批判導演的情況出現。以下就八○年代常被改編作品的二位女作家作爲分析的例證。

1. 朱天文

朱天文在一九八三年將聯合報徵文的得獎作品〈愛的故事〉，改編爲《小畢的故事》搬上電影銀幕之後，開啓與侯孝賢、陳坤厚等新電影創作群合作的關係。《小畢的故事》由陳坤厚導演、侯孝賢與朱天文同爲編劇，這影片

〔註65〕 請參見筆者所製附錄，八○年代女作家的作品被改編成電影影像者，大多數導演皆是屬於新電影的工作者。
〔註66〕 請參照女影網的網站，對於歷來台灣女性導演及其作品有所簡介。
　　　　http://www.wmw.com.tw/library/second-library.htm

被視爲台灣新電影發展上重要的起點，朱天文亦從此成爲台灣電影的重要編劇家。

　　朱天文在八〇年代將創作的小説改編爲電影，或者電影先行上映再寫成小説的作品，部份收錄於《朱天文電影小説集》一書中。〔註67〕她也曾改編文學名家七等生的小説《結婚》，由陳坤厚執導。另外，以電影劇本的形式出版的有：《戀戀風塵》、《悲情城市》、《戲夢人生》、《好男好女》等，前兩者是她與吳念眞共同創作的原創劇本；後兩者則是改編劇本，《戲夢人生》依據李天祿的口述生平而作，《好男好女》則是改編自藍博洲的《幌馬車之歌》。《好男好女》將原著裏五〇年代白色恐怖的史實記錄，轉化成爲現代與史實、記憶對話建構的歷程，以後設的形式「再現」歷史，從解構、重塑等觀點回溯五〇年代的台灣認同問題。

　　朱天文與侯孝賢、陳坤厚等新電影創作社群長期合作。其中她與侯孝賢，一爲編劇，一爲導演的合作關係長達二十年，至今仍持續共同創作。從他們的合作的劇本、影像裏可以窺見彼此的美學觀互相啓發呼應的痕跡。本文著重於八〇年代早期朱天文與侯孝賢的作品，朱天文的感性文字與侯孝賢淡泊抒情風格，兩者結合之後在影像上所呈現的是敘事的簡約、抒緩的生活節奏與田園詩歌的情調。侯孝賢長鏡頭、深焦攝影的電影語言正契合朱天文詩學美感，以及直觀的素樸的生命觀。朱天文云：「生活的東西，最好寫也最難寫，不單爲技巧問題，是心胸和性情。若把電影語言（鏡頭）來比小説作者的筆致，我愛他們（陳坤厚、侯孝賢）的有如行雲流水，自然成章。」〔註68〕此種自然質樸、渾然天成的直觀美感，延續朱天文師法胡蘭成的思想，努力實踐胡蘭成所言高於藝術之境的天道人事，以及五大基本法則。此種自然法則美學觀展現在侯孝賢的電影上，「靜觀凝視」的鏡頭不刻意強調戲劇性或注視焦點，使得「時間」流動在畫面上呈現眞實性。侯與朱所合作的影片，雖然立基於現實處境上，但他們往往將問題詩意化，以寧靜自然的靜觀凝視取代人世糾葛與悲傷，而無意於在現實批判或意識形態上著墨，他們寫實美學的基礎立基於對中國詩學傳統的回歸上，因此，朱天文的文字與侯孝賢的影像

〔註67〕　《朱天文電影小説集》收錄〈小畢的故事〉（1983）、〈風櫃來的人〉（1983）、〈冬冬的假期〉（1984）、〈童年往事〉（1985）、〈戀戀風塵〉（1986）、〈尼羅河女兒〉（1987）、〈最想念的季節〉（1987）。朱天文，《朱天文電影小説集》，台北：遠流出版社，1991。

〔註68〕　朱天文，《小畢的故事》，台北：三三書坊，1983年，頁28。

可以互文詮釋。此種詩意傳統源自中國詩意美學觀，以直觀的方式呈現生命
情調，在充滿回視回顧的鏡頭凝視中，展現詩意的簡省與凝練，使得敘事上
的簡約和意念上的複雜性形成反差。

　　朱天文在《戀戀風塵》一書中敘述侯孝賢導演的風格和影像特質，其中
最主要的特徵即是抒情詩意：「吸引侯孝賢走進內容的東西，與其說是事件，
不如說是畫面的魅力。他傾向於氣氛和個性，對說故事沒興趣。……基本上
是個抒情詩人而不是說故事的人。他的電影的特質，在此，是抒情的，而非
敘事和戲劇。」〔註69〕侯孝賢與早期朱天文的小說互文詮釋童年成長過程，
以追述回憶的方式呈現成長經驗的反省，營造出一種懷舊氣氛。這群新電影
創作者常以童年往事或自傳式敘述，懷念昔日純樸的價值觀，朱天文和侯孝
賢等人的合作乃寄託自己早期對於生命的觀照與少年烏托邦的懷想，如同朱
天文描述她看侯孝賢執導《在那河畔青草青》的感想：「……以散文的拍法，
喚起觀眾在電影之外種種的聯想和記憶，記憶裏有我們已失去的童年的夢，
有每個人一生裏最美好心酸的時光，像初秋的陽光和溪水潺潺流過白爍爍的
野芒花，是如此叫我們珍重愛惜，足夠我們在將來不管怎樣失意的境遇都有
走下去的鼓勵和勇氣了。」〔註70〕侯孝賢的長鏡頭形成的詩意傾向，將朱天
文敘述中懷舊的情感，以及童年的回溯追憶，轉化成為對於自然鄉土的凝視，
以及天地間的寬容豁達。

　　反觀朱天文的小說，與侯孝賢共事多年，朱天文自言最大的收穫是學會
如何「看電影」，至於編劇，完全是附屬於導演意念的執行，因為電影是屬於
導演的創作。然而侯的影像風格及其抒情詩意的觀點，對朱天文不無啟發，
從她談她對侯孝賢創作的理解，可從中窺見她的詮釋與體會，許多詮釋觀點
亦在印證她自己的文字創作觀。朱天文對於侯孝賢的影像風格、創作理念的
闡發其實成為她自己創作理念、小說文字、劇本作品可以互文參照的觀點。
朱天文在八○年代的創作慢慢從直覺走向自覺的階段，這時期的朱天文小說多
以眷村為背景作家族敘事，以成長為敘述的主軸。〈小畢的故事〉由陳坤厚導
演，侯孝賢、朱天文作編劇，敘述一個叛逆少年因為個性的桀驁不馴，遂逼
死了自己的母親，叛逆少年經歷死亡的洗禮後，蛻變成為大人。〈安安的假期〉

〔註69〕朱天文，〈抒情與氣氛〉，收於吳念真、朱天文，《戀戀風塵》，台北：遠流，
　　　　1992年，頁29。
〔註70〕朱天文，《小畢的故事》，頁24。

是先有小說再拍攝成電影，拍成電影之後片名是《冬冬的假期》，是朱天文童年時光的回憶，以小孩子的敘事視角看成人的世界。〈風櫃來的人〉、〈童年往事〉皆是先有電影之後，朱天文再根據電影撰寫成小說。〈最想念的季節〉觸及女性未婚懷孕的問題，情節的鋪陳則是以都會輕喜劇的形式，避免尖刻地突顯現實問題。〈外婆家的暑假〉、〈柯那一班〉是類似電影故事大綱形式撰寫成小說文本。

　　朱天文這些小說創作契合新電影童年成長題材，其細節的鋪陳也符合侯孝賢強調生活的況味，以瑣瑣碎碎的細節砌出一個世代的氛圍。如〈風櫃來的人〉陳述青少年在當兵前那段時光，在海邊晃盪，白亮亮的艷陽，如同揮灑不盡的青春，是種少年恣意的奔放情調。〈童年往事〉則是描述成長階段所面臨的生離死別，通過分離與死亡淬練出生命的啓蒙。在朱天文小說文字裏是充滿細節陳述，但在侯孝賢電影中卻呈現明朗疏闊的畫面和場景。朱天文這幾篇小說因爲要在少許的篇幅內容納大量的細節，使得其敘事令人感到缺乏從容的描寫，而只以感官所及作局部的鋪陳。事實上文字上的抽象描寫對於電影的畫面處理是有所不及之處。然而侯孝賢從朱天文小說取材，豐富了其敘述語言，並在以影像敘述的同時，凝注土地與人，傳達他對台灣土地以及人直觀的感動與熱情。侯孝賢與朱天文合作〈風櫃來的人〉、〈尼羅河的女兒〉等影片時，多循此種編導合一的創作模式，從朱天文根據侯孝賢自傳性的電影《童年往事》寫成小說一事，更可看出電影與文學間親密互動的可能性。朱天文與侯孝賢兩人在創作理念，美感形構上的互相闡發，開發出台灣電影燦爛的一頁。

　　2. 蕭颯

　　蕭颯崛起於七○年代，〈我兒漢生〉（1978.06）獲得聯合報第四屆小說獎第二名，是她在文壇上的成名作，其後八○年代持續筆耕，以敏銳洞察力完成多部佳作。她的作品時時流露對社會現實的關懷，深刻捕捉時代變遷中複雜人際關係，並細膩探討男女兩性間的互動狀態。由於蕭颯的前夫張毅是台灣新電影導演之一，因而參與電影編劇工作。張毅以《光陰的故事》第四段影片〈報上名來〉，成爲中影公司培植的新人導演之一，其後拍攝改編自白先勇小說的《玉卿嫂》，因而備受到矚目，其精緻的拍攝手法亦獲得影壇的肯定。蕭颯因爲張毅而參與電影工作，對於電影拍攝技巧有所涉獵，展現她的創作上是電影影像語言走入她的文學文字裏，如她的第二本小說集《日光夜景》

（1977.05），以電影語言「日光夜景」來象徵比喻現代大都會生活底下的眾生相貌，如同電影技法裏的「日光夜景」——在日光下，攝影機加上藍色濾鏡，可以拍出夜晚效果。以此比喻現實社會裏人際間錯綜複雜情感關係，看似熱鬧繁榮、實際上卻是空虛寂寞、陰鬱無奈的心理。在《小鎮醫生的愛情》（1984.12）這本小說，她有意吸收電影語言以豐富小說創作，在結構和表現技術上引用電影鏡頭般的視角，以割切的剪輯方式來表達人物內心潛藏不安與無奈的心理狀態。馬森對於她把電影的技法融入小說的藝術中，並獲得一種平衡與和諧，相當肯定。〔註71〕此也可說明電影語言影響文學，影像與文字互文的例證。

在 1984 年，當時已有幾家電影公司想改編蕭颯的作品，曾與她洽商籌拍《少年阿辛》、《小鎮醫生的愛情》與《如夢令》，但蕭颯並沒有參與這些作品的策劃，或是干預電影公司對作品的改編。直到 1984 年底，由於先生張毅想要執導《霞飛之家》，蕭颯才接下電影編劇工作，將文字的《霞飛之家》影像化為電影《我這樣過了一生》，從此蕭颯為自己的小說文本賦予新的電影生命，接下來《我兒漢生》、《唯良的愛》（電影《我的愛》），延續蕭颯編劇、張毅導演（一編、一導）的合作模式。〔註72〕《霞飛之家》塑造桂美這個傳統賢妻良母的女性形象，無邊無際的慈愛、寬厚、強韌，包容性強的生命力宛如大地之母。桂美刻苦耐勞、善良樸實，憑著過人的毅力創業成功，並公平無私地將丈夫和前妻所生的三個兒女及自己所生的一對兒女養育成人。此部小說改編成電影《我這樣過了一生》〔註73〕，飾演桂美的楊惠姍，以肥胖的軀體造成「奇觀式」身體形象，以營造桂美大地之母的母性性格，使楊惠姍在銀幕上造成視覺的焦點，形成商業市場裏的賣點。此部電影獲得金馬獎多

〔註71〕馬森認為蕭颯《小鎮醫生的愛情》這部長篇小說的特點，是在結構與表現技術上引用電影的技法，而仍能保持小說的形式與特徵，而蕭颯所引用的最顯著的電影技法有兩點：一是割切的剪輯方式，二是人物表現的外在呈現。同時，馬森之所以肯定蕭颯的成就，是因為在各種媒體藝術相互影響的情況下，這部小說可說有分寸地利用了電影的某些技巧，豐富小說的藝術。詳文請參見馬森，〈電影對小說的影響——評《小鎮醫生的愛情》〉，《聯合文學》，第 2 卷，第 3 期，1986 年 1 月，頁 168～172。

〔註72〕可詳見何聖芬，〈告別「我的愛」——蕭颯決心為自己而活〉，《自立晚報》，第 10 版，1986 年 10 月 31 日。

〔註73〕《我這樣過了一生》獲得金馬獎最佳影片、最佳導演、最佳編劇，為女主角楊惠姍二度拿到最佳女主角的獎項。

項殊榮，也使得張毅的電影事業達到高峰，蕭颯、張毅、楊惠姍被封為「鐵三角」。

隨後電影《我的愛》亦是蕭颯編劇、張毅導演、楊惠姍主演，電影上映之後，蕭颯將影像敘事編寫成四萬餘字的中篇小說《唯良的愛》，所以《唯良的愛》的創作歷程是先有劇本文本，隨之拍攝成影像文本，最後蕭颯再撰寫成小說文本。《唯良的愛》故事焦點主要在呈述外遇受害者──唯良，突然遭遇婚變，失落痛苦的心情，促使選擇以激烈手段滅絕她的家庭，寧為玉碎不為瓦全的心路歷程。楊惠姍飾演唯良的角色，其肢體展演不再是像桂美一樣強調母性包容的身體，而是展現情慾背叛後痛苦的身體，母親犧牲奉獻之後疲憊的身體，以及面對現代高壓生活下緊繃的身體。而螢光幕前後楊惠姍與張毅兩人的婚外情，使得《我的愛》的電影與小說的敘事版本形成真實／虛構之間的互文指涉，也是現實生活、影像文本、小說文本等不同文本之間交互指涉。蕭颯在 1986 年 18 及 19 日，在《中國時報》人間副刊所撰寫〈給前夫的一封信〉，更直指外遇事件的不道德，使得小說與電影不只是單獨的文本，而是擴散成牽涉社會文化事件的多重文本。

蕭颯的小說創作另一個被關注的焦點是她的青少年敘事，《我兒漢生》以母親的觀點敘寫，導演張毅的電影影像相當忠實於母親的視角，以母性的凝視，鋪陳一個中產階級的台北家庭，母親凝視兒子從出生、求學到步入社會的過程，但母親的心情卻從望子成龍、到傷心失望，最後無奈妥協的心路歷程。另一部小說《少年阿辛》改以青少年敘事觀點，採用「少年犯罪筆錄」的形式推進情節敘事。阿辛是一個等待判刑的少年罪犯，在小說文本形式裏以案情作筆錄的方式「一問一答」來呈現少年的觀點。蕭颯想讓讀者清楚了解到一個少年如何在都會區裏一步步走上歧途，故以「筆錄」、「問答」形式呈現旁觀少年犯罪的過程。但在電影上，則完全捨棄此種冷靜旁觀的敘事觀點，也沒有一問一答的形式，完全以敘事人物阿辛（李志奇飾）為主，少年犯罪事件為戲劇衝突點，以期待引發閱聽人對角色的認同與同情。

蕭颯在結束與前夫張毅的合作之後，仍陸續創作小說，以及劇本。她在 1988 年擔任電影《童黨萬歲》的編劇，與青年導演余為彥共同合作。另外在 1998 年與蕭瓏合編《一隻鳥仔哮啾啾》的電影劇本，兩部影片皆獲得不錯的評價。〔註74〕2000 年蕭颯與白先勇、黃以功一起被推為「浪漫劇鐵三角」，計

〔註74〕《童黨萬歲》於 1988 入圍金馬獎最佳影片。《一隻鳥仔哮啾啾》於 1997 年獲

劃擔任籌拍民初畫家徐悲源與蔣碧薇故事的電視編劇工作，但最後電視劇並未籌拍成功。〔註75〕

在 2004～2005 年曹瑞原導演改編白先勇作品〈孤戀花〉，白先勇力邀蕭颯為其原作擔任編劇工作。在一次座談會上，白先勇談起〈孤戀花〉的創作動機，他回想五十年前第一次去「五月花」舞廳，在那裏遇到拉琴的楊三郎，旁邊有一位本省歌女唱「孤戀花」，他覺得非常好聽，只去過那一次，便以此為背景寫出了〈孤戀花〉這篇小說。在《台北人》裡寫的是四、五十年代上海人的感情故事，後來白先勇訪問了楊三郎，才知道他也去過上海。白先勇與楊三郎，「台北人」與「孤戀花」，上海人與台北人，真是因緣際會，牽絆著時代的離亂感。在三位創作者的合作下，〈孤戀花〉由一篇短篇小說鋪衍成一個長達十六集的電視劇，擴增大時代國共戰爭的背景，並且將楊三郎的角色添加戲份，由主角雲芳（袁詠儀飾）貫穿上海，台北兩個時空。同時也從電視劇的版本再剪接成電影版本。在兩位作家的合作裏，蕭颯認為改編要能掌握住小說的題旨，然後再加以影像化，另外，就是要能精準地抓住人物的造型性格，以塑造他們的對白及行動。〔註76〕

蕭颯與張毅的合作參與新電影重要的文本《我這樣過了一生》、《我兒漢生》，展露母性的聲音與關懷。未來我們更可期待她與文學名家的合作，創作出更豐富的電影劇本。

從小說到電影最重要的轉換，仍屬於小說語言與影像語言的符碼轉化，由於語言文字與視覺影像本質上的差異，小說文字所營造的意象，因讀者而異有不同的想像，影像則被固著在銀幕上，經由二度空間的視框展開運動，以視覺呈現的方式，配合以各種聲音、配樂，以達成敘事、描繪情感與抽象哲思的功能。透過本章對於互文論述的概說，試圖將文學文字與電影影像之間所牽涉到的互文問題作個整理爬梳。互文的觀念使整個文本的觀念開放，強調文本的相互連繫與互涉性，並使閱讀者能積極參與文學本身的活動與生

亞太影展最佳影片特別獎，及金馬獎「評審團大獎」觀眾票選最佳影片。相關報導參見徐正琴〈一隻鳥仔哮啾啾 —— 蕭颯要找自己的春天〉，《聯合報》22 版，1996 年 5 月 10 日。

〔註75〕粘嫦鈺〈白先勇、黃以功、蕭颯組浪漫劇鐵三角〉，聯合報 26 版，2000 年 2 月 3 日。

〔註76〕以上根據筆者參加台大所舉辦電視／電影《孤戀花》座談會，與會者有導演曹瑞原、原著白先勇，編劇蕭颯，2005 年 5 月 13 日，台大鹿鳴堂。

產，使文本的範疇由單一固定的意義，進入到廣闊的文化視野中。小説與電影互為創造主體的關係，即是這個文本開放性的互文實踐，而在台灣八○年代的新電影所強調的「藝術電影」品味，以及作者導演的論述，爭取在文化場域裏形塑其新感性、新電影語言的菁英標誌，並藉由文學場域裏重要作家，包括已成名的名家或者文學獎作者的推薦或參與，來強化其論述的正當性。文學與電影的對話，在八○年代的台灣女性作家的作品成為電影投資者所青睞的文本，與女性作家得到文學獎的冠冕，能夠為新電影的藝術性加分，有著密切的關連。此亦説明八○年代女性書寫與影像的特殊性。

第四章 女性主體性與「寫實」影像再現

　　本章著重在探討女作家幾部於八〇年代形成重要作品的電影／小說，這些女作家及作品包括：廖輝英《油麻菜籽》、蕭颯《霞飛之家》、李昂《殺夫》、蕭麗紅《桂花巷》，這些作品不僅在當時引起廣泛討論，其文本也含攝台灣女性在不同歷史文化階段，在自我主體上所面臨的不同挑戰、不同議題。這四位在八〇年代大放異彩的女作家，出生於戰後嬰兒潮，本身受到良好教育，學養豐饒，屬於成長在傳統家庭的現代女性。傳統／現代兩種不同的價值觀，使女作家產生深刻反思，面臨經濟、價值觀都正在轉型的台灣社會，新舊價值觀不斷地糾葛拉鋸，這些女作家比前行代作家具有更強烈的女性意識與批判色彩，成為台灣文壇不容忽視的女性聲音。她們創作的小說文本質疑女性傳統宿命，所形塑的女性角色主動追求感情，以自主性的姿態面對婚姻變數的弔詭，父權機制的壓抑，強調女性在新舊價值抉擇時自我的主體性。

　　這四部小說的導演皆是台灣新電影的導演，《油麻菜籽》由萬仁執導；《霞飛之家》後改編為《我這樣過了一生》，由張毅執導；《殺夫》由曾壯祥執導；《桂花巷》則由陳坤厚執導。由此可以印證新電影工作群為了提昇電影的藝術位階，不只改編經典的鄉土文學，也大量改編當時得到文學獎的作者作品，以標誌出新電影的文化產品位階，是屬於秀異的、藝術的知識份子品味。這四部小說／電影分別以文字和影像創造台灣女性群像，以寬廣的取材豐富女性的文化與美學，以寫實的筆調剖析女性的情慾與憤怒，也將台灣女性書寫推向一個新的高峰。

第一節　女性啓蒙成長與家國經濟資本的互喻

電影《油麻菜籽》是改編自廖輝英同名小說《油麻菜籽》,此篇小說是一九八二年《中國時報》第五屆時報文學獎短篇小說首獎,隨即被電影公司相中,由當時新銳導演萬仁執導,並且力邀原作者廖輝英作劇本的改編工作。次年,廖輝英又以一部勾勒都會女子不倫之戀的小說《不歸路》,獲得第八屆《聯合報》中篇小說特別推薦獎,其後也由張蜀生執導,改編成電影《不歸路》(1983)。當時這兩部小說緊扣著台灣歷史文化發展,並探索新舊兩代女性在現代社會所面臨的問題,很快就受到大眾讀者的喜愛,「油麻菜籽命」、「走上一條無法回頭的不歸路」,遂成為深具意涵的警語,奠定廖輝英在台灣文壇的份量。

由於改編《油麻菜籽》時,廖輝英兼顧著小說家與編劇家身分,所以她在自己第一部作品影像化上掌握較多的自主空間。〔註1〕相較於其他作品的影像化改編,她對於《油麻菜籽》的電影是較為滿意的。〔註2〕此改編劇本獲得當年金馬獎改編劇本獎,可知此部影片在選材上抓住優秀的小說作品;當時獲得文學獎的青睞,意味著作家作品的文字功力,也意味著作家所具有的商業市場潛能,女性作家所書寫的文本既具有市場賣相,又能獲得文學獎評選的肯定,可謂叫好又叫座,而這正是這篇小說得以被影像化,搬上大銀幕的主因。萬仁導演從拍攝《兒子的大玩偶》第三段〈蘋果的滋味〉之後受到影壇的矚目,其後所拍攝的《油麻菜籽》,深刻拍出母女兩代主體性的塑造,呼應著當時台灣歷史社會脈動,成為新電影重要的作品之一。

廖輝英是少數台灣女作家中公開宣揚女性主義者。她的小說從早期的《油麻菜籽》開始,主角主要是女性,或述外遇,或述婆媳問題,或述女性在都會職場的處境,在主題上十分切合現代女性所關心的問題。她的文筆酣暢,

---

〔註1〕廖輝英曾說:「《油麻菜籽》已經改編的很好,導演雖然是男性,年紀小我一、兩歲,可是他家是有名望的家族,又是男生,他能體會,已經很了不起,可說是很好的導演了。」根據筆者參加 2002 年 7 月 19～21 日由游惠貞負責策畫「看見女人 —— 台灣新電影中的女性」影展,筆者訪談廖輝英的記錄。

〔註2〕廖輝英的作品與被媒體影視改編者,除了《油麻菜籽》之外,改編成電影的有《不歸路》(張蜀生導演,1983 年)、《今夜微雨》(張永祥導演,1986 年)。其他拍攝成電視劇的小說作品有:《不歸路》、《盲點》、《歲月的眼睛》、《卸妝》、《輾轉紅蓮》、《負君千行淚》。其中《盲點》被大陸電視台改編成「台灣女人」播出。

描寫細膩，而且重視情節的舖設，作品可讀性高，其有關背景正對應著七〇至八〇年代台灣經濟轉型過程中兩性之間複雜的糾葛。使得她的小說具有社會性和歷史感。廖輝英的創作多數描寫女性的生活。她曾說：「我在工商界工作了十四年，從最基礎的撰文人員做到高級主管，我所看到的各種女性，她們的言行表現，她們的心態，人生的幸與不幸，來印證目前許許多多經由各方面傳遞過來的女性遭遇。」〔註3〕

　　從《油麻菜籽》到《不歸路》，廖輝英對現代的兩性問題至爲關切，她認爲男女兩性皆是時代巨輪下的受害者，因此在她的作品中極少看到她對某一男女角色採取嚴厲的批判，她所針指的多半是當前社會觀念的不合時宜所造成的兩性痛苦，所批評的是舊有的兩性關係模式對現今男女所造成的影響。又由於她本身的經歷，使她對都市之中的兩性問題，特別有深刻的感觸。因此她作品中的女性大多是一些在都市中沉浮的女性，她以自身的生命經驗，對這些徬徨於新舊觀念交替的女性，寫出了她們的矛盾、掙扎、困頓和痛苦，因而引起了這些女性廣大的共鳴和回響，堪稱是現代都會女性的代言人。她自稱是「合理化兩性關係而努力的作者」，但是從她所揭示的兩性問題中，便可清楚地見到她欲提昇女性自覺的意圖，以及她對兩性平等、和諧關係的期望。范銘如便指出：「廖輝英的小說掌握了八〇年代的社會脈動。在女性意識抬頭與傳統性別論述展開拉鋸戰時，她的小說與散文適時地點出經濟結構、家庭結構轉型時期女性的矛盾，例如：貞操或二度貞操、適婚年齡與單身貴族、性解放、性騷擾、未婚生子等。雖然比起蔣、袁、蘇等，廖輝英勇於挑戰當時較爲禁忌、聳動等議題，鼓吹爭取女性自主權，她並未輕估現代社會裏傳統思維習慣對女性的壓力與箝制。廖輝英不是理想派、或菁英的女性主義者，但是務實、保護性強。因爲她的社會性鮮明，使她的文本即使遵循寫實主義的傳統技巧，不強調形式上實驗創新，卻使她有別於『閨秀』作家，從通俗文學裏發揮女性主義潛能。」〔註4〕

〔註3〕廖輝英曾說：「《油麻菜籽》已經改編的很好，導演雖然是男性，年紀小我一、兩歲，可是他家是有名望的家族，又是男生，他能體會，已經很了不起，可說是很好的導演了。」根據筆者參加 2002 年 7 月 19～21 日由游惠貞負責策畫「看見女人——台灣新電影中的女性」影展，筆者訪談廖輝英的記錄。

〔註4〕范銘如〈由愛出走——八、九〇年代女性小說〉筆者按：「蔣、袁、蘇」是指蔣曉雲、袁瓊瓊、蘇偉貞，《眾裏尋她：台灣女性小說縱論》，台北：麥田，2002 年，頁 164～165。

（一）從小說文本的《油麻菜籽》到影像文本的《油麻菜籽》

女性作家要在通俗文學裏發揮女性主義潛能，是評論家對小說家所寄予的深切期許，在《油麻菜籽》中，廖輝英透過「女兒的凝視」來表現了一個傳統母親三十多年的婚姻生活。同時也深刻地揭露母親角色的多面性與複雜性，擺脫傳統母親溫柔敦厚、犧牲奉獻的形象，凝塑出台灣本土母親的現實形象。再者，母女之間矛盾而愛恨交織的關係，亦在女兒的敘說口吻及女兒的視角裏，顛覆偉大母親的形象，形塑出母女兩代不同的價值觀與主體性。

小說裡的母親是個踏實、堅忍能幹的婦女，但由於生活的粗礪與嚴峻，漸漸變成一位鑽營刻薄，口舌一生的悍婦，雖然這位母親默默地承受庭訓：「查某囡仔是油麻菜籽命，落到哪裡就長哪裡」〔註5〕的命運安排，一方面和卑微無能缺乏責任感的丈夫爭執吵嚷，另一方面又心甘情願地為他養兒育女，辛苦持家。而且她還以『油麻菜籽』的宿命論教育自己的女兒：「沒嫁的查某囡仔，命運不算好……你阿兄將來要傳李家的香煙，你和他計較什麼？將來你還不知姓什麼呢？」〔註6〕這裡描寫的雖然是母親對兒子與女兒的不同態度，實際上則露出她對女性自身價值的評價。廖輝英筆下的母親就是這樣一個浸潤封建道德觀念的傳統女性。然而，《油麻菜籽》中廖輝英在表現傳統女性意識的同時，也開始顯露出新女性主義的角色。小說文本裏的女兒阿惠就具有現代女性的雛形。她雖然是在傳統家教下長大的，但由於大學的教育熏陶，畢竟走上了不同於母親那代人的生活道路。阿惠成為典型的成功女性，事業有成，婚姻也似乎充滿光明的遠景。這無疑是廖輝英創作新女性文學的嘗試。

在小說文本裏，敘事的視角主要是女兒阿惠的詮釋，依循著她自幼至長的成長歷程，透過幾個具體的人生事件來描述父母親的關係，親子之間的關係，以及兄弟姐妹之間的關係。文本裏的敘事者是位已經長大成熟的女兒，回溯及既往童年時期、青少年時期的成長歷程，母親深受父權思想的禁錮，而使得女兒童年充滿著挫折與辛苦，但回首前塵往事，女兒是帶著諒解而寬容的口吻，敘說著父權宗族威權與重男輕女教養下的台灣女性童年。

文本和電影上的情節大致上依序著女兒阿惠的成長歷程，幼年時父母親失和經常口角暴力相向，接著外祖父過世，母親失去唯一的憑恃，風流的父親更

〔註5〕廖輝英，《油麻菜籽》，台北：聯經，1983 年，頁 29。本章節所使用《油麻菜籽》引文後的頁碼，依此書目。

〔註6〕同註5，頁 29。

加肆無忌憚地浪蕩，常與母親因為金錢而發生爭執，父親一次外遇事件，使舉家搬離北遷。在經濟困窘的環境裏，父親收歛不少荒唐的行徑，母親則是在金錢窘迫的生活裏，勉強支撐著家庭的開支。在資源有限的狀態裏，資源大多數是給要承繼香火的兒子，然而阿惠成績的優異，考上初中第一志願，再加上父親到菲律賓工作，開始改善家庭經濟，使得父母讓她繼續升學。大學時代以及進入社會工作之後，阿惠一人肩負起一家大小的生計，扮演起幹練的女強人及護佑家人的管家婆角色，成為全家經濟的依賴者。敘事情節結束在阿惠即將出閣的時刻，從原生家庭走向自己婚約家庭，展開人生另一段旅程。

文本的敘事是屬於線性時間的散文式抒情，以女兒阿惠在成長的歷程為經，而以家庭生活細瑣事件為緯，密密細織成一幅台灣女性自童年至成年的剪影。在電影文本的敘事結構裏，大致上仍依循著線性的時間結構，並且仍以阿惠為敘事視角，但為求影像及敘事節奏的影視效果，分別在人物造型，情節，場景，予以相當程度的創造性改編，以場面調度與敘事角色的視線凝視營造出吸引觀眾目光及閱聽人詮釋的空間。首先是女性勞動場景的介入，揭示家庭空間中的家務勞動，以及家庭代工的生產，連繫了資本社會底下勞動階層的經濟體制脈絡。鏡頭聚焦於母親與女兒的勞務生產，召喚出集體觀眾記憶，則是台灣經濟飛騰背後數百萬勞工家庭的成長經驗，而場景的變動及人物造型的轉換，則呼應著《油麻菜籽》影片所蘊含的龐大企圖心，藉由一位女性成長的故事，將台灣經濟發生與變化嵌入敘事之中，所以影片的審美意義，可由阿惠形象的創造及場面調度的形塑予以呈顯。《油麻菜籽》的敘事結構可由下圖解析之：

阿惠	童年	少年	青年	成年
飾演的演員	李淑禎	佩佩	蘇明明	
場　　景	日式房子	違章小矮房	公寓	大樓華廈
劇情轉折點	父親外遇		初戀	
戲劇的衝突	母親剪破父親西裝		母親剪女兒頭髮	母親剪斷花

影像的場景，由鄉村而城市，由台北貧民區而中產階級公寓，結合著阿惠從童年到成年的歷程，正反映台灣工業化變遷的腳步。阿惠童年時期外公所給的日式房子是寬闊明亮，屋外即是隨風搖曳的山芒與綿延的田野，片頭的幾個鏡頭先是以遠景拍攝暮色中的日式房子，畫外音是童稚的童謠遊戲

聲，接著鏡頭切到屋內以中景略帶俯角的鏡頭 take 兩個稚子，母親正以紡織機抽繹出毛線，伴隨著機杼聲，鏡頭由母親的視點與兩個稚兒的純眞遊戲互相切換，背景音樂則由片頭音樂延續著，是由李宗盛作曲的主題曲，以純粹旋律鋼琴伴奏引領出家庭通俗劇裏，流露母親關愛及家庭溫馨恬適的氣氛。隨後，父親回家的場景，先是在門口玄關處稍作停留，整個父親的臉是暗色調，全身亦著深黑色的西裝，鏡頭先 take 父親的臉，接著以父親的視角俯看母親，身形嬌小，身著白色洋裝的母親仰頭看一眼父親，父親快速進入屋內企圖拿母親的嫁妝，兩人爆發口角與肢體的衝突，在場面調度下，可以感受到母親的嬌小弱勢，而父親一出現在家庭空間裏，立即帶來一股嚴肅，山雨欲來的狂暴氣氛，家庭溫馨的氣氛瞬間被打斷，空氣的溫度也迅速凝結。

童年時期，女兒阿惠在家庭空間中時常在家務勞動，對比於兒子阿雄則是放任地與鄰家小孩玩耍，此時家庭分工與性別角色的差別亦相當明顯，阿惠跟隨著母親，以母親為角色楷模榜樣，學習家務，照顧弟妹，所以童年的影像裏，阿惠不是彎著腰在擦拭地板，就是背著小弟弟，善盡姐姐的職責，女性在家庭空間裏是無時無刻都在勞動當中；而哥哥阿雄卻是在田野玩騎馬打仗，或者與爸爸一起出去玩，並且內化父權的價值觀。此段影像是呈現在廖輝英的文本敘述裏，所描繪阿惠與阿雄不同的童年際遇：

> 其實我（阿惠）心理是很羨慕大哥的。我想哥哥的童年一定比我快樂，最起碼他能成天在外呼朋引伴，玩遍各種遊戲；……爸媽吵架的時候，他（哥哥阿雄）不是在外面野，就是睡沈了吵不醒。而我總是膽子小，既不能丟下媽媽和大弟，又不能和村裏那許多孩子一樣，果園稻田那樣肆無忌憚的鬼混。
>
> 哥哥好像也不怕爸爸，說眞的，有時我覺得他是爸爸那一國的，爸爸回來時，經常給他帶《東方少年》和《學友》，因為可以出借這些書，他在村裏變成人人巴結的孩子王。有一回，媽媽打他，他哭著說：「好！你打我，我叫爸爸揍你。」媽聽了，更發狠的揍他，邊氣喘吁吁的罵個不停：「你這不孝的天壽子！我十個月懷胎生你，你居然要叫你那沒見笑的老爸來打我，我先打死你！我先打死你！」打著打著，媽媽竟大聲哭了起來。〔註7〕

〔註 7〕廖輝英，《油麻菜籽》，台北：聯經，1983 年，頁 15。

這段小說的敘事，轉化爲電影的橋段時，是阿雄偷拔鄰居未成熟的水果，媽媽爲了教訓他，所以以籐條打他，鏡頭以中景拍攝母親抓著小孩的手，使勁地鞭打著小孩的身體，待小孩冒出「你打我，我叫爸爸揍你！」的話時，母親的更使勁的抽打著，一邊叫囂咆罵著，終至嚎咷大哭。母親的痛心顯示出下一代的兒女又再度複製父權的壓迫，兒子能意識到自己身爲男性的權力，並請出父親的律法來壓制母親。另外電影的橋段裏又增添父親每天騎著腳踏車載著兒子阿雄去上學，女兒阿惠則是自行步行到學校；父親常帶著兒子去市鎮玩，有一次兒子帶著不認識的阿姨所贈送的塑膠劍，被母親所識破，自此之後，母親得知父親有外遇。這幾個橋段都在鋪敘著性別角色分工的不同，兒子與女兒就如同父親與母親似乎是切割在不同的國度裏，母親訓練著女兒家務及理家的本領，而兒子則跟隨著父親，學習著父權的價值觀及行爲，童年時，女兒與兒子就承受著不同的角色期待與性別職能。

由於父親的外遇，再加上外公過世，阿惠青少年時期舉家北遷，由鄉村進入都市，成爲都會邊緣討生活的勞工家庭。電影的鏡頭裏，先以大遠景俯瞰大片的違章建築（此是當時台北市十四號公園預定地），而阿惠全家則生活在其中的一間違章小矮房子裏，屋內的光線是晦暗的，破舊的飯桌兼工作桌，母親和阿惠在房子裏操勞作手工，父親和哥哥則在二樓，父親有時利用工作餘暇在畫畫，順便監督兒子阿雄的功課，所以這個場景裏，我們很清楚地看到母女兩人在家庭中持續地以家庭代工貼補家用，而父親和哥哥則在另一個空間中，哥哥要專心讀書考試求取功名。至於阿惠的升學之路，鏡頭 take 在阿惠的臉上，光線是沈暗的，她要上二樓喚醒沈睡的哥哥起床讀書，畫外音則傳來父母的商量聲音：「沒有錢讓阿惠讀書，讓阿惠去做女工好了。」在家庭經濟資源有限的情況下，只能全力栽培兒子，以傳宗接代，養兒防老，女兒將來是婆家的財產，不須刻意地栽培，甚至在女兒求取成就及自我實現時，往往招致的是周遭貶抑的負面聲音。如阿惠有一次美術比賽得了第一名，拿到家庭所買不起的水彩獎品，母親的回應卻是：

　　「妳以爲那是什麼好歹事？像你那沒出脫的老爸，畫，畫畫畫出了
　　金銀財寶嗎？以後妳趁早給我放了這破格的東西！」〔註8〕

在影像上則是阿惠志得意滿地拿著水彩獎品，站在母親面前，此時鏡頭視角是略爲低矮的中景，蹲踞在地上的母親正操持著家務，對著阿惠破口大罵，

〔註 8〕廖輝英，《油麻菜籽》，台北：聯經，1983 年，頁 30。

而阿惠則神情黯然，鏡頭較低角度的拍攝，人物面對面一站一蹲的場面調度，以及灰撲撲的影調都顯示出阿惠與母親在性別觀念上的相左。

在阿惠考上第一志願之後，父親到菲律賓工作，家境漸漸獲得改善，場景由違章建築到公寓房子，到電梯大廈，影片則先由畫外音父親獨白自己所寫的家書，女兒阿惠正在書桌前仔細地閱讀，阿惠身著綠制服黑裙，象徵著台北市第一女子高中，剪著西瓜皮的頭髮，父親勸戒她勿再兼家教，專心讀書，意味著阿惠的品學兼優，乖巧懂事。然後隨著阿惠的居家生活，鏡頭也帶領觀眾瀏覽屋內的陳設，公寓房子的客廳是竹製的藤椅，簡單樸實的家具，但已經擺脫了家徒四壁的窘迫。影像鏡頭在陳述完阿惠的高中時期初戀之後，就以長長的跟拍鏡頭，跟隨女主角阿惠走在路上，阿惠由身著大學服轉變為成熟的裝扮，來作為凝縮情節的過場，畫外音則是阿惠的聲音獨白，簡述這幾年自己的成長與變化，然而場景則切換到阿惠任職的公司，此時阿惠的形象是盤著頭髮，身著上班套裝，透顯著成熟幹練的女強人形象，反觀在家庭裏的母親，其形象則是燙著媽媽爆炸頭的捲髮，身著睡衣，正在家裏敷臉，父親則閒賦在家看報紙，鏡頭由家裏的客廳酒櫃裏的國外舶來品慢慢地橫搖至電視，沙發，潔淨明亮的居家空間，指涉著這幾年家庭經濟的好轉，也呼應小說文本裏，所描述的：

> 那些年，一反過去的坎坷，顯得平順而飛快。遠在國外的父親，自己留有一份足供他很愜意的再過起單身生活的費用。隔著山山水水，過往尖銳的一切似乎都和緩了。每週透過他寄回的那些關懷和眷戀的字眼，他居然細心的照顧到家裏的每一個人。偶然，他迢迢託人從千里外，指名帶給我們一些不十分適切的東西……
>
> 然我們也有了能買些並不是必須的東西的餘錢了。她（母親）也不必再為那些瑣瑣碎碎的殘酷生計去擠破頭了。〔註9〕

高中畢業後，阿惠考上母親早晚燒香祈求的第一志願大學時，母親竟然撇撇嘴說：「豬不肥，肥到狗身上去。」〔註10〕言行不一的母親，內心充滿了比外表更多的矛盾。一生被婚姻拖累的母親，潛意識中不希望女兒重蹈她的覆轍，因此她阻礙女兒交友。然而，能幹自主的阿惠還是作了結婚的決定。女兒成長的軌跡持續與母親的衝突矛盾中，觀念及時代的變化不斷地拉鋸著。女性

〔註 9〕 廖輝英，《油麻菜籽》，台北：聯經，1983 年，頁 36。
〔註10〕 同上註。

的獨立，首先是文化上，經濟上和事業上的獨立；但是除了社會性的平等，獨立外，影片是著意以女性豐滿之人生和女性意識爲描寫重點。因此，在阿惠從兒童而少女，由少女由成年的每個轉折中，情節的舖陳都以緊扣女性意識的覺醒爲依據──「女性獨立」才不致成爲一個游離人物的泛化概念。阿惠的懼母和戀父，聯考獲勝和父親給予由衷的支持，珍藏情書和初次幽會的緊張和憧憬，父親在家庭空間裏的缺失和在女兒心靈空間中的永存（父親從菲律賓來信成爲阿惠的精神支柱），中學時代戀人的失而復得和婚姻自主的堅定不移，貫串著女性心理在曲折中成熟的軌跡。

在小說文本強調著女性主體性及自覺意識的開啓，影片文本除了以母親及阿惠的人物造型來描繪兩個女性身處不同時代，但在影片中，我們更感受到編導的強烈企圖，以各個不同的場景來塑造一個台灣家庭跟隨台灣經濟變遷的歷史，以各個不同時期的家庭場景，具體而微地隱喻台灣經濟資本的起飛與擴張。阿惠一家人經歷了城鄉的遷移，從純樸的鄉鎮來到繁華的都市，卻是居住在破舊的違章建築裏，成爲都市的邊緣社群。在家庭經濟結据時，婦女作爲次級勞動力被吸納進入勞力密集產業，大部份的婦女爲了兼顧家務與育兒工作，被擠壓進入或停留在維生的邊緣經濟，綜觀台灣經濟成長與婦女就業和性別角色的研究，在 1960、1970 年代，台灣由所得成長掛帥，以及威權國家支持的外銷導向發展爲經濟動力時，女性作爲價格低廉的勞動力參與勞動市場，以加工出口區的女工爲代表，而在農村家庭或勞工家庭的主婦將客廳當作工廠〔註 11〕，成爲外包非正式契約零工，以延伸工廠及加工區的生產線，在影片裏數度呈現這種「客廳即工廠」的勞動模式，而且多數是阿惠及其母親不斷被侷限在房子的一角，昏暗的燈光下奮力地做著家庭代工。雖然女性在國家父權式政策的支撐下，女性得以進入經濟勞動市場，卻無法突破傳統的性別規範與刻板角色，女性的身份往往成爲貼補家計之臨時性廉價勞動力。

〔註11〕一九七二年六月，謝東閔接替陳大慶將軍，成爲台灣第一位台籍省主席，他希望在上台六年後，消除全省三十多萬貧戶，因此推出小康計畫，展開了「客廳即工廠」運動，鼓勵農村家庭從事副業生產，創造財富。「客廳即工廠」推行五年，全省已有十一萬六千多社區婦女投入此一行列，農村家庭成爲工廠與加工區的延伸。農戶與勞工家庭的收入增加，但傳統休閒時間與休閒型態，顯然也有重大改變。參見中國時報，《台灣：戰後五十年：土地　人民　歲月》，臺北：時報文化，1995 年，頁 269。

　　阿惠母親所象徵的是台灣在經濟成長裏，受到父權式資本與國家的限制與剝削。資本主義生產體系和其背後預設的理念與結構，相當程度揭示了資本主義在過去和現今時期，對女性主體性所造成的影響。當台灣資本主義的消費經濟日深，女性就學、就業移動的比率增加，成年之後的阿惠象徵「女強人」典型，學歷及就業累積了經濟獨立和參與社會事務的能力，主觀上培養自信與事業企圖心，證明女性主體性的生成和資本主義的發展有著莫大的關聯。這種資本主義式對勞動力的剝奪，衝擊到父權體制對婦女個人身體的恣意壟斷。之所以如此，主要是因為資本主義的發展必須訴諸勞動生產力的充分供應與自由買賣，在此情況下，將個人或婦女的勞動生產力從家庭中解放出來，使它投入於資本積累與再積累的過程，就變成一個不可少的動作，而這也就造成資本主義與家父長制的可能衝突。〔註12〕

　　阿惠與母親不同，她已藉由求學與就業的移動，將自我從原生的父權家庭中釋放出來，然而，八〇年代的「女強人」其生涯發展機會充滿艱辛與挫折，女性必須更加珍惜工作機會，並試圖在家務與事業角色之間取得協調，在父權體制的規範下能夠內外兼顧，以自我剝削時間與休閒，來換取就業工作的持續，成年的阿惠在影片裏是個幹練的女主管，她是家庭經濟的重要支柱，但她仍要時時分心照顧家庭（陪母親，處理兄長的債務等等），為了工作而身體累垮。一項研究顯示，婦女在家庭內的角色和決策地位，並不伴隨其參與勞動力而改變；傳統父系社會之角色規範，比婦女就業因素，更有效地支配了家庭內之角色及權力結構。〔註13〕最後女兒阿惠展現出自己的主體性：決定與心愛的人結婚，在影像上那一幕披著白紗，成為新嫁娘，似乎還是落入女性在家庭地位裏的從屬性，家庭角色較事業優先，但影片敘事的視角，並非在傳達家庭角色與事業角色的衝突，而是以兩代女性典型，闡述對於自我主體、婚姻制度，以及父權壓迫的種種辯證。

（二）從《霞飛之家》到〈我這樣過了一生〉

　　《我這樣過了一生》改編自蕭颯 1980 年（民國 69 年度）得到《聯合報》

〔註12〕 Bryans S. Turner , *The Body and Society：Explorations in Social Theory* , New York:B. Blackwell, 1984, pp126～158.

〔註13〕 呂玉瑕，*Changes In Women's Work Patterns During Taiwan's Economic Development 1980～1988*，台北：行政院國科會科資中心，1995。

中篇小說獎的《霞飛之家》。〔註14〕蕭颯擅長用簡潔的文筆呈現台灣女性面對情感及家庭的歷程；在台灣電影中描述女性情感的文藝片相當多，以母女兩代的情感世界作為敘事主軸的，在新電影中便有萬仁的《油麻菜籽》，《油》探討了兩代女性對感情的態度。《霞飛之家》的結構也是如此；前半段寫桂美，後半段寫桂美的繼女正芳。小說文本第一部份以桂美嫁作人婦之後，如何面對嗜賭的丈夫，經歷一番拚搏奮鬥，終於拉拔五個小孩成長，並開創自己的餐飲店《霞飛之家》。第二部份則以正芳為敘事視角，面對繼母桂美衰老的心情，自己面對追求者時的感情態度，以及如何處理餐廳「霞飛之家」為敘事鋪陳的主題。轉變成影像的《我這樣過了一生》亦是大致可分為二個大段落，前半部以桂美為主，後半部以正芳為主，但是正芳的心情，心緒的轉折，以及面對情感的問題跟小說版本有相當大的出入，並且正芳的角色在電影中作了很大的濃縮。

以下先以簡要的提綱將小說的情節及電影的劇情作個比較。

小說版與電影版的敘事序列比較

小說敘事序列	電影的敘事序列
第一部份桂美	第一部桂美
桂美與侯永年相親	桂美與侯永年相親
桂美生育，侯永年嗜賭	桂美生育，侯永年嗜賭
決定去美國幫傭，正興去學戲	決定去日本幫傭
在美國幫傭情形，正全去學做菜	在日本幫傭情形，正全去學做菜。離開原顧主，在日本做非法勞工。
回到台北，正芳叛逆，成立「霞飛之家」小館	回到台北，正芳叛逆，成立「霞飛之家」小館 正芳懷孕，桂美陪她去墮胎 侯永年外遇，桂美決定離家出走，為了小孩，又再度回到家裏

第二部份正芳	第二部份正芳
桂美生病，正芳接管「霞飛之家」	桂美生病，正芳接管「霞飛之家」
對於「霞飛之家」去留問題，正芳遇到心上人魏振東	對於「霞飛之家」去留問題，五個小孩對「霞飛之家」各有看法

〔註14〕蕭颯，《霞飛之家》，台北：聯經，1981年。

正芳與魏振東交往，五個小孩對「霞飛之家」的算計	正芳陪著桂美散步，回溯過往
正芳掙扎於是否賣掉「霞飛之家」，是否嫁給魏振東	探視昔日親友，正芳陪桂美到表姨家，得知桂美初戀情人在大陸的情形
桂美過世，正芳拒絕魏振東的賣店提議。正芳決定接管「霞飛之家」，並撫養正全的小孩。	正芳決定接下「霞飛之家」，不出國念書，並幫桂美將大陸親友接濟到台灣

　　在小說的部份，是以母女兩代對於情感處理的態度作為敘事的主軸，並以桂美的傳統隱忍包容，無怨無悔地奉獻付出，一再原諒丈夫的嗜賭，依附於家庭及父權制度下，含辛茹苦地度過一生，最後因過勞得到肝癌過世。相反地，小說第二部的女主角，正芳則能夠理智地處理感情問題，展現新女性自主獨立的形象，不願依附在婚姻制度及父權的掌控之下，堅定而有自信地承擔「霞飛之家」的經營事業，並自願收養哥哥的小孩湯米，做個堅強獨立的單親媽媽。而在電影中《我》片主要的敘述視角則著重在細膩描述桂美近乎二十年的生活歷程。原本小說中母女兩代的情感鋪陳及對比性的感情態度，轉化影像之後，則主體成為桂美及她的丈夫侯永年的奮鬥歷程，以及台灣二十年間，艱辛困苦的勞工所營造的經濟成長。電影的影像中，侯永年與桂美結婚之後，原本侯永年在飯店當服務生，每天看美國人臉色，業餘時喜歡聚眾在飯店廚房內賭牌，失業後仰賴桂美的家庭手工業維生。由於生活上經濟的壓力，桂美決定「外銷」勞力，與侯到外國打工；存了點資本，回國開了自家的小西餐廳。侯的外遇，使得桂美出走，為了生存她到紡織廠做女工。最後桂美為了稚幼的孩子，還是回家經營餐館，將西餐廳搬至仁愛路，完成了將家族帶入富裕生活的任務。桂美的成就如同台灣的經濟成長；桂美的刻苦耐勞、勤儉持家、自立自強、體諒包容等等美德，正是孕育經濟成長的必要精神。桂美不只是促成家庭生活改變的原動力，也是那「推動台灣經濟搖籃的手」。

　　改編成電影之後的《我》片，對小說的敘事結構作大幅度的改變，女性身體的勞動記憶與台灣經濟的成長則成為互相引喻的象徵符碼，並且以影像上女主角的造型作為象徵性的指涉意涵與商業賣點。鏡頭一開始是在一個幽暗狹小的廚房，桂美瘦削的身形與中長的頭髮，在悶熱逼仄的空間裏，穿梭忙碌著，畫外音則是幽遠的唱機傳來京戲聲，傳遞出外省家庭的氛圍。短暫而醃腆的相親之後，桂美嫁給侯永年，此時桂美的形象則是溫柔飽滿的妊娠

婦女，宜室宜家的操持家務並關照前妻的三個小孩，由於丈夫的嗜賭，導致
家庭經濟的困窘，桂美與家裏兩個較年長的小孩奮力地作家庭代工。電影鏡
頭拍攝家庭內黯沈的色調，在昏濁的燈光下，一角錢一角錢地營聚著，勉力
撐持著家庭生計。接著桂美與侯永年兩人到日本幫傭，桂美則是一襲工作服，
圍裙，鏡頭時常是俯視著她，而她的身影則是全身幾乎俯貼在地上，使勁而
勤奮地刷地，操勞著家務性工作，或者是有關餐飲的工作。桂美一直抱持著
一個心願，要在自己的土地上，開一家屬於自己的店，不再寄人籬下，全家
能夠團聚，所以結束在日本的勞力輸出，回到台灣之後，她經營起自己的店
面「霞飛之家」，此時她的身體變得豐腴渾圓，髮型則是典型捲捲的媽媽頭，
家庭的經濟成長，隱喻著台灣的經濟起飛，促使台灣得以自主茁壯，而經濟
的卓越，是透過母體的孕育成長，女性的勞動生產力化為血汗滋養了台灣這
塊土地。

　　以女體來表達女性的犧牲奉獻、刻苦耐勞，恰如以女體暗喻國體，女體
的豐饒如同國體經濟的富裕神話，同時這樣富泰的身形是一種大地之母的表
徵，象徵著無性無慾的母親，女主角楊惠姍是用什麼樣的肢體來表現這「良
家婦女」，這近乎完美的中國女性呢？楊在拍片期間進行了增肥計畫──不斷
地吃，進而達到增加二十公斤的目的。魔鬼身材變成了大地之母的身材，也
變成了家庭中的聖母／天使象徵。片中桂美懷孕及年老的圓胖身材是在拍片
時期慢慢一點一點增胖起來，絲毫沒有造假，是貨真價實的從性感身材轉變
成渾圓的身形。理想而賢良的女性是母性的，身材是接近大地之母式的，而
這種女性是內心只有慈母般的關愛，沒有情慾的需求。因此，影片裏桂美的
性的床戲，不是用來主動尋求自我的愉悅，而是用來增加生產力。《我》中有
一場戲，桂美上床躺在侯永年旁，輕聲細語，為侯掏耳，耳鬢廝磨，呈現夫
妻間的親密；引起侯的慾望後，桂美便將性變成交換侯永年答應戒賭，努力
工作的條件。另一場戲更是明白，桂美懷孕，侯永年為自己的賭辯解，進而
觸碰桂美圓融的身體，侯擁抱著桂美因妊娠而圓滾滾的肚子，整個頭完全貼
近桂美隆起的肚皮，彷彿是男性主體依戀母親的子宮，渴求母性無條件的包
容與關愛；桂美再一次的溫柔地撫慰侯，表示體諒，進而循循善誘，勸導侯
戒賭顧家。桂美由大陸到台灣，嫁給侯永年，這個流亡的主體沒多久就變成
母親，照顧侯的三個小孩；之後懷孕，生下雙胞胎。不論是後母或者是母親，
照顧五個孩子，桂美成為一個完美的母性符碼。她的身體與情慾、性感無關，

而被化約為是一個負責孕育、生產的器具——子宮；孕育著生命、萬物、社會；護佑著小孩，家庭，甚至社會的成長。〔註15〕

  由《霞飛之家》到《我這樣過了一生》，可知原先小說的主題隱含著大陸來台的外省人色彩，在蕭颯的小說敘事裏，「霞飛之家」這個桂美所經營的餐廳，是相當代表外省社群的象徵，對於顛沛流離半輩子的外省群落而言，擁有一方可安身立命之所，不再飄零遊走是一種奢侈的企盼，而這家店「霞飛之家」本身就帶有明顯地懷舊色彩、外省色彩，滿足著異鄉遊子的鄉愁：

> 她（桂美）在老家鄉下時，聽說有個親戚住在上海城裏霞飛路，於是小時候對上海的豪華印象，也就只有霞飛這二字，於是她要她的小飯館叫「霞飛之家」。〔註16〕

> 自動門進去，地毯殷紅，金粉飾壁。桌椅是實心的木頭外貼柚片，感覺十分重實，再鋪上淡褐色粗麻桌巾，到了黃昏，玫瑰花換成蠟燭盞，整齊排列的刀叉銀光閃爍，加上肥墩富態的老闆娘坐櫃臺邊一口上海鄉音，使人不由得聯想起老式上海西餐廳的俗麗卻又故作高雅的派頭。「霞飛之家」賣的就是這份聯想。〔註17〕

一九四九年，國共的戰爭迫使國民黨退守台灣，當時的統治者帶來近百萬的流亡軍民，桂美與侯永年也是跟隨著國民黨來到台灣。當桂美要在台北開餐館時，她展現對大陸鄉土、現代化都會的想像。自己擁有餐館，不再為外國人打工、不再寄人籬下，這是自我主體性的開展。這個主體性更具體展露在她為這個餐館「命名」時，她對「遙遠的歷史中國」的回憶與想像，此即趙彥寧所謂流亡主體對中國之「慾望觀想」，此經由這觀想過程，對於家鄉文化凝視、認知、期望，用以建構自我主體認同與主體自我再現。流亡主體「是由鏡像的投射中認知自己，在民族國家意識形態下鏡子將影像投向一個遙遠的歷史中國。」透過此種象徵認同來尋求「較親密地結合領袖、正統歷史、與家鄉（與「中原」）的途徑。」〔註18〕這份文化想像是相當有趣而繁複，出

〔註15〕參見沈曉茵，〈胴體與鋼筆的爭戰——楊惠姍、張毅、蕭颯的文化現象〉，《中外文學》第 2 期，第 226 卷，1997 年 7 月，頁 98～114。

〔註16〕蕭颯，《霞飛之家》，台北：聯經，1981 年，頁 53。

〔註17〕同上註，頁 58。

〔註18〕趙彥寧，〈國族想像的權力邏輯——試論五○年代流亡主體、公領域、與現代性之間的可能關係〉，收於氏著，《戴著草帽到處旅行》，台北：巨流，2001年，頁 151～202。

身於鄉下的桂美，嚮往當時十里洋場的大都會──上海，其觀想聚焦在上海
繁華的情景。她對自己餐館的想像是在繁華的都會裏，一個現代化、西化的
西式餐廳，此切合當時台灣已經從鄉土前工業的社會正慢慢轉型爲工商業繁
榮的消費社會。而且，她在外國一心一念想回去的是台灣鄉土，她雖然想複
製對上海繁華的文化想像，但是她了解這是個商品上行銷的「氛圍聯想」，與
原先的懷鄉情緒想要再返歸的認同是不同的。這可說明外省流亡女性立基於
現實上，帶著對於大陸原鄉的記憶來到台灣，在這裏展開新的生活經驗、鋪
衍新的生命故事，於是新的認同也被建構出來。

　　但是這份上海懷鄉式的聯想，轉換到電影影像上，則被淡化許多。影像
上二個「霞飛之家」的場景，一個是剛開店時的家庭式的簡便小館，賣著西
式簡餐，簡易的餐桌椅。第二個「霞飛之家」則是在十年之後，擴充原本的
小館子，變成有著高雅情調的西餐廳，在這兩個場景裏，並沒有與上海能夠
連繫的象徵符碼，影像文本裏桂美及侯永年則是標準的國語發音，也沒有上
海鄉音，影像主體的焦點視角由「霞飛之家」轉向女主角桂美。在《我》片，
外省人的主體意識及生活氛圍被淡化，主要是以桂美（由楊惠姍飾）堅毅卓
絕的一生作爲敘事的主幹，以楊惠姍明星的光環，其戲劇主題強調母性形象
與大地之母式的身體，以迎合主流意識形態。

　　這部影片是被稱爲「鐵三角」的蕭颯、張毅、楊惠姍合作的片子，蕭颯
的小說及編劇、張毅導演、楊惠姍主演。〔註 19〕《我》片的影像敘事與呈現
對於小說的增刪有相當幅度的改變。雖然原作者及編劇蕭颯曾表示：

> 我對自己寫過的東西不滿意，只要有機會，我都會想重新再來過。
>
> 《霞飛之家》就是最好的例子；當它改編成《我這樣過了一生》劇
>
> 本時，我再重新創作的慾望，使我將它改動許多。〔註20〕

但是《我這樣過了一生》中所作的原著改編，其實並不全然決定於編劇蕭颯
的滿意不滿意或創作慾望；事實上女性編劇在電影的商業機制作用下，發聲
音量是微乎其微。而原著者若是女性作家，如蕭颯，才剛在文壇上展露頭角，
可謂人微言輕，再加上導演是她的先生，男性／女性在文化工業的職稱位階

〔註19〕主要是指改編女作家蕭颯的作品，而由導演張毅負責拍攝成影片，楊惠姍主
　　　　演。《我這樣過了一生》（原著：《霞飛之家》）及《我的愛》（原著：《唯良的
　　　　愛》）這兩部片子皆是由號稱「鐵三角」的蕭颯，張毅，楊惠姍所合作的片
　　　　子。

〔註20〕蕭颯，《走過從前》，台北：九歌，1988 年，頁 386。

（編劇／導演）及男／女性別權力，都讓蕭颯不太可能對於影片情節的增加刪減有太大的發言空間。八〇年代的女作家對於讀者市場而言，尚未累積一定的文壇聲譽，故對於製片者及電影公司來說，導演及演員對於群眾的號召力及吸引力，無疑地在商業電影的需求扮演著更重要的角色。

楊惠姍是八〇年代參與新電影的少數明星級人物。她在七〇年代崛起，其形象是以社會寫實片裏女性復仇者著稱，媒體時常形塑她的標誌是「魔鬼般的身材，天使般的面孔」，她在螢光幕上展現的是有限的女性性感胴體、剽悍的肢體打鬥，以迎合誘導男性觀眾的視線與慾想。楊惠姍在八〇年代標榜藝術、嚴肅的新電影文化場域裏，文化工業會如何運作其身體的再現？沈曉茵認為楊惠姍在《玉卿嫂》裏身體的再現是情慾的主體；《我這樣過了一生》則是個母性的代碼；在《我的愛》一片中則形塑一個婚姻遭背叛的女性，展現的是受難形象的身體。〔註21〕

《我》整部片子以楊惠姍所扮演的桂美為主，正芳只是最後出來陪襯著病老的桂美。此種戲份的改變與電影工業機制有著密切的關係，楊惠姍的明星光環，再加上她母性圓融的肢體展演，形成視覺焦點，也成為影片行銷放入文化工業時重要宣傳工具。小野曾在一次訪談中表示：當初他們的企劃案就是張毅要讓楊惠姍在片中一直胖一直胖，形成一個視覺觀影的焦點。〔註22〕這也就是說，電影開拍後，鐵三角中的一角，編劇蕭颯便得退隱。而女明星——電影工業中最被商業化的一環——則入主要位。角色編導上，傳統母性形象的桂美取得重要戲份，使得這部影片變成歌頌母愛，符合主流意識形態的電影。這個母性的身體象徵著受難的過程、生育的辛勞、包容與愛，經歷台灣經濟發展中的家庭代工時期、到外國當「外勞」時期、最後終於回到台灣成為「頭家娘」，擁有自主的一間店。故這個母性身體不僅是下一代的子女生育，也象徵台灣經濟成長的家國寓言體。大家對於楊惠姍，《我這樣過了一生》的女主角，注目的焦點仍舊是放在她的身體。但這次不是誘人的，傳達情慾的胴體，而是一個「奇觀的」，引人入勝的，充滿母性的身體。

因此，在原先小說《霞飛之家》裏，桂美與正芳的篇幅是等量齊觀，蕭颯想要以桂美和正芳來作為傳統女性／現代新女性兩者的對比，來突顯傳統

〔註21〕沈曉茵，〈胴體與鋼筆的爭戰——楊惠姍、張毅、蕭颯的文化現象〉，《中外文學》，第2期，第226卷，1997年7月，頁98～114。

〔註22〕小野在「台灣新電影二十年」的座談會上的談話。此次研討會由金馬獎執行委員會及中央大學主辦。（2002年10月）

／現代兩代女性價值觀上的衝突、異同。在電影《我》片則完全以桂美爲主，主要以楊所飾演的桂美來貫穿整部片子，以符合商業市場運作邏輯——增加影片的賣點，而女主角楊惠姍的肢體表演正符合觀眾所需求的「奇觀式」、「大地之母」的視覺刺激。正芳的故事被刪便能加重楊惠姍的戲份，此種刪節也牽涉到電影眞正在戲院上映時，其片長的限制。〔註 23〕結構上，影片《我》在正芳墮胎後所出現的濃縮形式，皆與商業電影的要求有關，小說或改編劇本的要求則退居次要。

　　從小說上的《霞飛之家》到影像上的《我這樣過了一生》，由於考慮到商業市場的運作，再加上編導企圖將桂美的生命歷程與台灣經濟發展的歷程連結，遂呈現主要以桂美爲主軸的生命故事，以承載各種編導想要投射的主觀意義，將桂美的母性渾圓身體連結生育、成長的主題，連結台灣社會的成長，甚至以桂美來連繫兩岸三地親情人倫的包容、涵攝，因此而成就了桂美這個在台灣電影裏多重豐富意義的母性符碼。

（三）母性論述與母女關係

1. 母親形象與新女性

　　七〇年代的台灣電影小說改編電影的文本主要是瓊瑤文藝愛情片，母親論述在瓊瑤文藝愛情片裏，主要代表舊時代的傳統觀念，以及對於反對浪漫愛情的威權力量。此種世代衝突的論述可以追溯至五四時期，此時浪漫愛與個人自主性開始在中國掀起狂瀾。大約在一九一八年至一九四九年間，是歷史上所謂五四時期及後五四時期，科學、民主、自由代表青年學生運動的五四精神，成爲那一代知識份子的象徵圖騰，象徵青年人求新求變的反叛精神與改革理想。其中心意旨由救中國、對抗帝國主義的侵略的政治訴求爲起點，漸漸如野火燎原般擴展爲對中國社會傳統文化的針砭批評。對於青年人而言，傳統儒家的實踐場域就在宗族系譜的權力結構，其結構的主軸在於宗族男性家長與長子的血統傳承，這位長子在家族內必須孝順父母，成年之後，要移孝作忠，對國家要效忠主政者，故父子／君臣，家／國，形成互相指涉的比喻。傳統儒家話語遂與父權結構、家國政治核心形成共謀的權力結構。

〔註23〕《我》片拍攝過程，中影曾向張毅發出最後通牒，警告他不得繼續超出預算，後製作期間，張毅又被通告片子不得太長，必須剪輯在兩小時之內，以便利戲院的放映。參考小野，《一個運動的開始》，台北：時報，1986 年，頁 225～228。

在此權力結構下，必須嚴加遵守倫理道德與尊卑長幼次序，個人的存在是為了完成家族及社會所賦予的角色及職能，保家衛國及傳宗接代是最重要的義務，然而在傳統家長制的威權下，個人想選擇什麼工作，個人想選擇什麼人傳宗接代，無法有個人自由的意志，必須遵循長輩的安排。在五四新思潮的衝擊下，家族遂成為中國積弱、落後的象徵，所以離開家庭，脫離父母的掌控，成為新青年追求自由，表達反叛精神的具體行動。

受到五四文化思潮的影響，女權運動及婦女問題也漸漸浮出歷史的地表，不僅青年渴望離家追求自由、自主，女青年也想要離開家庭，追求新天地。五四之後，封建禮教社會裏「家國」所強調的忠貞、順從——「民順、臣忠、君仁」，「子孝、婦從、父慈」等觀念受到嚴峻的挑戰，影響所及婦女觀所強調的貞操、節烈也隨之崩解。〔註24〕許多作家運用小說的創作媒材傳達對女性問題的見解及關懷，此時的小說出現一種獨特的「新女性」（new woman）形象，如：丁玲所創造的莎菲女士，茅盾的《虹》女主角梅女士，都是青年知識女性，擁有自主、剛毅、積極等人格特質，與傳統舊婦女被動、退怯等形象截然不同。

在台灣的瓊瑤電影裏，基本上延續五四時期所推崇的個人自主，以及自由戀愛的愛情。影片中青年男女追求自主愛情的意願雖強，其女主角的形象卻是清靈，娟秀與纖弱的外貌，對於強勢母親的阻撓，或是親情的召喚，最終總是會屈服，或者以戲劇的方式營造男女主角的悲劇，男女主角死亡或女主角自我放逐或精神流亡。強勢的母親所代表的傳統勢力，以及衛道思想，如《我是一片雲》男主角的寡母，主觀地厭惡女主角，以孝道要求男主角，使得男女主角愛情破裂。在《窗外》的母親強勢介入女主角的師生戀，雖然女主角的母親是個負面的角色，但是她對於女主角師生戀的態度，卻是延續著五四時期的思想而來，她經歷過反封建，反父權專制的五四思潮洗禮，這位在評論家口中專制霸道的母親，其實她自己是經由自由戀愛而結婚，而且她對女兒的干涉乃緣於她求好心切，對婚姻抱懷疑態度，因為五四思潮基本上的個人自覺自主乃是一場子對父的抗爭，爭脫傳統家庭的束縛及反抗封建父權，皆是男性知識份子針對世代權力衝突所提出的文化運動，走回家庭場域之後，女性依然是被男性所宰制的，兩性的權力並沒有獲得平等，是故女

〔註24〕參見戴劍平，〈一種道德觀念與一種文學模式——對現、當代文學中兩類女性形象系列的考察〉，《當代文藝思潮》，28期，1987年，頁41～42。

主角的母親對於浪漫愛感到幻滅與失望，在她看來愛情只是引領女性掉進婚姻陷阱，使女人終日埋沒於家務瑣事中，所以她要阻止女兒迷惑於愛情陷阱，而過早地踏入婚姻枷鎖。在這個詮釋上，這位母親無疑地是呈現出五四時期新女性的激越風貌。〔註25〕

　　五四思潮與女性形象，除了以塑造新女性作為小說主角，以標榜新青年勇於追求自主的象徵，另外，則以性來作為突破禁忌及突破封建體制的敘事策略。另一位在七○年代台灣電影史裏十分特出的母親，乃是宋存壽所導的影片《母親三十歲》（1972）。《母親三十歲》根據於梨華的中篇小說《海天一淚》（後改名《母與子》）改編，是國片少有著眼於女性性心理的作品，透過宋存壽平實綿密的處理，這樣的題材，有了細膩層層有序的心理剖析，讓人久久縈繞心頭，揮之不去的韻味。這位母親是位勇於追求自我情慾，甚至甘於為此拋家棄子的女性，敘事視角成為她的兒子在觀看著母親的越軌、偷情的行為，兒子象徵著父權體制裏要求母親遵守婦德、婦戒的符碼，母子之間的衝突及鴻溝，累積十多年，兒子一直無法原諒母親的紅杏出牆。

　　影像裏李湘飾演這位母親，顴骨高聳，形貌自然流露出一股不馴服的情慾，對情感的表達很精確細膩。編導給予她的表演幅度十分寬廣，如趕赴幽會時，女兒青萍攀附著她，那種唯恐弄髒了她衣服的不耐煩，在火車上與猥瑣漢子調情的萬種風情，向表叔訴說猥瑣漢子虐待她的無奈，以及後來在明星咖啡館對兒子的女友玫中說：「我才四十剛出頭，這一陣子蒼老很多，都是想他想的。」把一個女人對年華逝去的幽怨，和對往日青春的緬懷寫得淋漓盡致。除了女人這一部份如此，對母親這一部份也有動人的刻劃，如她通姦被青茂發現，晚上向青茂說：「有了弟弟妹妹，媽還是摟著你睡，不要跟媽作對。」後來鍥而不捨的想要得到兒子的認同，以及排斥兒子的女友玫中：「我的兒子自己都摸不著，不能讓別人搶了去。」傳遞出母性的強烈佔有慾。誠如母親和父親吵架時所說：「我是一個母親，我也是個女人呀！」編導安排李湘將母親與女人兩種身份的心理，作了極為深入的描寫。難得的是編導更進一步寫出，何以這個母親不能像其他母親一樣，調和母親和女人這兩種身份？最主要的原因在於她的性情，如十年後的她會忘了做長輩的立場，問啟明為喜歡的女子玫中怎麼不跟青茂決鬥？和玫中談話後，會偷窺玫中寫給

〔註25〕對於浪漫愛在中國的發展，以及到台灣之後的發展，還有對於瓊瑤《窗外》的讀者詮釋，可參酌林芳玫，《解讀瓊瑤愛情王國》，台北：時報，1994年。

青茂的生日賀卡；會對表叔說：「臉上別蓋著報紙，不知道還以爲你死了呢！」這些率性，直爽，不知輕重的性情，讓閱聽人體察出十年前的她紅杏出牆的心理動機。

　　這位母親雖勇於追求自主的情慾，然而在道德束縛及父權宰制裏，她仍然必須走向死亡的命運，小說文本裏安排兒子朱青茂乘船赴美留學，母親趕來相會，在碼頭上被車子撞死；在電影中改成朱青茂乘火車赴成功嶺受訓，母親趕來相會，在平交道被汽車輾斃。不論是文本或是影像皆是將這樣一位不守婦道的母親謀殺，在女性主義者的研究中，文本裏不合父權規範的女人通常有兩種「下場」：以死亡或瘋狂作爲結局收場，在常規的父權論述裏母親這樣的「踰矩」必須以死亡爲代價，在父權架構的參照體系，女性一旦走入婚姻，也就披上養兒育女終身的枷鎖，無法再獲得自我主體性，女人在這樣父權建制社會裏想突破重圍，畢竟是要面對外在這個人吃人的父權暴力，頭破血流地衝撞道德束縛，走向血腥、瘋狂、非理性的悲劇結局。

2. 反父權與恐母症

　　在七○年代小說改編電影的母親論述裏，我們看到《窗外》、《我是一片雲》代表反對兒女追求自主婚姻的負面母親形象，使得男女主角掙扎於親情與愛情之間的世代衝突，在敘事策略及影像符碼裏，母親屬於負面威權的傳統勢力，破壞純眞美好的愛情。至於另一個改編影片《母親三十歲》我們所看到的是一位迷戀於婚外情的失職母親，雖然女人情慾與母職的衝突在此部片裏有所觸及，但由於影片的敘事視角來自兒子的凝視，在父子宗族傳承的父權架構裏，母親的聲音仍是被壓抑，這樣一位叛離常理，踰越規矩的母親，終究還是要走向猝死的命運。故在文本裏，我們看到受到壓抑、被消音的母親，究竟女性書寫應如何來處理母親的議題呢？母親面對自己必須艱苦卓絕的母職生涯，以及身爲女人的生理情慾之間，其心理狀態是如何？而在母職與情慾之間，母親的心理狀態又如何影響親子的關係？回應此問題之前，我們可以先回溯心理學大師佛洛依德的一些看法，以及女性主義者如何去回應這個母親論述的問題。

　　佛洛依德很少在其精神分析作品中直接討論母親角色或是前伊底帕斯時期的母子／女關係（preoedipal mother-child relationship）。對他而言，母親的存在，充其量只是爲了滿足子女對食物（奶水）或慰藉的自愛欲求（auto-erotic desire）。

佛洛依德認為在前伊底帕斯時期，男童與女童的第一個愛戀對象（love object）都是母親。男童在進入伊底帕斯時期時，在父親的閹割威脅下，被迫放棄對母親的共生式依戀（symbiotic attachment）。他必須壓抑並且昇華對母親的慾求，轉而認同父親並且得到允諾將來可以在另一個女人（母親的替代者）身上得到滿足。對女童而言，佛氏認為她若是要朝異性戀發展，則必須將愛戀對象由母親轉移為父親。〔註26〕換句話說，她必須從原先對母親主動的，陰蒂的性慾求，改變為對父親被動的，陰道的性慾，以便為其將來扮演母職鋪路。

在佛氏的理論中，母親角色的出現，大多是在他探討有關幼兒因脫離母親（母體）而得以獲得其主體概念的時候。佛洛依德刻意避談母親在幼兒主體形成過程中與人類文化發展史上所扮演的重要角色，曾有多位女性主義學者將此歸因為佛氏的「恐母症」（matrophobia）。〔註27〕瑪西雅・伊恩（Marcia Ian）則認為既然佛氏將人類歷史視為「男性歷史」，我們不難想像他會如此執拗地阻止母親「帶著她的主體與哀愁，遊移精神分析與文化的域界中」〔註28〕。

女性主義者批判佛洛依德有著恐母症，那麼在女性主義者的詮釋底下，母親又是呈現何種論述風貌呢？在女性主義論述重新關注女性主體的概念下，重新整理文本中各種女性角色的象徵意涵與性別政治，而表徵傳統家庭重心的母親角色在多數文本裏，往往形成與年輕女性角色追求新生的對照。〔註29〕赫斯屈（Marianne Hirsch）在其著書 The Mother Daughter Plot 曾指出，女性主義論述也經常流露出「恐母症」：許多女性主義論述對「母親」此一角色懷有潛在的排斥感，而在許多女性小說裏，母親的聲音和觀點總付諸闕如，突顯的只是叛逆女兒的聲音。

Hirsh 歸納女性主義論述對母親壓抑的來由：
母親象徵女性和父權體系之間的臍帶、女人傳統的包袱。

〔註26〕一九二〇年佛洛依德在談到一個女同性戀個案時表示，在這種情形下，女性會因為對母親的過度愛戀（fixation）而使得該轉移無法進行。

〔註27〕Madelon Sprengnether, *The Spectral Mother：Freud, Feminism, and Psychoanalysis*, Ithaca & London：Cornell UP, 1990, pp13～21.

〔註28〕Marcia Ian, *Remembering the Phallic Mother：Psychoanalysis, Modernism, and the Fetish*. Ithaca：Cornell UP, 1993, p13.

〔註29〕Marianne Hirsch 在其著書 *The Mother Daughter Plot* 曾指出，在傳統英美女性小說裏，母親經常是個負面的角色——母親象徵女性對父權體制的屈服、妥協。唯有擺脫母親角色所意味的傳統女性角色，小說中的女主角有發展自我的可能。

母性角色所帶來的脆弱狀態 —— 還不完全掌控的母體以及對孩子
的父親的依賴 —— 換言之，母親角色似乎剝奪了女性對自己的掌控
力。

母親突顯了女人傳統的身體憂慮：懷孕，生產，流產，不孕等女人
身體潛藏的危險性。

最後，對母親的壓抑源於女性主義面對母親所象徵的權力和脆弱狀
態所產生的矛盾情結。〔註30〕

　　女性主義論述裏，有關母親的刻劃和探討一直沒有真正發揮；女性小說
裏也難得見到以母親的觀點來呈現戲劇佈局。以此觀點審視台灣女性文壇，
我們確會發現母親在台灣的論述領域裏是被極度邊緣化。台灣的女性小說作
品更鮮少探討母親角色複雜的種種情結。〔註31〕在八○年代的女性小說改編電
影裏，李昂《殺夫》、《暗夜》，廖輝英的《不歸路》開展女性多重情慾面向，
但仍舊是以愛慾作為敘事主軸，以性敘事手段作為突破父權，突破禁忌的重
圍，多樣性的女人情愛文本大體上由不食人間煙火的純情浪漫之愛，轉移到
辛辣赤裸的婚外情慾。而女人與性、情、慾無法作分割的敘事結構裏，女性
小說裏無法處理一位深負母職的女性所要面對的種種掙扎情狀，母親除了是
個父權代言人以及任勞任怨的表徵之外，就是個「無性無慾」的客體，因為
母親的慾望在心理學裏仍是個無法想像的禁忌領域，傳統概念裏總無法想像
母親與情慾相關，若母親與情慾相關必然是個負面的惡女。事實上，母職的
道路是多數女人的生活經驗，女性主義者若要落實性別政治，解放現有體制
裏被壓抑的各類女性異質，那麼母親的論述必須納入女人的敘事聲音裏，以
母親的敘事視角，以及母親的聲音重塑母親的主體性，才能解除傳統「恐母
症」裏被消音的母親。

3. 母職論述與母女關係

　　母親這個的角色，不論在傳統男性文本論述領域裏，或者女性主義的論

〔註30〕 Marianne Hirsch,. *The Mother/Daughter Plot：Narrative, Psychoanalysis, Feminism.*
　　　　Bloomington：Indian UP, 1989. pp165～166.
〔註31〕 對於台灣女性成長小說對於母親論述的探討，請參酌邱貴芬，〈「失聲畫眉」
　　　　—— 探討台灣女性小說壓抑的母親論述〉一文，爬梳近來英美小說所展露
　　　　的母親書寫，以及八、九○年代台灣女性小說對於母親論述的空缺，以及
　　　　蕭麗紅《桂花巷》、朱天文〈袋鼠族物語〉所開啟的二種女性書寫母親的向
　　　　度。

述裏皆被消音，母親可說被雙重地邊緣化，但很難得的，在八〇年代台灣小說
改編電影裏有三部電影，我們見到以母親觀點來呈現敘事主線的佈局，母親
的聲音開始從被消音的狀態中釋出：此三部電影分別是《油麻菜籽》、《我這
樣過了一生》、《桂花巷》，由於《桂花巷》的小說與電影無論在敘事觀點及敘
事時空背景，仍處於前工業化的時代，與另兩部電影較遠，則留待往後的章
節再敘。《油麻菜籽》、《我這樣過了一生》這兩部小說與改編電影以母女關係
作爲敘事的主軸，旁及台灣二十多年的經濟變化，身爲母親這個角色，在台
灣進入工商業變遷及資本主義環境的深化之下，傳統母親對於女性在社會上
的角色，以及母職的思考，還有面對下個世代女兒的教養有些什麼觀點與思
考。女性書寫與女性影像如何面對母性生涯矛盾糾葛的意識形態，又如何呈
現女人世代之間，或者女人不同階層、族群之間更細緻的異質，對此種差異
做更深刻的女性自覺反思，釋放出母性聲音，釋放出母職的潛能，無疑是女
性書寫發展的重要指標。

　　范銘如曾云：「《油麻菜籽》是台灣第一部處理母女關係的女性小說。」
〔註 32〕通篇小說文本的敘事聲音是三十歲的女兒，回顧著自己的成長歷程，
女兒的敘事聲音似乎是對於母親又愛又恨，小時候女兒自己內心被禁錮於母
親的父權話語裏，雖然母親彷若是父權制度的幫凶，然而在貧乏的經濟，以
及父親的怯弱或缺席之下，女兒仍對母親有著諒解與疼惜。近來已有多位心
理分析學家想突破佛洛依德所建構的父子關係的伊底帕斯情結，而試圖從另
一面向來詮釋母女之間關係，英國精神分析學家克萊茵（Melanie Klein）隸屬
於客體關係學派（object-relations theorists）。〔註 33〕她剖析母女關係，延續著
客體學派的主張該學派的主張大致是在強調幼兒自出生後，即不斷與所謂的
「客體」——也就是有別於主體的個人或其身體的某一部位（如母親或母親
的乳房），進行人格養成的互動關係。根據茱莉葉・米契爾（Juliet Mitchell）
的說法，客體關係理論所談論的客體與拉岡所說的客體不同。它不是被動的，
而是不斷地「與主體產生複雜的互動關係」〔註 34〕。這個客體可以是眞實的

〔註 32〕江寶釵、范銘如編選，《島嶼妏聲：女性小說讀本》，台北：巨流，2000 年。
〔註 33〕曾有人將 object-relations theory 譯爲「對象關係理論」，它是源始於英國的一派精神分析理論，它的理論主要是專注於探究母親與幼兒於一歲以內的互動關係。
〔註 34〕Juliet Mitchell. *Psychoanalysis and Feminism*, New York：Vintage Books, 1974. p3.

人或其身體的某個部位，也可以是幼兒內化後的假想呈現。在克氏的理論裏，幼兒會對母親作出三種不同反應，一開始是想完全佔有母親的身體，以滿足幼兒自己的慾望，接著幼兒會意識到母親是擁有獨立意識的他者，幼兒此時會壓抑自己的佔有慾望，並對先前自己的攻擊衝動感到愧疚，最後幼兒會以愛戀來代替補償先前的愧疚感，以修補與母親之間的關係。〔註35〕

　　在克氏的客體關係理論中，母親的地位似乎顯得格外重要。乍看之下，母親像似無所不能，不但具備了滿足幼兒需求的一切能力，並且也有辦法拒絕或懲罰幼兒。然而經過仔細觀察後，我們明白這樣的母親缺乏主體性，充其量她只存在於幼兒的幻想（fantacy）。從這三種母親與幼兒之間的關係，回到《油麻菜籽》的文本之中，阿惠和母親之間的互動，可看出阿惠與哥哥之間，內心是處在一種競爭的狀態，想多贏取些母親的認同與關愛。小時候阿惠與哥哥之間的差別待遇，仍緣於性別的不平等，母親雖然怨自己生為油麻菜籽女人命，下意識卻忘了公義，忠實地進行父系社會的「香火傳遞」。面對母親的差別待遇，阿惠不再想完全佔有母親的關心與注意，反而以「不落力」的方式面對自己的求學生涯，若是考不上中學，也就不要再讀了，自暴自棄地順隨著命運的撥弄，以減輕家庭的經濟負擔，所以在母親壓抑她的成就時，她對母親的威權話語及貶抑語言，默默承受，是一種抑鬱的心理狀態。

　　在阿惠大學畢業後，極力地以自己的能力滿足母親的欲望，對母親不幸的遭遇和痛苦，小小年紀的阿惠不但用勞力幫母親分擔家務事，學業，補習費也不敢再讓母親操勞，更於母親小產時暗自下定決心，要帶母親遠離這痛苦的環境，遠離讓她們覺得屈辱的地方。在她大學畢業，工作賺錢後開始，在能力範圍內，她所能做的，就是使母親不需要再過勞累的生活，不再為錢煩惱，即使是把自己弄得頭破血流並且身兼數職仍無積蓄，過著半是聽天由命，「不落力」的生活，一再地殘害自己身體的健康，她也毫不在乎。不管有無違反她生命自主的本性，一心一意地只想拼命賺錢來補償母親，來滿足母親過去貧血的三十年：

> 僅僅是衣著，便看出她（母親）今昔極端的不同，從前，為兒女蓬頭垢面，數年不添一件衣服，還曾被誤為是為人燒飯的下女的她，現在每逢我陪她上布肆，挑上的都是瑞士，日本進口的料子；我自

〔註35〕Juliet Mitchell. *Psychoanalysis and Feminism*, New York：Vintage Books, 1974. p3.

己買來裁製上班服的衣料，等閒還不入她的眼。如此幾趟下來，我
居然也列名大主顧之中，逢新貨上市，布行一個電話就搖到辦公
室。……一季季的，我總是帶上大把鈔票，在媽媽選購後大方的付
帳。〔註36〕

阿惠會像管家婆一般，為家裏的食衣住行各方面去煩慮。會嘮叨著弟妹去多
學項技藝，以免將來的生活沒有保障，顧不得會泯滅她的視野與判斷力，甚
至被弟妹們譏為「愚孝」，也會包容著母親無可理喻的缺陷性格與謾罵，在適
婚年齡，面對自己未來的幸福，也會因為沒有勇氣走出父母失敗婚姻的陰影，
以及對母親無人承歡膝下的不忍而加以拒絕。在小說文本中，女兒的聲音並
不全然是叛逆的，面對母親的話語，女兒對母親的態度也呈現出想佔有母親
的愛、壓抑自我、想補償母親的匱缺之中交替反覆，但不容否認的小說文本
中的女兒聲音是壓過母親的聲音，母親對於阿惠的種種父權話語，也使得小
說裏的母親象徵女性與父權體系之間的依存關係，以及母親不能自我掌控命
運，母親的小產時所帶來女人身體所潛藏的危險與脆弱狀態，再再都使得女
兒所象徵的新女性，或女權論述，對於母親角色無法認同，也對母親的象徵
權力成為父權幫凶，使母女關係產生矛盾情結。然而轉換到影像時，我們發
現一個鮮明的母親刻劃，以及沈默的女兒形象，在影像中我們反而更能看清
楚母女之間複雜而愛恨交織的糾葛。

　　在小說文本裏，我們也可以看到母親的言行是由女兒阿惠聲音視角所描
繪出來，片斷的支解，使得母親只成為女權批判的客體他者，這是經由女兒
聲音複述母親的話語，然後再加以詮釋，母親並未自己發聲，女兒詮釋之後
的代言觀點，突顯了女兒所關注的性別不平權的視角。然而在電影《油》片，
母親皆是由陳秋燕飾演，女兒則從小至大分別由四個不同的女演員及童星所
主演，母親有了自己的身影及聲音，不再有代言人，母親在此整個生命歷程
反而有了一致的連貫性，其性格的轉變也使得母親的主體性得以確立，女兒
的生命由四個不同演員所切割，其成長的斷裂，反而使女兒的主體性只能獲
得切片式的窺探。影像亦從一個家庭的變遷入手，細緻地描寫台灣兩代婦女
的命運，透視轉型期社會中女性意識的甦醒──《油麻菜籽》提供的個人化，

〔註36〕范銘如〈由愛出走──八、九○年代女性小說〉筆者按：「蔣、袁、蘇」是指
　　　　蔣曉雲、袁瓊瓊、蘇偉貞，《眾裏尋她：台灣女性小說縱論》，台北：麥田，
　　　　2002年，頁39。

心理化的婦女命運史。《油麻菜籽》講述的夫權專橫，婦女聽任擺佈年代的故事，帶有很大的普遍性。它的獨特之處，在於塑造一個集女性壓抑和男權統治於一身的女主人翁秀琴的形象。雖然在影片的前半部，秀琴在夫權支配之下，備受凌辱，遍佈淒楚。但是自從他的丈夫私通鄰女，東窗事發，瓦解一家之主的地位之後，她就由受虐而漸變為施虐，集父權和母權於一身，慢慢地變為這個家庭的主宰。這種主宰權的轉換，在於倫理準則，倫理象徵位置的佔有或喪失。這就充分體現儒家文化倫理核心的支配地位。作者在本文的運作中，嚴整而令人信服地展示這種地位的轉變；通過影像營造，表現夫妻之間主客位置的顛倒和替代（秀琴由從屬變為支配地位，其丈夫由統治退居陪襯直至完全退出畫面）；通過敘事關係的營造，實現男性從這個家庭中的被放逐和消失（秀琴丈夫在劇情中段去菲律賓供職），從而建立秀琴在這個家庭裏的絕對統治地位。雖然在影片的後部丈夫重新回到富裕豪華，今非昔比的台北高層公寓，但他在家庭中的形象則是微微駝背，扮演著卑微的地位和旁觀者姿態。在秀琴這個妻子／母親身上，既烙印著夫權尊嚴留下的屈辱和傷痕，又體現重男輕女，壓抑女性的男權思想——在同一個女人身上集中的雙重扭曲和精神異化，正是影片所展示的母性面貌。

在影像的編導方面，母親秀琴的強烈情感藉由三把剪刀的衝突性戲劇情結突顯出來。剪刀的細節是極具象徵意味的。秀琴用她手裏的剪刀，剪破丈夫的西服，以渲洩一種激烈的憤怒，對有外遇的丈夫施行報復；也是這把剪刀，在奮力抗爭男人的施虐時，剪破自己的手心以示自戕——這些行為都標示女人在精神，情感和肉體受盡折磨時，不可遏制的抗爭——但是，同是這把剪刀，剪掉女兒阿惠的秀髮，以懲罰她和男友的初次幽會，有意在初戀的女兒心中留下一個深重的創傷，以示家教的森嚴；還是這把剪刀，當它的主人聽到成年的阿惠決心自覓婚偶，矢志不移時，失態而瘋狂地剪斷一枝枝瓶中之芯，藉此暢洩愛恨交加的失落之情——剪刀在這裏作為一個既直觀又象徵的符號，提供耐人尋味的循環；加之於女性的創傷有時不僅來自男人，也來自深受男人之苦的女人。男權文化滲透於全社會的思想意識之中，女性本身則內化著父權思想。

《母職的再製》（The Reproduction of Mothering）一書的作者邱德洛（Nancy Chodorow）她主張個人自我的發展是經由與他人的互動關係，以及個人有意識或無意識地，不斷協調於與母親分離與尋求獨立的經驗中而來。

根據邱德洛的說法，男孩自小便被母親視為異於自己的「他者」，因此很自然
地就被母親推往獨立與差異的道路去發展。而女孩則因為與母親擁有相同性
別，她傾向於延長與母親在前伊底帕斯時期的共生式依戀，並且有可能發展
出分界不明的自我（fluid ego boundary）。母親更是經常視女兒為其個人的延
伸，並且傾向於阻止女兒去發展她個別的自我。邱德洛認為：

> 由於與女兒性別相同，也由於自己曾經身為女孩，女童的母親與
> 男童的母親自然有所不同；她傾向於不把女童視為與自己有所分
> 隔。雖然這兩種母親都有可能感受到與兒子或女兒是一體的，也
> 是連續的。但是，作為一個擁有女兒的母親，這種感覺會比較強
> 烈些。……她會將女兒視為母親的一個延伸或替身……。〔註37〕

就母女關係而言，《油麻菜籽》儼然成為父權體制下女性與女性之間既親密又
敵對的矛盾銘刻。內化傳統父權思想的母親，內心其實充滿複雜的矛盾性。
她一方面希望女兒不要步自己後塵，要擁有謀生技能；另一方面卻複製父權
社會對女兒的壓制，不由自主地苛待女兒。當女兒說出不補習的原委，母親
曉以事理：

> 沒半撇的查某，將來就要看查埔人吃飯。如果嫁到可靠的，那是伊
> 好命沒話講，要是嫁個沒責沒任的，看你將來要吃沙啊……

母親似乎傾力栽培女兒獨當一面之技能，然而，面對女兒自我實現，以及自
主性的展現時，她又予以貶抑。

　　《油麻菜籽》從文本的女兒聲音的主要敘事裏，到影像上改編成母親衝
突性的三把剪刀，在母親作如此激情的演出時，女兒總是沈默以對，壓抑自
我的聲音，小時候父母失和，第一場母親與父親爭執的場面，以和式的木門
作為另一個景框，將爭執的父母與兩個稚齡的小孩區隔在不同的空間裏，將
爭執場面以畫外音，父母的粗暴動作及小孩的觀看凝視交叉攝影，另一場父
母的失和場面，母親剪破父親的西裝，女兒總是以一種沈默的凝視來作為回
應，鏡頭是略呈仰角的拍攝角度，顯示著小孩的主觀鏡頭，然後鏡頭來回在
父母的爭執場面與女兒的旁觀凝視之間，這是女兒在小時候對於性別關係以
及女性弱勢角色所學習到的第一課。當母親因為受到丈夫的家庭暴力，要回
娘家哭訴，而將二個稚子送到隔壁鄰居家中時，兒子已經先進入鄰居家了，

〔註37〕Nancy Chosorow, *The Reproduction of Mothering: Psychoanalysis and the Sociology of Gender*. Berkeley：U of California P, 1987, p109.

而女兒則一直凝視著母親離去的身影，依依不捨，深怕被母親遺棄，再也見不到母親，此時導演以鏡頭來建搭起母女之間親密的情感連繫。接著女兒稍大，母親指導她理家，作家事，此時鏡頭是平行地，以類似小津安二郎的榻榻米的攝影機角度，母女面對面地對坐著，女兒幫母親在繞毛線，母親將女性需要學習教養的內務家事技巧，教導給下一代，此種攝影機角度無疑地在傳遞著母女之間傳承意涵，似乎將女兒當作自己主體的延伸，將閨中的密語借由母親與女兒代代相傳，而彼此之間更纏繞著類似毛線般剪不斷理還亂的血緣情感。

當女兒長成少女時，有一次母親因為跟會被倒會了，家裏沒有餘錢可以作為生產所用，女兒將自己僅有的一點積蓄拿出來，母親則是怨天尤人，怒罵著父親，將要臨盆生產的母親蹲踞在幽暗的水泥地，撿拾著存錢筒所掉出來的一角、五角，鏡頭先是以略呈俯角的角度拍攝母親為錢折腰的身影，低暗的光線，以及暗影紛呈的臉部打光，說明著一位傳統婦女的卑微，此時攝影機向上一拉，拍攝到身著全白衣服的女兒，她凝視著蹲在地上撿錢的母親，在這樣的凝視裏，女兒更深切的感知到女性因為生產所帶來的脆弱，女人地位的卑下，生活的粗礪面與苦難，在這場景裏，女兒回頭探向巷口時，發現父親正拉著腳踏車，也正在看著母親，當女兒凝視著父親時，父親轉身騎著腳踏車，消失在夜色裏，這個場景是相當富於隱喻式的，正說明著在工商社會裏，中下階層的勞工家庭，母親與長女在家裏為著經濟而焦頭爛額，在家中坐困愁城，父親卻往往是無能為力，同時也經常性地缺席。根據佛洛伊德的理論，女童發展到伊底帕斯時期時，將不可避免地會將愛戀的對象由母親轉移到父親身上。邱氏對此則持相反看法，她認為女童自始至終並未放棄或壓抑對母親的愛戀。她只是在愛戀母親的同時，再加上對父親的愛戀而已；「誠如我們所見，女孩並非斷然地把對母親的愛戀轉移到父親身上；她只是把父親也加入對她息息相關的主要客體當中罷了」〔註38〕因此女兒的凝視在於她尚未形成自我主體性，她凝視著父親，原本應該擁有象徵權力的父親，在經濟壓力下，彷彿是被象徵去勢的失敗者，而凝視著母親，被剝奪象徵權力的母親，則淪為更加弱勢，阿惠則從中學習形塑出自我主體性。

當阿惠考上高中時，父親喜形於色，得意洋洋，認為孩子裏只有阿惠最

〔註38〕Nancy Chosorow, *The Reproduction of Mothering: Psychoanalysis and the Sociology of Gender*. Berkeley：U of California P, 1987, p167.

像他，他想教阿惠讀英文，並將自己的私房錢拿來慶祝女兒考上高中，請女兒吃小吃，在被老婆搜查私房錢時，女兒凝視著父親，彷彿在交換著親密的祕密，待女兒上高中時，雖然父親已離家前往菲律賓工作，然而透過信件所傳遞的文字卻充滿著溫馨與溫情。母親所象徵著是犧牲奉獻，弱勢而情緒化，而父親則是象徵著社會化，獨立自主的力量，母親與父親各自形成不同的拉鋸力量影響著阿惠的成長，亦影響著阿惠主體性的成形。在這部影片裏，母親是父權的幫兇，父親反而較能欣賞女兒阿惠在學業等社會上的表現，故有學者亦以伊底帕斯情結來詮釋阿惠與父親之間的關係，然而女性從與母親共生式的愛戀情感之中，為何終究會朝異性戀發展，邱德洛認為女童需要在她最初的愛戀對象（即母親）之外，為自己尋找某種程度的自主性（autonomy）。就這點而言，邱氏與大部份的佛洛依德學派看法不同，她不認為女童選擇依戀父親是為了補償某種「匱缺」（lack）。事實上，邱氏為女童自始至終都是把母親想像成豐盛與全能的，而非有所欠缺的。即便是後來她經由學習發現到父權體制下，女性／母親其實相對地呈現無力感，她仍抱持這種假想。

　　當女兒高中時，受到男孩的追求，一疊疊的情書被母親搜查出來，並以剪刀作為懲罰，將女兒的頭髮剪去，鏡頭裏女兒啜泣著坐在椅子上，母親則站著拿著剪刀，象徵著執法的威權角色，然後鏡頭再俯角攝影著紛紛落下的髮絲，女兒無法去抵抗母親的威嚴，以及母親的法則，依照佛洛依德的理論，頭髮對女性而言常象徵著性慾望，母親要剪去阿惠的頭髮，理由是要女兒專心課業，不可談戀愛作出逾矩之事，事實上這已經暗指母親以道德法則為由，為女兒的情感行為加以管教與責罰。因此，在此母親亦象徵著父權之法則，壓抑著女性的情慾，要女兒進入象徵秩序，作個循規蹈矩，符合道德律法的乖女兒。在這段劇情裏，以父親溫情的畫外音，獨白著家書的內容，透露著對女兒的關愛，接著是女兒阿惠在自主婚戀與母親的威權責難裏開展劇情，在此隱喻式的關係鋪陳裏，缺席的父親彷若是象徵著脫離母親掌控的自主個體，而自己與母親則仍深陷在性別與婚戀的牢籠裏。在邱德洛理論中，父親介入女童與母親之間共生式的愛戀關係，對女童而言象徵了「自由」。她能因此脫離對母親的依賴與避免與母親合併為一體（merging）。〔註39〕因此，我們可以總括地說，女童對母親的態度是充滿矛盾的；她在情感上既與母親緊密

〔註39〕Nancy Chosorow, *The Reproduction of Mothering: Psychoanalysis and the Sociology of Gender*. Berkeley：U of California P, 1987, p121.

依存，卻同時又「要求獨立」。這種矛盾複雜的情緒，伴隨著女童成長中的分離與個人化過程（separation and individuation）。對她而言，這種情緒既有得也有失；她雖然渴望獨立，但是，愈來愈多的自主性便代表著必須逐漸放棄原先與母親之間共生式的聯繫關係。因此，女童的自我疆界（ego boundary）便不易與母親的自我疆界劃分清楚，她也因為這種矛盾情緒而不時擺盪在「完全排斥母親」（因為母親代表了自己幼稚的依賴性）與「強烈依戀母親」兩種極端的情感之中。〔註40〕

　　當女兒長大成人，已是社會獨當一面的職業婦女，她又遇到初戀情人，並且再度陷入熱戀，此時，母親依舊對於她的情感異常地反對，女兒又陷在與母親共生的愛戀情感，或者是獨立自主另覓自己的天空兩難的抉擇裏，在一次女兒夜歸的衝突裏，母親又拿起剪刀將桌上的花朵全給剪爛，以象徵著她內心憤怒的情緒，母親此時仍想控制女兒，仍要女兒作個聽話的好女孩，並時時以自己的婚姻經驗，來作為對照，尤其姓李的三個兒子不得不相繼離家他住，沒有一個留下來承歡膝下，對她而言，實在是個很諷刺的結局，而且母親在自己婚姻失敗後，有別於年輕時對「歸宿」的憧憬與看法，所以面對於女兒的婚姻時，也就起了偏見。她常常以與丈夫的水火不容來警告阿惠，此時鏡頭是母女共臥在床上，母親諄諄告誡：

> 不結婚未定卡幸福，查某囡仔是油麻菜籽命，嫁到歹尪，一世人未出脫，像媽媽就是這樣，像你此時，每日穿得水水的去上班，也無免去款待什麼人，有什麼不好？何必要結婚？

〔註40〕Nancy Chosorow, *The Reproduction of Mothering: Psychoanalysis and the Sociology of Gender*. Berkeley：U of California P, 1987, p138. 針對邱德洛理論中所談到的母女間自我疆界不明，分隔不清的問題，有多位女性主義理論家提出質疑。她們懷疑這種流動的（fluid）或是可調整的（flexible）自我疆界，對女性而言究竟是利還是弊？珍・芙雷絲（Jane Flax）的主論就與邱德洛不同，她認為女性應該保有界定清楚而非含混不明的自我。芙雷絲堅信女性倘若只是成為母親自我的延續，而無法與母親作出區隔（differentiate），勢必會威脅並阻礙到她個別自我的發展（Flax23）。她呼籲女性不要陷入某些女性作家（如 Carol Gilligan）的主張，她們經常將所謂的女性自我（feminine self）定義為傾向融合（fused）或社會化的（social）自我，刻意強調女性助人利他與犧牲奉獻的精神，而忽略或壓抑了女性較具野心，競爭力與自主性的一面，使得女性經常被導向於滿足他人而非滿足自己的需求。至於母女之間自我疆界含混不明的現象，芙雷絲認為有可能會代代相傳下去，女兒因為無法消解對母親的憤怒，也無法與母親完全區隔，極有可能會將這種關係複製到她與自己的女兒身上。

影片裏，當阿惠下定決心要結婚時，影像的畫外音是一聲催促一聲的電話鈴聲（暗示可能是阿惠的男友打來），而阿惠走出來，面對著母親，此時母親正站在椅子上插香，當她聽見阿惠說：「我決定嫁給沈立偉」，她的神情一下子落寞不少，鏡頭突然插進一個回溯（flash back）片段，場景是母親的娘家，父母親第一次的見面，昏黃的低調的光線斜射進門庭，母親身著一身紅旗袍，端著茶進入門庭，外祖父端坐在廳堂裏，而母親略抬頭看了一眼年少不知所措的父親，就這樣在外祖父的決定下註定了一輩子的婚約，此時這插入的回溯片斷，像是腦海裏一幀幀泛黃的相片，沒有任何的聲效，只有一幅幅回憶初識場景的影像，大宅院裏昏黃的光線，使得這個回憶的片段是如此地遙遠又模糊，卻勾起母親一生所有的情感所託。當女兒要出嫁時，母親也立即回溯起自己昔日當初嫁娘，以及初遇父親的時刻，母親不斷地將自己的生命經驗與女兒的相比較，同時也將自己的生命經驗銘刻在女兒的成長記憶裏，當最後一幕女兒身著白紗，母親幾乎是彎腰俯倒在地拽起白紗時，女兒的姿態是充滿著光明而自信地奔向未來，母親的情緒則是五味雜陳，最後母女相擁的場面調度，是母親坐在椅子上，而女兒則是跪在地上，哭倒在母親的懷抱裏，象徵著母女以愛來化解一切的衝突，而母親再有不是，仍然是高堂白髮，含辛茹苦一輩子的母親，女兒在出嫁前依然要跪別，感謝母恩的浩蕩。

　　至於《霞飛之家》的母女關係，在於繼母與前妻所生的女兒正芳之間的關係，在小說文本裏意欲以兩個世代的女性對情感處理的不同，作為傳統女性與新世代女性的對照，但是在這樣傳統／現代的對照裏，桂美並非完全沒有主體性，她以一種委婉的方式引導丈夫一起出國付出勞力，一起回到台灣為餐廳奮鬥，這個母親是周旋於三個前妻小孩與兩個自己小孩，再加上個嗜賭的丈夫，雖然內心有所不甘，但是桂美仍然沒有離家的勇氣，依然是咬緊牙關支撐著家的成長。所以正芳選擇離棄婚姻，負擔起餐廳的經營，作個自主自在的女人，遂與桂美形成個對比，母親在此依然象徵女性對父權體制的屈服與妥協。

　　在電影影像裏，則由楊惠姍飾演這個令人讚佩的母親，隨著電影情節的敘述，她的身形也更加地碩大，這在前述章節已有討論，此處不再贅述。這個任勞任怨的母親形象，豐沛富饒的身體則是被擁抱歌頌的。但為著贏得賢妻良母的光環與讚頌，桂美的一生是得付出相當的代價。在父權文化對女性形象的界定下，女性被劃分為天使與淫婦兩種典型的類型，在作家筆下女性

成為二元化的象徵符號，在文本裏，男性是主體，女性成為象徵的符號，代表父權文化中男性所追求的特質。女性形象的分裂，代表男性內心的衝突，在父權文化的架構中，精神和肉體的二元對立，映照在女性客體的塑造上，一是下意識畏懼的對象，一是理想的投射，故女性在男性的想像裏，不是天使就是魔鬼的原型，若非神聖（woman-as-saint），就是邪惡（woman-as-sinner）。天使和淫婦代表父權二元思維中，肉體／精神，聖潔／情欲的對立，在靈肉分裂的思維中，將女性非人化，成為客體。

在《我這樣過了一生》中，楊惠姍所飾的這個豐碩身體的大地之母，所呼應的即是在父權制下，二元文化對立的家庭天使形象，然而對《我這樣過了一生》做一個意識形態的解讀，將桂美視為一個服務主流價值的母性角色，雖然可算是一種批判性的閱讀，但桂美可提供的解析空間並不止於此。桂美面對強勢的主流價值一直採取著協商，而不是完全妥協的態度。如此的立場表現在她處理正芳懷孕的事件上。此點影片與小說文本有相當大的不同，在小說文本裏是侯永年將兒子正興送去學戲，女兒正芳小時候則年紀相當小，還十分愛戀著這位繼母，但是當正芳逐漸成長，等到桂美與侯永年從美國回台灣之後，正芳正值叛逆期，但也只是稍稍以言語頂撞桂美，之後，桂美奮鬥一生，拉拔起五個小孩，正芳才真正認同這位繼母，甚至當大哥正全探望生母時，正芳則已認定繼母才是自己真正的母親。

在影片中，正芳小時候第一次見到這位繼母，就對她充滿著敵意，連忙拉著弟弟，離開這位繼母，正芳小學時，父親想中斷她的學業，讓她到診所作幫傭，身為繼母的桂美則連聲反對，堅持要讓正芳讀書，正芳並不領情，還頂嘴道：「你又不是我的媽媽，不用管我。」後半段的影片劇情，則增添了正芳在叛逆期時，偷食禁果因而懷孕的事件，這個事件突顯了母女關係的轉變，也為影片往後讓正芳承繼餐廳的經營，埋下敘事線的伏筆。在桂美與侯永年開西餐廳的同時，亦是正芳高中開始反叛的時期。當侯看不順眼青春期女兒正芳的種種叛逆行為時，桂美並沒有壓抑正芳許多自主性的行為 —— 穿迷你裙，交男朋友。

桂美在處理正芳懷孕一事，可以看出桂美對主流意識形態的束縛並非完全妥協。正芳未婚懷孕，桂美除了保護正芳免受侯永年羞怒的拳打腳踢，也鎮定地面對男方家長，試圖了解狀況。男方的母親提議在不結婚的狀態下，正芳將孩子生下，他們願做些金錢上的補償。但是桂美拒絕將正芳身體過早

化約成一個生育的載體，鏡頭上她握著正芳的手，陪伴著她進行流產手術，截斷正芳身體過早發展成為「母體」的危機。換言之，雖然桂美自己走上了生育持家，為家庭犧牲奉獻的路，但卻努力讓下一代正芳能有所選擇，不一定要成為「母職的複製體」。桂美努力掙取正芳在母職之外有不一樣選擇的空間，使得正芳，透過她自己身體的經驗，接納了桂美，彼此建立了某種女性情誼。不論文本或是影像裏的母女關係，正呼應著克萊茵所言的三種不同的關係變化，初期正芳無法接納桂美，接著正芳壓抑著自己需要父母關愛的渴望，以離家出走，未婚懷孕等叛逆手段來達成自己需要關注的心理渴望，最後她繼承桂美的餐廳，並且認同桂美為自己的母親。但有些諷刺也相當無奈的是，桂美努力為正芳協商爭取得來的選擇空間，正芳最後決定用來「犧牲奉獻」——放棄原來出國進修的計畫，留下來幫忙經營桂美的餐廳「霞飛之家」。從女性主義的觀點而言，正芳似乎走上了與桂美相似的路，亦是為了「家」犧牲自我，但正芳是「選擇」了這條路。這種自主性的選擇就是女性一直在爭取的主體性。

桂美之所以持續地協商，因她接納著傳統及婚姻所「應該」給予的保障。但當她發現侯永年外遇，也就不得不正視那保障的單薄。她毅然出走，拋夫棄子，到工廠做女工。她是在得知正芳的離家，才又回家。桂美清楚地認識她的協商常是無奈的；在《我》後面一段戲，她用蒼老的聲音感歎：

> 丈夫有女人，比賭錢還叫人寒心。可是你也只有兩種選擇，離開他
> 或者原諒他。我覺得兩個都不好。可是總是要選擇一樣。

影片中可看到桂美也在作選擇，只是她能選擇的路有限，而且處處充滿著妥協。對台灣女性而言生活勞累、丈夫的外遇、孩子的生育等等母職，長期壓抑著女性自主的聲音，任勞任怨的結果，往往是在母性身體留下創傷。在影像的詮釋裏，女性疾病常隱喻著感情的壓抑，如精神分裂症；或宣示著愛情的不可得，如白血症或各式絕症。影像上的桂美最後年老時，虛弱蒼老的身體，蜷曲在病床上，這影像上女性的身體不是愛情的象徵，而是大地之母式的孕育者時，她所罹患的疾病正是她孕育下一代的器官——子宮癌。一個母性圓融的身體是那麼的親切，楊惠姍增胖二十公斤是那麼的「壯觀」，以致於女性協商所相隨的侵噬，是那麼的容易被忽視。一個女人盡過「天職」，將子女家族孕育，使其茁壯，似乎便可鞠躬盡瘁，讓另一女人接棒。女人為著父權意識形態所遭受到的辛酸委屈與所付出的代價，大概也只有另一個女人才

能體會。影片最後呈現柔焦鏡頭，以中景拍攝母女之間情感的相知，年輕的正芳象徵性地握住垂老桂美的手，接受她人生遺言的託付。正芳手裏所握住的是桂美大陸親友的照片，而背景音樂則是抒情懷舊的旋律，最後這一幕似乎在隱喻著外省族群依然將對岸親友的聯繫，延續給在台灣的下一代，而這是一種雖然不同家族血緣，在母性包容、相知相惜的情感交融下，能有共同的認同。

　　母女之間複雜的愛意與厭惡，或許從護女心切的母親角度而言，用父權社會的價值體系為女兒構築她們認定平順的人生藍圖，才是一個完滿的幸福人生，然而強調獨立自主的女兒則往往不願領情。邱貴芬教授分析這種現象如下：

> 就社會文化層次而言，台灣女性小說中女兒對母親欲解還牢的情結或許反映了女作家面對台灣轉型社會結構時，面對傳統與現代衝突的婦女形象所流露的一種迷惘及不知是從的焦慮。身處現代社會的女作家顯然在女權思想的衝激下，意識到母親象徵的傳統婦女形象已不足成為現代女性的楷模。拒絕母親和她的故事意即抗拒父權社會所規劃的婦女傳統。但是，另一方面，現代女兒卻又發現現代與傳統之間的臍帶並非那麼容易斬斷。千古以來重覆上演的母親的故事仍然悄悄切入自己的故事，顛覆它的原意。擺脫父權價值體系的傳統，仍有好長一段路要走！〔註41〕

拒絕母親的故事，這象徵「女性自覺」和「客觀條件」的矛盾，這樣的無力感，在某一種程度也許正是七○～八○年代台灣經濟轉型中女性角色的一種現實。然而，在八○年代台灣兩個母女的敘事裏，女兒雖然也拒絕母親上一代的價值觀，不再只是犧牲奉獻，沒有自我的主體性，但最後的鏡頭都是母女合解相擁，互相諒解，延續母女親情。

　　在《油麻菜籽》的文本裏，母親總是以自己的經驗來教養女兒，將女兒視為自己延伸出去的客體，所以當女兒要自主地決定自己的婚姻時，母親以自己失敗的婚姻殷殷勸阻女兒，並以「好歹總是你的命，你自己選的呀」來賦予女兒自己的命運決定權。在影片裏，女兒是沈默無語的，在鏡頭底下，為了符合小說文本敘事者的觀點，影片鏡頭屢屢以女兒的凝視，來連結她所

〔註41〕邱貴芬，〈當代台灣女性小說裏的孤女現象〉，《仲介台灣.女人》，台北：元尊文化，1997 年，頁 110。

處的不平等性別結構與觀眾視點。而在《我這樣過了一生》電影文本裏，則為了楊惠姍女明星所能製造的商業票房，完全以一個大地之母的形象，作為敘事主體，而將小說文本裏的正芳塑造為陪襯的配角，母女之間的關係則由原先的對立，到最後合解，並象徵性地表達母女傳承系譜，這兩部小說與影片可謂豐富了台灣母女論述的文化。

第二節　《殺夫》父權經濟及性議題

（一）《殺夫》的讀者反應與詮釋

　　李昂一向是以她的性別敘事與性別政治作為小說突出的主軸，以性作為男女性別權力的隱喻，形成台灣相當獨特的性別政治的敘事風格，從早期代表作品《花季》開始，李昂的作品就備受爭議，相關的論述相當多。〔註42〕針對這位文壇女作家所書寫的女性情慾、女性性意識的啟蒙，八○年代時多數評論仍本於善良風俗的角度針砭這類情慾書寫，甚至以書寫情慾層面就相對地抵消作品的深度與嚴肅性來否定李昂的作品。一九八三年李昂再度出擊，以《殺夫》獲《聯合報》中篇小說首獎，更是引發文壇的注目與嘩然，同年十一月《文壇》的六篇文章，皆是針對《殺夫》得獎引發的爭議。古添洪〈讀李昂的「殺夫」－譎詭、對等、與婦女問題〉，從小說的譎詭感、結構對立與婦女問題三方面來探討《殺夫》，並指出「飢餓」在小說中的象徵意義，有其獨到見解。而吳錦發一九八三年發表的〈略論李昂小說中的性反抗〉一文，系統地探討李昂小說中的主題意識，吳指出李昂的「性描寫」其實是一種對社會的反抗，此文不但有精闢的推論，亦給後來研究者不小的影響。

　　在學位論文方面，有洪珊慧、顏利真的碩士論文，針對李昂作品的專論研

〔註42〕在一九七五年五月《文藝月刊》71 期，「大家談 關於李昂的『成人作品』」收錄六篇文章，因多囿於當時保守衛道的風氣影響，主要批評可歸納為兩部份，一、〈昨夜〉、〈莫春〉兩篇小說對於性愛的描寫太過煽情，缺乏哲學架構的思考，可謂為「成人小說」。二、針對作者的未婚身份：一個二十幾歲、尚未結婚、剛大學畢業的女孩子，居然會大膽寫出連結婚的男人看了都要為之心神震撼的小說，令人驚訝。一九八四年五月《文學界》第十期的「李昂專輯」，其中收錄有葉石濤、康原、吳錦發等人參與「李昂作品討論會」的文字記錄，及李昂〈我的創作觀〉、康原〈小說中的象徵義 小論李昂的《殺夫》〉等文，為較全面且嚴肅地針對李昂小說精神的討論。請參考洪珊慧，《李昂小說研究》，新竹：清華大學國文所碩士論文，1998 年。

究，舉凡李昂小說所觸及的重要性別議題，及其寫作的動機與背景皆有所闡發。另外，許多研究女性作家的學位論文裏多將李昂視爲重要的台灣女性作家之一，皆會以專章論及李昂〔註43〕。綜觀這些學位論文，或以「性問題」揭示女性被壓迫的角度，延續吳錦發〈略論李昂小說中的性反抗〉一文的看法加以擴大。或者以「鄉土」、「兩性」兩主題概論李昂小說，將以鹿港爲背景的小說當作是鄉土敘事的延伸，而以《殺夫》及《北港香爐人人插》等作品視爲性別政治的小說。而一般著述部份，一九八九年賀安慰著《台灣當代短篇小說中的女性描寫》第五章論及「台灣當代短篇小說中的女性性問題」特別以一節處理「李昂小說中的性反抗」，分析李昂一九七三至一九八四年的短篇小說《愛情試驗》及《她們的眼淚》。作者以「性反抗」一詞闡釋李昂小說，但因範圍只限制於短篇小說，對於李昂中長篇小說並沒有分析，殊爲可惜。

在一九九六年，文史哲出版社出版李仕芬著《愛情與婚姻：台灣當代女作家小說研究》，論述對象包括施淑青，廖輝英、袁瓊瓊、李昂、蕭颯、蘇偉貞等六位女作家；從愛情，婚姻，性，外遇及自我等分類來探討女作家的關懷面。在「女性與性」一章論及李昂作品。值得一提的是，此書在「女性身份對六位女作家創作的影響」中，論及女作家的女性意識對於創作的影響時，對李昂女性自覺意識有所整理分析。在文學界《殺夫》所引發各類向度的詮釋以及爭論，直到90年代中國女性文學會議的學術會議，才出現更多貼近性別與女性主義的詮釋，包括林秀玲等人的論文。從80年代到90年代究竟台灣社會是如何看待《殺夫》這本小說，實在是個令人覺得頗具玩味的話題。

一九八三年的《殺夫》自出版以來即備受爭議，其中關於性與飢餓，性與權力，展演出相當具戲劇性的情節發展。李昂將女性的身體及情欲作爲寫作文本，並非要突顯開放的性觀念或是倡導性解放，而是將「性」的議題置

〔註43〕例如，吳婉茹的《八十年代台灣女作家小說中女性意識之研究》，是一九九四年一月淡江大學中文所碩士論文，她在第五章「七位女作家在作品中所展現的女性意識」裏，以一節「李昂從「性問題」揭示女性所受的壓迫」（158～163）來論李昂小說的女性意識表現；另外，江寶釵的《論〈現代文學〉女性小說家——從一個女性經驗的觀點出發》，是一九九四年六月師大中文所博士論文，則從「女性經驗的觀點」出發，探討《現代文學》時期出現的女性小說家於梨華，叢甦，陳若曦，歐陽子，施淑青，李昂等六人。對作家的生長環境，性格特質及作品主題都有一概括性論述。至於李玉馨所著《當代台灣女性小說七家論》是一九九五年元月台大中文所碩士論文，在論及「七家」之一的李昂這部份時，以「鄉土女性世界」及「兩性之戰」兩類概分李昂作品。

入歷史文化的脈絡裏，呈現女性的「性」如何被社會文化所建構，在社會眼光裏，女人的「性」如何被放大、被檢視、被窺探，以及被壓抑。李昂小說的「性」象徵女性在社會結構與歷史文化中其主體性如何被男性權力所壓抑與控制，李昂自我論述她早期受到佛洛伊德，存在主義及西方現代主義思潮很大的影響。喜歡卡繆，著迷齊克果，以及孟祥森翻譯的一大批存在主義的作品。又如法國女作家瑪格麗特・杜莉《如歌的行板》，以愛、性、疲倦與死亡爲最主要的課題對她也很有啓發。〔註44〕從青春少女時期，李昂的創作就與性及禁忌結下不解之緣。一九六八年十七歲的李昂發表〈花季〉，寫一個蹺課的高中女生及一名年老而猥瑣的花匠不期而遇，並且同行作了一段冬日花園之旅。全篇行文簡素而樸拙，卻在在充滿意淫象徵。學者施淑曾指出青少年期的作家困於教育，社會環境的壓力，以及體內迸發的青春躁動，於是從文字想像找到發洩的出口。〔註45〕而性成爲她認識成長探觸成人世界的重要符號。李昂自己似乎也頗同意這一佛洛伊德式的說法。〔註46〕性乃人之大欲，可以看做物種繁殖，亦可作爲情感的愉悅出口，並且性可上溯到兩性之間建立互動關係的原始力量。但傅柯明白地論述：在任何文明建構裏，性也必須視爲一種實踐社會形態的「技術」；它生理的，私密的訴求總已經受限於文化的，公眾的制約。〔註47〕性一方面成爲人類情感渲洩的出口，但另一方面性又背負著層層道德的枷鎖，李昂的創作在操作「性」這個議題時，往往要批判著性與道德間弔詭的共存關係，並遊走在社會衛道批判的罅隙間。此外，李昂亦以鄉土地域語彙形塑其小說的空間語境，小城雜沓的歷史跫音，古老陰冷的舊宅，民間鬼魅的傳說等等形成小城女性的心理風景，以及居民集體潛意識，使得聳人聽聞的「性」，不再只是兩性關係，更延伸至鄉土語境裏集體的意識箝制與壓迫。

在〈轉折〉與「情書」系列寫作過程間，出現備受爭議的《殺夫》。這本小說讓李昂廣博美名或罵名，性與道德的美學爭辯遂浮上檯面。《殺夫》的故

〔註44〕林依潔，〈叛逆與救贖：李昂歸來的訊息〉，《她們的眼淚》，台北：洪範，1984年，頁208、209、215。

〔註45〕施淑，〈文字迷宮 —— 評李昂《花季》〉，《兩岸文學論集》，台北：新地，1997年，頁190～206。

〔註46〕林依潔，〈叛逆與救贖：李昂歸來的訊息〉，《她們的眼淚》，台北：洪範，1984年，頁210～211。

〔註47〕傅柯（Michel Foucault）著，謝石譯，《性史》，台北：結構群文化，1990年。

事主要在講述弱女子林市被安排嫁給屠戶陳江水，陳對合法的老婆床上需索無度，床下打罵有加。八〇年代的《殺夫》白描合法婚約所默許的性暴力，還有女性自衛的殺夫實踐。其爭議點是在那裏？是寫得太過色情？還是由小女生來寫色情不妥？還是因爲李昂未婚的身份，所以使小說備受爭議？

在八〇年代李昂的這篇小說《殺夫》可說觸及到幾個面向：在主題建構上，性的議題究竟是女性情欲張顯？女性主體的建構？亦或是種人道的立場？張惠娟認爲此篇小說的象徵在於林市「殺夫」，將肉體碎斷爲一塊塊，「可說是代表了對於女性遭受物化的反抗與控訴，將女性分崩離析，飽受切割的自我主體，投射到男性肉體上。」〔註48〕另有論者從人道的觀點來批評，女性的殺夫並非只是犯罪的行爲，而是爲自己生存所奮鬥，也是伸張自我的人權。〔註49〕呂正惠則指出《殺夫》是失敗之作，他認爲《殺夫》是一部明顯的主觀小說，缺乏具體的人間性，使人物內涵被抽離掏空，只成爲扁平化的人物，充滿空洞的象徵性。〔註50〕在讀者反應的層面，讀者不僅關切這篇小說的性議題，由此延伸而來的是關切小說作者的身份，一位年輕且未婚女性爲何寫出如此暴力、血腥、恐怖的性虐待場景，這是觸及社會道德的性禁忌，對於女作家身份的性別角色期待有所差異，女性書寫應是軟調文類，優美文詞和清雅細膩的文風，然而李昂不論是在文字上或性別議題上都呈現出某種犀利尖銳的風格，她個人亦將此篇小說定位爲女性主義的小說，《殺夫》的創作，與她當時正在閱讀並思考的「女性主義」有關：

> 最近兩年來，我的確認眞的思索過作爲一個女作家的種種，包括女性本身的特質，女性因爲社會觀念不同的對待產生的差異，女性在人類文化中扮演的角色，女性作家的女性意識，女性作家當今最重大的文化使命，對人類文化可以有的貢獻等問題。

> 這種女性主義的論點，使得有些人誤解我只是在宣揚一種所謂「女性主義文學」，也即是說，探討的只限於女性的受壓迫，在傳統社會

〔註48〕張惠娟，〈直道相思了無益——當代台灣小說的覺醒與徬徨〉，收於鄭明娳主編，《當代台灣女性文學論》，台北：時報文化出版，1993 年，頁 55。

〔註49〕吳錦發從文學的象徵意義來看：「他不是殺一個人，而是殺一個觀念，不人道的觀念。」，收錄於〈李昂作品討論會〉，《文學界》，第 10 集，1984 年 5 月，頁 29。

〔註50〕呂正惠，〈性與現代社會——李昂小說中的「性主題」〉，《小說與社會》，台北：聯經出版公司，1988 年，頁 164～165。

　　中不公允的對待，女性的反抗等等。我不否認上述這些主題深讓我
　　感到興趣，也不否認我的作品可能觸及這些命題。……我要強調，
　　女性主義文學並非只探討「女性」而不探討「人性」。〔註51〕

　　《殺夫》中清楚傳達了女性主義意識，並由女性的議題擴展於人性的面向，小說以殺夫的行動傳遞女性意識的覺醒，並批判傳統父權社會文化對女性的操控。除了在主題議題及作家創作美學觀之外，傳統社會對於女性的壓制伴隨著台灣經濟文化變遷而有所轉變，我們可以連結到當時台灣社會的文化脈絡，《殺夫》在一九八三年發表，台灣的社會、經濟、政治形態從一九七○年代以來就漸漸從威權體制內鬆綁，政治上的民主化運動隨著美麗島事件的爆發，民主思維及本土思潮日益深化，在經濟上台灣則是進入資本消費文化的時代，大眾文化工業主宰著市場品味，消費型的文化工業日漸茁壯。一九八二年第一期的《婦女新知》清楚標識台灣接受女性主義，以及舶來品女性主義開始本土化的深耕的開始。朱秀娟於一九八四年所出版的小說《女強人》造成轟動的話題，反映當時社會對於女性角色的性別期待似乎開始有某個論述空間，能接納少數女性跨入公共領域，躋身管理階層，也見證台灣自七○年代以來新女性主義的傳播逐漸萌生中。八○年代中後期台灣流行消費文學大行其道，文學場域發生較大的變化，消費型的文化景觀牽涉到消費型態、消費階層、消費品味，而這些種種皆影響到《殺夫》的接受與傳播。

　　《殺夫》這篇小說，從一開始登場時，以性議題及驚悚的殺人場景引發讀者的爭議，這篇小說在一九八三年能夠引發讀者廣泛閱讀討論，以及學者的積極詮釋，與當時台灣在政治文化上從威權體制漸漸轉型，讀者消費品味趨向文化工業，以及社會意識型態已聽見女性主義者的聲音，皆有所關連，而李昂由「性」的課題出發，所延伸出的由創作者、讀者、出版消費市場，以及社會意識型態引發的種種討論，遂成為《殺夫》在台灣女性小說與讀者互動接受，及閱讀版圖上相當具吸引力的話題。王德威認為《殺夫》透露了傳統社會對於女性身體，法律，及經濟地位的操控。而且到九○年在性的演述言說層面，李昂已扮演一個極其複雜的角色。隨著種種文化及象徵資本的快速交易取予，他以為李昂性文字上的語不驚人死不休不只透露巫者（shaman）的玄機，也沾染了秀者（showman）的算計。他認為：

────────────
〔註51〕李昂，〈我的創作觀〉，《文學界》，第10集，頁35～36。

在這樣一個誇張訊息播散高潮化（或射精 dissemination）及身體奇觀化（spectaclization）的後現代時空裏，誰又不串演多重人格的戲碼？我所注意到的是，透過她寫作策略的逐漸改變，我們得見一位以現代主義起家的作者，如何已加入後現代機器的運作。我們與其把焦點放在她寫了什麼性真理或性道德上，還不如更放在她的精心製作如何被播散、談論、消費上。

也正因為，李昂現象仍能教育我們性（與道德）的想像、實踐，及傳述功能，是如此複雜變化，而且早已滲入床第之外的每個生活角落。〔註52〕

由此可知李昂的作品另一個可供玩味與解讀的面向：讀者如何閱讀、如何消費、如何談論，以及李昂的作品如何被散播，在七〇年代以衛道保守的觀點批判李昂小說中的性描寫，在八〇年代則開始以性議題及女性意識，突顯女性反抗壓迫的「反抗小說」作為李昂《殺夫》主題詮釋，到了九〇年代，論者多從性別政治、女性主義，以及消費文化裏「性」所象徵的身體奇觀化，以達成訊息高度散佈的傳播效能。事實上，在一九八四年曾壯祥拍攝李昂的《殺夫》的電影文本，或許可作為台灣傳播及消費文化工業此一觀察面向的起點。

（二）從驚悚的女性書寫到低調的場面調度

李昂一九八三年《聯合報》中篇小說首獎的作品《殺夫》，其描繪男女的權力關係，並揭露兩性權力與經濟之間共謀的本質。此部小說在消費市場所造成的話題性，形成傳播媒介裏相當重要的象徵資本，電影公司亦著眼於此部小說的爭議性與話題性，改編拍成影像時，不僅是小說本身，連同影視報導、讀者閱讀反應皆形成環繞於此部電影的互文文本。在一九八四年曾壯祥的影像文本裏，他不僅深入刻劃兩性之間權力的傾軋，同時也力求呈現小說裏的鄉土語境與社會氛圍，並刻意著墨於父權文化壓迫女性的意識形態，透過粗礪的鏡頭，女主角的壓抑隱忍，場景的陰霾森冷，所造成的視覺不快，藉以引發觀眾的觀影反思。

李昂的創作除了受到現代主義文學的啟蒙與影響之外，故鄉鹿港這個古

〔註52〕王德威，〈性‧醜聞與美學政治——李昂論〉，收於氏著，《跨世紀風華：當代小說20家》，台北：麥田出版，2002年，頁196。

老的小城提供了李昂一個心理寫作環境。鹿港「紛雜眾多的夢魘般的宗教」，和「其他邪巫神秘的部份」，誘發了李昂對詭譎奇異氣氛的掌握，使其小說營造詭魅的氣氛格外成功。李昂的鹿港經驗在小說中具像化展演，在一九七三年的「鹿城故事」系列、一九八三年《殺夫》以及一九九○年《迷園》一一落實顯現，這些或以鹿港為背景或以鹿港人事為題材開展而成的作品，明顯看出作家與鹿港的緊密關聯。李昂從這豐富的古城汲取小說背景、人物典型想像等創作養分。可以說，李昂小說中的鹿港經驗是隨著寫作歲月一步步累積，愈來愈扎根顯露在作品內涵上。曾壯祥為了呈顯出小鎮的氣氛，則影像的塑形特別著重在環境的氛圍，以及鄰里的街談巷議，尤其是阿罔官與林市的互動，藉此來刻劃人物心理層次。

　　《殺夫》中的「性」議題的表述，李昂關注的是女性的貞節與情欲如何成為社會建構與文化建制的一環，女性的自我主體如何被置於此一社會文化脈絡中被剝奪與抑制。李昂對「性」的探索極具自覺性意識：

> 李昂也強調，「性」在她小說裏所扮演的角色，不僅是幫助女人開發
> 內心深處的自我；「性」在李昂小說中往往有其社會歷史脈絡。李昂
> 歸納她小說裏的「性」：「我走的不是一個單一的情慾問題，『性』基
> 本上還是會跟社會的脈動有關。」這點恐怕是李昂小說的「性」題
> 材與其他當代流行的「情慾書寫」最大的分野。〔註53〕

影像是如何來處理此性議題，又是如何詮釋此性別政治？影像的整體結構近乎是照著小說的情節鋪展，小說一開始，長期處於飢餓邊緣的女主角林市的母親，貪婪地啃嚼軍服男子給她的白飯糰而遭強暴，已經點出女性在食／性的交換條件下無可逃脫的命運。

> 而作母親的仍持留原先的姿態躺在那裏，褲子退至膝蓋，上身衣服
> 高高拉起，嘴裏仍不停的咀嚼著。直至林市跑向她身邊，作母親的
> 拉住林市的手，才嚎啕大哭起來，斷續的說她餓了，好幾天她只吃
> 一點番薯籤煮豬菜，她從沒有吃飽。〔註54〕

影片的一開始亦是回溯林市母親的遭遇，影像以黑白影片拍攝，象徵一段年代久遠的回憶，鏡頭裏夜色昏暗，中景出現一個小女孩，然後鏡頭從小女孩

〔註53〕邱貴芬，〈李昂〉，《不（同）國女人聒噪——訪談當女作家》，頁93，台北：
　　　　元尊文化，1998年。
〔註54〕李昂，《殺夫》，台北：聯經，1983年，頁77。

的目光橫移（pan）至一座破敗的宗祠，在宗祠內她目睹母親爲了得到食物，被日籍士兵性侵害，母親凌亂襤褸的衣服，狼吞著一個飯團，全然不顧日籍士兵對她身體的侵犯。小女孩驚慌地跑向村莊，引來村裏的父執輩，宣判宗族家法，以私刑懲罰這對男女，在林市的童年記憶中，母親自行拿刀自戕，鮮血染紅了畫面。這個電影片頭，一個因食物而遭受性侵，而後自殺的母親成爲小女孩記憶裏最鮮明的一幕，埋下了往後林市對身體與性愛的恐懼。畫外音以鑼鼓點增添其陰森恐怖的氣氛，小女孩的凝視裏，將母親／性慾／飢餓作了強烈的連結，此一心靈創痛亦成爲小女孩潛意識裏不斷侵擾她的夢魘。

　　影像在此用剪接的方式，跳躍時空的鏡頭陳述，失去母親的女主角林市在叔叔撫養下成長，鏡頭直接拍攝林市長大後，影像呈現一個蒼白瘦弱的身影，幫忙餵食叔叔小孩及家務，接著叔叔以帶她到宗祠裏上香告祭列祖列宗，隨即林市即被媒婆帶上船，以兩人橫渡河流作爲過場，象徵林市的生命告別原生家庭，走入婚約家庭。李昂寫出舊式社會中，女性被物化的悲慘處境。《殺夫》中的林市，處於被物化的情況中。林市的叔叔把她看作爲交換利益的貨物。「一向伺機要從林市身上有所獲得的叔叔」把她「賣」給殺豬的陳江水當妻子，交換的利益條件被傳是：「殺豬仔陳每十天半月，就得送一斤豬肉。這種現拿現吃，在物資普遍缺乏的其時，遠遠好過其他方式的聘禮，無怪四鄰艷羨的說，林市身上沒幾兩肉，卻能換得整兩的豬肉，眞福氣。」〔註55〕在影像裏，則是以畫外音交待過場，以表述林市就這樣被當作以物易物的方式像「貨物」般下嫁給陳江水。李維史陀（Levi-Strauss）在《野性的思維》一書中指出：女性是父權制度下象徵資產的符號，在父權秩序中處於從屬地位，並非自主的個體，在婚姻中擔任「物品」的角色。〔註56〕李維史陀在《親屬關係的基本結構》一書中，更進一步提出所謂「交換理論」，指出女人在婚姻的層面上，被男性物化的情況尤爲明顯。構成婚姻基礎的相互契約，不是建立在男人與女人之間，而是男人與男人之間，以女人爲媒介，女人僅提供交換的場所。〔註57〕婚姻制度原本是父權社會裏的買賣交易，女

〔註55〕李昂，《殺夫》，台北：聯經，1983 年，頁 83。

〔註56〕李維史陀（Levi-Strauss）著，李幼蒸譯，《野性的思維》（*The Savage Mind*）北京：商務出版社，1969 年，頁 67～68。

〔註57〕茱麗葉・米切爾（Julet Mitchell），〈婦女制：親屬關係與作爲交換的婦女〉，收在張京媛主編的《當代女性主義文學批評》，頁 430～436。

性由父親手中被轉賣給丈夫，受惠者卻是兩個男人彼此社經地位的互抬，以鞏固父系之名與陽性價值。被交易之物（女人）永遠淪為男人的所有物、附屬品，女性深陷於父權制度中，《殺夫》中的林市，就是叔叔與陳江水之間的「交易媒介」，林市的身體就如同牲畜貨品般從一個父權宗族過渡到另一個父權宗族。

影片緊接著鋪陳林市嫁給陳江水的第一晚。房間外是丈夫與朋友像喝酒慶賀，粗魯地喧嚷，不多久，丈夫到房裏欲與她洞房，小說文字是如此呈現：她無法區分他對她做了什麼，只感到他弄疼了她，她只是直覺地感到羞恥，這個經驗的痛楚難抑使得她只有大聲呼叫與呻吟。〔註58〕初夜時，「下肢體的疼痛使林市爬起身來，以手一觸摸，點滴都是鮮紅的血，黑褐的床板上，也有已凝固的圓形深色血塊，血塊旁赫然是尖長的一把明晃晃的長刀……林市爬到遠遠離開刀的一旁再躺下，下肢體的血似乎仍潺潺滴流著，林市怕沾到衣服不敢穿回衣褲，模糊的想到這次真要死掉了」〔註59〕影片的取鏡是以中景拍攝陳江水壓迫林市，畫外音則充斥著林市的呼喊，被蹂躪之後的「林市幾乎昏死過去，陳江水倒十分老練，忙往林市口中灌酒，被嗆著的林市猛醒過來，仍昏昏沈沈，兀自只嚷餓。陳江水到廳裏取來一大塊帶皮帶油的豬肉，往林市嘴裏塞，林市滿滿一嘴嚼吃豬肉，嘰吱吱出聲，肥油還溢出嘴角，串串涎滴到下顎，脖子處，油濕膩膩。」〔註60〕鏡頭特寫在衣著凌亂，披頭散髮的林市臉上，貪婪大口咀嚼著豬肉，以殘暴性行為／豐足的食物，作為對照體，讓觀者震懾於女性在婚姻所受到的屈辱。在婚後林市被物化的情況更為嚴重，她早已喪失「身體」的自主權，甚至於她必須以身體交易食物，不論她的身體或是生存權利皆掌控在丈夫手中。林市是一個提供性愉悅給丈夫的「次等角色」。她成為陳江水的洩慾對象，藉以換到糊口的食物。婚後的性生活可謂是家庭暴力，她的丈夫陳江水不時地要她，成為林市的可怕夢魘。

在女性主義理論中，身體論述占有著重要的中心位置，藉以探討父權體制如何對女性進行性慾、權力和政治監控，而另一方面，女性身體，亦被視為可供開發的主要資源。當代文化研究對於身體的理解，已不再侷限於純粹

〔註58〕李昂，〈我的創作觀〉，《文學界》，第10集，頁110。

〔註59〕同上註，頁110。

〔註60〕同上註，頁84。

的物質／生物學範疇，更擴大而言，身體空間和意識形態、歷史、書寫或文化形構緊密連結。在主流敘事電影中的女性身體則往往受制於父權意識形態，男性有意識或無意識地操縱著電影的生產與接受的過程，創造各種形象來滿足他的需求和無意識的慾望。根據蘿拉・莫薇的分析，觀影經驗是依據兩性間的差異而建立在主動的（男性）觀眾控制被動的（女性）銀幕客體之上。銀幕上對性呈現性感愉悅的敘事世界裏，注視的快感早已被劃分爲主動／男性和被動／女性；女人成爲影像，男人才是注視者。〔註 61〕銀幕的影像與敘事的結合，促使觀眾採取一個以男性的觀影心態及男性的視角爲主。電影透過兩種方式引發觀眾無意識地進入影像的敘事，其一是窺視樂趣（scopophilia），即觀眾是主動的主體，注視著銀幕上被動的客體（女體）而產生觀影快感；另一種則是自戀（narcissism），即觀眾的自我經由與銀幕角色形象結合，而獲得某種自我肯定與心理滿足。這兩種觀影時無意識的作用又個別與幼年的心理滿足形式相對應：即佛洛依德所謂的窺視慾（voyeurism），在觀影經驗的論述則是梅茲的鑰匙孔效果（keyhole effect）。〔註 62〕

此種女性形象或女性身體在主流電影中，不僅被貶抑，甚至被剝削、濫用的情形，在一九七〇年代末至八〇年代亦成爲台灣社會寫實片的女性形象。台灣主流電影在一九七八年十二月拍攝《錯誤的第一步》，以監獄與妓女戶爲主要場景，從此台灣電影社會寫實類型影片當道，此類強調人性暴力與社會失序的影片，發展出賭片、犯罪新聞片、幫派片以及女性復仇片等種種變型。〔註 63〕在社會寫實片中，女性或者成爲復仇者形象，觀影者窺探女性的內心，並不斷重演發現女人內心的原始創傷，及遭受性暴力的陰影；或者女性轉化成爲拜物的對象，展露完美的身材與臉蛋，成爲觀影者慾想的客體。

《殺夫》導演對於影片中女性形象及女性身體的處理，爲了避免上述爲女性主義者所詬病的主流電影語言，及其男性父權的觀影凝視（gaze），電影《殺夫》的鏡頭對於女主角採取相當疏離的形式，以呈現女性受父權的殘害，並且盡力排除男性以性別差異觀點所塑造出的電影語言和觀看模式。電影中另一個陳江水對林市性暴力的場景，是發生在廚房火灶間，這時候陳江水已

〔註 61〕 Laura Mulvey, *Visual &Other Pleasures* , Bloomington :Indiana University Press, 1989, pp14～27.

〔註 62〕 同上。

〔註 63〕 請參考盧非易，《台灣電影：政治、經濟、美學 1949～1994》，台北：遠流，1998 年，頁 231。

經對林市在房事時不願呼叫十分地不滿，對她愈來愈兇殘，所以鏡頭是以略為仰視的角度突顯丈夫的蠻橫、粗暴，陳江水不斷地掌摑林市，要林市像豬一樣地嚎叫，但林市卻是緊咬牙根，悶聲不響，最後鏡頭是俯視被打得遍體鱗傷的林市，她的神情流露出無助與無望的情緒，彷彿已成為個行屍走肉。李昂的《殺夫》對於林市身體各種感官赤裸裸地書寫，對於丈夫性行為的暴力及屠宰場場景寫實且血腥的描繪，亦是想將女性身體視為銘刻社會意義的場所，以及視女性身體為受父權壓抑與剝削的重要象徵。導演為了能夠掌握其李昂女性意識書寫的中心意旨，刻意鋪陳女性在父權家庭結構裏受虐的情形，強調家即是其受虐的刑場，影片色調幾乎從頭至尾都充斥著灰撲撲的陰沈，在家裏的空間是蕭條淒涼，外在的空間則是海邊或小鎮，空曠而淒冷。影像刻畫女主角（夏文汐飾）則為了緊抓原著的精髓，深怕過往商業性的電影語言，將女性裸露身體拍成供觀者偷窺的對象，或者是強暴的場景反而變成觀者意淫的假想對象，所以導演在影像風格上選擇低調，在場景調度上，迴避煽情的表演手法，為了附和文本裏林市受到丈夫虐待以及街坊的嘲諷之後，個性更加畏懼退縮，「整個人像一個風乾蜷曲的蝦姑」〔註64〕，影片裏女主角形象是永遠瘦削倉皇的神情，性暴力的場景只有受虐的低調攝影，以此種冷冽的電影語言來闡述原著相當具批判性的女性主義意涵。

影片將李昂文字裏描寫意識流的夢魘刪節，而以主要情節來鋪陳為何林市非殺夫不可，諸如陳江水對林市肢體的虐待，到最後主宰經濟權與食物權，將櫥櫃鎖起來，讓林市挨餓，斷絕林市的經濟來源，在暴怒之下揮刀砍殺林市所養的小鴨群，對於林市祭拜的行為予以全盤否定，甚至強迫林市到豬灶觀看血淋淋的屠宰場面，到最後林市被強迫懷抱著一堆豬的內臟與腸子時，因極度的戰慄而精神瀕臨崩潰，終至在精神恍惚下照屠夫殺豬的模式殺了丈夫陳江水。在象徵意義上，林市所殺的是一個壓迫女性的殘暴父權體制，李昂這樣的象徵意喻與「沙豬」在文字音義上有著巧妙連結。《殺夫》那段實踐殺夫行動的文本描述，像是林市的一段夢魘，當林市刀刺下去時，整個人的精神狀態是十分地慌惚，而且接連出現在眼前與腦海種種情景，像是意識流的夢境，最先出現在林市腦海的是母親受辱的那一晚，眼前是穿軍服男子的臉，接著是一頭嚎叫掙扎的豬仔，在飛濺的血滴裏，林市一直認為自己在殺一頭豬，彷彿是處在夢境裏。而在影像的處理上，則是林市（夏文汐飾）面

〔註64〕李昂，〈我的創作觀〉，《文學界》，第 10 集，頁 176。

對著鏡頭，神情渙散，拿著一把刀不斷地揮刺，臉上、身上濺灑著鮮血，以稍微慢動作的定格畫面，呈現一幕驚悚的殺夫景象，然而文學文字上夢境般地殺夫，如同殺豬，也隱喻著被父權逼迫至精神崩潰的女主角，在意識模糊裏將一個可憎的沙豬男人給痛宰了。影像上的處理則是客觀冷靜地寫實，呈現出陰霾的夜裏，女主角被逼至絕境，因而舉起屠刀將丈夫殺了，其內心的幻景及夢魘、意識流在這一幕裏全讓導演割捨，只以鏡頭疏離地隔段距離呈現著林市殺夫的決絕。反而在文字文本上，讀者更能體驗到意識流的蒙太奇手法，林市思緒的奔馳跳躍，母親／軍官連結到的性／飢餓，屠刀殺夫彷若殺豬的觸感，腦海中流淌的一幕幕彷彿剪接般的時空場景，成為心理驚悚詭譎的特寫鏡頭。

（三）民俗傳說文化的傳播與再生產

《殺夫》影像的呈現父權社會對女性的種種箝制手段，在政治社會之外，家族空間，小鎮鄉土語境，以及民俗文化與民間傳說，皆形成一個嚴密的父權網絡，家族空間與小鎮鄉土語境，有著來自丈夫與鄰里監視、窺探的眼神，構築成一個傳統婦女社群，以及封閉的家鄉空間。透過婦女間口耳相傳，民間文化與民俗傳說不斷被複製與接收，林市遂將各種民間信仰和迷信思想內化為一種意識型態，此種超自然的信仰意識比起經濟控制和市井口語傳播成為更強大的控制力量，所造成的外在輿論壓力與內化的思想，成為某種精神強迫的觀點滲入到林市的意識底層。卡瓦納（James H. Kavanangh）〈論意識型態〉（"Ideology"）一文中言：「當階級劃分的機構中爆發公開衝突時，是意識型態，而非軍隊，或警察、法庭，會成為控制社會矛盾和階級關係再生產的首要方法。」〔註65〕由此延伸而言，傳統鄉土語境與民間信仰文化如同是被內化的意識形態，其潛藏在意識底層，根深柢固，而且它的懲處方式是以超自然，人力所不可違抗的咀咒、惡勢力（索命鬼）作為威嚇的手段，其控制人心力量之強大，往往比學校教育或政治、法律等強制手段來得更有警惕作用。

在此我們可以參酌布爾迪厄對於文化再生產理論（reproduction）的研究，

〔註65〕卡瓦納（James H. Kavanangh），〈論意識型態〉（"Ideology"），收入 Eds.Frank Centricchia andThomas McLaughlin，張京媛等譯《文學批評術語》（Critical Terms for Literary Study），香港：牛津，1994 年，頁 425。

他以習性作爲文化再生產的象徵性實踐，文化的再生產活動，一方面是創造和再生產具體的文化產品的特殊歷史條件下的文化實踐，另一方面，它又是具有一般實踐特徵的人類文化歷史創造活動。在布爾迪厄看來，社會是文化再生產象徵性實踐的產物。社會是在人的象徵性實踐中建構起來，並不斷地「再生產」（reproduction）出來。文化再生產的象徵性實踐，不斷地創造和更新著人類生活和行動於其中的社會世界，也決定著社會世界的雙重性同質結構，即「社會結構」和「心態結構」；與此同時，文化再生產的象徵性實踐，也建構出和決定著社會行動者的「慣習」，使社會行動者在一種和整個社會的雙重結構（即社會結構和心態結構）相協調的特定心態中，採取和貫徹具有相應的雙重性象徵結構的行爲，以便反轉過來維持和再製有利於鞏固和更新具同類象徵結構的行爲模式的社會世界。〔註66〕

在文化再生產活動中，透過行動者不斷地建構再建構，遂實踐了社會中「象徵性權力」的強化與再分配。在《殺夫》影片裏即強調此種文化再生產、行動者的思想建構，以及整體社會語境所形塑的象徵性話語權力。其中在父權道統語境裏，貞節論述是婦女德性的中心話語，是官方語言的社會結構；在民間鄉土語境裏，民俗信仰，吊死鬼、索命鬼等傳說則形構成女性的心態結構。言語論述、說話方式以及各種語言運用的策略，都象徵著社會權力及社會效果，任何語言在傳輸的過程裏都牽涉到社會權力的占有，具有優勢的個人或集體，其語言論述及其運用效果，能在傳輸過程裏獲得正當化的資格與合法的地位。〔註67〕在正當化的語言中，最強力的語言是官方語言（la langue officielle），除了透過政治制度與國家政權的傳播力量，還必須仰賴普及特定意識形態或官方意識形態，來形構成強大的社會力量，故官方語言在社會網絡通行時，是意識形態與精神統治共同約束被統治者。在影片裏，導演爲了盡量避免展露女體，以及避開在文本裏血腥書寫、殘暴的性暴力場面，更強調在社會意識形態及社會話語權力上對於女性身體與心靈上的宰制。在場面調度上的運用，大致可分爲官方道統論述與民間俗文化論述兩個層面來分析。在《殺夫》中的公領域的貞節觀與私領域的民俗傳說，皆被作爲類似意識型態控制的力量，配合著種種父權社會的言論構築出一個緊密的權力壓迫

〔註66〕 Pierre Bourdieu, *Language and Symbolic Power*, Cambridge:Polity, 1991, p.163～170.

〔註67〕 同上。

架構，呈現官方說法和民間信仰與傳說之間論述方式的共謀性。

文本當中李昂一方面運用情節來建構林市殺夫的前因後果，另一方面則大量運用心理象徵，尤其是通篇「血」的意象，經常反覆出現，殺豬時豬血、處女的血、林市的月事、夢中柱子裂縫滲出的血、半生不熟豬腳的血、血肉模糊的小鴨等等，或是以白描方式書寫，或是心理意識流的鋪陳，血的驚悚意象已是林市的潛意識轉化，亦是林市小時候看到母親受制於食物／性暴力，對林市內心所構成的原初創傷場景。電影將文本裏血的意象、潛意識情景刪節，擷取並增強父權文化的意識形態與社會結構。首先是空間意象的營造，藉著導演鏡頭的展演，李昂筆下奇特的空間一一呈現：海邊蒼涼的小鎮、陰暗的長廊、彎曲狹窄的巷弄、供著菩薩的八仙桌、長著青苔的古井、漆黑腐朽的廚房，帶著一種詭魅的氣氛。再者是運用場景來刻畫官方道統論述與民間信仰話語。影片在官方道統論述方面的場景：（一）林市母親在祠堂受辱之後，被家族族長（林市的叔公、叔叔），進行批判公審。（二）林市離開叔父家時，到祠堂拜別祖先。（三）林市殺夫之後，坐在刑車上，將接受法律的審判。從影片一開始林市回憶小時候看到母親被村人審判的倒敍段落，就增強父權正統話語裏的貞節觀對於女性身體的宰制與禁錮。李昂的文本裏則詳細鋪陳：林市的母親早年喪夫，在夫家系譜裏成為寡母孤女，被排擠離棄於家族的最邊緣，其家族財產權早已被剝奪，時常不得溫飽的母女，在母親為了兩個飯團而被穿軍服男子強暴之後，小說文字形容林家男性族長在祠堂裏將兩人綁在大柱子上，進行家族審判：

> 林市的叔叔，這時居然排開眾人，站到軍服男子前，劈啪甩他兩個
> 耳光，再拍著胸脯講他林家怎樣也是個詩書世家，林市阿母如有廉
> 恥，應該不惜一切抵抗成為一個烈女，如此他們甚且會願意替她蓋
> 一座貞節牌坊。〔註68〕

影片裏一開始是黑白影像，代表過去的回憶，畫外音以鑼鼓點營造林市小時候看到這一幕的驚悚心理，鏡頭透過林市的主觀觀點，林市從門縫看見無助的母親正被性侵害，她很饑餓地吃著飯團，並被一名日本士兵強暴，鄉里族人與鄰居闖入破舊的祠堂，林市的母親請求眾人原諒她，因為她實在是太饑餓了，然後林市母親突然拿起士兵留下來的刺刀自殺，此時林市走到母親屍體旁，把刺刀拔起，緊接著鮮血噴出，染紅畫面，此時出現影片的片名——《殺

〔註68〕 李昂，《殺夫》，台北：聯經，1983年，頁78。

夫》。這個片頭以倒敘場景揭開林市的故事,並作為往後生命中不得不一再回溯、凝視的原初創傷場景。祠堂象徵傳統父權,母親的遭遇則連結食物/性,而刺刀/拔刀的鮮血畫面預告將來林市的命運,象徵贖罪與懲罰。父權文化、食/性、罪與罰遂成為此部影片最主要闡述的基礎結構。祠堂是家族男性繼嗣傳續的系譜,表徵了一個具有傳統歷史意識的歷時性空間。女性如果要進入祠堂,必須依附在男性家族系譜之中,貞節牌坊則是透過國家律法將女性貞節法律化與制度化,亦是父權文化象徵性的權力話語。

第二個官方論述的場景,則是林市即將被叔父用以物易物的方式,嫁給陳江水。影片畫面上,鏡頭角度略低,稍為側面的視角拍攝叔父焚香,祭拜祖先牌位,宣告林市已嫁作他人婦,叔父的責任已了,從此林市已是陳家人。在祠堂這個空間裏,表述父系族譜的傳承,並宣告女性的附屬性與邊緣性,一旦出嫁即如潑出去的水,叔叔對著祖先牌位喃喃地說明:林市從此脫離林家,往後林市好命不好命,全憑造化,已與林家無關。林市的表情則完全是伏首斂眉,沈默無語,無法掌控自己的主體性,亦無法表露自我的聲音。第三個官方論述的場景,則是林市被捕,由刑車將送往審判的場所,影片畫面上是林市眼光呆滯地坐在車上,鏡頭由上而下俯視著林市披散的頭髮及悗忽的神情,畫外音則是街坊鄰居的議論紛紛,此刻象徵家族之外的空間,則籠罩著國家公權力,而國家權力話語亦是陽性父權的律法。是故林市不論是在家族內部空間的宗祠,或者是在家族之外,皆被密佈的父權律法所禁錮。

影像另一個主軸是藉由婦女社群所傳播的民俗信仰傳說,以及貞烈觀來張顯父權文化的制度性、結構性與地域性。影片形塑民俗信仰傳說場景:(一)井邊婦人聚會,講述一個菊娘丫鬟的投井自殺的傳說。(二)井邊婦人講述種種民俗信仰(三)阿罔官企圖上吊自殺時鬼魅氛圍與場景(四)河海邊中元普渡祭祀場景(五)陳江水對自己的殺生的行業開始心懷恐怖,他面對著畜魂碑,心神惶忽,心神不寧。在這些場景中尤以塑造阿罔官這個人物串連情節。阿罔官這個角色是典型傳統鄉土語境裏「三姑六婆」的人物,每一段情節過場與轉折中,她都是重要的角色,其中影片情節頗費篇幅呈現她上吊自殺所爆發的家庭衝突,以及她所主導的小型傳統婦女社群及傳統價值觀,以強化她對林市的影響。她是影片裏所強調的角色,她善於搬弄口舌是非,並負責將封建父權所建構的社會道德傳述複誦,傳統小鎮空間的封閉桎梏,井邊洗衣服的場景遂成為傳播耳語,八卦的婦女空間,井邊洗衣服及上市場買

榮是傳統婦人少數得以走出家庭空間進入公共空間的合法理由。群聚在井邊的婦人構成一個小型社群網絡，活躍地交換小道消息，煞有介事地評論左鄰右舍的家務事，甚且偶爾交換平日忌諱談論的房事。雖是在公共空間，所議論者卻是私領域的事件，而原本這個女性邊緣的議談空間，應該具有某種異質性與顛覆正統的潛能，但是它卻是父權的幫凶，強化女性貞節觀與社會道德秩序觀，其中阿罔官正是代表性的人物。呂正惠認為阿罔官是《殺夫》中最人性化的角色，她表徵了女性的集體命運：「這一個早年守寡因而飽受壓抑的老婦人，以她尖刻的批評來彌補她生命的損失。在她身上，李昂描寫了一幅可厭又復可憐的舊式婦女的某一形象。在她身上，而不是在林市身上，我們看到備受壓抑的女人的命運。」〔註69〕惟若從象徵性意義觀之，阿罔官還可以視為是父權文化的一個側影：

> 寡婦阿罔官也幾乎是一個典型性人物，她是制度與結構的守護者，
> 社會縫隙裏的窺探者；弔詭的是，以執行者自居的人，通常也自認
> 有被審判的豁免權。阿罔官窺探林市的性生活，主導浣衣河畔的公
> 審大會，她是父權文化的代理人，她守護著傳統的性別文化，認為
> 女人在性的喜悅是違反道德的，然而，她卻悄悄在暗室裏享受晚春
> 性歡愉。〔註70〕

影片數段描繪阿罔官成為小鎮河畔評議的中心人物，她隨時以女性的貞節道德觀臧否人物，一方面她扮演著林市的替代母親與婆婆，傳遞林市婦女私領域內的閨閣話語，其性經驗與性知識連結著民間療法與女性經驗。另一方面她是街頭巷尾談話資料的傳播著與接收者，而林市亦是借由她的帶領走入小鎮的婦女社群及人際關係。這個小鎮婦女社群喜以道德觀談論所有人的家務事、瑣事，也篤信民俗文化信仰，包括鬼魅的傳說。社會仰賴它的社會成員的心目中所存在的某種信仰與情感體系，換句話說，所謂的社會是由環繞著某種特定目標的某些情感傾向的有組織系統，正是藉助這種情感系統，社會中的每個個人，才依據社會的需要，協調地實現他們的行為，共同地生活在社會共同體。社會中的各種儀式化習俗的社會功能，就是要讓社會中的每個

〔註69〕呂正惠，〈性與現代社會──李昂小說中的「性」主題〉，收於氏著，《小說與社會》，頁164～165。

〔註70〕施懿琳、楊翠《彰化縣文學史》，彰化：彰化縣立文化中心，1997年，頁444。

個人都意識到這些情感,並使這種情感一代代地傳遞下去。

影片裏林市藉由阿罔官擴展人際關係,並更強化其傳統道德觀與民俗鬼魅傳說的影響,林市第一次參加河畔婦人的洗衣的聚會時,其鏡頭視角是阿罔官在前面,而林市則亦步亦趨跟隨其後,象徵其兩人權力關係,林市完全服膺於阿罔官所告知的種種文化習俗,信仰傳說,並加以內化成自己心中的價值觀與信仰,到最後傳統的婦德貞節觀及民俗信仰遂形成林市心中牢不可破的意識形態。此種滲透到林市心中的價值觀及文化觀,透過幾個重要場景傳述:當林市在河邊洗衣時,有一位丫鬟曾投井自殺,林市常恓惶地探身去看井,在水面浮動的倒影裏,彷彿會出現鬼魅,此時影片總是出現陰森恐怖的畫外音,暗示著林市內心的恐懼。另外,當阿罔官上吊自殺的場景,鏡頭是略為俯視的角度,林市看著奄奄一息的阿罔官,陳江水出去找阿罔官的兒子,洞開的大門突然起一陣陣陰風,鬼魅驚悚的畫外音再度響起,畫面上的林市此時恐懼到極點,唯恐民間傳說中的索命鬼、吊死鬼此時現身。另外,經由阿罔官,她了解到自己必須為丈夫的罪愆(宰殺生靈),透過祭拜好兄弟等信仰行為來贖罪,所以影像畫面上特別刻畫在小鎮上七月普渡時的情形,林市努力準備豐厚的牲品,在晚上時則放水燈,在漆黑的夜晚,她在岸邊凝視著火光燃燒的小船,虔誠地默禱,一方面為自己和丈夫贖罪,另一方面則希望母親的亡魂能夠被供養。

影片試圖去突顯,除了男性丈夫的性暴力之外,整個小鎮如阿罔官之類的人物,以及民間傳說信仰共構成一幅綿密的父權網絡。家族宗法是傳統父權的結構,婚姻是女性唯一的歸宿,女性失去婚約的保障,在經濟上失去可依附的對象,在社會上似乎也失去立足之地與合法的身分,另外,女性婚嫁之後,進入一個在血緣上與情感上皆疏離的家族,於是女性的處境變成在家庭外沒有謀生能力,在家庭內沒有歸屬感,這種社會疏離化(social alienation),更使得女性言行舉止必須戒慎小心,以免遭到休妻的命運。因此,丈夫的暴力與社會的疏離化,使得林市和阿罔官的關係更值得我們重視,於是影片透過阿罔官傳播婦德閨閣話語,諸如:行房時女性應禁聲不語,以及傳統民間信仰,諸如:因果報應等思想。影片諸多文化信仰及父權價值觀話語即在刻畫,女性即使在外在空間依舊身處於父權律法的語境中。皮爾森(Carol S.Pearson)和波僕(Katherine Pope)合著《英美文學中的女英雄》(*The Female Hero in American and British Literature*)以「牢籠」比喻女性生

存的空間。〔註71〕家，是傳統女性活動的舞台，也像一個無形的牢籠，限制她們的自由，使她們只能蟄居廚房及搖籃旁。在父系文化中，女性命定的角色是好女兒，賢妻良母，服從父親，丈夫的命令與社會的行為規範。女性生存的空間局限於父親，丈夫力量籠罩之下的「家庭」——這也象徵封鎖女性勇氣及成長的「牢籠」。在殺夫化成影像中表達了對此生存空間的真實感受。

影片在轉化小說文本時，刪節小說對於許多血、血腥的描寫，盡量減低觀眾視覺刺激或是女體的暴露，而是強調社會文化的結構性，在內部父權與外在父權話語下，林市心理不斷再生產此父權文化與父權話語，故文化再生產的象徵性實踐，乃是社會和行動者的行為之間相互地複雜交錯關聯成不可分割的同一生命體。以文化再生產的象徵性實踐作為中介（中間環節），社會和行動者、社會結構和心態結構之間，不斷地相互滲透和相互轉化，進行一種雙向循環的互動和互生過程，形成了社會牢不可破，嚴密堅固的意識形態網絡。影像努力突顯傳統社會對女性身體經濟的操縱宰制外，在精神層面的根本箝制，此是一種社會話語結構性的控制。故影片最後，當林市要赴刑場接受審判時，畫外音是阿罔官在說話，她繪聲繪影講述自己發現林市殺夫的經過，另外也以神秘的口氣講述林市「實在是冤孽啊！作阿母的出了事故，她們這一家風水不好，現在女兒又為同樣事情殺人，命中註定，實在是冤孽啊！」〔註72〕旁邊圍觀的人也紛紛贊成此種冤冤相報的觀點。最後鏡頭畫面的左上角，出現一個小女孩，這個小女孩曾與林市在井邊有數面之緣，畫面中央是林市的囚車與圍觀人潮，這個小女孩在影像畫面的邊角，影像相當渺小，但是光線的亮點卻集中在小女孩的身上，使得觀眾無法忽視她的存在，這個小女孩背對著鏡頭緩緩走向林市殺夫的房子裏，彷彿象徵著往後仍有無數個林市無法擺脫父權的牢籠。透過口耳相傳的民間傳說背後的民間信仰思考邏輯，在影片中構成的民俗傳說氛圍，達成對女性全方位的控制，影片最後的控訴是：這個純真的小女孩是否會是下一個林市？〔註73〕

〔註71〕 Carol S.Pearson Katherine Pope, *The Female Hero in American and British Literature,* New York：Bowker, 1981

〔註72〕 李昂，《殺夫》，台北：聯經，1983 年，頁 195。此處影片的對白與小說所述相同。

〔註73〕 筆者在參加《台灣新電影二十年》，影片《殺夫》座談會，李昂說明導演在安排這個小女孩時，確實是強調社會的父權結構，是否會使這個小女孩成為下一個受害者。導演是有此種用意。

　　傳統父權文化與民俗信仰傳說等所形構成的意識形態，凝塑成傳統因果業報等觀念，形成對女性的文化制約，李昂對於此種鄉土宿命觀與文化觀帶著批判的視角，以《殺夫》文本來抗拒此種文化制約，並從此種文化觀中「出走」。〔註74〕周京安〈台灣婚姻暴力 —— 一個文化過程模式之探討〉提到爲了要將女性卑微地位合理化，傳統父權社會發展出一套男尊女卑的意識形態和社會規範，使傳統女性能「安於其位」。當婚姻發生問題，丈夫暴力相向，許多傳統婦女只能以「命運」的概念來解釋自己的不幸，自我安慰。然而認命只是不幸婚姻的麻醉劑，痛苦並未解決，反而延長或加劇。這種「學得的接受」並非婦女沒盡力阻止暴力，而是當婦女發現一切掙扎都白費時，才不得已轉向古老命定觀念來尋求安慰和解脫。〔註75〕《殺夫》的小說在閱聽人的解讀裏，以及當時代的小說史觀中，皆是一個前衛且具爭議性的話題，在影像化的過程中，爲了避免血腥情色，是故許多電影語言極爲節制且疏離，以維繫原著批判父權文化的初衷，影像的詮釋不僅放在女主角受虐的情節上，更想突顯的是整個制度，以及父權文化的不合理，剝削人性的所在，而其宿命的制約在鋪陳小鎮的氛圍，以及婦女社群的片段裏被強調，甚至最後增添另一個小女孩要去推開林市已經人去樓空的家，來象徵父權文化的制約，扣問反思體制對人性的殘酷與箝制。〔註76〕

第三節　桂花巷 —— 情慾書寫與身體政治

（一）對於蕭麗紅的《桂花巷》解讀詮釋

　　自一九七五年第一部長篇小說《桂花巷》於《聯合報》連載，蕭麗紅即引起文學界的注目，尤其在一九八〇年第二部長篇小說《千江有水千江月》獲得《聯合報》長篇小說優等獎後，更引發文壇相關的評論，亦直接或間接促使這兩部作品長居暢銷書排行榜上。《桂花巷》在一九八七年由吳念眞將小說

〔註74〕趙園，〈回歸與漂泊 —— 關於中國現當代作家的鄉土意識〉說明李昂正是要違背傳統女性「認命」的觀點，抗拒這種文化制約，而從鹿港「出走」的。見於《中國現代、當代文學研究》，第10期，1989年，頁136。

〔註75〕周京安，〈台灣婚姻暴力 —— 一個文化過程模式之探討〉，《考古人類學刊》，第50期，1995年6月，頁65〜79。

〔註76〕參見陳儒修著，羅頗誠譯，《臺灣新電影的歷史文化經驗》，台北：萬象圖書公司，1993年，頁134。

改編為電影劇本，新電影導演之一陳坤厚拍攝成電影，陸小芬所主演，一時之間，又創造轟動的話題性，使得蕭麗紅所創作的兩部長篇小說再度暢銷。到了九○年代台灣本土論述迅速崛起，電視戲劇則以台灣閩南語鄉土劇當道，此時《桂花巷》又再度當作鄉土素材，改編成電視連續劇，由葉全真所主演。從《桂花巷》在七○年代，評論著重著在中國傳統道德文化，到九○年代在影視消費市場被當作台灣鄉土符碼，其間讀者反應與詮釋觀點正反映台灣時代氛圍及意識形態的轉向。

　　蕭麗紅在七○年代創作《桂花巷》，台灣當時正遭逢一連串政治、外交等挫折，文化界的知識份子面對國家艱困的處境，正在反省過度西化的文化風氣，轉而重新評價傳統文化，關懷台灣現實社會，遂形成「民族／鄉土」意識高漲，黨政教化的中華文化體系與現實台灣回歸鄉土風潮開啟對話，中國文化符碼與台灣鄉土敘事符碼是知識份子關注與懷想的對象，在此波回歸鄉土的浪潮衝擊下，台灣遂展開鄉土文學論戰。在抵制西方文化強權的入侵，反抗美日帝國主義的呼告下，台灣意識隱然浮現，台灣鄉土、台灣現實、台灣歷史漸漸現身。蕭麗紅的《桂花巷》在「文化的中國」，「史地的台灣」下登場，她積極回溯故鄉淳美風俗人情，召喚傳統價值與中國儒家文化，論者常將其視作中國文化認同，以批判其傳統與懷舊，其一是陳秋坤〈「桂花巷」的世界〉以為《桂花巷》不同於側重現代潮流衝擊下台灣社會的現實文學，它是採回顧的眼光，以懷念舊文化的思緒寫成的。〔註 77〕龍應台在評蕭麗紅小說時曾不客氣指責她的「盲目懷舊」及缺乏反省，「以極度感情式……去擁抱，歌頌一個父尊子卑，男貴女賤的世界……膚淺……，辜負了它美麗的文字與民俗的豐富知識。」〔註 78〕這個觀點不久被王德威批評。但不論王德威及龍應台評價多歧異，兩人均認為蕭麗紅寫的是言情小說，連蕭麗紅自己也在《桂花巷》後記中強調自己便是女主角剔紅，「執著內心對剔紅的愛」，有「血肉濃黏的情感」。解嚴後鍾玲〈女性主義與女性作家小說〉以女性主義觀點評述《桂花巷》，認為高剔紅表面雖如傳統婦人，內裏卻強悍，具反叛性，可說用傳統模式解構了婦德形象。〔註 79〕邱貴芬〈女性的

〔註77〕陳秋坤，〈「桂花巷」的世界〉，《婦女雜誌》，第 5 卷，1977 年 5 月，頁 38～39。

〔註78〕龍應台，〈盲目的懷舊病──評「千江有水千江月」〉，《新書月刊》，第 21 卷，1985 年 6 月。

〔註79〕鍾玲，〈女性主義與台灣作家小說〉，收入張寶琴等（主編）《四十年來中國文學》，台北：聯合文學出版，1995 年 6 月，頁 192～210。

「鄉土想像」：台灣當代鄉土女性小說初探〉則凸顯女性的鄉土經驗，點出小說的批判意涵。

蕭麗紅所演繹的「文化中國／台灣鄉土」的敘事，隱喻她尋根中國的立場。從蕭麗紅自言其寫作《桂花巷》的動機中即可觀知，中國民族文化的思惟與懷舊之情，正是形構《桂花巷》的基盤：

> 一個感受敏銳，自制力又強的人，在新潮流衝擊下，忍不住對從前舊文化種種的懷念，於是她有這麼多的話要說，那些書中人物，便在這樣的情況下，一一被接生出來，去演變人世不同遭遇裏的各自生相。……
>
> 事實上，漢文化漫漫五千年的歲月光陰裏，不知生活過多少這類中國女子；她們或遠或近，是我們血緣上的親人，……
>
> 雖然她只是我書裏的人，雖然在日人侵台，那段國仇家恨的大時代裏，以一個民間弱質女子的胡愁亂恨，實難代表炎黃子孫的萬一情懷，畢竟，她們同是躋身在一個聲氣悲壯，血色鮮明的年代啊！〔註80〕

蕭麗紅《桂花巷》以台灣民間的孤女作為文本的主角，鋪陳高剔紅的生命故事，以此複製想像中的中國文化符碼，再現中國文化的傳統價值觀。有論者將蕭麗紅的作品與張愛玲作品互相比較，他們認為《桂花巷》呈現如此鮮明的女性鄉土想像，張愛玲的影響不容忽視。早在八〇年代，尉天驄就指出，蕭麗紅《桂花巷》一類作品是「從張愛玲那裏取得了養分。」〔註81〕王德威更直言，蕭麗紅「其實也是學張能手。《桂花巷》活脫是個台灣鄉土版的《怨女》。」〔註82〕楊照也指出「蕭麗紅的《桂花巷》裏面的女主角，明顯是以〈金鎖記〉、《怨女》的七巧、銀娣作原型的。只是把背景移到傳統台灣社會來。」〔註83〕楊照說明張愛玲對七、八〇年代的女作家影響時，他認為女作

〔註80〕 蕭麗紅，〈剔紅是我——《桂花巷後記》〉，收於氏著，《桂花巷》，台北：聯經，1987 年（初版於 1977 年），頁 510～511。

〔註81〕 尉天驄，〈台灣婦女文學的困境〉，《文星》，第 110 卷，1987 年 8 月，頁 94。

〔註82〕 王德威，〈落地的麥子不死——張愛玲的影響力與張派作家的超越之路〉，《中國時報》41～42 版，1995 年 9 月 14 日。近似的觀點也可見於氏著《如何現代，怎樣文學？——十九、二十世紀小說新論》，頁 173。

〔註83〕 楊照，〈透過張愛玲看人間——七、八〇年代之交台灣小說的浪漫轉變〉，收入《夢與灰燼》，台北：聯合文學出版，1998 年 4 月，頁 69。

家需要一個前輩典範，替她們擺脫男性文學傳統的意識獨裁，建立她們「自我書寫」女性生活經驗的合法性。透過學習張愛玲，蕭麗紅更有自信地書寫出傳統女性被消音的幽微情慾，進而展露女性觀點的鄉土經驗。然而《桂花巷》只是《怨女》的台灣版而已嗎？在七○年代回歸鄉土的熱潮裏，蕭麗紅以典雅的台語化文字書寫鄉土，呈現她複雜的鄉土想像，其召喚的鄉土雖然是以中國文化認同的形貌呈現，但其中所隱含的鄉土批判，或是混融多元的文化想像，常遭到忽略。如邱貴芬在〈女性的「鄉土想像」：台灣當代鄉土女性小說初探〉所論，就女性而言，「鄉土」不必然意指一個未受污染的「素樸傳統」，「剝削」、「箝制」、「壓迫」早就存在鄉土傳統之中。〔註84〕鄉土文化傳統對女性不合理的箝制在《桂花巷》裏充份地呈現，在女性自我成長敘事與鄉土文化交叉的情節裏，傳統父權對一個女性進行經濟壓迫與情慾束縛，此敘事文本打破鄉土純樸、安詳的表象，轉而表現傳統父權文化性別壓迫的一面。

事實上，蕭麗紅的作品，在一九七○年代中期到八○年代的台灣文壇，可以分從不同的象限來閱讀。首先便是前述的文化中國，地理台灣之「鄉土現實」；然而，另一方面，蕭麗紅的「鄉土」並不在思辨現代／傳統，或是中國／西化等課題，而是帶著抒情的靜觀基調，只有「傳統性」，未見「現代性」，此種抒情風格，又與七○，八○年代的「張愛玲熱」與「閨秀文學」的調性相符。細究其小說所展現的鄉土圖景，包含小時候接觸的台灣鄉間風俗習慣，長輩言談殘留的日本文化記憶圖象，以及自學校教育、古典文學典籍裏擷取的中華文化，其所展現的多元混融文化圖像，隱約反映台灣殖民歷史所造就的文化混融（hybrid）現象，並非只是《怨女》的台灣鄉土版。邱貴芬即認為蕭麗紅的作品標示「台灣經驗」的語言躍居文學主流消費地位，並打破「國語」壟斷的文學生態，創造「台語」在台灣文學消費市場的潛能，「在這裏，我們看到的不是『中國』想像的無意識複製，而是『似中國』卻『極其台灣』的一種文化書寫方式。」〔註85〕在國族想像中，歷史文化的傳承以及賴以生存的土地是這共同的想像社群重要元素，然而戰後接受到黨政教化體制的台

〔註84〕邱貴芬，〈女性的「鄉土想像」：台灣當代鄉土女性小說初探〉，收入《仲介台灣・女人》，（台北：元尊文化，1997 年 9 月，頁 74～103。

〔註85〕邱貴芬，〈族國建構與當代台灣女性小說的認同政治〉，《仲介台灣・女人》，頁 50～51。

灣人往往面臨複雜的文化認同困境，若接受大中華文化與文化中國，則難以
貼近現實台灣生活情境；若認同台灣鄉土則在當時又面臨缺乏歷史文化的建
構。故蕭麗紅以中國文化／台灣地理所塑造出的時空，以文化中國深化歷史
人文感，以現實台灣空間強化鄉土敘事，此種中國與台灣混融文化書寫或可
視為當時文化認同的一種表徵。

　　蕭麗紅的《桂花巷》、《千江有水千江月》受到大眾喜愛，連年暢銷，也
為不少評論家所關注。蕭麗紅的作品自解嚴前延燒到解嚴後，並且連續十二
年進入暢銷排行榜，擁有穩定的銷售量，以及讀者持續的閱讀與青睞。〔註86〕
文學社會學者埃斯卡皮（Robert Escarpit）探討文學文本與讀者之間的閱讀及
接受，他認為能夠把作家與他潛在群眾聯繫起來的，即在「文化素養上、認
知上以及語言上的共同性。」〔註87〕在台灣七〇年代鄉土論述裏，依舊是延續
著中國（文化母體）／台灣（鄉土地理），這樣的二元模式論述，遂使蕭麗紅
小說裏文化中國與鄉土台灣的文化混融想像，傳統懷舊與含蓄情愛的人際經
緯，以及古典修辭與台灣民謠俗諺交融的語言特色，反映戰後世代其成長於
台灣鄉土，卻長期接受中國文化教育的共同成長經驗。此種文化認同的情境，
以及典雅台語文學的市場消費潛能，遂使陳坤厚想要改編此小說化為影像。
在一九七五年開始連載，至一九七七年結集出版的《桂花巷》，在一九八七年
被影像化時，導演、演員以及編劇如何詮釋這部小說，又如何加以影像化，
此是本論文以下所想要探究的課題。

（二）鄉俗細節的描寫到言情通俗的影像

　　《桂花巷》一書在一九八七年由導演陳坤厚拍攝成電影，電影劇本則是
由吳念真所改編。〔註88〕蕭麗紅在文字文本上所展露的文字風格是相當具典
雅台語文化，並且有著濃厚的情感作為傳統情誼禮教的支撐。焦雄屏認為：
蕭麗紅的小說就是靠這種「濃黏」的情感及文字堆砌出來的舊世界，贏得讀
者對她的歡迎。可惜這個情感和文字魅力到電影中就不見了。一方面原書太
長，改編成電影，勢必刪去其若干重要心理動機，使剔紅的一生顯得片段零

〔註86〕請參照黃玲玲，《蕭麗紅小說研究1965～1996》所列的暢銷排行榜資料，中興
　　　　大學中國文學系碩士論文，2001年2月，頁30。
〔註87〕羅伯‧埃斯卡皮（Robert Escarpit）著，葉淑燕譯，《文學社會學》，台北，遠
　　　　流出版，1990年12月，頁124。
〔註88〕蕭麗紅，《桂花巷》，台北：聯經，1977年。以下所引小說文本所標的頁碼
　　　　依此版本。

碎，只見情節，「濃黏」的情感不復浮現。另一方面，文字轉爲視覺本有差異，加上陳坤厚堅持用較有距離的中遠景及長鏡頭，結果不但不是台灣新電影以「寫實」對待生活的態度，反而削弱原著戲劇性濃的結構，使觀眾有時甚至摸不準角色的內心情緒及行事動機。〔註 89〕

《桂花巷》在轉換成影像時先是以情節爲主的故事大綱做爲敘事經緯，其小說文本故事大綱如下：以主角高剔紅爲中心，敘述她一生的傳奇故事。高剔紅出生於晚清南台灣沿海的小漁港——北門嶼。她幼時喪父，十歲喪母。爲了出人頭地她束縛自己的雙腳，立誓纏出全鄉最小的腳；爲了養活自己與幼弟，她日夜刺出精巧的繡作，賺取家用。剔紅出色的人品與女紅引來林石港富戶辛家的提親，但她卻鍾情於漁家子弟秦江海。然而當她暗許芳心時，弟弟剔江卻因捕魚而船難身亡。受了刺激的剔紅，不願再過漁家婦貧窮且早年喪夫的生活，答應了辛家的親事。婚後剔紅雖與夫婿感情融洽，生活富裕，但終究無法掙脫喪夫作寡的命運。她曾與戲子調笑，與僕人偷情，但最後仍認命地過著寂寞的寡居生活。獨子娶碧樓爲媳婦時，剔紅因嫉妒而趕走碧樓。後來兒子與再娶的媳婦在外地工作定居，剔紅晚年更加孤獨寂寞。

電影這種強調影像的媒體中，故事線或情節是改編小說時的重點，在劇本編寫裏動作線（action line）時常就等同於故事情節，或故事主軸，在影像呈現時動作線以視覺方式呈現出種種衝突，並不斷增強衝突的強調，以突顯每個情節所能創造的高潮，除了在故事主軸有動作線做爲情節推展的動力之外，在劇本編寫裏尚有「副文」（subtext），以作爲在表象動作線情節背後，主角的內在掙扎或是背景故事，亦是主角內心抉擇的心路歷程，以作爲主角情感狀態的鋪陳，增加影像的深度，以及內心衝突時所展露出的深層人性面。〔註 90〕《桂花巷》中以一身處於大家族中的傳統女性——高剔紅爲主軸，依其人生遭遇來鋪演情節，可分爲四個時期來論述，且爲釐清複雜糾葛的情節佈局，將之分爲「情節敘事」、「衝突」、「轉折」、「副文」，以清楚呈現文本脈絡。

〔註 89〕焦雄屏，〈桂花巷——曖昧浮面的女性傳記〉，《台灣新電影》，台北：時報，1988 年，頁 194。

〔註 90〕關於電影劇本的編寫請參酌 Ken Dancyger, and Jeff Rush 著，易智言譯，《電影編劇新論》，台北：遠流，1994 年。

	小　　說	電　　影
童年少女時期	指剔紅十六歲未出嫁前的生活情況。 情節敘事：小說一開始描寫剔紅生於北門嶼桂花巷一窮苦家庭的小女孩，她八歲時在病重母親的堅持下纏了腳，此時的她因環境的歷練已是十分善解人意，懂得照料病重的母親，照顧年幼的弟弟，也一心盼望母親趕快好起來；對剔紅來說，生活雖辛苦，但有母親，弟弟剔江的相依為命，仍然甘之如飴，她以為日子可以一直這麼平順下去，豈知殘酷命運的安排，讓她承受第一個生命中的重大變化。 敘事一，母親死亡，剔紅獨立照護自己與弟弟 敘事二，弟弟出海捕漁卻遇上海難 敘事三，捨棄心上人秦江海，嫁給辛瑞雨	主旨：年幼剔紅突然遭逢巨大變故，如何面對親人死亡？她該如何地去面對生活重擔，撫養弟弟？ 敘事：母親的死亡，讓年僅十歲的剔紅傷心欲絕，頓失依靠。此時，她選擇是自力救濟，承擔起生活的重擔。 副文：剔紅決定憑著自己力量，獨自過活，她一夜之間成長，成了能負擔家計，照護弟弟的大人，她努力刺繡了五年，生活上已過得較為豐裕些，也一心盼望著弟弟長大，早日成家立業，完成母親的託付，而自己也能卸下重擔，嫁給心上人秦江海。 衝突：十二歲的剔江出海捕魚卻遇海難，讓剔紅再一次承受喪失親人的打擊。 副文：十五歲的剔紅此時面臨的是究竟要一本初衷，嫁給當漁夫的秦江海，隨時活在丈夫不再歸來，只遺留下寡母孤子的恐懼中？或者是選擇生活較有保障豐裕，卻對其人品一無所知的辛瑞雨？ 轉折：剔紅狠下心來不願再忍受哭泣的哀痛，親手捨棄這段與秦江海的緣份，她寧願未來茫然不可測，也要賭一賭運氣，堅定地嫁給辛瑞雨為妻，誓言相守。 刪節：幼年女主角與母親的生活點滴。
少主娘時期	從剔紅十六歲嫁入辛家，因而有「少主娘」的稱謂，獲得僕婢們崇敬，一直到十八歲喪夫，這兩年甜密的夫妻生活	主旨：原想掙脫命運安排的剔紅，卻遭逢丈夫病死之境遇，她將如何調整心態？人生又有何不同呢？ 敘事：新婚燕爾的剔紅，一方面忙著適應大家族的禮節、應對，另一方面正享受著丈夫的包容與呵護，兩人如膠似漆，十分恩愛，讓剔紅不禁感嘆從前的苦，母親及弟弟都沒有福氣能享受；剔紅十八歲在眾人期盼下，生下兒子惠池，

		生命至此已充實滿足，別無所求。
		衝突：瑞雨突然患胃痛而去世。
		副文：剔紅由原先的擔憂、驚恐、哀痛，到麻木，心中已十分明白：「斷掌」早註定無望，自己這輩子要守活寡；剔紅此時也有選擇，是選擇作一個人人敬佩的撫養幼子的寡母？或另外再嫁人？
		轉折：剔紅認命地不再反抗命運，在禁錮一生的辛家大宅內孤獨地活著，她唯一的信念就是將兒子扶養長大，她可以拋棄一切不在乎，唯獨不能丟下這血肉相連的兒子。
奶奶時期	剔紅在生了兒子後，稱謂已被改成「奶奶」；奶奶時期可以說剔紅從十八歲開始守寡，卻在三十八歲時因無法抑制情慾而出軌，一直到六十歲的這段漫長艱苦的時期。 敘事一：剔紅獨立撫養兒子成長，身上背負著是死去丈夫對孩子的期望，教誨，也一心想要做個自律嚴謹的貞潔母親，但無奈守寡的孤單卻時時啃噬她的身心，所以她常不自覺以打兒子來作為發洩；惠池八歲時，剔紅請戲班在家演戲，她遇見小旦海芙蓉，為平淡生活激起一絲波瀾。 敘事二：剔紅藉由大伯而學會吸鴉片，遇到捲煙人楊春樹，兩人發生肉體關係，剔紅有了私生女。兒子帶她到日本將私生女送給日本夫婦領養，以解決剔紅生命的重大危機。 敘事三：四十二歲的剔紅極欲替二十四歲的惠池娶妻，完成自己心中一椿心願，她親自挑選兒媳婦，娶進一富商沈大海的女兒沈碧樓。	主旨：剔紅如何忍受守寡孤單的歲月，她能克制心中的情慾嗎？她又將如何處理她的情人？ 敘事一：剔紅孤獨守寡的生活，使她常以打兒子作為發洩。一次男長工吹奏蕭，引發剔紅在潛意識裏難以抑制的情慾。她解雇這位男長工。在寂寞難耐的歲月裏，她聘請戲班在家裏花園演戲，遇見戲子海芙蓉，其扮相的俊美，引動她的情慾。 衝突一：剔紅與海芙蓉恩愛的舉動，引起奴婢的閒言閒語，無意間讓剔紅聽見，她可以一笑置之，不予理會？也可以遏止謠言散播，將奴婢遣走，遣散戲班？ 副文：剔紅克制心中慾望，遣散整個戲班，不再迷戀海芙蓉。 敘事二：剔紅三十八歲遇到捲煙人楊春樹，其長相酷似初戀情人秦江海，剔紅忍不住心頭顫抖，她決定不顧一切留下他。 衝突二：剔紅在一夜有意無意間與楊春樹發生肉體關係，因而懷孕了，她尚未決定要不要留下這胎中嬰孩，兒子卻突然回家探望母親，剔紅心中的掙扎是要

	敘事四：剴紅第一眼就不喜歡碧樓，認為她笨拙不貼心，於是婆婆想盡辦法來凌虐媳婦，在一次碧樓無意剪傷剴紅的腳指頭時，就此埋下導火線，剴紅算計著要兒子選擇母親或妻子？惠池最終選擇母親，碧樓永遠被逐出辛家大門，然惠池又再遠離剴紅出外求學，留下剴紅一人守著辛家。	偷偷瞞著兒子生下這孽種？或將實情告訴兒子，由兒子來作主，處理？ 轉折：在剴紅豁出去的試探中，兒子接受母親懷孕的事實，且帶著母親遠遊日本，散心，生子，圓滿的解決了母親出軌懷孕的醜聞。 刪節：剴紅與媳婦的關係。
晚年時期	剴紅六十歲了卻一段孽緣，直至八十一歲死去的這段平和時期。 結局：剴紅一輩子始終忘不掉舊情人，於是藉口在六十歲生日時，重回昔日的桂花巷緬懷，卻意外地看見秦江海背影，又得知他雖事業有成，白髮蒼蒼，仍會回來探望，剴紅至此已心滿意足，別無所爭，因此對惠池第二任妻子是疼愛有加，也十分珍惜親人回家的日子，在兒子有成，孫子各自婚嫁後，終於在八十二歲時能無牽無掛，平靜地逝世。	主旨：行將就木的剴紅，晚年生活是如何？其人生觀，心態又有何改變？ 結局：回到昔日桂花巷，看到秦江海的背影，老態龍鍾的女主角坐在椅子上回顧一生往事。 刪節：惠池與第二任妻子及孫子

上表將桂花巷的小說與電影的情節作比較，以作為文字文本與影像文本比較時的基礎，《桂花巷》中雖只以一主角一生為發展主線，但情節高低起伏，有糾葛、懸疑，十分引人入勝。然而要將整本《桂花巷》小說完整地呈現在影像上，似乎是力有未逮，編劇與導演將女主角的人生大致地分為四個時期，基本上影片的前提是著力在鋪陳女主角高剴紅與她生命中重要的四個男性，在少女時期是她的初戀情人秦江海，在少主娘時期則是著重在她與夫婿之間互動，在奶奶時期則鋪陳她與楊春樹的情慾糾葛，以及她的兒子惠池。在細膩的影像裏，透過親友的離去來說明女主角生命的重大變化，並作為影片情節的主要轉折點（turning point），運用轉折點能加強情節張力，並引發觀眾對敘事情節的興趣，亦是邀約觀眾入戲的重要手法。轉折點分置在前後各幕場景裏，影片前段的主要轉折點功能，在於開啟敘事並陳列出主角即將面臨的各項選擇，至於影片後段的主要轉折點則指向主角解決危機之際，收攏故事

的焦點。〔註91〕第一個轉折點是女主角母親過世，開始女主角此生命運的序
幕，第二個轉折點是弟弟出海捕魚，遇到船難，第三個轉折點是丈夫因病死
亡，第四個轉折點則是到日本生下女兒，之後將女兒送給日本夫婦，影片後
半段的轉折是不斷強調女主角高剔紅因爲斷掌，所承受的一生獨活的宿命。
這些轉折點在於導演欲傳達小說文字所述：

　　—— 獨活 —— 獨活〔註92〕
　　……

　　不論她跑到那個角落，她早注定孤獨活著的命；她親近的人，一個個

　　先後離開，先是父喪，而後送母出殯，接著是剔江出事，嫁到辛家，

　　一下又落了單。只這麼個兒子，又得跑到天遠地闊的異邦來。〔註93〕
在影片結局，垂垂老矣的剔紅一人獨坐在籐椅上，回顧一生的種種際遇時，
其所呈顯的影像鏡頭是小時候的艱辛纏足，秦江海年輕健壯的身影，弟弟的
過世，丈夫的過世，親生女兒的捨棄等等，以呈現此故事的中心概念：獨活，
並增強生命當中不斷離棄的宿命觀。

　　在影像情節增強女主角與四個男人的生命歷程，並且以親人的離去作爲
影像衝突的重要轉折點，雖然在情節上講求衝突與女主角的情感世界，但影
像上的視覺鏡頭則是種疏離，或者說淡泊的編年敘事體，在運鏡敘事的總體
構架上，是以平舖直敘，採用四段式循序遞進，寓典雅於素樸，凝悲情於淡
遠，帶著「間離效果」，一洗蕭麗紅「濃黏」的言情文字，一幕幕展示了剔紅
（由陸小芬扮演）一生與四個男人情意錯綜的關係：一，貧苦漁民阿海，被
她斷然割棄的第一個情人；二，豪門少年辛瑞雨，同她結髮成婚的丈夫（後
因病早逝）；三，捲煙男僕春樹，其身份近於偷情的對象，後被陷繫獄。四，
在日本留學的惠池，她親生之子，後助她東渡日本產下同春樹的私生女。此
種改編的模式，原本在小說文本裏所突顯的女性細節書寫被削減，強調鄉土
敘事符碼，遂改編成爲言情的通俗劇。

（三）宗族父權與禁錮象徵

　　中國女性受壓迫的根源來自宗族父權價值觀，在影像《桂花巷》企圖突

〔註91〕關於電影劇本的編寫請參酌 Ken Dancyger, and Jeff Rush 著，易智言譯，《電影
　　　　編劇新論》，台北：遠流，1994 年，頁 12。
〔註92〕蕭麗紅，《桂花巷》，台北：聯經，1977 年，頁 314。
〔註93〕蕭麗紅，《桂花巷》，台北：聯經，1977 年，頁 315。

顯女性在強勢父權話語之下其身體是被囚禁，而其慾望亦是無聲的，在世家大族裏女性往往被化約爲生育工具，其身體與精神被象徵性地禁錮於深宅大院。在影像裏以女主角人物塑型上突顯纏足小腳，場景上塑造庭院深深與許多窗格等，寄寓女性身心受到封鎖囚禁的象徵，以及在性別權力關係上的弱勢，藉此反射出傳統儒家父權的強勢論述。

1. 宗族父權

在中國宗法體制社會，主要是把男女本質上生理的差異性，透過社會規範的制約，使男女生理表徵的差異等同於社會角色的形塑，而在傳統宗法的規約中，女性負有傳宗接代的重責大任，所以封建父權社會強調家庭人倫的關係，以及女性的道德義務，透過對於夫婦之道的論述，展露人文教化理想與倫理道德觀：

> 有天地然後有萬物，有萬物然後有男女，有男女然後有夫婦，有夫婦然後有父子，有父子然後有君臣，有君臣然後有上下，有上下然後禮義有所錯。夫婦之道，不可以不久矣。〔註94〕

在傳統經典的論述裏，男女的夫婦之道乃是人文理想及倫理的中心，由夫婦關係開展人倫的整體架構，並擔負禮義等人文化成的莊嚴使命。對於女性而言，婚姻往往讓她意識到父權話語的深層結構，自此之後，她需要承擔傳宗接代的重要使命，以及堅守婦德與婦職。宗法父權透過禮教規範訓示女性的德行與職能：

> 天先乎地，君先乎臣，其義一也。……出乎大門而先，男帥女，女從男，夫婦之義由此始也。婦人，從人者也，幼從父兄，嫁從夫，夫死從子。夫也者，夫也；夫也者，以知帥人者也。〔註95〕

傳統父權結構透過天地／君臣／男女的結構，將男女的社會名份關係，類比於天與地，君與臣等男性權力概念，女性則位居於權力的最底一層；另外，「三從」的父權話語，「幼從父兄，嫁從夫，夫死從子」，女性依附於父兄、丈夫與兒子，以女兒、妻子與母親等陰性附屬角色，取得在父系族裔血統中的合法身份，則使得女性在文化承傳上完全喪失自我的主體性。可知以男性爲主體的父權話語，透過禮義規範對女性所進行壓抑與宰制，使女性無法在宗法父權話語裏尋求自己的主體與意義。再者，中國宗法社會透過易經的陰

〔註94〕　《易》，〈序卦〉，孫貽讓，《周易正義》，四庫備要，台北：中華，卷九，頁9。
〔註95〕　《禮記》，〈郊特牲〉，《禮記正義》，卷二六，頁11。

陽觀，經過《呂氏春秋》、《淮南子》、《禮記》等典藉的轉化與承續，將一切
人倫關係都歸納到天地五行陰陽的哲學體系內，有利於封建朝廷行使專權，
建立宗法穩固的體制，漢代的董仲舒將陰陽觀與宗法倫理體系緊密結合，並
融合到儒家的禮教體系之中，以強化政治權力的結構，《春秋繁露》云：

> 君臣父子夫婦之義，皆取諸陰陽之道。君爲陽，臣爲陰，父爲陽，
> 子爲陰；夫爲陽，妻爲陰。陰道無所獨行，其始也不得專起，其終
> 也不得分功，有所兼之義。〔註96〕

經由陽尊陰卑和男陽女陰的觀念傳播，傳統封建話語確立陽／陰，君／臣，
父／子，夫／妻，二元對立的意識形態與權力結構，不僅「陰道無所獨行」，
並且「貴陽而賤陰也」、「丈夫雖賤皆爲陽，婦人雖貴皆爲陰」〔註97〕在宗法
倫理的系統下，「陽」＝天、君、父、夫、男，「陰」＝地、臣、子、妻、女，
在此基礎上，「三綱五常」、「三從四德」成爲男尊女卑，陽尊陰卑的宗法道德
體現，在此二元結構上，男性是陽，是主體，女性是陰，是他者，以男女主
從關係爲核心，開展上下尊卑的倫常秩序，也就是從家庭婚姻爲人倫之始，
再擴展至宗法家族，以至於天下國家，以遂其封建帝王「家天下」的統治權
力，達到封建宗法體制的正當性與正統性。

男爲主，女爲從的性別秩序，與天地、陰陽、剛柔、君臣、父子、夫婦
等二元對立的結構聯繫成一個以陽性爲中心的象徵意義，性別結構與倫理綱
常形成相同的結構與象徵符碼，君臣關係中的君的權力及神聖性，就如同天
地關係的「天」，就如同夫婦關係中的「夫」，故男性由宗族內的家長變成
「天」、「陽」、「君」等象徵意義，男女性別倫常的觀念遂轉化爲宗法父權的
象徵秩序，使男性作爲宗法陽性中心的文化象徵得以合法化與威權化。
「天」、「陽」、「乾」、「君」等概念根植在儒家的經典與社會禮教規範之中，
形成一種父權的隱喻和象徵秩序，也形塑宗法父權先驗的、力量龐大的象徵
主體，此象徵主體由男性／陽／乾道合法地傳承，再加上，以男女兩性秩序
的文化符碼象徵政治結構的君臣上下尊卑關係，男女兩性關係中，賦予男性
家長在家庭內取得天子君主般的強大權力，在宗法象徵秩序裏，男性家長遂
成爲社會文化的權威符碼，及象徵主體的地位。

〔註96〕董仲舒，〈基義〉，《春秋繁露》，卷一二，景印文淵閣四庫全書，台北：商
　　　務，頁8。
〔註97〕《春秋繁露》，〈陽尊陰卑〉，卷十一，頁5。

在傳統宗族父權社會裏，儒家父權話語塑造女性的形象，制訂女性的言行規範，再者，宗族內的人倫秩序所形成的差序格局，亦使女性位置更加地邊緣化，依費孝通先生的解釋：

> 人倫……就是從自己推出去的和自己發生社會關係的那一群人裏，所發生的一輪輪波紋的差序。「釋名」於倫字下也說「倫也，水文相次有倫理也。」……倫重在分別，在禮記祭統裏所講的十倫，鬼神、君臣、父子、貴賤、親疏、爵賞、夫婦、政事、長幼、上下，都是指差等。「不失其倫」是在別父子、遠近、親疏。倫是有差等的次序。……在我們傳統的社會結構裏最基本的概念，這個人和人所構成的網路中的綱紀，就是一個差序，也就是倫。〔註98〕

儒家陰陽論述以及宗族倫理所建構的差序格局，女性的主體遂依附於父親、丈夫與兒子的家族倫理系譜裏，《桂花巷》的女主角高剔紅，原本是一介平民，是屬於貧賤的勞動階級，但是她的纏足小腳，以及刺繡工夫符合上階層婦女的「婦德」，纏足小腳除了反映男性慾望觀想之下的女性嬌小柔弱之美，以及性別秩序與差序格局內女性地位之界定，再者纏足亦表徵社會文化身份，其隱含著階級認證的標記，下層婦女需要從事勞動農務，僕役賤民等階級，女性是天然大足，以符合勞動需要，上層婦女的婦德要求更嚴格，貞潔靜觀是婦女必須遵守的身體文化，「大門不出，二門不邁」更是嚴守男女之防的重要規範。〔註99〕刺繡活動本身自古即是屬於女性重要的技能之一，在上層社會女性深居簡出，往往即以刺繡作為主要的家居活動。纏足與刺繡兩者即儒家閨閣話語所講求的貞靜與四德之一 —— 婦工，故女主角能藉此晉昇上層階層。

纏足反映了男性慾望、想像、投射之下的女性嬌弱、含羞的身體美學，並且隱含父權宗族的性別權力結構，對於女性在文化秩序裏及價值的界定，透過纏足的表徵一方面予以「性物化」，以滿足男性戀物的慾望投射；另一方面則將纏足視為上流身份閨秀的表徵，以促使女性為晉昇自我階級，而勉力為之。《桂花巷》小說透過鄉土視域的婦人眼光檢視高剔紅一雙未纏足的大

〔註98〕費孝通，〈差序格局〉，收於氏著，《鄉土中國，鄉土重建》，台北：風雲時代出版，1993年，頁26～27。

〔註99〕賈伸考察纏足之起因，概約不出四端：人欲之要求，女性的約束，男女之區分，貞節之保持等。參見賈伸，〈中華婦女纏足考〉，收於鮑家麟編，《中國婦女史論集》，台北：稻鄉出版社，1979，10月，頁182～183。

腳，其內化父權價值觀，以作爲確認女性自我主體存在之意義，此種凝視目光象徵著傳統父權對於女性身體的要求，個性好強的剔紅則希冀自己透過纏個最小的腳能符合傳統身體美學觀：「……纏得小小一彎，叫任何人彎著腰，眯了眼，低下頭去，都還嫌看它不夠。」〔註100〕剔紅在此父權文化場域裏，爲了能夠爭取晉昇上層階級，不斷內化其儒家婦德思想，以傳統父權話語重塑自我主體性，邱貴芬認爲：當剔紅下定決心要擁有全家鄉最小的腳的同時，她不只開始書寫她一生的故事，而且她也將她自己的故事投射到受父權典範支配的論述。〔註101〕

《桂花巷》透過纏足與刺繡，以及上層階層婦女深居於閨閣內，象徵女性被禁錮於男尊女卑的父權話語之中，還藉由夢境、幻想等形式將傳統女性受壓抑扭曲的情慾表述出來。此種禁錮的象徵在文字文本與影像文本的表述中有何異同，鏡頭接續與場面調度是否闡釋此種女性書寫？對於小說文字裏借抒情筆調鋪陳女性的夢境遐思，以及細節描述女性幽微心緒，以揭露父權體制對女性情慾的壓抑禁錮，影像又是如何加以詮釋？對於傳統女性的慾望與苦痛，影像鏡頭所採取的觀點與視角爲何？此皆是筆者欲思索與探究的課題。

2. 禁錮象徵

由以上傳統封建宗法父權的概念來解讀《桂花巷》，其敘事模式清楚地呈現出儒家父權話語與性別權力的共謀結構，並且將宗法家族的權力話語具體形構在女性身體美學觀與女教文化上，儒家父權與女性閨閣教化結合成一個象徵秩序，以形塑女性對自我的主體認同。在宗法文化機制中，女性被定位在陰／內／妻／女等次等位置，依附於男性主體之下，在社會象徵秩序裏透過對於女性身體與女性教化等形塑，進一步將女性內置化、邊陲化和他者化。

《桂花巷》的時代背景自清朝光緒十四年（1889）至民國四十八年（1959），橫跨台灣歷史自晚清時期、日本殖民以及國民政府時期，女主角將近七十的人生歲月，恰恰呼應台灣歷史的三階段，然而電影影像裏則雜揉台灣鄉土風俗與中國文化符碼，隱隱呼應小說文字的文化中國／鄉土台灣的

〔註100〕蕭麗紅，《桂花巷》，台北：聯經，1977年，頁4。
〔註101〕邱貴芬英文評論"Taking Off:A Feminist Approach to Two Contemporary Women's Novels in Taiwan", *Tamkang Review*, Vol. XXIII, Nos,1,2,3,4, 1992 autumn－1993 summer, p.713～714. 原引文爲:"When Ti Hung makes up her mind to possess the smallest feet in her hometown, she not only has begun to write her life story but has already projected her story into a discourse governed by patriarchal paradigms".

書寫內涵。電影以女主角一生的情愛經歷與生命抉擇爲經緯，背景敘事裏完全剝除大環境的變化，只將鏡頭視角凝聚在女主角的生命故事以及其鄉土地域文化，外在政權的輪替似乎完全沒有影響到女主角的生活，以及女主角所服膺的儒家倫常教化觀點。主角高剔紅生長的漁村裏，生活貧苦而危險，剔紅從小失怙，母親則爲了討生活，工作過勞，終至貧病而亡；剔紅雖小小年紀但支撐起一個家，拉拔弟弟長大，但弟弟在十三歲時隨船捕魚，即遇船難身亡；剔紅從十歲母親驟逝之後就以繡花掙錢，在夾縫中求生存。在當時的婦女身體觀裏，依舊有縛小腳的習俗，以剔紅忍著「足踝像整個被人弄斷」〔註102〕的痛苦，狠心地纏緊小腳，由於當時媒妁之言標準在於未婚女性的纏足、巧手和名節，爲了爭取到幸福的婚姻，剔紅努力地纏小腳、練就刺繡的功夫。她看到村婦金花婚後省吃儉用的生活、憔悴的臉龐，再比較嫁入富豪何青柳的風光，不禁慨嘆：

> 同樣的日頭，桂花巷一日，錦纏巷也是一日；李府裏一天，捕魚郎也
> 同樣一天，……而繡花女兒們與何青柳的少主娘生活，又有什麼不同
> 款呢？這些當然由不得誰揀，如果能夠，該挑人呢？還是——〔註103〕

剔紅不斷在思索女性經由婚姻所能達成階級流動的可能性，爲了反抗漁村婦女貧困的生活及早年喪夫的命運，毅然斬斷對漁夫秦江海的情絲，嫁給林石港富豪辛瑞雨。如果說剔紅年少時嘗盡貧窮的苦處，《桂花巷》裏那些婢女，戲子等下階層女性的地位就更卑微，命運更坎坷。她們大多是窮苦人家的女兒，有的從小就被賣給不同的主人，例如：婢女給印六歲被賣入辛家，戲子海芙蓉五歲被賣入戲班。這些女性或受命於人，或任意被轉賣，在在反映出傳統台灣鄉土，女性淪爲經濟壓迫犧牲者的情況。此種階級上的差異，在《桂花巷》影像裏，則強調女主角被視爲一個客體，剔紅的小腳與其精美的刺繡皆是被物化的客體，亦是父權之眼光所凝視所慾望的對象。將纏足表徵爲父權社會的傳統要求，它滿足男性視覺的審美品味，更隱含「男女之防」、「束縛女性」、「貞德操守」等文化意涵，〔註104〕因此纏足象徵剔紅進入父權象徵秩序，亦標示她爲服膺傳統閨閣話語，將纏足與刺繡作爲自我身份表徵，以

〔註102〕蕭麗紅，《桂花巷》，台北：聯經，1977 年，頁 18。
〔註103〕同上註，頁 87。
〔註104〕高洪興，《纏足史——纏足的起源與發展》，上海文藝出版社，1995 年 7 月，頁 89～92。

及上層女性自我認同的依據。

小說文字衍繹中國纏足論述，以女性身體作為文化想像與隱喻，花費相當的篇幅描摹剔紅未纏足時，受到街坊鄰人的訕笑，以及纏足作為女性閨閣世代傳承的文化，所承載的集體女性記憶，女性苦痛。〔註105〕轉化成影片畫面時，則是女主角（陸小芬飾）鏡頭聚焦在綿長的纏腳布，在密密實實地纏繞下，鏡頭移置到女主角臉部扭曲的畫面，其被壓迫扭曲的不只是變形的小腳，亦是女性受教禁錮的自我主體，或如古繼堂所言：「剔紅纏足，實有象徵做繭自縛之意。剔紅的腳纏得愈緊，她命運的包袱就越重，纏繞她的繩索就越多，後終於被精神的繩索窒息。」〔註106〕然而纏足所表徵的階級、身份地位，甚至是上層閨閣文化教養，在在都成為嚮往閨秀階層的女性所認同的價值觀與審美觀。是故出身貧困孤女的高剔紅，冀望自己以纏縛的美足，以自身身體達到閨秀女性的身體審美觀：

> 自己沒有一樣，半樣，能比人家，家當，爹娘，兄姊，什麼都不能比，什麼都落人後。但，總得有一樣，她要別人踮起腳，仰上頭，也望她不到。她彎起身軀，去解纏腳布，她要重新纏它一道，以後也要每日縮，每日緊；幾年來，她整個的人，都被摧著勒著，她要自己的腳，也知道那滋味！反正她要綁一雙全北門嶼無人有過的小腳⋯⋯。〔註107〕

> ⋯⋯剔紅不禁憐惜的撫摸起來；自己這雙腳，前尖後蹺，足端還微微勾起⋯⋯

> 不光俏，不光小，真如人家誇的，是腳樣好！〔註108〕

> ⋯⋯剔紅回想以前大夥兒的談笑，把自己一雙腳，更看得入神了。

〔註105〕高剔紅生於清季末年，是為閩系人士，依據日治時期日本殖民政府對台灣的「臨時戶口調查」顯示，日本領台之後，一九〇五年，女性纏足人數佔女性總人口數的百分之五十六・九，閩系則高至百分之六十八，因此，小說確然展現了當時的時代情境，以及纏足做為女性群落集體歷史記憶的大致圖景。關於日據時期女性纏足的史料請參見楊翠，《日據時期台灣婦女解放運動——以《台灣民報》為分析場域（1920～1932）》，台北：時報文化出版，1993 年 5 月，頁 56。

〔註106〕古繼堂，《台灣小說發展史》，台北：文史哲出版，1996 年。

〔註107〕蕭麗紅，《桂花巷》，台北：聯經，1977 年，頁 36。

〔註108〕同上註，頁 38。

　　她心上非常明白：這雙腳，不知多少人幻想能摸它一摸，不知多少

人家到桂花巷，打聽她高剔紅的生辰八字。〔註109〕

影片畫面裏，辛家外婆在一個看戲的場合，一方面細細欣賞著剔紅精美的繡
工，凝視著剔紅的臉、身體、手，甚至特地請人將剔紅的裙裾提高，以便細
細端詳她那俏、巧的三寸金蓮（小腳），剔紅終因她的身體面相符合傳統審美
觀，以及她的繡工符合婦德裏的婦工，而順利晉升為富門的媳婦。在小說文
本裏纏腳布密密實實地纏縛著的，不只是剔紅變形扭曲的雙腳，更是她那受
禮教禁錮的女性自我。影片裏不斷地想強調此種傳統女性縛腳的審美觀，以
及此種身體審美觀對於女性的禁錮，所以童年的剔紅與少女的剔紅各有兩個
畫面描繪纏腳痛苦過程，影像上是女性痛苦扭曲的臉形，斗大的汗珠，以及
淚水汗水交縱，還有那纏縛著白布的小腳，她在貧苦生活的催逼下，不斷地
緊束自己的小腳，是種爭取在傳統父權縫隙求生存權力的掙扎。另外，女主
角的人物塑型是民初傳統中國服飾，而女主角陸小芬被要求穿著傳統戲曲裏
的綁腿及高蹻小鞋，以營造女主角綁小腳之後身體搖曳生姿的模樣。然而這
樣的人物塑造在影片裏卻不甚成功，主因在於陸小芬的身形較為高大，當她
穿起稍具高度的三寸金蓮時，顯得整個身形過於高大，與其他演員搭配演出
時，身高的落差形成突兀的畫面，女主角走路時也從原本期待的搖曳生姿變
成搖搖欲墜，文本裏所形構對於縛腳所隱喻的傳統父權的壓抑自我主體：「她
整個的人，都被摧著勒著，她要自己的腳，也知道那滋味！」在影像在處理
女主角的人物形塑時，反而因為要強調縛腳，顯得身形異常高大的女主角，
在場面調度上無法透顯出她主體的自制與壓抑。

　　禁錮剔紅靈魂的不只是層層的纏腳布，五顏六色的繡線以及桂花巷的辛
家深院都成為禁錮的意象。剔紅的雙手兼具貴格與斷掌，其宿命獨活與自主
掌控皆交縱於深深淺淺的掌紋裏，這雙巧手遂蘊含豐富多元的意象。女性身
體亦是形構一個被論述的空間，以父權文化網絡所形構的命相論述，女性身
體裏被當作客體供他人評頭論足。此種情況不僅從纏足一端可以管窺其一，
小說中，透過命相學也傳達出另一套女性身體論述。其身體論述與命格的高
下好壞有密切的關連性，小說文本詮釋高剔紅的長相為好命之女，她「生就
好一對柳葉枝；從前的人說，如此的眉毛，定享富貴。」〔註110〕另外，剔紅

〔註109〕蕭麗紅，《桂花巷》，台北：聯經，1977 年，頁 39。
〔註110〕同上註，頁 14。

具有「嘴形鮮明」、「大紅硃砂掌」、「明潤、光澤的雙手」，這些在傳統命相裏皆具「貴格」，將來必享富貴。由於剔紅的母親身體孱弱，雖知道女兒長相好，有富貴的命格，想幫女兒纏足，卻因長年臥病而無法幫女兒纏足，此種母女之間以纏足當作女性閨閣的傳承，以及好命／富貴的表徵，是當時台灣受到漢民族文化影響所產生的身體觀。剔紅母親央請隔壁阿婆爲剔紅纏足，阿婆「趕緊替她纏雙好腳，才不辜負伊這命格。」〔註111〕高剔紅的好命，不僅表現在眉毛，也表現在雙手，「姑娘粗細活都來，這手仍是明潤，光澤，更難得尖處尖，圓處圓，掌心又敦厚，軟綿，閉眼撫摸，也知道姑娘終是享福之人。」〔註112〕在影像裏，剔紅告訴女僕新月：「阿柱的事不要再想，你的手嫩滑細白，註定是個富貴人，不是勞碌命。」

　　至於高剔紅自己，雖是富貴之命，另一方面，「斷掌」命格卻又縈繞不去，成爲禁錮她一生的陰影：

> 她看到手掌硃紅細砂，混著霧白的斑點，間間錯錯。上面縱來橫去
> 的線紋，是管命運的神，用刀斧砍刻上去的；而那麼一條大橫線，
> 筆一般直，切過她的整隻右手掌，切得好了斷。〔註113〕

影像裏則安排弟弟請姐姐抓鰻魚，由於鰻魚滑溜十分不好抓，但剔紅一手就穩穩地抓住，鏡頭以俯視的視角看剔紅凝視著自己斷掌的掌紋。高剔紅一生命運起起落落，雖享有富貴，但是由於斷掌命硬，具有剋父剋丈夫的命格，因此，她失去父母，失去弟弟、丈夫，兒子則長年留學在外，只能一人獨活於世間，無緣與家人相聚首。整個敘事即在鋪陳「男人斷掌有官做，女人斷掌守空房」〔註114〕，這個宿命觀點。從上述中國文化男／天／君／陽；相對於女／地／臣／陰的性別文化論述，具體體現在斷掌對男性、女性所造成迥然不同的命格，此所隱含的男尊女卑的概念，斷掌在命相學論述裏表徵一個人性情剛毅、做事有決斷力、魄力，符合陽性特質，而男性斷掌則增強其陽剛特質，擁有行動果決的能力，遂相得益彰。但是女性強調陰柔、順從的本質，女性若是斷掌則破壞其應有的陰柔特質，成爲剋親人的孤寡面相，斷掌論述正是傳統中國性別文化論述的最佳體現。因此，高剔紅深感自己的生命主體性受斷掌命格強烈制約，形成她一生禁錮自我的表徵。

〔註111〕蕭麗紅，《桂花巷》，台北：聯經，1977年，頁15。
〔註112〕同上註，頁82。
〔註113〕同上註，頁60。
〔註114〕同上註，頁181。

　　剔紅一生居住過的兩個房子，不論是北門嶼簡陋的高厝還是林石港深闊的辛府，都是座落於磚紅色的桂花巷。它似乎象徵著剔紅擺脫不了的獨活命運，以及她壓抑情慾的一生。影像上，高剔紅嫁到辛家時，窄窄桂花巷，一個轎子連接一個轎子，畫外音則是傳統古樂笛聲，鏡頭裏呈現坐在轎子裏剔紅身著鳳冠霞披，但眼光卻是泛淚。剔紅乘花轎走進了辛家大宅的時刻，以平行蒙太奇手法，表現初戀情人阿海在海上駕小舟為剔紅死去的弟弟阿江撒紙錢，長長的鏡頭，遼闊的海面與漫天的冥紙，渺渺小船晃動其間，阿海嘶叫「阿江，希望你下輩子做富貴人」。以此影像平行對照阿海深長的怨嘆與剔紅的抉擇。影片結局，晚年的剔紅到廟裏燒香，北門嶼的民眾按照舊俗以燒王船作祭典，孰料她當年（相隔半個世紀）的情人阿海伯，竟從日本衣錦榮歸，那條焚燒的王船便是由他捐獻的。在這個歷史性的瞬間，影片只用了一個全景鏡頭，以剔紅——一個形容憔悴恍若隔世的老嫗的主觀視點，看到阿海伯西服革履在人群中的背影。那條在火中焚燒的王船，卻以升格攝影反覆強調地被凸現於銀幕上——這個造型段落，不妨說，正是全片的視覺高潮，從寫實提升為一種富於思辨性的象徵，與前面阿海在海上撒紙錢，並說待有錢了要給剔紅的弟弟「燒滿船」，遙遙呼應，迴環式地詠嘆著這人生的滄桑。另外，影像片尾亦插敘剔紅回憶一生的意識流片斷，其中她對阿海傾心的那一幕停留在當年初識時，阿海參加燒王船祭典時那掌大旗的英姿。在影像裏出現燒王船祭典的細膩鏡頭，強化小說／影像轉化時鄉土的元素。

　　女性作家常以囚禁的意象以象徵自我被父權綑綁，張愛玲把囚禁的經驗反映在她的小說中，她把父權的牢房中的女人比擬作「玻璃匣子裏蝴蝶的標本」和「繡在屏風上的鳥」。女人是繡在屏風上的鳥，「悒鬱的紫色緞子屏風上，織金雲朵裏的一只白鳥。年深月久了，羽毛暗了，霉了，給蟲蛀了，死也還死在屏風上。」〔註115〕剔紅的刺繡與絲絹布意象不斷地呈現在影像畫面裏，從剔紅嫁入辛家，身上所穿的絲綢刺繡，洞房時，第一個場景女主角背對鏡頭輕解衣衫，第二個場景從鏡子裏反射出女主角身著肚兜的上半身，然後兩側紅色布幔緩緩收束，鏡頭聚焦在垂掛在帳外的刺繡精細的腰帶。第三個場景是閨闈紗帳內辛瑞雨與剔紅情慾畫面，導演將鏡頭特寫在剔紅緊抓紅色帳幔的手。從坐轎子走入辛家大宅門，從紅色絲綢衣飾到閨闈紅色帳幔，彷彿將剔紅慢慢刺繡入傳統家庭的牢籠裏，雖身穿綾羅綢緞，有著眾人服侍

〔註115〕張愛玲，《流言》，台北：皇冠，1986 年，頁 162、262～263。

的優渥生活，「長遠過去，自會變成絲絹布上，用十色線挑的錦繡人身；有眉有目，有嘴有鼻，差只差在動彈不得。」〔註116〕

初入辛家的生活，電影影像上，剔紅隨著女僕閒逛後廊庭院，逗弄著籠中鳥，畫外音仍是閒適優揚的傳統絲竹樂，最後畫面停格在前景是三個鳥籠，而夫婿瑞雨與新嫁娘剔紅兩人相視而笑，沈浸於幸福之中，然而這籠中鳥的意象隱喻剔紅走入世家大族的婚姻，同時也必須如同籠中鳥，承受眾人目光的監控，付出自由、情慾被剝奪的代價。孟悅、戴錦華指出「那是永遠桎梏中的雙翅」、「這與其說是一個關於飛翔與逃遁的意象，不如說是一個關於死亡與囚禁的意象」〔註117〕。女人比不上籠中鳥，鳥兒可以揮動雙翼，等待牢籠開的一刻，奮翅高飛。但是，刺繡作品上的鳥，早已失去飛翔的能力，成為男人櫥窗的裝飾品。在這個意象之中，突出女人在牢籠的精神病態。剔紅雖然想以其富貴命格與繡工抵抗「女人斷掌守空房」的命運，前半段新嫁娘其影像上大紅與粉紅的絲絹營造名門大戶的富貴氣息，但影像預示著剔紅將自己繡入辛家華麗的布幔，變成動彈不得的平面繡像，以鋪陳後半段影片的重大轉折 —— 剔紅早年喪夫的孤獨。

（四）後花園空間與情慾流動

1. 空間形構與性別論述

婦德閨範雖隨著時間的推移，內容日趨複雜、豐富，但從眾多的女教讀物，諸如班昭的《女誡》、明代仁孝文皇后所撰的《內訓》、宋若華的《女論語》等，可看出閨閣教育的內容實質上仍是一種倫常教育。基本框架不脫「男尊女卑」、「男外女內」、「三從四德」、以及「女子無才便是德」等價值觀。〔註118〕主流閨範的論述將男女天生的差異性，通過社會規範的制約，使得男女生理表徵的差異等同於社會角色的形塑。透過男女有別的教育，男女活動空間的區隔，深化男女之防與尊卑有序的道德理念。

父權文化下所界定的女性，依附於父親、丈夫與兒子，本身並不具獨立性。女性透過婚約關係，以妻子、媳婦、和母親等陰性附屬角色，才能取得在父系族裔血統中的合法身分。父權文化運用婚姻關係將女性收編到整個封

〔註116〕蕭麗紅，《桂花巷》，台北：聯經，1977年，頁127。
〔註117〕孟悅、戴錦華，《浮出歷史地表：中國現代女性文學研究》，台北：時報，1993年，頁330。
〔註118〕閻廣芬，《中國女子與女子教育》，河北：河北大學出版，1996，頁49～51。

建專制的權力結構之中，一切人倫關係都歸納到天地五行陰陽的哲學體系內，有利於朝廷便於行使專權，以強化其政治性內涵，由於傳統封建文化確立陽／陰，君／臣，父／子，夫／妻，二元對立的意識形態與權力結構，不僅「陰道無所行」，而且「貴陽而賤陰也」、「丈夫雖賤皆爲陽，婦人雖貴皆爲陰」〔註119〕。所以居於下位的社會角色（臣、子、妻），皆須聽從上位者，不得專斷獨行，根據 Joan W.Scott 的說法，性別區分主要用來象徵權力關係，往往成爲建構和支撐權力的基本架構：

> 性別經常爲政治權力所假借，成爲產生、合法化或是批判政治的工具。性別分野隱涉並且建立男女對立的意義，爲了使政治權力正常化，性別隱涉必須顯得確定，不似人爲產物，而看似自然或神創的一部份。〔註120〕

父權建構的性別概念透過天地陰陽運行，化生萬物，賦予其人文尊卑觀念，使其封建政治權力獲得穩固，君臣有如父子，尊卑上下的地位是絕對而不可動搖。中國婦女在傳統性別權力結構的層層象徵意義中，被賦予陰性的角色，再者，天地陰陽之說的高漲將性別階級意識合理化，是故女性在陰陽權力論述中，被貶抑到最卑下的位子，因而被剝奪了發言權與主體。

　　傳統文化裏，陽盛陰衰、男尊女卑性別論述，落實到空間形構，即是男外女內活動空間的區隔，《內訓》序云：「古代教者必有方，男子八歲而入小學，女子十年而聽母教。」〔註121〕男女教育的差別著重於「男主外女主內」，男子方面，讀書習禮，尋求的是做官（求仕）之途，由修身、齊家、治國、平天下等逐步從內向外發展。女子之教育，則重於倫理教化，規範女子爲人女，爲人妻，爲人母，爲人媳的角色職能，接受如何處理家政的訓練。故古代閨閣女子的空間位移，隨著從父、從夫、與從子而有所轉換，流動的位置主要在幽閉的居家空間。傳統閨範透過強調婦德的重要性，將女性的職責與活動空間限制在家庭之內：

> 男子居外，女子居內，深宮固門，閽寺守之，男不入，女不出，男不言內，女不言外，內言不出，外言不入。〔註122〕

〔註119〕董仲舒，《春秋繁露》，〈陽尊陰卑〉卷十一，頁5。
〔註120〕Scott , Joan W. "Gender ：A Useful Category of Historical Analysis" *Coming to Terms, : Feminism , Theory, Politics*, Ed. Elizabeth Weed, London :Routledge, 1989, p. 99。
〔註121〕明孝仁后徐氏《內訓》景印文淵閣四庫全書，台北：商務，卷一，頁4。
〔註122〕《禮記》，〈內則〉，《禮記正義》，卷二八，頁7。

「男外女內」的論述規範男性適合向外發展，女性則趨於向內退居；男性追求向外追求功名，女性退居家庭從事家務、育兒工作，如此得以區分男女不同的分工職能，以及男女有別的活動場域，同時也將女性的言語辯才與書寫活動圈圍在深閨內院之中。當我們進一步探究閨房在傳統宅居的方位時，傳統中國家屋的格局佈置可謂倫理觀之文化符碼表徵，如杜正勝先生認爲四合院爲漢族建築的理想典型，其格局可歸納爲「中軸對稱」、「深進平遠」二大原則，爲儒家倫理觀的具體呈現。傳統家屋的院落佈局內外分明，強調男女防閑、男主外女主內的社會性別分工原則。〔註 123〕男性文人十年寒窗，以求得功名，聞達於天下，從私家書齋到朝廷公職，由私域空間向公共空間擴展。閨秀才媛則從原生家庭的閨閣到夫家的閨閣，劃歸於「內」的範疇，所謂「正位於內」的女教規範，不論在原生家庭或是夫家，閨秀必須奉行班昭《女誡》所闡發的四德〔註 124〕，形塑自我克制，靜默寡言，卑弱下人的個性，養成幽閑貞靜的內向性婦德。女性的生活空間是深閨內院，與靜斂內向的婦德要求相呼應，乃是傳統禮教社會建構「婦女＝內人」的理想性別之具體實踐。

影片裏高剔紅嫁入辛家之後，剔紅的生存空間遂受限於辛家的父權空間。終其一生皆禁錮於辛家深宅大院，影片裏，剔紅的活動範圍，在人生重大的轉折時，才步出辛家大門，第一個場景是少主娘時期，生子之後，小孩滿月時回舅舅家。第二個場景是大伯病故，到大伯家奔喪。第三個場景是兒子陪她到日本產下私生子。女性文學批評以「牢籠」比喻女性生存的空間。家，是傳統女性活動的舞台，也像一個無形的牢籠，限制她們的自由，使她們只能蟄居廚房及搖籃旁。在父系文化中，女性命定的角色是好女兒，賢妻良母，服從父親，丈夫的命令與社會的行爲規範。女性生存的空間局限於父親，丈夫力量籠罩之下的「家庭」——這也象徵封鎖女性勇氣及成長的「牢籠」。

小說一開始即描述：「初聞桂花巷的人，總想啊，這巷子，定是盡栽那飄香桂樹；等得去了，才知名不副實；它只鋪著小不盈掌，如同房形狀的紅磚，整個桂花巷，巷尾到巷頭，即聞不出有桂子花香，更少見一捻樹枝、綠

〔註 123〕杜正勝，〈內外與八方：中國傳統居室空間的倫理觀和宇宙觀〉，中央研究院民族學研究所：「空間、家與社會」研討會論文，民國 83 年 2 月 22～26 日，頁 26。
〔註 124〕《禮記》，〈內則〉，《禮記正義》，卷二八，頁 7。

葉……」〔註 125〕在這毫無一絲花香葉綠的巷道裏，春天彷彿從未來臨，正如剔紅孤獨死寂的生活，傳統女性的世界往往侷限在房厝巷弄裏，房子象徵著女人的一生，從高厝到辛府呈現剔紅自身生命的轉變。歷經風雨催折的簡陋高厝，正是少女剔紅飽受現實生活磨難的寫照。而辛家華麗幽深的宅院則象徵剔紅富裕安穩但飽受壓抑禁錮的後半生。如王德威述及女作家恐怖小說裏的深宅古堡時所言：

> 遠離光天化日，僻寂幽靜的深宅大院或是巨廈古堡，正是傳統（中上階層？）女性的活動範疇，也是其生活資源及想像力的最終歸宿。再說的玄一點兒，女作家可能將古屋古堡作為投射或轉移對性、婚姻、及死亡等慾望或恐懼的場合。它權充女性逃避外界曠場威脅（agoraphobia）的安身之地，但也同時是其身心遭受禁錮封鎖（claustrophobia）的幽閉象徵。〔註 126〕

影像上，細膩鋪陳剔紅婚嫁的過程，轎子走過長長的桂花巷，進入辛家深院的剔紅，雖然逃避了人生風浪的威脅，取得辛家主母的地位，然而她必須接受眾人目光的監視，將自我情慾深深埋藏。影片的轉折從一場傾盆大雨，中景拍攝陰暗色調籠罩在辛府，隨著鏡頭進入辛府，一路周旋於迷宮似的陰暗長廊，庭院深深在古老樓房，幽暗的迴廊，預示著剔紅生命重大的風暴，正如剔紅晚年所思，「在那條同樣叫做桂花的巷子裏，她享極人間富貴，卻也嘗夠有錢無人，那種苦心苦肝的滋味。比起屋漏接雨來，辛家桂花巷的光陰、歲月才是她真正更苦的命數。」〔註 127〕長年幽禁在辛家深院的剔紅，雖過著眾人服侍的安穩生活，卻一步步走向麻木死亡的道路。最後彷彿與那幽深、空洞、死氣沈沈的辛家大院合為一體，成為徒具軀殼的行屍走肉。辛家大宅是禁錮剔紅情慾的監獄，也是她空洞自我的象徵。

2. 內／外越界與情慾流動

　　雖然傳統閨範嚴格劃分內／外之別，然而實際的生活空間，卻相對而言有一些彈性，促使女性創作跨越了內／外的間隔，也游移於公共／私密

〔註 125〕蕭麗紅，《桂花巷》，台北：聯經，1977 年，頁 1。

〔註 126〕王德威，〈「女」作家的現代「鬼」話——從張愛玲到蘇偉貞〉，收入王德威《眾聲喧嘩——三〇與八〇年代的中國小說》，台北，遠流出版，1988 年 9 月，頁 223。

〔註 127〕蕭麗紅，《桂花巷》，台北：聯經，1977 年，頁 484。

空間之中。明清時期隨著游賞之風的盛行，明清時期出外旅遊的女性亦日見增多〔註 128〕。這些女性或隨夫婿宦遊，如嘉興王鳳嫻隨夫張本嘉赴任江西，吳郡徐媛從夫范允臨赴滇任兵部主事，錢塘林以寧隨夫錢肇修先在洛陽，後留居燕都等等；或偕同姒娣、兒女及諸女伴冶遊園林、雅集結社，如清初女性所組成的蕉園詩社、清溪吟社等等〔註 129〕；甚至亦有爲求謀生鬻詩畫而四處奔波，如黃媛介等。種種女性生活形態皆顯示明清時期女性空間已不再像以往封閉禁錮，其文學雅集的活躍，文化生活及旅遊活動所開拓的空間，在在都對三從四德等道德規範有所超越與突破。然而，明清時期雖然比以往的女子有較彈性的空間活動，但是女性旅行遊賞的活動相較於男性而言還是偶一爲之，機會難得，而且女性得以從丈夫、父親或兒子宦游者畢竟仍屬少數。大部分的女性在現實狀況裏，或困於家計，或限於環境，或受制於種種規範壓力而無出外遊覽的機會。再加上外在公共空間的構成基本上以男性的需求爲中心，茶樓酒肆充滿有形無形的性別區隔與禁忌，閨閣女性外出，易造成拋頭露面的議論，尤其舉手投足暴露於男性的凝視（gaze）之下，必須時時關注自身行爲是否合宜，自身行爲是否符合「閨秀」身份，是故閨秀所能從事的文學活動，所能拓展的人際網絡，仍是以家族內聚空間型態爲基礎再向外發展。

清代時期，台灣的閨秀也承襲漢民族對於性別文化的規範。閨秀的活動空間以家庭空間爲主，家庭空間是屬於私人生活領域，門戶內／外，形成公共／私密空間的範疇，亦是男／女性別空間的區隔。然而在家的空間場域中，花園的築設卻在私有的場域裏，開啓某種公共空間的意涵，清代時期文人營造家居花園的風氣極盛，花園可謂中國社會別具文化意義的空間形式，反映了某種社會文化的發展，並成爲士大夫階級的身份及品味的表徵。〔註 130〕不論是朝貴的豪華別業或是士子的清幽小築，家庭空間中花園的設置，使家的

〔註 128〕高彥頤，〈空間與家——論明末清初婦女的生活空間〉，《近代中國婦女史研究》第 3 期，1995 年 8 月，頁 31。

〔註 129〕關於清代女性的結社活動及其閱讀社群其參拙著《晚明至盛清女性題畫詩研究》，政治大學中國文學系碩士論文，1998 年。及鍾慧玲，《清代女詩人研究》，台北：里仁出版社，2000 年。

〔註 130〕王鴻泰，〈美感空間的經營——明、清間的城市園林與文人文化〉，《東亞近代思想與社會——李永熾教授六秩華誕祝壽論文集》，台北：月旦出版社，1999 年，頁 127～186。

空間呈現半開放的性質，園林是家的延伸，屬於私有的家族空間，但花園所具有的社交性質，又賦予花園具有一定的開放性。花園在房舍的平面空間結構中偏處於一隅，溝通私生活與外在世界，形成公共／私密空間的中介地帶，可知園林空間具有內／外雙重的屬性，遂成為必須遵守「內言不出閫外」的閨秀最佳的發言空間。花園的位置分配在房舍範疇的邊緣，與正位的廳堂形成一個中心／邊緣的相對位置；有些花園位居於城市空間的外圍，與正統的政治權力形成鐘鼎／山林的相對場域，花園無疑是暗喻著隱逸／邊緣的文化空間。此「邊緣性」雖是個充滿負面意涵的詞彙，但卻充滿突破現狀的反動能量，另外「邊緣性」也可能是個人主體意志所選擇的方位，以開拓一個不受社會主流價值觀壓迫的發聲位置。花園空間正是處於一個邊緣模糊的中介位置，它依傍於正統廳堂，鄰近於幽閉閨閣，卻連結外在開放的空間，在古典小說戲劇裏園林往往成為連結閨閣與外界，凡界與他界的中介場域，形成正統儒家父權下的空間缺口，使深閨女性釋放壓抑的自我慾望，流露傷春悲秋的情感才思，如鶯鶯、杜麗娘的後花園私會，或者大觀園十二金釵的詩社雅集，均刻劃出閨秀在正統父權的政治權力下一個慾望展演的空間。

　　清領時期在台文人雅士或官宦人家、商賈大戶，亦時興建造花園，如著名的林家花園。由於花園具有溝通內在與外在空間的橋梁作用，使得花園具有內在與外在兩種場域的雙重性格。因此，影像上具體地形構出高剔紅在辛家的主臥房就接鄰著後花園，當高剔紅悠遊於花園，走出閉鎖的閨閣，傳統父權家園對女性情慾的束縛，在大家庭的後院花園裏遂有可供突破的縫隙。在台灣傳統社會裏，丈夫是女性表露情慾的合法對象，若丈夫英年早逝，「未亡人」的情慾也只能隨丈夫而埋葬，終其一生她的情慾受到禮教輿論的監控。《桂花巷》裏，丈夫病逝後，高剔紅就在這嚴密的禮教監控網下，過著情慾掙扎的後半生。由貞節論述的歷史文化情境回視高剔紅的寡居生涯，在整體社會文化凝視的嚴密網絡之中，她必須維持一種大戶人家寡居主婦的風範，然而內心卻總是「一團火，一股氣」〔註131〕，急欲尋求出口。小說／影像裏戲子海芙蓉與捲煙人春樹，成為剔紅情慾流動的出口，而其情慾流動的，偶然的，眼神交會發生在後花園這個空間。

　　電影裏以三個段落來呈現高剔紅幽微的情慾世界，現實上高剔紅曾有兩次

<hr />

〔註131〕蕭麗紅，《桂花巷》，台北：聯經，1977 年，頁 192。

在出口邊緣，但封閉空間仍將她困守在夫系家族牆院之中。其攝影機場景剪接的動線，往往是辛家內院——後花園——連結到主臥室窗櫺——進入到閨房之內，以面向花園的窗口象徵情慾出口，後花園當作情慾流動的空間。第一個段落是夫婿瑞雨過世之後，未滿三年，一個漆黑的夜晚裏，僕人阿柱、新月與小少爺惠池閒坐在花園，僕人吹著簫，小少爺惠池一邊聆聽，一邊把玩著簫，鏡頭先是以中景拍攝僕人與少爺在花園的場景，色調相當陰沈黯淡，伴隨著畫外音的簫聲，鏡頭跳接到剔紅的窗櫺，下個鏡頭則是特寫側睡的剔紅，隱約露出脖子和胸脯，沾著汗水，隨即畫外音的簫聲由閒適的音符，轉爲陰森而曖昧的情調，女主角剔紅轉輾難眠，遂起身到後花園，制止了僕人吹簫。下個鏡頭剔紅端坐在小廳堂，身著滾黑邊的民初服飾，作爲父權文化代言人，她辭退僕人阿柱，並因爲兒子服父喪未滿三年就吹簫作樂，而狠心痛打惠池一頓。剔紅的情慾在這閉鎖的空間裏，轉換成各種形式幽微地表現在日常行爲舉止中，這個影像段落以簫作爲象徵物，勾喚起女主角的情慾，以及深閨寂寞的情境，這是在影像上增添的段落，以鋪陳女主角寡居時在禮教嚴密監控下，壓抑情慾渡過漫漫長夜。隨後藉著細故責打以發洩心頭那股「無名怨氣」，影像上剔紅幾近歇斯底里地責打惠池與新月，鏡頭上是以門楣作爲舞台鏡框，象徵「光耀門楣」的傳統貞節觀框住剔紅與她的兒子，必須活在傳統的父權禮教的監控下。鏡頭以隔一段距離的中景拍攝，剔紅高大的身影對比兒子與新月跪倒在地，剔紅的責打一邊在執行家法，一邊也在鞭打著受盡身心煎熬的自己，導演以後花園的簫聲，新月與阿柱之間若有似無的情感（阿柱走後，新月哭得相當傷心），以陳述女主角身心受父權禮教與情感慾念內外催逼之苦。

　　第二個段落是大伯建議請戲團到家中爲已過世的瑞雨作生日。惠池長大後，剔紅情感無以寄託，只好轉向同性尋求心靈慰藉，而與請來家中表演的戲班小旦海芙蓉產生「曖昧的情愫」。小說裏鋪陳海芙蓉「豔色壓人」又懂得察言觀色，兩人親密的感情已隱含情慾意味。小說以幾個曖昧的片段陳述兩人的情慾流動，海芙蓉幫高剔紅洗小腳，海芙蓉：「讚她腳小，歎她腳俏，忽而呵肢，搔腳，若得剔紅又要笑，又要罵。」〔註132〕更將親自做好的胭脂，「伸

〔註132〕蕭麗紅，《桂花巷》，台北：聯經，1977年，頁221。高洪興認爲：「纏足時代人們本來就把金蓮視爲性的一部份……女子的腳被丈夫以外的男子摸著，或者她的弓鞋被人偷走，就像被人強姦，失了貞節一樣。」。參見高洪興，《纏足史——纏足的起源與發展》，頁116。

著小指沾上，自沿著剔紅的小嘴，描得好美妙一個唇形出來……」〔註133〕，並曖昧地讚道：「少主娘好漂亮的唇形，點上這胭脂，嘖嘖連奴望著都想……」「想貪——」〔註134〕。在小說裏海芙蓉是個具艷色的小旦，其所喚醒的是剔紅對自己青春美貌、身體慾望的自覺，「她是沈睡了十年，這一瞬間，才又甦醒過來。」〔註135〕。在影像的改編裏，增添一段戲劇舞台的搬演，並且將海芙蓉這個角色，作性別的扮裝，以女生（孫翠鳳飾）扮演俊俏的小生，在台上瀟灑英姿，勾喚剔紅被封鎖十年的女性情慾。

　電影上的場景，鏡頭是先從辛家大門作為景框，然後鏡頭轉到後花園裏的戲台上，接著是搬演戲文，小生唱：「太歲金冠逢雉條，絲羅戰甲隨風飄」；小旦對唱：「玉面朱唇多俊俏，白馬銀鎗賽馬超」，盛讚台上小生面容俊美，又驍勇善戰，接著小生唱道：「陣陣情意感心動」，扮小生的孫翠鳳眼神流轉飄向剔紅少奶奶，此時攝影機鏡頭轉向正在看戲的剔紅特寫，其臉上似笑非笑的表情，接收著台上小生所傳達的幽微情意。小旦又唱：「愛他好漢又威風」，此時鏡頭又再次特寫剔紅的眼神，將剔紅情慾流動與台上的戲文連結起來，也透露剔紅對於台上小生的情慾凝視。歌仔戲裏反串男角的女性，透過角色扮演及性別扮裝，往往能召喚觀眾強烈的情感投射。此段海芙蓉性別置換，與舞台反串的演出，電影的改編強調剔紅情慾流動，也反映當時台灣鄉土戲曲反串文化。

　下一段電影鏡頭就從窗台切入閨房室內，導演在此段關注兩個女性的曖昧情愫，但是以相當低調的鏡頭交待其情慾的流動，先是以兩人以鏡面互相映照，然後又同持扇子欲遮還羞地傳達兩人慾望的視線。這面鏡子映照出剔紅情慾流動的自覺，但那把扇子又傳達出禮教文化的壓抑。故剔紅的情慾藉由反串小生因而甦醒過來，早已被遺忘的歡樂心情也再度回到剔紅心中。然而這樣的歡樂在禮教壓迫下又被迫消逝。小說文本裏當她與戲子海芙蓉共寢談笑時，即引來下人的閒言閒語，因此剔紅遣散戲班。但在電影文本裏是因為剔紅與戲子朝暮相處，僕人新月警示：大伯日日抽鴉片煙，田產的帳目不清；另外小少爺惠池因家裏戲班太雜，所以寄住在大伯家。這兩件事，一是龐大家產的掌控與分配權，一是傳嗣子孫的教養權，藉由此將大伯與剔紅之

〔註133〕蕭麗紅，《桂花巷》，台北：聯經，1977年，頁223。
〔註134〕同上註。
〔註135〕同上註。

間權力鬥爭的角力戰浮上台面。爲了維護辛家主人的名聲，再加上與大伯之間的權力鬥爭，必須再爭取孩子與家產的控制權，剔紅遣走整個戲班，並把惠池送往日本讀書，再度將情慾鎖在心靈底層，過著禁錮的生活。

　　夫家長輩大伯公是代表傳統道德的象徵人物，他代表著宗族律法與儒家道統。當她年過三十，惠池又在他鄉求學，大伯公怕她無法守住貞節，竟送鴉片煙讓她抽，「叫她斷斷續續的活，叫她有命無心，好少一份空思夢想？」〔註136〕。在傳統父權社會所打造的牢籠裏，喪偶女性只能獨自承受情慾的煎熬，終身都無法掙脫。大伯公猶如傳統禮教的執行者，設下一道道關口來封鎖剔紅的情慾，防止她出軌。在電影的影像裏，出軌的敘事是在大伯公過世之後，大伯公一過世，剔紅就斜躺在煙榻上，並且認識楊春樹。在電影改編裏這樣的敘事富戲劇性，也具說明力，因爲大伯公過世，那一雙嚴屬監控剔紅情慾的雙眼已不在，所象徵的禮教束縛也一下子鬆綁，層層的禮教之牆裂出縫隙，剔紅就「像個長年被縛的人，一下子砍掉繩仔，鬆過綁來似的。」〔註137〕卸下大伯公這個禮教枷鎖，剔紅長期壓抑的女性情慾終於爆發。她情不自禁想藉由長相酷似秦江海的春樹重溫舊夢，再回到昔時那份對愛情的渴盼：

> 好！春樹是留下定了，以前她放了秦江海，是身不由己，現在……
> 現在她大可給自己作主了，看不到正身，弄個影子在身邊幌，也另
> 有一番滋味。她現在可不比從前，少年時候，什麼都擱在心裏頭想，
> 能夠想，使已感覺甜蜜，現在，現在那裏還能再像從前？〔註138〕

以前錯失的戀情，剔紅現在要實實在在地擁有，即使只是代替品也好。電影敘事影像先是低調幽暗的影像，僕人新月在收拾剔紅的衣物之後回房去，在一個四下無人的夏季黃昏，楊春樹從後花園潛入剔紅房裏，先藉故要幫剔紅捲煙，接著春樹提著「芭蕉扇」，幫剔紅尋找嗡嗡作響的蚊子，也幫剔紅撫平她心中的慾火。影像以遠景低調拍攝這原本應該激情的畫面，將鏡頭聚焦在垂掛在屏風上的繡花腰帶及衣服綢緞，象徵已經鬆綁的情慾。電影敘事在隔天楊春樹又出現在後花園，滿面春風得意，調笑女僕之後，就來到剔紅房間的窗櫺邊，從花窗裏凝視著正在挽面的剔紅，春樹的凝視充滿慾望的目光，再加上輕薄的調笑，踰越主僕之間尊卑的位階，顯現禮教文化的縫隙裂紋。

〔註136〕蕭麗紅，《桂花巷》，台北：聯經，1977年，頁247。
〔註137〕同上註，頁277。
〔註138〕同上註，頁264～265。

禁錮在宗法道統內的剔紅藉由後花園這個具內／外兩種性質的空間，突破傳統禮教與內外之防，展露女性的情慾流動。

陳坤厚曾這樣剖白說：「桂花巷吸引我的地方，是它所敘述的是一個長達七十年的故事，涵蓋了一個時代」、「我希望重現過去那個時代的一些事，雖然是藉由剔紅這個女人來說。」〔註 139〕就主人翁剔紅性格的藝術塑造而論，陳坤厚藉由影片中剔紅的弟弟跟小同伴們曾議論到她的「斷掌」（剋父剋夫剋子命），來詮釋傳統命格裏宿命論，並延伸小說文本中一貫強調的「獨活」的意義，以涵蓋剔紅坎坷的人生。剔紅的悲劇始於舊禮教觀念的壓抑（包括自我扭曲），如她刺繡爭勝，裹足要強，乘花轎入辛府時刻的得意，從辛家大伯手中奪取家財權力的精明，一層層表現了這個漁家女兒自我主體的建構與拆解。陳坤厚的鏡頭洗練地呈現一個既充滿「中國符碼」，卻又「鄉土台灣」的影像。

雖然《桂花巷》存在著若干保守的言情小說觀點，諸如：楊春樹只是秦江海的替代品，剔紅對於愛情的慾望圖象是完美的心靈契合，而非只是情慾肉體的歡愉。但這小說文本仍潛藏著顛覆鄉土的意涵。父權社會透過控制女性的經濟資源與女性的性（sexuality）來控制女性，掌控社會；傳統鄉土亦存著箝制女性經濟與監控女性情慾的狀況。邱貴芬認為《桂花巷》以「女性化的鄉土經驗」質疑傳統鄉土概念隱含的「過去／農（漁）村／純樸／寧靜 v.s. 現在／工商都會／剝削／污染」的意識形態架構，點出一般鄉土想像的盲點。如果在一般鄉土小說裏，土地、鄉土經常被賦予正面的意義，往往隱含救贖的可能，《桂花巷》卻提醒我們，這些鄉土傳統的正面意義不見是女性鄉土經驗。「剝削」、「箝制」、「壓迫」早就存在於所謂的「原鄉」，早就是我們「傳統」的一部份，不必等現代化的過程來當觸媒。〔註 140〕傳統鄉土或許是男性眼中的「素樸原鄉」，但絕非女性的樂園，《桂花巷》顯現了傳統鄉土想像的這層迷思。

這樣的批判性閱讀觀點，在電影影像裏則是試圖呈現一個靜觀的閨怨空間，削減言情戲劇激情畫面。陳坤厚將剔紅命運中原本充溢著濃烈戲劇性的

〔註 139〕筆者參與「看見女人——台灣新電影中的女性」影展座談會，陳坤厚在座談會的發言。2002 年 7 月 19 日。

〔註 140〕邱貴芬，〈女性的「鄉土想像」：台灣當代鄉土女性小說初探〉，收入《仲介台灣・女人》，台北：元尊文化，1997 年 9 月，頁 82。

人情糾葛和人生變故所作的淡化、泛化處理，顯然並非出自接近傳統敘事的保守性，而是來自斷然與傳統敘事割裂的激進性、偏執性。可是在細節講究的場面調度裏，卻在敘事上著重在三個男人與剔紅的故事，又回復到言情小說／通俗文藝愛情的類型，使得前述想要突破傳統戲劇強調高潮故事線的努力，在商業機制的要求下，有所妥協。將這個原本具有顛覆潛能的文本扁平化，其抑制劇情的處理使生活常態／變態的錯綜層面流為無焦點的泛化呈現，導致原本豐厚的意蘊趨於模糊。

總言之，《桂花巷》從小說文本到影像文本，從一個橫跨三個時代的女性生命文本，轉換為影像上「剔紅與三個男人（秦江海、辛瑞雨、楊春樹）」的情愛敘事。電影影像的互文裏，陳坤厚藉著這個女人的命運對時代的觀照和折射，刻意探求一種細節美學，把新電影摒棄戲劇化表現（dramatization）的靜觀凝視推到了一種極致。舉凡人物命運發生重大戲劇性跌宕的關節處，一概以保持距離，排斥渲染的中遠景和含著縱深調度的長鏡頭加以呈示，本意是抑制劇情而顯示生活的意蘊，以極細節的瑣碎事物，展現一個屬於禁錮的，封閉的，時間停格的閨怨空間。一個一個靜觀鏡頭，呈現上層社會大宅院裏婦女的生活，彷彿是一個個作工精細的刺繡畫面，而剔紅則像是被繡在這個鏡頭裏的人物，以傳達出女性閨怨是一個壓抑自我，時空凝固的生命樣態。

第五章　青少年敘事與母性空間

　　在八○年代出現許多以孩童或是青少年爲敘事角色的電影,以作爲創作者個人追溯回顧成長歷程,或者是瞻望未來歲月的起點。本章試圖以朱天文與蕭颯的小說爲主,探討此種青少年敘事的類型,在影像語言,敘事結構上,所呈現的面貌,以及朱天文與侯孝賢在當時編導合一的模式,所帶來在文字與影像上的契合,以及轉化。在當時台灣從農業社會轉型爲工商業社會,整個消費市場、資本主義、跨國企業的景觀,使台灣整體環境與價值觀與以往呈現相當大的落差,此類影片所傳達出來的台灣鄉土空間,對照於台灣都會的繁榮,基本上呈現性別空間化的傾向,不論鄉土或都會在鏡頭的凝視底下,雖然所呈現的電影語言並不同,卻都有陰性化的傾向。另外,青少年敘事呈現的心理空間亦是本章想探究的方向。本章的討論引用的母性空間牽涉到具體的母體空間,鄉土／母土空間,以及內在心理空間這三個向度。

第一節　記憶、鄉土與青少年敘事

(一)父性歷史與母性空間

　　父性歷史是指在編年體下,由父權制度所掌握的歷史時間,而非自然時間,此線性歷史觀,是以男性子嗣傳承作爲主軸,而把女性排除在歷史之外。因此,筆者希望援引空間的閱讀方式,從具體的家／鄉土空間,到想像的心靈空間,從母性思考的角度切入文本。

　　陰性書寫與母性空間之間的關係,法國女性主義學者西蘇(Hélène Cixous)在多元特質的基礎上,強調在書寫中重新銘刻女性身體,以歌頌身體,並以

身體作為認同對象，進而在多元差異中瓦解父權二元對立思想和菲勒斯中心論。西蘇列舉一整組二元對立的概念與話語：主動／被動、太陽／月亮、文化／自然、日／夜、父親／母親、頭腦／情緒、理智的／感性的、邏格斯／情感……。而在這種二元序階之下，陰性特質總是被暴力地壓抑，陰性話語的那一方總是被扼殺、被抹除，在每一種話語持續上演著同樣的隱喻及權力結構。她認為要打破二元對立思考模式，才能重新構築當代精神圖象。

　　因此西蘇轉向女人的身體，陰性的力比多（libido），陰性的欲望，陰性的想像，以解放被壓抑的陰性她者，從中尋求有別於父權中心的書寫動力，釋放出潛意識的巨大源泉。西蘇進一步指出，此種陰性書寫強調給予、尊重客體，以及交融多元，變化流動的節奏感，此種特質源自於前伊底帕斯母性的空間，在這個母親與小孩仍未被象徵秩序所割裂的情境裏，主體與客體、他者是物我兩忘的境界，是無我的傾聽與感官的體觸，而不是佔有的「凝視」（gaze）。〔註1〕此種母性空間的延展是一個「充滿豐裕想像的時期，身體的延伸感或歡樂似乎沒有什麼盡頭，沒有自我與母親／他者（m/other）的區分」。〔註2〕本章的母性空間概念的援引，希望能夠在探討影像的方向上，除了視覺文化、凝視焦點之外，也能開發其他感官，包括想像影像裏的氣味、觸覺、溫度、聲音，想像這個閱讀影像的空間是個母體子宮空間，是黑暗的，光線朦朧的，需要開發其他的感官，來建立與影像之間親密的關係。

　　在這個母性的空間，脫離性別對立的框架，傾聽來自心理底層的聲音，猶如生命的創造，西蘇這樣形容書寫：「書寫：好像我有不斷追尋喜悅的衝動，充份感受驅動肌肉的力量與和諧，享受懷孕分娩與母子喜悅，以奶味的墨水傾瀉而出的喜悅，即文本的誕生。」〔註3〕此種書寫所強調的母性，以及空間性，啟發我們對於文本的解讀朝向空間，及母性身體感官的開發。筆者藉由此種母性空間的解讀方式，與影片的懷舊、敘事、父權歷史觀作個對照，在

〔註1〕 女性主義指出男性精神分析學者把性別差異建築在生理特徵差異上，以表象眼見的差異闡釋主體對他者所產生的緊張感與威脅感，主體為了消弭此種差異所對來的焦慮，於是把他者納入同一性的理性邏輯裏。因此，女性主義認為父權思維邏輯對他者的掠奪與壓抑，部分是根源於這種「凝視」的感知方式。

〔註2〕 Pam Morris, *Literature and Feminism : An Introduction*, Cambridge: Blackwell, 1993, p.122

〔註3〕 蕭嫣嫣，〈我書故我在——論西蘇的陰性書寫〉，《中外文學》，24卷11期，頁60。

此時間所呈現的線性，卻更呈現出時間的凝滯，死寂，單一，而空間性反而呈現出豐饒多元的意涵。

　　藉由母性空間的概念，筆者探索，其空間所牽涉到的心理空間、母體子宮、鄉土／母土／家空間等三種意象作爲影像探討的方向。

（二）歷史記憶的再現與懷舊影片

　　八〇年代的台灣電影，出現相當多的文本是以個人自傳體形式來作爲一種隱喻的對象，歷史敘事和個人記憶穿插交錯，此種敘事形式在台灣電影作品中，一直是一個重要的類型。這種個人／群體交織的記憶體式，呈現出國族歷史的豐功偉業與個人童年往事互爲觀照的主體，也促使國族的大歷史與家庭個人小歷史互爲辯證交鋒。詹明信（Fredric Jameson）對這懷舊電影類型的詮釋，置放在後現代癥狀的解讀框架內，他對於現實／眞實的討論，是架構在歷史的再現這個課題上。

　　從美學的面向而言，詹明信的後現代美學將拼貼（pastiche）與戲仿（parody）等互文的美學策略，延伸至影像的詮釋。一九五〇、六〇年代以降，隨著科技的高度現代化，電視，錄影機等傳播媒體日益普及，傳統的美學、藝術等領域逐漸遭到商品化邏輯的滲透。文化從過去的特定範疇出走，和工業產品結合在一起，如電影工業，電視工業，以及大批複製的錄音帶、錄影帶等。此種文化產品，遂以商品形式進入人們的生活圈裏，成爲了消費品。文化大眾化，商品化的結果，造成詹明信所感嘆的「無深度感」（depthlessness），換句話說，高雅文化與大眾／商業文化，純文學與通俗文學的距離逐漸消失了。對詹明信而言，後現代的主要特徵是：

> 一種新的無深度，這種無深度在當代的「理論」及形象或擬像的全新文化中一再延伸；隨之而起的是歷史性的削弱，不僅我們對大眾歷史缺乏歷史感，連我們私下的時間性也呈現出新的形式，以拉崗的話說，這種全然「精神分裂」的結構勢必決定了更加時間化的藝術之中的句法、行文關係的新模式；一種感情強度的全新模式，似乎又回到以前所謂的雄渾；還有以上這種種與新科技所形成的深入的建構關係，所建立起的新世界經濟體系；以及晚期跨國資本所帶來的新世界空間，令人目不暇給，我們置身其中，對政治藝術也得作些反省。〔註4〕

─────────────

〔註4〕詹明信著，吳美眞譯，《後現代主義或晚期資本主義的文化邏輯》，台北：時報，1998 年，頁 24～25。

　　根據詹明信的說法，在後現代社會裏，客觀世界已經成爲一系列的文本作品和類像（simulacra）或影像（images），主體則被解體或零散化了。隨著個別主體的消失，個人風格之追求日趨困難，拼仿於是逐漸取代戲仿，成爲後現代文本的一個重要特色。〔註5〕拼仿與戲仿都是一種互文性的美學策略，戲仿與拼仿的主要差異，在於前者有「規範」（norm）──著名的現代主義作家──可供嘲弄，後者則無，因爲「規範」已不復存在。在風格創新不再是可能的情況下，文化生產者只能從過去的各種風格中模仿拼湊。詹明信進一步指出：拼仿固然也模仿他人的獨特風格，卻沒有諧擬的外在動機，沒有諷刺的衝動，沒有笑聲，沒有那種信念──認爲在你暫時借用的反常語言旁邊，某種健全的規範依然存在。〔註6〕因此，拼仿就是一種空白的戲仿，一尊盲目的雕像。

　　拼仿在時間上則產生歷史感的消失，也就是過去與現在的界限模糊了。過去不僅僅過去了，而且在現時仍然存在；現時中存在著某種由近及遠的對時間的組織，過去就從中表現出來，或體現在紀念碑，骨董上，或體現在關於過去的意識中。過去意識既表現在歷史上，也表現在個人身上，在歷史那裏就是傳統，在個人身上表現的就是記憶。現代主義的傾向是同時探討關於歷史傳統和個人記憶這兩個方面。在後現代主義中，關於過去的這種深度感消失了，我們只存在於現時，沒有歷史；歷史只是一堆文本，檔案，紀錄的是個確已不存在的事件或時代。拼仿技巧的運用，可從美國電影界出現的「懷舊影片」（nostalgia films）窺出端倪。詹明信所謂的懷舊影片並非歷史影片，雖然它是關於歷史的。它有點像時髦的戲劇，選擇人們所懷念的某一歷史階段，如二十世紀五〇年代，然後再現五〇年代的各種時尚風貌。懷舊影片的特點在於它選擇過去時是以欣賞爲目的，這種選擇是非歷史的；這種影片需要的是消費過去某一階段的影像，它無法告訴我們歷史是怎樣發展的，或交待出其來龍去脈。懷舊電影重新架構了整個「拼仿」的風格形式，並且將這種風格投射到一個集體和社會的層面上，在此，拼仿挪用一個失落的過去，現在透過時尚變化的殘酷法則和新興世代的意識形態被折射回來。後現代主義的「懷舊」藝術語言，並沒有呈現「眞正」的歷史，我們明白，懷舊電影絕

〔註5〕 詹明信著，吳美眞譯，《後現代主義或晚期資本主義的文化邏輯》，台北：時報，1998年，頁36。

〔註6〕 同上註，頁37。

不是歷史內容的某種舊式「再現」；懷舊電影藉著風格寓意去處理「過去」，藉著意象光滑的特質去傳達「過去」，藉著時尚的屬性，去表現 1930 或 50 年代的特色。〔註7〕

　　此外，如果彩色鏡頭從某種意義說也是後現代的，那麼懷舊影片正是用彩色畫面來表現歷史，固定住某一個歷史階段，把過去變成過去的影像。根據詹明信的說法，彩色電影與黑白電影的不同，在於後者仍然是為敘事服務的，仍然有一個中心的情節，甚至影片中的每一個細節，道具都可以幫助故事的發展。而在今天的彩色電影裏，畫面一下子燦爛起來，很美麗動人，各種眼花撩亂的顏色同時出現在畫面上，觀眾的感官同時被吸引住，但注意力也就分散了，因為現在畫面上的每一細節都有自己的色彩，都可以單獨去欣賞。〔註8〕總之，懷舊電影帶給人們的感覺往往是過去意識的消滅，因為我們看到的不是過去的本身，而是過去的影像。真實世界現在被轉變成意象，而影像所呈現的「寫實主義」現在只是擬像。

　　電影與視覺影像關係密切，基本上是攝影機的作品，是可以用機器不斷複製的藝術。機械性的複製，意味著個人的表達或筆法風格隱沒了，而且複製的可能性使真正的原作不復存在。複製所需要的技術顯然不同於小說創作，因為後者純係個人私事，而拍電影則是集體過程，因此個人天才的作用也就相對地降低，在這樣的過程中，中心化的主體的重要性逐漸失去。其次，電影鏡頭所拍攝的影像，雖然忠實複製出現實，但在複製過程中，影像將現實抽離了，非真實化了。由於鏡頭內的都是有關過去的影像，所以誠如齊隆壬所言：「經由影像產生的主題或意識形態，不再是『後現代』電影吸引觀眾的主因，而是由鏡頭影像的『場景調度』來引發觀眾欲望」〔註9〕。總之，隨著規範的消失以及舊有價值體系的瓦解，詹明信認為後現代文化的平面感或無深度感，不僅出現在小說，音樂，繪畫等藝術作品，連當代理論本身也呈現深度的消失，而取代這些深度模式的，是實踐、論述與文本互動等觀念。

　　後現代特徵，除了與電影本身的影像霸權外，還包括兩項比較不易察覺

〔註7〕詹明信著，吳美真譯，《後現代主義或晚期資本主義的文化邏輯》，台北：時報，1998 年，頁 39～40。

〔註8〕詹明信著，唐小兵譯，《後現代主義與文化理論》，台北：合志文化，1989 年，頁 240。

〔註9〕齊隆壬，〈八○年代電影的「後現代主義」──冰冷擁抱過去的『好萊塢』〉，《電影沈思集：風潮、結構與批評》，台北：圓神，1987，頁 37～44。

的策略：降低敘事的比重；拼貼（bricolage）或艾柯（Umberto Eco）所說的
「過度語碼化」（overcoding），這包括互文的指涉，諷刺的引用以及俏皮的典
故。電影善於挪用過去的文化片斷，再重新加以組合。如果拼貼造成詹明信
所感嘆的歷史感的消失，也就是過去與現在界限的模糊，那麼降低敘事比重
則產生了前後不連貫的文本，而前後一致的敘事，正是後現代主義所要顛覆
的重要概念。這些影片有些情節不是交待不清就是前後矛盾，這種「不連貫
的文本」，源於導演有意減輕敘事的分量，因為影片瓦解了傳統的追尋敘事
（quest narrative）。而後現代文類藝術的顯著特色之一，就是體現此種追尋的
不可能性。不過，導演在體現這種特色的同時，往往造成多方面的困難，包
括「主角的建構，主角與他者的認同，觀眾對主角的目的之認同，以及整個
敘事事業的邏輯」。〔註10〕

　　若我們檢視詹明信的後現代主義歷史觀，文本中的歷史不是要重現歷史
真實的狀態，而是要再現當今面對「過往」的觀點。因此此類懷舊電影中歷
史的場景與事件，並非有重現歷史的政治企圖，「這種影片需要的是消費過去
某一階段的形象」。〔註11〕歷史的典律性格，及正統性已在後現代主義思潮下
被消解，不論是歷史影片或個人懷舊式的影片，複製生產昔日場景、日常生
活的形象，都被吸納進商業消費市場機制裏。換言之，在後現代癥狀裏，「歷
史只是一堆文本、檔案，記錄的是個確已不存在的事件或時代，留下來的只
是一些紙本、文件袋」。〔註12〕「歷史」遂成為一種虛擬的「建構」，在解構
主義的大舵下，面臨去威權，去中心，去主體的矛盾位置，所謂的歷史意義
或歷史價值幾乎蕩然無存。

　　台灣在資本主義發達，並走向消費社會的八○年代，拍攝出許多懷舊憶往
的影片，以主角的成長敘事回視台灣的成長記憶。雖然有學者及詩人宣告著
八○年代台灣進入全球資本主義所收編的工業體系，在文化上也呈現後現代的
癥候，不過台灣特殊的歷史文化，八○年代政治體制的開放，以及台灣自我主
體延續七○年代鄉土的文化追尋，使得台灣對待歷史的態度，並不進入後現代

〔註10〕 Roger Luckhurst, "Shut（ting）the Fuck Up：Narrating *Blue Velvet* in the Postmodernist Frame", *Bete Noire* 8～9, Autumn 1989-Spring1990, pp.170～182.
〔註11〕 詹明信著，唐小兵譯，《後現代主義與文化理論》，台北：合志，1989 年，頁239。
〔註12〕 同上註，頁 217。

的解構主體的思考脈絡，反而是後殖民主義的重建主體更形迫切。因此，台灣在八〇年代這類懷舊自傳型的影片處理「歷史」時，並不是一種扁平的風格，或者純粹用來撩起一種對商品形式的鄉愁情境（nostalgia），而是試圖在大歷史的框架下，跳脫歷史片的傳統成規，影片所再現的歷史是另一種顛覆歷史卻又意圖揭露真相的可能。此種寫實特質，若以盧卡奇（George Lukas）對歷史小說的經典定義來看待這些台灣電影，似乎也無法道盡其中的奧妙，因為在盧卡奇對歷史小說的人物要具有「綜合代表性」的命題，又與新電影時期的懷舊電影從個人情境出發的慣例格格不入。我們不禁想探問：台灣八〇年代的個人自傳型電影，對於歷史回憶的處理，不只是一種消費行為，亦不只是「為消費而生產某種虛假的過去」，那麼這些影片的敘事風格對於台灣歷史的省思何在？對於歷史的批判又何在呢？

　　新電影開展以個人經驗或自傳式的素材作為反省成長經驗的方式，台灣的電影評論者對此種青少年敘事電影，有不同立場的觀點。各種觀點牽涉到文本的生產，具有多重的脈絡，但這個關係不是單向的，也就是說並不僅僅是脈絡生產文本，在文本生產的過程中會產生一個專屬於文本生產的脈絡，這個脈絡也是意識形態折衝的所在。故在回顧以下不同觀點時，藉此釐清各種立場觀點的交叉折衝之後，取得文化場域裏發言權者，遂形塑此類影像對台灣電影的意義與影響。

　　第一類評論者的看法是將新電影中所大量採用的個人記憶，當作是「以微觀的方式重建台灣的過去」〔註 13〕，也就是透過對個人經驗的自我反省，以及微觀細節的呈現來達到對歷史社會的整體自覺。另外，正由於七〇年代國際局勢的變化，中共取得中國合法政權的代表，使台灣面臨深重的危機感；再加上八〇年代政治的反對力量的衝擊，以及社會運動的激盪，一種尋找自我認同的意識，便促成對自身生活經驗的反省。〔註 14〕所以看來單純的青少年時期的回憶，其實不但和大歷史盤根錯節，相互影響，所形成的個人記憶文本隱然與威權性的官方歷史互相對話，代表一種在地的人民歷史。從這個角度出發，個人記憶很快的等同於民間記憶，又迅即轉變成本土自覺，於是這

〔註 13〕陳儒修，《台灣新電影的歷史文化經驗》，台北：萬象圖書，1993 年，頁48。

〔註 14〕吳其諺，〈八〇年代的台灣電影〉，《低度開發的回憶》，台北：唐山，1993 年，頁 11。

些電影所呈現的個人記憶與人民的歷史，其實比官方的說法更呈現出眞實的
面貌。焦雄屛的看法具有代表性：

> 因爲各種自傳的交錯，以及寫實（取材及美學）的堅持，使「成長」
> 經驗匯流爲台灣電影史未曾有過的眞實性，也由於這種集體性，使
> 電影成爲台灣四十年來的變化紀錄……編導人員對自己成長歷程及
> 心境變化的反省，事實上正與台灣三十年來的變化平行，所以也是
> 對台灣這個地方過去未來的意義做回顧前瞻，以文化的立場爲處於
> 歷史變化焦點的現在，尋找一出路。〔註15〕

這派評論者認爲新電影中個人成長的主題是與時代完全貼切寫實的，而且在
內容與形式上達到適當的契合。焦雄屛與陳儒修把新電影影像與時代、社會
脈絡扣合，使電影文本變成一種具有歷史文化意義的藝術作品。在此之前，
六〇年代、七〇年代台灣影像論述引介歐洲著名導演的作品，以形塑電影藝術
美學，但是著重於影像形式的探討。另外的媒體影像敘述是大眾媒體報導電
影時聚焦在明星八卦、好萊塢娛樂電影。不論是歐洲名導的美學形式或西方
娛樂界的八卦新聞都與台灣社會脫節。在焦雄屛的論述裏，引導觀眾將電影
視爲一種當代文化生產，新電影呈現個人成長經驗使得電影作品隨著時代脈
動，是個有生命，反映社會面貌的活潑藝術。

另外一種看法則是回顧台灣新電影發展，他們認爲這種以個人成長經驗
爲基調的電影，其實來自於長期的教育體制，所形塑的一種逃避，妥協，不
敢正視歷史的癥結，不願也不敢當面與威權體制碰撞。另一方面此種成長經
驗的電影，是因爲電影創作者年紀輕，各種思考與技法都還很青澀不成熟，
是故題材限於個人經驗，所創作的作品視野不夠廣。換句話說，這種電影是
因爲缺乏道德勇氣，或者是青澀不成熟，才將電影的題材局限於個人的成長
經驗。如李天鐸即是這種觀點：

> 新電影創作者……不滿台灣電影長期在政治與僵化的工業體制下，
> 所呈現的泛政治與逃避現實的兩極現象，因而急切的試圖爲台灣由
> 傳統農業社會走向現代化過程所發生的種種變遷，做記錄式的回
> 顧，以找回台灣電影失落已久的「寫實影像」。但可能因爲年紀輕，
> 人生閱歷尚淺，當他們要回顧過去社會的種種，自然就會從自己成

〔註15〕 焦雄屛，〈第十三章：台灣經驗〉，「前言：個人歷史與台灣歷史」，《台灣新
電影》，台北：時報，1989 年，頁 282。

長的經驗中，或是近似自己經驗的文學作品中，找尋素材。另一方
面，因為戰後的台灣是個充滿壓抑的社會，這些壓抑不只是來自權
威政治體，也來自傳統家庭，教育機構，保守道德信念，風俗習尚
等。當這些壓抑與青少年時期的叛逆個性觸碰，自然是最可供發揮
的創作素材。也就是這樣，「成長經驗」或「青少年時期生活寫
照」便成為新電影最熱中的題材……〔註16〕

他認為綜觀諸多新電影，看到許多作品經由個人成長與外在壓抑的衝突，來
對不合理的社會機構，僵化的體制，傳統父權主宰的家庭等問題，做寫實的
探討。但是此種個人成長敘事影像只著眼在對於個人經驗與懷舊氛圍，卻看
不到對主導近四十年台灣社會發展的政治體系的觸碰，諸如：台灣歷史上七〇
年代外交政治挫敗所引起反省思潮，經濟成長帶來社會爭議問題，還有八〇
年代初政治衝突事件與社會運動所造成的緊張局勢。在諸多的新電影這些歷史
上重要的發展，不是被當作故事背景而予以淡化，不然就是被電影導演刻意
地規避，另外，諸多探討社會問題的新電影也顯得隱諱，缺乏一種「社會承
諾」（social commitment）。

這類評論者認為新電影沒有真正呈現出社會歷史寫實的風貌，他們對新
電影作品投射出主觀的願望，期待新電影能夠衝撞原有的政治社會體制，卻
沒有解決一種文化產品為什麼應當承諾與威權政治體制碰觸？再者，一種文
化生產，如何在內容素材上與政治體制碰觸？需要更仔細的分析論理。但這
類評論者透露出一種對有遠見的，具啟發能力的藝術形式的渴望，卻足以令
人玩味。我們可以看到這類評論者指望著有一些藝術作品能夠全面地觀照當
下的社會，而且把這種觀照轉化成一種洞見，讓觀眾藉由影片察覺歷史脈絡，
並覺知到社會問題。他們希望藉由一個視覺經驗達到一種透視洞悉社會核
心、時代精神的理性境界。從個人經驗出發的藝術作品只能代表著個別經驗，
無法達到洞察社會整體的面向。

這類評論者希望將影片朝向寫實主義出發，運用影像寫實的能力作到對
社會各層面深遠的洞察，能夠在作品中清清楚楚地讓我們看到社會歷史的真
（全）貌。這種對寫實主義的信仰，把文化藝術作品當成是具有遠見，得以
洞見觀瞻的重要表述工具，只要它夠成熟，又具備足夠的道德勇氣，就能清

〔註16〕李天鐸、陳蓓芝，〈八〇年代台灣（新）電影的社會學探索〉，《當代華語電影
論述》，台北：時報，1996年，頁54。

晰而準確地將社會問題反映出來，並使作品蘊含重要的社會改革使命。

雙方的針鋒相對的論點交集於寫實這個問題上，焦雄屏等人認爲新電影的成功處在於它的寫實，能夠連結個人經驗與官方歷史對話，並形塑出人民集體的記憶。但李天鐸等人則認爲新電影的失敗處在於它的不夠寫實，僅以個人經驗出發，缺乏對社會整體歷史的洞察，而且迴避碰觸尖銳的當代政治議題。寫實主義本身是一種寫作風格，也是一種語言論述，所謂的寫實是不是逼眞的描述事實是美學上爭辯已久的話題。由於攝影的「寫實」、「寫眞」特性，使得由攝影機發展而來的電影特別固著在「寫實」的迷思。對於台灣新電影的評價也常圍繞在：寫實與否的爭辯上，其論辯交鋒的重點在於這些活動影像是否把歷史社會的全貌具體地鋪陳在銀幕上，得到觀眾的見證與認同。但不論是褒揚新電影或貶抑新電影的看法都沒有碰觸到歷史重寫的論述性，也就是說我們現在要談的不是這些影像故事是否寫實的問題，而是這些看來寫實的影像故事怎麼被整理組織？形塑什麼樣的結構？並且納入閱聽群眾所熟悉的大敘事裏。

電影是個文化產品，它具有歷史記憶社會及政治功用，但是一個文化生產爲什麼會去追憶從前，這種懷念的行爲一定和當下的歷史社會情境有直接但是或隱或顯的聯結，所以記憶並沒有所謂忠實不忠實的問題，重要的是當下眾多相互競爭，壓制的權力機制怎麼搶奪記憶的再現和重寫，迷走與梁新華認爲：「『人民記憶』的關鍵不在於過去經驗的眞實描寫，或人民掙扎的『忠實』紀錄，而是在於怎樣去篩選過去掙扎的事實，安排其脈絡以使之與現實接合，即與現實的人民抗爭接合（而現在的人民抗爭則是指向一個更好的未來）。」〔註17〕從這個觀點出發，被記憶的對象是否有可能被完整忠實的呈現，已成次要問題，因爲探索歷史的記憶有多重觀點，這樣的看法突破之前兩派寫實主義的框架，把重點從影像是不是能將過去的事件做全面的交代，轉移到是否能夠透過記憶的重建和演出，建立自己的主體性。這樣的論述討論，將新電影從原先是否「眞實」的影像表現，轉移到另一個文化場域，也就是歷史記憶的重寫、敘事的重塑，其實也在呼應不同意識形態的論述。在論述場域裏，電影影像是意識形態的具體表述，並且它也直接參與建構意識形態。

我們應該用什麼樣的詮釋、閱讀方式才能既兼顧到八〇年代台灣電影的美

〔註17〕梁新華〈《香蕉天堂》：分裂時代的心情故事〉，收於迷走、梁新華編，《新電影之死：從《一切爲明天》到《悲情城市》》，台北：唐山，1991 年，頁 209。

學形式，並且探索它對於歷史記憶的回溯與社會脈絡、意識形態之間的關係？筆者在本章嘗試以青少年敘事來重探八○年代電影對於舊時光的依戀，以及對於新世代的焦慮。筆者認為在這些影像裏將都市／鄉村二元對立，包含著對於鄉土的關注，並將鄉土／家／母親三者作聯結，在影像敘事裏發展出鄉土／母土互喻的情況，所以筆者嘗試把電影場景與母性空間作論述上的連結，以解析八○年代導演在詮釋前現代的台灣／資本商業化的台灣，所持有的鏡頭觀點與視角。在這些為數頗多的青少年電影裏，有自傳型的影像如以侯孝賢童年為主的《童年往事》，以吳念真童年為主的《戀戀風塵》，朱天文童年為主的《冬冬的假期》，廖輝英童年為主的《油麻菜籽》等等。另外還有以旁觀者的敘述視角回溯成長歷程如：《小畢的故事》、《我們都是這樣長大》，以及描述八○年代的青少年問題的電影，如：蕭颯小說所改編的《少年阿辛》、《我兒漢生》，朱天文小說《尼羅河的女兒》，《最想念的季節》，朱天心小說《小爸爸的天空》。本章試圖以朱天文小說為主，旁及蕭颯等女性所書寫的青少年小說及成長小說所改編成的電影，朱天文小說的情況較特殊，有許多文本是編劇與小說創作同時產生，屬於編導合一的性質，與前述所謂有小說後有電影詮釋的狀況有所不同，但編導合一的題材仍舊屬於互文屬性的一種，所以亦臚列於本章之中，作為互文探討形式的一環。

第二節 母性的凝視與規訓身體

朱天文大學時期創辦三三集刊和三三書坊，一九八三年開始電影劇本的創作，後成為台灣新電影的重要劇作家。早年朱天文受到胡蘭成及父親朱西寧的影響，以大中國意識寫作大量的傳記散文和小說，而三三集刊所宣揚的意識形態也扮演保守的大中國情懷的擁戴者。一九七○年代末期的「三三現象」雖然在文學理念上亦強調社會實踐，並相信文學是改革的最佳工具，但其信仰本質所追求的是胡蘭成所勾勒出來的禮樂中國，所以三三文學社群雖然不斷在強調社會改革意識與相應性的行動，但在胡蘭成以直觀和美感為基礎的思想體系下，三三文學社群所創作的文本又常落入以個人成長或個人情愛為依歸的書寫。解讀朱天文的文本，必須放在其個人成長歷程的脈絡上參照閱讀，其早期文風的抒情浪漫，以及後期以華麗文字建構消費社會的象徵符碼，轉譯都會生活族群的商品美學，並非緣自於台灣社會政治巨大的變動，而是致力於實踐胡

蘭成所揭示的直觀美感。在一九九六年，朱天文出版小說集《花憶前身》，以「記胡蘭成八書」作爲「自序」的一種表述方式，梳理其文學理念及寫作歷程的身世，以紀念胡蘭成與張愛玲對於自己文學生涯的啓蒙，也藉此傳達面對國族認同及文化身世時，懷想屬於「三三集刊」的前世記憶，以及面對解嚴後台灣社會對於歷史的觀點，朱天文亦想建構三三時期的記憶文本：

> 我行經信義路，插滿了旗幡，印著「落地生根，終戰五十年」，開喜烏龍茶贊助新新人類總統府前飆舞。創黨主席江鵬堅感嘆，這些新人類，美麗島事件發生時他們才小學幾年級，根本不知道美麗島爲何物。我因此想，趁我這一代至少還知道有胡蘭成，而我亦還有掛念有所辯之時，寫下點什麼來。我恐怕現在不寫，再老些了，更淡泊了，欲辯，已忘言。〔註18〕

解嚴後的台灣社會浮動著兩股力量，一是新新人類處於消費流行文化浪潮下，歷史記憶文本終致在商品化消費下被消解。二是環繞在「美麗島事件」所演述的台灣主體成爲一種文化記憶的圖騰。在台灣社會這兩股力量之外，原屬於自五〇、六〇年代以來黨國教化體系所型塑的中華民族意識，以及對於文化中國的孺慕，這些前世的記憶，朱天文需要「用寫來頂住遺忘」，在一九九四年朱天文的《荒人手記》「小說中的荒人強烈的失落、放逐感不僅緣於他的同性戀身分，更與解嚴後眷村族群從政治權力中心被擠到邊緣引發的危機感有關」，〔註19〕論者認爲藉由同志身體的情慾書寫，解構「主流」、引發外省族群焦慮感的台灣本土化運動。劉亮雅認爲：「朱天文更借用同性戀反國族反父權的激進立場轉喻眷村子弟的憤懣。」面對台灣本土化運動對於歷史重新的詮解，朱天文也要將自己的記憶，以及文學身世的探索，藉由紀念胡蘭成的方式，來打造屬於眷村族群的歷史文本，她對於美麗島事件的記憶：

> 迎向八〇年代的前夕，發生美麗島事件，眾多人因之而覺醒，而啓蒙。但同處於一個時候的我們，至少我吧，何以絲毫沒有受到啓蒙？也二十三歲了，也看報紙也知逮捕人，乃至過後的大審，都知道，但怎麼就是沒有被電到？我與它漠漠擦身而過，彷彿活在兩個版本不同的歷史中。事不關己，關己者切，我正投注於另一場青春騷動

〔註18〕 朱天文，〈花憶前身〉，《花憶前身》，台北：麥田出版，1996年10月，頁39。

〔註19〕 參考邱貴芬，〈族國建構與當代台灣女性小說的認同政治〉，《仲介台灣・女人》，台北：元尊文化，1997年9月，頁61。

的燃燒裏，已經給了全部我所能給的。〔註20〕

這場「青春騷動的燃燒」是指實踐胡蘭成所云文學是修行之事，朱天文在一九七○年代積極參與文學活動，包括三三集團等等。而胡蘭成所揭示的直觀美學，將現實的糾結混亂化約到不具時空性質的「意志」與「息」的感應，企望在紊亂的現象界裏尋求「秩序」，回歸到胡蘭成所謂的「中國禮樂文明」。藉由對信仰的堅持，朱天文得以化「五濁惡世」爲淨土，無論如何荒涼敗壞，終能在繁複的自我辯證裏充滿對救贖的渴望。此種直觀美學，使得朱天文在寫家族記憶時，如軍人出身的父親，其同袍的種種身影，眷村家庭的故事，母親娘家的童年記憶等等，皆剝除時代的重量，成爲透過少女目光與浪漫懷想的青春記事。

一九八二年朱天文遇到侯孝賢、陳坤厚，受到他們的鼓勵而將自己作品改編成《小畢的故事》，躍上大螢幕，開始投入電影編劇工作，八○年代台灣劇烈變動的政治認同，兩岸的互動漸趨頻繁，儘管整體大環境在急遽變化，「朱天文的世界觀並沒有像朱天心那樣產生嚴重的斷裂，而是不斷的藉由書寫來強化及精粹化她的早期世界觀。」〔註21〕從《小畢的故事》（1983）到《炎夏之都》（1987），朱天文所書寫的是廣義的家族文本：外省族群在這座島上的生存處境及生命文本，這時期所寫的小說曾被拍成電影者，〔註22〕如《小畢的故事》觸及老兵在台灣娶妻生子的家庭故事、《冬冬的假期》描述到外婆家所度過的暑假、《想念的季節》是外省後代子弟在台灣落地生根的故事、《尼羅河的女兒》則觸及外省族群在都會邊緣生活的處境。其題材卸除歷史的厚度，而以其敘事者輕盈的口吻轉化爲抒情敘事，其中國國族想像則退位爲家族歷史記憶，朱天文與侯孝賢共同尋找台灣的童年，將胡蘭成的直觀美學轉化成爲鄉土敘事的懷舊情調，侯孝賢長鏡頭的影像美學，呈現出的自然詩意與人世溫情正切合朱天文受之胡蘭成式的美學觀與禮樂文化。

（一）女性敘事聲音的畫外音

《小畢的故事》原本是民國七十一年朱天文參加《聯合報》「愛的故事」

〔註20〕朱天文，《花憶前身》，台北：麥田出版，1996 年 10 月，頁 85。

〔註21〕黃錦樹，〈神姬之舞──後四十回？後現代啓示錄〉，收錄於朱天文著《花憶前身》，頁 305。

〔註22〕朱天文，《朱天文電影小說集》收錄：〈小畢的故事〉、〈風櫃來的人〉、〈童年往事〉、〈冬冬的假期〉、〈想念的季節〉、〈尼羅河的女兒〉。台北：遠流出版社，1991 年

徵文比賽而得到佳作，在 1983 年搬上銀幕時更名為《小畢的故事》。從「愛的故事」文本到影片的劇本，由陳坤厚、侯孝賢參與編導，再加上朱天文，丁亞民，許淑眞共同參與，根據朱天文獲《聯合報》「愛的故事」徵文佳作獎的同名短篇小說改編，但作了很多新的增補刪節和藝術的再創造。

　　「愛的故事」文本原是以女孩朱小帆的視角旁觀同學小畢一家的生活，並且以朱小帆的敘事聲音表述整個文本，除了朱小帆與小畢之間的互動外，其敘述的細節尤著眼於本省人__小畢的母親，小女生朱小帆觀察這位本省籍的媽媽，對她的言行及其生命遭遇充滿同情的口吻，且對於外省人畢伯伯與本省人通婚的生活充滿好奇心，並以一位小女生的視角對於畢媽媽的改嫁、住到眷村之後的生活適應，照顧小孩的種種生活細節，作一個旁觀者的陳述。改編為影片之後，雖然保留了原著中以朱小帆（小畢的女同學及鄰居）「旁白」來連綴故事的框架形式，但在形象的展示上，卻採用了複調式的雙重視點：母親攜子再嫁，含辛茹苦，最後以自殺來激勵兒子上進，兒子由小學而中學，頑劣不更事，與繼父畢大順若親若疏，艱難成長。誠然，母親的線索——年輕時在工廠做工，跟工廠領班相愛懷孕，被棄，撫孤等等只是用「閃回」淡淡交待，但卻透示畢媽媽再嫁之後對丈夫與兒子一種複雜的近乎「原罪」的情節；而畢伯伯又是戰亂中從大陸來台的「外省人」（河南老家原有妻室），畢媽媽攜著私生子再嫁的尷尬，又增添了幾分同「外省人」難相適應的隱曲。影片的主軸由原著裏小女孩視角所關注的小畢的媽媽，由一個外省小女孩觀點陳述本省女性與外省人通婚的生命故事，轉向由小畢的成長作為主要敘事主軸，並強化父傳子等父權意識主軸，淡淡地敘述一個由憎恨而至相依相愛的父子親情，在眷村裏悠悠的展開。

　　影片敘事：畢楚嘉是個無父的私生子，母親在舞廳伴舞維生，為了他嫁給大她二十歲的河南軍人畢伯伯，五歲時他才有了父親。之後母親又有了兩個小弟。國小五年級小畢偷了學費去供朋友花用，畢伯伯氣極狠手打他，小畢憤言不認畢父，母親失望至極，次日開煤氣自殺，遺願希望小畢孝順畢父。小畢投考軍校而後成為雄糾糾的空軍中尉軍官，父子相依為命。影片與小說文本一樣都是以外省小女孩小帆的敘述視角與敘事觀點來鋪陳整個情節，而此種敘事觀點是一種旁觀鏡頭的方式描述畢家的一切。故事以小畢鄰居家聲稱畢伯伯的乾女兒作為敘述者，採用第一人稱「我」的旁觀敘事，在小說文

本裏敘事聚焦的對象是畢媽媽，而在影像中則分敘兩個主線，將鏡頭焦點聚光在小畢的身上與畢媽媽、畢伯伯。此種旁觀觀點敘事的特點是「旁知觀點，有外貌而無內心，將敘述者與角色的距離拉遠，從旁寫他們，作者所要表達的是認定環境和社會決定了他們的命運，只寫客觀環境導致他們的遭遇，此乃所欲呈現的題旨。」〔註23〕小說文本裏，第一次小凡見到小畢是小畢搬到敘述者小凡的隔壁，他們成為鄰居，小畢就展現其頑皮的個性，以分屍毛毛蟲以驚嚇她，「焉知我是不怕毛蟲的，抓了一把泥土丟他」、「小畢坐在最後一排，手上繃著一條橡皮筋朝我瞄準著」、「小畢是躲避球校隊，打前鋒，常常看他夾泥夾汗一股煙硝氣衝進教室，呱啦啦喝掉一罐水壺，一抹嘴，出去了，留下滿室的酸汗味。」〔註24〕以小凡的觀點描繪莽撞急躁、渾身晃動，粗獷的樣貌的小畢的形象。他急躁難安卻能行俠仗義濟弱扶傾，即時解救敘述者面對混混的調訕欺侮，「你們別動她，她是我爸爸的乾女兒。」「沒關係，包定沒人再來惹你」〔註25〕透過對話以補足充實僅有外貌骨幹描述的血肉。敘述者對他的了解與信賴，一直隨著情節的進行而豐富，不言而喻的透過鏡頭帶領讀者觀眾耐心的去接近小畢，正如現實生活中一般人對孤傲人物的了解進程一樣。小畢長大官校畢業，國小同學會上他朗笑一聲，指著自己說：「我爸的狗頭軍師，專出餿主意」〔註26〕將脫胎換骨後俊挺健朗的形象透過話語呈現，豐富了小畢的成長轉變。

小說文本裏由女性敘述者小凡來帶動敘事，並以旁觀者的視角描述關於畢媽媽的女性敘事，這是個充滿女性敘事者聲音的文本，在影像裏莫薇曾分析有三種不同的觀看模式，〔註27〕然而影片中除了男性角色的凝視與觀看，

〔註23〕胡菊人，《小說技巧》，台北：遠景，1981年，頁83～94。

〔註24〕朱天文，〈小畢的故事〉，《小畢的故事》，台北：遠流，1989年，頁14。

〔註25〕同上註，頁17。

〔註26〕同上註，頁21。

〔註27〕莫薇運用了「窺視癖」（voyeruism）和「拜物教」（fetishism）兩個機制，說明好萊塢電影是建立於三種基本的觀看（look）上（Kaplan,1987:228）：

一、拍攝過程中攝影機的觀看：雖然以技術來講是中立的，但是常都是由男性在拍攝，而且都是以男性的觀點攝取鏡頭，這種方式的觀看在本質上是窺視的。

二、男性角色在影片中的觀看：透過鏡頭和反鏡頭（shot/counter-shot）的處理，女性成為男性凝視的客體（object）。

三、觀者的觀看：此種觀看在模仿前面兩者，觀者被迫去認同攝影機的觀看，觀看攝影機所看的。

尚有片中角色彼此之間的觀看，以及女性角色的凝視與注視。是否在父權意識形態底下的影像無法突破男性的凝視？女性的凝視與注視是否缺乏行動力與顛覆的功能？《小畢的故事》影像為了突顯小說女性敘事者的觀點，增添相當多朱小凡觀看與注視的鏡頭，並且以朱小凡的畫外音來推展敘事情節，以及補充影片內人際關係的細節。小凡與小畢之間的互動，透過兩種方式呈現，一是小凡的旁白畫外音，另一個是小凡涉入小畢的生活事件之中。朱小凡用畫外音說明：第一次小凡見到小畢是在畢伯伯與畢媽媽的婚宴上，乖巧的朱小凡從大人的身後，督見小畢在婚宴上活潑好動，不乖乖地吃喜宴，反而穿著盛裝蹲在地上撿拾滿地的酒瓶蓋，突顯小畢頑皮的個性。朱小凡旁觀著小畢與媽媽的互動，鏡頭形成小凡的主觀鏡頭，透過窗框拍攝畢媽媽送便當，替小畢加衣，鏡頭是中景，畫外音則是朱小凡的聲音：「她（畢媽媽）每天中午一定送飯來，下雨的時候送雨衣，天氣涼的時候送夾克，沒有誰家的媽媽像她這樣腿勤的。」然後鏡頭再跳接到小畢放學後，不穿雨衣，將雨衣當披風，狂飆在巷弄裏，與三五小學同學，到處亂按別人家的電鈴。此時朱小凡又旁白補述道：小畢他是男生，絕對痛恨雨衣，絕對不加衣服，可是小畢只依畢媽媽，他往往把雨衣披在肩上，做個行俠仗義的青蜂俠，也算是聽媽媽的話了。朱小凡的凝視裏形構小畢的性格，以主觀鏡頭來詮釋小畢與媽媽之間的關係。

　　朱小凡的旁白補強對於影像中人物性格及互動關係的側寫。她也時常涉入小畢生活當中的種種事件，每當小畢在學校或生活行為有所差池時，朱小凡就會扮演幫小畢補充說明與辯解的角色：當小畢第一次進入新學校，老師介紹他叫「畢楚嘉」，但小畢說自己叫「林楚嘉」，這時鏡頭轉向朱小凡，她站起來報告：「小畢的爸爸和媽媽上星期才結婚。」小畢在四年級時，因為媽媽又生了一個小弟弟，每夜啼哭，擾人安眠，所以小畢每晚都睡不好，老在課堂上打瞌睡，鏡頭先是拍攝小畢扒在桌上睡著，老師嚴厲斥責時，朱小凡又站起來說明：「小畢的弟弟每天晚上哭，讓他全家人不能睡覺。」另外，小畢的好朋友范同時常竊取漫畫店的漫畫書，將書的封皮撕破或是將店章破壞之後，再轉賣給同學，小畢也時常跟著一起幫忙販賣。後來小畢被扭送到警察局將以竊盜罪起訴，小畢回到家，鏡頭上是畢媽媽狠狠地鞭打小畢，然後鏡頭轉到隔壁朱小凡聽到打罵聲，趕緊到小畢家，告訴畢媽媽：「漫畫是范同偷的，我親眼看見。」然後鏡頭隨著朱小凡的凝視，停格在小畢哭泣的臉上，此時畫外音又補充說明：「我從來沒看過小畢哭，印象中他是從來不哭的。」

　　本片很多地方所呈現出的朱小凡的凝視，呼應陳坤厚中遠距離的冷靜鏡位和不加剪輯長鏡頭，此種隔段距離的旁觀透露出對角色同情的凝視，尤其是朱小凡對於小畢及畢媽媽的注視，而畫外音所敘事的情節則使得幽默與溫情在人物純樸的臉上散發出圓融與光輝。在朱小凡的凝視裏，事實上帶著外省人的主觀鏡頭對於本省人小畢及畢媽媽的行為做出種種詮釋，這是否使得朱小凡的凝視與注視使本省人淪為「被觀看的客體」？小說文本裏敘事空間原是封閉的眷村，而且畢家已在此村居住十幾年了，而朱小凡才剛剛搬到這個眷村，與畢家比鄰而居。在影像上則是朱小凡原居住在此眷村，而小畢因為媽媽的改嫁所以才住進此眷村。眷村社群是台灣政治歷史特定時空下的產物，此新的社區聚落大多數是外省籍移民，其集體意識的形構則凝聚於強烈的黨國意識。影像編導上的改動，本省籍的小畢與畢媽媽從眷村外跨入到眷村內，畢伯伯／畢媽媽、朱小凡／小畢之間也就形構成外省／本省的結構關係，外省與本省人之間文化的斷裂，以及小畢與繼父之間衝突，藉由通婚象徵族群之間血緣、文化的融合，父子之間的衝突由於女性的受難，以及母愛的召喚，使小畢的成長和生活上的挫折與憂傷得到平衡，並完整地貫徹全片，成為編導們透過影片傳遞出來的生命觀照。

（二）母親的凝視與主／客觀鏡頭

　　寫於一九八二年的〈小畢的故事〉透過一位外省籍的小女孩敘事，凝視一位嫁到眷村的本省籍少婦，在影像及文本裏她所呈現出來的形象，是穿越過小女孩小凡主觀觀點所投射出來的。本省籍的小畢媽媽，雖然畢伯伯待她不錯，但是她的形象極為被動，性格壓抑而封閉，畢媽媽身為本省籍女性而嫁作眷村，在眷村她是屬於異者，少數族群，並處於多重弱勢的位階——本省籍、再嫁女性、舞廳小姐，其弱勢位階含攝了族群、性別、階級。

　　影片裏小畢媽媽嫁入眷村之後，小凡說：「畢媽媽結婚的第二年，小畢有了弟弟，我們四年級的時候，畢媽媽又懷孕了。」畢媽媽的子宮具有旺盛的生命力，在嫁入眷村之後，朱小凡再描述她時，她已要懷第二胎，雖然畢媽媽是個低位階的台籍女性，其主體依附於父系繼嗣家族制度，但畢媽媽以生殖力取得家族內合法地位。在畢媽媽生命流浪的過程裏，電影以黑白閃回（flash back）的方式交待，先是領班始亂終棄，後來與好友租賃房子做唱歌陪酒小姐卻因火災而流離失所，在此種流浪無依的生命情境裏，生育、母職及母愛帶來生命的安定感，並具有族群穩定的意義。對於女性流亡的精神主體裏，經

常將生殖與自我存在感、價值感連結：「生殖的身體確實可以創構意義，並賦予流亡──生殖──生病的女性某種社會實踐的能動性。」〔註28〕

在《小畢的故事》裏，在小說文本裏是外省小女孩詮釋觀察畢媽媽的敘事，但在影片裏則在情節裏增添另外一位本省籍的女性，使影片中有兩位主要本省籍的女性，一位是小畢的媽媽（秀英），另一位是畢媽媽的好朋友──小雲，影片一開頭就是畢媽媽與好友兩人在海濱散步，接著陪同畢媽媽相親，之後到畢家探望畢媽媽，並且以此作為影片敘舊並回溯畢媽媽嫁給老畢之前的往事。這兩位本省籍女性在鏡頭下有不同的形象塑造，在影像的描繪裏，畢媽媽老是素樸的裝扮，是懷孕的媽媽、正在廚房做菜的媽媽、在客廳幫畢家父子燙衣服的媽媽；而小雲則總是較艷麗的裝扮，從畢媽媽結婚之後，她們重逢，小雲穿著美麗的衣服，新燙的捲髮，以及時髦的妝扮，對襯著畢媽媽全身穿著圍裙、拿著掃帚、戴著頭巾，這時影片裏補一個鏡頭，是正在巷子玩的小凡看見畢媽媽和小雲，這兩種女性映襯出傳統文化對於女性形象的雙重想像──已婚賢淑女性、未婚具誘惑性的女性。影片繼續鋪陳，晚上畢媽媽和小雲兩人閨中敘舊，鏡頭上，畢媽媽在前景，摺疊衣服，是個賢妻良母的形象，小雲則是躺在床上，躲在棉被裏，叨叨絮絮，

> 小雲：「每次一到過年的時候，我都好想結婚，再野的男人，現在都回家了，你看我白天化了妝還可以，現在……你看，不行了。我說秀英啊，我們女人也沒幾年好日子過，你看我又能怎麼樣呢？只希望半夜天冷的時候，有個男人抱我睡到天亮。」
>
> 秀英：「以前那個鯊魚呢？」
>
> 小雲：「早就娶太太了，好像也不太稱心，常吵架，一吵架就到店裏來找我睡覺。……你終於嫁對人啦……」

在鏡頭裏顯現出兩個人不同的境遇，一個不停在家務勞動，旁邊還有個小嬰兒睡在搖籃裏，另一位則是在床上，蓋著棉被，口裏訴說著結婚對於女性的保障，以及未婚的女性往往淪為他人婚姻的第三者。此種母性／情慾兩相對立的角色形象，映照出傳統社會對女性角色的想像，乃是從父權文化對女性身體的二元分類──聖母／淫婦。〔註29〕然而這兩者往往是男性雙重想像構

〔註28〕 趙彥寧，《戴著草帽到處旅行──性／別、權力、國家》，台北：巨流，2001年，頁225。

〔註29〕 Gayle Greene and Coppelia Kahn 編，陳引馳譯《女性主義文學批評》，台北：

圖裏的救贖場域，畢媽媽的母性，成為受難的聖母，改變畢家的父子關係，並導正兒子走上正途。小雲則成為在婚姻關係裏，不滿足的男性外遇尋求慰藉的對象。是故聖母形象的女性是以家庭空間安頓男性，而淫婦形象的女性則是以身體空間接納男性，不論是正面或負面形象的女性成為男性投注慾望的客體，亦是男性身心救贖的場域。

在影像裏增添另一位本省籍的女性，更突顯畢媽媽聖母的賢淑形象，由小雲的健談，開朗與聒噪反襯畢媽媽在眷村空間裏的沈默寡言。在小說文本裏，如此描述畢媽媽：她極少說話「以致是不是漸漸喪失語言的能力了呢？」〔註 30〕她心存感激的結婚，是為了給小畢一個完整家庭的交代，他與父親維持著陌生感。雖然陸續生了兩個弟弟，但是她「有時收了衣服立在門首看他們父子嬉鬧，沈靜的面容只是看著看著」、「多半這個時候小畢還在外頭野蕩」、「家常畢伯伯畢媽媽幾乎少有交談，兩人的交談都是在跟孩子講話當中傳給了對方」〔註 31〕影片鏡頭上是小畢媽媽送便當及衣物到學校給小畢，朱小凡透過教室的窗框凝視，畫外音敘述道：「印象裏的畢媽媽，不是快樂，也不是不快樂，總是把自己收拾得一塵不染，走進走出，安靜的忙著家事，從不串門子，從不東家長西家短。」「安靜」、「從不東家長西長短」傳遞出一個賢淑的女性形象，另一方面則「漸漸喪失語言的能力」揭露小畢媽媽的失語情境，乃由於本省女性嫁入眷村之後，在文化與語言方面的斷裂所產生的鴻溝，此段影像浮顯出族群文化強弱關係，外省族群雖然是少數，然而在當時台灣的時空底下，國語政策的推行，使得外省族群掌握文化強勢語言，本省籍女性不能以自己的母語與他人溝通，必須以國語與丈夫、村人溝通，並以此強勢國語教養下一代。在影片中，由於當時台灣國語政策尚未完全鬆綁，所以大部份演員仍是說「國語」。

畢媽媽的凝視則時常落在老畢與小畢的互動關係裏，當老畢指導小畢寫書法，做功課時，鏡頭總會帶到畢媽媽臉上的愉悅神情。當小畢進入青少年時期，個性桀驁不馴，小畢和女同學在海邊約會，小弟尾隨其後，最後小弟溺水獲救，畢爸爸一句也沒責怪小畢，反而對自己兒子嚴厲責罵「哥哥是大人，什麼人不好學，盡學些壞榜樣……」。鏡頭帶到畢媽媽一邊洗衣服，一邊

駱駝出版社，1995 年 7 月，頁 3。
〔註 30〕朱天文，〈小畢的故事〉，《小畢的故事》，台北：遠流，1989 年，頁 15。
〔註 31〕同上註。

難過地拭淚，她擔憂小畢的叛逆，擔憂小畢與繼父的親子關係，擔憂老畢對待自己親生兒子與小畢之間有差別心。這個扮演聖母的女性角色，再嫁之後那種無求無怨的寧靜和受到舊道德觀念壓抑的脆弱，終究還是因為小畢不受教而絕望，以自殺了結生命，以其受難姿態來喚醒孽子。影片中雖有小畢的媽媽這個悲劇人物，然而，最後影片基調卻是明朗的，對於本省與外省之間隱微的文化斷裂與衝突，以一個母親的受難作結，以曲折含蓄的親子感情暗示當時台灣社會本省／外省通婚，以及文化衝突等問題，「侯朱二人則成功的避免了上述的缺失，在描寫親子感情之時，多用冷肅之筆，點到為止，而其效果反而增強，這種手法，編導在《風櫃來的人》與《小畢的故事》兩部片子中，已經運用得相當純熟」〔註32〕

　　另一方面在環境氛圍的營建上，陳坤厚將原著裏封閉的眷村空間，移到淡水小鎮，減緩外省眷村的色彩，以及外省／本省情結的衝突性。小畢成長的環境由「軍眷村」搬到淡水的鄉鎮上，諸如淡水的海灣，沙灘，木屋，窄巷，學校的操場等等，走進陳坤厚的鏡頭，一方面隱喻少年成長時一種無拘、狂放的生命態度，另一方面也處處透現出鄉鎮生活的樸素詩情和韻律，增添了影片的厚度。也由原著裏相當封閉的眷村空間，到影像裏處處海邊、大樹等自然景致顯示出一種開放。是故，原著的悲劇轉化為影像上，走出封閉的眷村，向外發展成為小畢成長的轉捩點。畢媽媽死後，小畢讀軍校，畢伯伯離開村子開雜貨店，小畢畢業後將之改建為青年商店，悲劇終究消隱在歷史中，竹籬笆外面還有春天，影片並未流露強烈的本省／外省衝突的焦慮感，而是受難的母親作為彼此傷痕的撫慰，以及救贖的象徵。

（三）規訓身體與父子傳承

　　影片一開頭，是五歲左右的小畢，與幾位小孩在海邊開心的玩耍，下個鏡頭是母親與阿姨小雲沿著海灘，從鏡頭右邊走向左邊，然後小畢走向母親，鏡頭拍攝母子牽著手的背影，慢慢地淡出鏡頭。從影片的鏡頭呈現主角雖為小畢，畢媽媽卻是他的依靠。畢媽媽雖因愛上工廠領班的有婦之夫而有了小畢，她曾割腕自殺而被救。她活下來的唯一理由，便是小畢。在海灘的漫步隱喻著母子兩人相依為命。小畢無從選擇自己的出身，母親愛上了有婦之夫，注定是要孤獨走上撫養之責。她在舞廳伴唱維生，為了小畢的完整成

〔註32〕羅青，《羅青看電影》，台北：東大圖書公司，1995 年，頁 135。

長，她嫁給大她二十歲的畢伯伯，條件是「必須供小畢讀完大學」。她感激畢伯伯的不棄，畢伯伯也能盡到爲人父基本的物質生計照顧。

小畢五歲時，畢媽媽爲了他而嫁給畢伯伯，小畢隨著母親進入父權的象徵體系。當畢媽媽在老畢的房子裏相親時，鏡頭走向戶外的小畢，此時小畢正在院子嬉戲，看著小池塘裏游魚，此時鏡頭的隱喻是與片頭一開始的大海相映照，原本性情如同大海般無拘無束，現在則是要接受教育，接受體制的訓練。私生子的小畢，雖在畢家暫時得到一個棲身之所，但是他原先狂放的個性也開始要接受約束與教養。黃式憲認爲：從敘事的結構形態來看，這部影片並不採取侯孝賢式的情節淡化模式，卻較注重人倫親情的糾葛和衍變：另方面，在以人生傳記格局來開掘人文精神上，則頗近似李行《原鄉人》式的結構，二者之間在詩學特徵方面的承傳關係是比較顯著的。〔註33〕影像與文本透過幾個事件來描繪小畢的個性。遇到小畢打破了人家玻璃，「畢媽媽在人家門口細聲細氣的道歉，未語臉先紅」。畢媽媽純然扮演著小畢的守護神，替他未來做最好的安排與照顧，爲著不名譽過去的糊塗，安安靜靜本本分分的持家料理，生活祈求的是安寧與成長。她在畢家不爲自己，卻爲小畢。雖畢伯伯不是排擠，但他總是無法和小畢親近。畢媽媽幫小畢送水送雨衣，即使小畢不穿，但爲了媽媽總會應付性的遵從將雨衣蓬風式的披綁在肩上。此處即暗中埋伏了線索，再桀驁不馴的小畢，心中仍能體貼媽媽的苦心，盡力的遵從。

一方面是以影像鋪陳小畢的桀驁不馴，但另一方面也著墨在小畢如何走入父權體系與體制之中。當小畢隨著媽媽的出嫁而進入朱小凡所就讀的小學，第一天上學，台上老師介紹他給全班同學認識，鏡頭先是聚焦在黑板上斗大的「畢楚嘉」三個字，然後再由權威的老師說明他的名字叫「畢楚嘉，是河南人」，但是站在台上的小男孩卻矢口否認說：「我叫林楚嘉」，又解釋道「是我媽媽跟他（畢大順）結婚，我又沒有跟他結婚。」下一個鏡頭則是小畢跟隨著畢大順兩人在桌子兩側，一同練習寫書法，畢大順說：「來，爸爸教你寫名字」，此時鏡頭聚焦在「畢楚嘉」三個字，畢大順又說：「我是老畢，以後你就是小畢。」從小畢繼承繼父姓氏，以及老畢——小畢，正式地經由老師與繼父重新命名，他就走入父系傳承的系譜之中，也進入父權文化

〔註33〕黃式憲，〈以鄉土爲根基而提昇電影的文化品格——略論陳坤厚作品的意義及其風格特徵〉，《電影欣賞》，第 57 期，1992 年 5/6 月，電影資料館，頁23。

的象徵秩序裏。法國精神分析學家雅克・拉岡（Jacques Lacan）指出，語言
系統表徵著一個「以父為名」的陽具語言中心象徵系統，此一象徵秩序一方
面使主體之間得以溝通，包含且支持社會體系的價值觀，然而，另一方面，
主體在進入語言系統的那一刻即被異化，而經歷了根本的疏離。童年代表進
入話語象徵秩序之初，異化與疏離尚未深化。〔註34〕小畢的個性仍保有原始
的童眞，以及野性，朱小凡的觀察裏：小畢他是男生，絕對痛恨雨衣，絕對
不加衣服，他往往把雨衣披在肩上，做個行俠仗義的青蜂俠，也算是聽媽媽
的話了。他披著雨衣衝出學校，到每個人家亂按電鈴。一起和同學在海灘上
銷售漫畫書。畢媽媽與畢伯伯的婚姻是專爲小畢而結。母子兩人血肉至親，
再如何放蕩狂飆的小畢「唯畢媽媽不必疾言厲色就伏得住他」，他心知母親
爲他的犧牲與煎熬，在她面前他總能退讓而溫馴。這些鋪陳都在說明小畢性
格一方面是接受父權陽具中心所教化，但另一方面有他自己特殊而反叛的個
性。

　　在影像上增添許多畢伯伯和小畢之間的互動。畢伯伯代表要小畢遠離自
己的桀驁個性，接受教化的父權象徵，有一次畢伯伯幫小畢帶便當，朱小凡
亦是從教室的窗框觀察，影片的畫外音：畢伯伯和小畢之間，總是讓人感覺
過份的客氣與生疏，也許不是自己親生的。影像裏有二個場景是小畢跟隨畢
伯伯學書法，一個是小時候學寫自己的名字，象徵小畢進入父系的傳承系
譜。另一個則是小學時暑假在家，媽媽要她跟畢伯伯一同練習書法，寫沒多
久，小畢就翻牆與朋友一同去玩，在海邊四個小少年的身影，同在海岸嬉遊。
進入國中，第一個鏡頭則是學校的升旗典禮，接著是幾個小畢個性桀驁不馴
的事件，約心儀的女孩陳月香，學抽煙，欺負同學（將同學的褲管割破），
偷吃女同學的便當等等，引來學校的記過處份，朱小凡到辦公室時看見小畢
與畢伯伯、畢媽媽，鏡頭透過朱小凡的目光，聚焦在小畢年輕不馴的神情與
畢家父母焦慮的神情，畫外音傳遞朱小凡的說明：畢伯伯與畢媽媽的求情，
終於使小畢留了下來，最後是記兩個小過，留校察看而且訓導組長還破例很
仁慈的讓他當朝會的司儀，說是可以讓他發洩精力，培養責任感和榮譽心。

　　鏡頭接到小畢練習喊口令，整個場景是在畢家外面空地上，背後是大海，
兩個小弟順從著小畢的口號，「稍息，立正，向左轉，向右轉」，但是兩個小

〔註34〕 Gayle Greene and Coppelia Kahn 編，陳引馳譯《女性主義文學批評》，頁 61～
　　　 64。

弟卻搞不清楚方向，形成一個令人忍俊不住的有趣畫面。接著鏡頭轉向房子
內的畢伯伯，他從家裏探出頭來，看到小畢在練習口號，即指導小畢說：「喊
口令要從丹田裏用力，拚命似的」，下個鏡頭則跳接到畢媽媽在房裏燙衣服。
整個場景的鏡頭視角，畢伯伯是站在稍高的地方向下俯瞰，猶如一位總司令，
底下是小畢和兩個弟弟站著聽訓，其間的畫面構圖亦形構了他們之間的微妙
關係。畢伯伯的父系傳承，學校的教育體制，以及國家機器三者充分地在此
「喊口令」畫面裏連結，當時台灣特殊的時空，使得國家機器透過學校教育、
家庭教育形塑每個國民具有男性軍事化（militarized）主體，個人身體透過教
化（civilize）遭到國家化、工具化、軍事化，它被國家機器安置救亡圖存的國
族價值，個人主義、無政府主義或種種醜陋、怪誕（grotesque）的生活習性被
根除，一切身體的行爲以是否對國家有利爲目的，此種整齊劃一、標準化的
身體展演具體落實在每個學校的升旗、降旗典禮，以及制服、髮禁、軍訓課
程，每個學校教育以軍事化的規訓爲準則，並以打造每個國民身體成爲國族
身體（national bodies）爲主要目標。〔註35〕此種規訓的形式，透過家庭、學
校進行教育，每日不斷重複的強迫性的身體展演，已成功地化爲一種儀式，
轉化爲我們（政治）潛意識或身體自我（bodily ego）的一部份。

　　在華人的家庭系譜裏，子不僅要肖父、認同父親的角色與形象，同時，從
父親的角度來看，將兒子視爲自己的意志與生命的延續者或替身，也是一種自
戀的鏡像想像認同。所以此種家庭內身體國家化的訓育過程，似乎不同程度地
皆出現在許多外省老兵的家訓過程裏，誠如張小虹所言「在華文社會中以『孝』
爲父子軸陽具價值的主要判準之一乃是『肖』」，亦即克紹箕裘的子承父業，
『肖』乃爲子透過對陽物父親之認同進入道德倫常的象徵秩序」〔註36〕在這個
三個兒子與父親一同練習喊口號的場景裏，主體的形成與馴服之間是認同父系
陽具理體中心的象徵秩序，而此一規訓的主體不僅僅是家庭內男性主體的認
同，也是一個被國族所承認、召喚、動員的男性主體，此種軍事化的儀式、姿

〔註35〕此種國族身體（national bodies）的打造可從二十世紀初期蔣介石在中國大陸
　　　　所推展的新生活運動開始，此乃近代中國歷史上第一次大規模動員人民身體
　　　　的政治／社會運動，其目的是教化人民，使得中國能夠進入現代化的進程。
　　　　隨著蔣介石來到台灣，新生活運動的推行也在台灣落實。關於新生活運動與
　　　　國族、身體之間的關係，請參見黃金麟，〈醜怪的裝扮：新生活運動的政略分
　　　　析〉，《台灣社會研究季刊》，1998 年 6 月，頁 163～203。
〔註36〕張小虹，〈不肖文學妖孽史——以《孽子》爲例〉，收於氏著《怪胎家庭羅曼
　　　　史》，台北：時報，2000 年，頁 30。

態、動作、口令等等，成為界定父子之間孝／肖的重要符徵，亦成為男性主體的特質之一。

最後，小畢桀驁叛逆的個性並未被完全馴服，他五歲才有的父親，得不到他的信賴感。小說文本裏陳述他國中學會抽煙，打架，常出入訓導處罰站，血緣不親造成他孤臣孽子的孤危自卑而自我放逐，他偷拿學費而自行花用，是變相的得到滿足與肯定自我的存在價值，當畢伯伯拿皮條「下了狠手打他，小畢給打急了連連叫道：你打我，你不是我爸爸你打我！」與畢伯伯的激烈衝突頂嘴，說出了畢家最深也最痛的癥結，「劈拍兩聲耳光，是畢媽媽摔的」〔註37〕摔出了真實，也摔出了小畢積壓深沈的卑曲。影像上當小畢在外闖禍，畢伯伯盛怒之下打了他，小畢吐出不認父親的怨語，畢媽媽強令兒子下跪認錯，兒子拒不肯跪，畢伯伯更是火上加火，說：「我不是你爸爸，我沒這個福份受你跪！找你爸爸去跪！」父子對峙相爭，恰恰觸著畢媽媽內心的隱痛，便遺書自殺，遺書上的最後叮嚀「阿楚，我告訴你，你要孝順爸爸，我在地下才會安心。」〔註38〕無疑是一種死諫了。此種父子衝突是整部影片的高潮，牽涉到父子之間的情感與認同。影片著眼在父子兩人情感的疏離，畫外音裏朱小凡說：「畢伯伯從來沒有像一般父親那麼嚴屬，小畢犯了錯，總是說情多過於懲罰，在當時，我不懂得為什麼在生活裏的瑣瑣碎碎，不管是愉快的，憂愁的，在很久很久以後想起來卻都是珍惜的。」小畢父子之間的衝突是鬱積多年尋求父親角色認同不得的失望憤慨情緒決堤。青春期性別角色的認同缺乏，孤傲。如此艱辛的成長過程，往往造成社會罪惡淵藪的元兇。小畢的桀傲叛逆，在懸崖邊踟躕險步，他即時懸崖勒馬，是母親用生命換來的代價。他堅持投考軍校，「他是決心要跟他從前的世界了斷了，他還年輕，天涯地角，他要一個乾乾淨淨的開始。」〔註39〕那是小畢為了母親而給自己的一個重生。

小畢世上唯一的依靠已不復在，他投身軍旅，是寄望用鐵的紀律來扭轉自己荒唐頹敗的生活。他成為空軍軍官，又鼓勵畢爸爸擴建經營青年商店，是將孺慕之愛轉化為對父親的情感。最後小畢選擇從軍，呼應之前小畢喊口號的身體展演，界定自己的身份，傳承父親的訓育，亦確認自己在父系系譜中的位置。影像的鏡頭透過朱小凡，凝視著成為軍官之後的小畢，身著軍官

〔註37〕朱天文，〈小畢的故事〉，《小畢的故事》，台北：遠流，1989 年，頁 18。
〔註38〕同上註。
〔註39〕同上註，頁 20。

制服的小畢，勁帥挺拔，軍事化的男性形像成為國／家男性特質的理想典型。孝的論述在現代化的過程中，被一套國族身體觀重新衍義，強化理想的男性主體，在國族主義的召喚下是認同黨國秩序的好公民，在家庭父權秩序裏，是臣服於父親權威的乖兒子。

第三節　童年憶往鄉愁與母性／原鄉符碼

　　原鄉意象往往包含豐饒的土地意象，而傳統上大地之母的意象，即傳遞出母土與母性、鄉土等意象、意涵的重疊。回鄉象徵回歸安全家庭，回歸母親溫暖懷抱。正如張寧對原鄉的闡釋：

> 原鄉往往是一種被對象怨恖了的複雜的情感意象——它是家、是祖
> 先流動的血脈，是一種根植在每一個「原鄉人」生命中的文化記憶，
> 也許用佛洛伊德的觀點來看是一種回歸母體欲望的象徵。〔註40〕

此種追溯本源、回歸鄉土的渴望，透過時空距離在原鄉作品裏的重要性，束縛、壓抑、困苦等負面印象被美化或排拒於書寫之外，而溫馨、美好的一面則成為作家構築原鄉世界的素材，起著撫慰心靈的作用。原鄉作品的書寫是取他鄉的經歷回看故土的一切，從而用選擇性的符碼構築原鄉的意象。此種選擇性的符碼所建構的鄉土，早已不只是地理上的故鄉，更隱含作者追溯生命本源、尋找生活意義、重建人間倫理的理想。〔註41〕

　　「懷鄉」不只是空間上對生存地域的認同，有時更是一種時間上追本溯源的渴望。這種渴望擴大而言，是對家族血緣的追溯、對祖先的懷想。此外，懷鄉常表現為童年鄉土經驗的懷想，對個體生命起源的追尋。陳玉玲〈女性童年的烏托邦〉認為，童年記憶歷經時空距離與反覆書寫，已構成隔絕於成人現實世界的心靈烏托邦。〔註42〕隨著歲月流逝與不斷反芻，童年的鄉土遂成為作家內心深處純潔的淨土，而傳統文化價值也成為作者生活觀照的源頭。

〔註40〕張寧，〈尋根一族與原鄉主題的變形——莫言、韓少功、劉恆的小說〉，《中外文學》，第 18 卷，第 8 期，1990 年 1 月，頁 155。

〔註41〕王德威，〈原鄉神話的追逐者——沈從文、宋澤萊、莫言、李永平〉，收入《小說中國》，台北：麥田出版，1993 年 6 月，頁 249～277。

〔註42〕陳玉玲，〈女性童年的烏托邦〉，《中外文學》，第 25 卷，第 4 期，1996 年 9 月，頁 104～106。

　　從《兒子的大玩偶》（1983）開始，現代化的主題一直存在於侯孝賢的作品之中，只不過在八〇年代的社會政治氛圍中，這個主題總是被掩蓋在國家認同的論述之下。學者指出：台灣的發展史是（這五部電影）的隱性文本（subtext）。我們細加觀察便可發覺《風櫃來的人》（1983）藉著青少年由風櫃到高雄的空間轉換，其鏡頭框架即預設了強烈的城鄉對比：兩個都是港口，但是在風櫃，四個青少年可以在碼頭上，背著撲打堤防的大浪快樂地大跳其舞；在高雄，則只能在車水馬龍的街頭賣盜版錄音帶，在片尾藉著入伍做為解脫逃離的希望。《戀戀風塵》（1986）則是將主角阿遠抽離成長的山城，放在現代化初期的台北，做著單調機械化的工作，結果疏離了所有的人際關係，連女朋友都跑掉了。片尾阿遠回到山城，和種番薯的阿公有一搭沒一搭的閒聊，鏡頭搖過迷濛的山群，配著陳明章極其簡約的吉他，鏡頭彷彿在輕拂著遠山淡雲，悠悠的大自然山林田野具有撫慰人心的功用，幫助支離破碎的個人復原的能力。侯孝賢對於都市及資本化的台北有著焦慮的心情，這要在《尼羅河的女兒》這部影片中才具體化為一種黯淡色調呈現出來。

　　侯孝賢的鏡頭對空間的處理，常以大自然作為鄉土的隱喻，當人回到鄉土時就得到撫慰，得以抗拒現代性的到來，以及往後在《尼羅河女兒》中高度資本主義化的消費都會。《童年往事》與《冬冬的假期》這兩部青少年的敘事將朱天文文字上的童年鄉愁轉化為鏡頭上凝視的鄉土。以下就分別再從《童年往事》、《冬冬的假期》影像、文字與母性空間再深入探究。

（一）童年往事

1. 認同與記憶

　　《童年往事》主要是以男主角阿哈咕成長歷程為敘事文本，朱天文說：「民國七十四年春末侯孝賢開拍《童年往事》，七十六年仲春拍《尼羅河的女兒》，這兩部都是直接寫成劇本，小說則是後來再寫的。」〔註43〕可知這兩篇短篇小說皆是類同故事大綱，可謂是以影像來引導出文字敘事的作品，而其敘事者，一個是第三人稱男性敘述聲音「阿哈咕」的童年往事；一個是第一人稱女性敘述聲音「林曉陽」的青春記事，這兩個不同性別，不同口吻的敘事聲音，也分別展現台灣鄉土時期與資本化時期的變遷。侯孝賢一九八五年的電影作品《童年往事》大致上被公認是描述五，六〇年代台灣歷史文化經驗的經

〔註43〕朱天文，《朱天文電影小說集》，台北：遠流，1991年，頁8。

典作品，當年尚處於戒嚴的緊張氛圍裏，陳國富便寫道：

> 《童年往事》的記憶成爲時代的記憶，民族的記憶，當片尾代表新
> 的一代的四兄弟凝視著祖母的屍體，那彷彿長達一世紀的凝視見證
> 了另一個世紀的逝去，電影找到了最後的觀點，而被注目的對象是
> 觀眾。〔註44〕

這個記憶的形式是以「阿哈咕」的成長過程與家庭變動爲故事主軸，透過「阿哈咕」的眼光來看台灣社會的變遷，與成長的經驗。此片有濃厚的自傳式色彩，以導演侯孝賢自己的成長經驗來詮釋戰後的台灣社會與自身認同的轉化。侯孝賢所詮釋「鄉土式」的台灣風貌，與官方式的台灣與中國圖像的描繪，有很大的不同；卻也延續了七〇年代鄉土文學風潮與本土論述的傳統，在電影影像上建構出另一種「本土」的國族形象，結合社會上尋溯台灣鄉土的思潮。同時，《童年往事》所處理的外省家族來台後生活及認同轉變，也在台灣身份認同的問題上，提供一個詮釋的視角。

　　《童年往事》陳述的是來自大陸的外省族群如何在台灣社會生根，轉移認同；劇中以阿哈咕的成長過程作爲軸心，家族成員的關係與凋零爲故事發展的脈絡。小說文本以第三人稱旁觀視角，男性的敘事口吻講述阿哈咕家三代同堂，原爲廣東梅縣人，屬客家族群，國民黨遷台後全家都到台灣。電影影像上是導演侯孝賢的畫外音旁白：「我父親是廣東梅縣人……」，鏡頭攝入一個日式房子，拉門窗格內是小孩子在嬉戲的聲音，影像上的自述更增添其自傳性的色彩。小說一開頭登場的人物是年長的祖母，電影影像先是凝視著小鎮的大樹，畫外音遠遠傳來阿婆在找她最疼愛的孫子「阿哈咕……阿哈咕……」，〔註45〕但是時常找不到回家的路。這位最年長的阿婆一心想回老家去祭拜祠堂，念念不忘家族的根源在廣東；但卻無法理解由台灣到廣東梅縣，不只是地理上的遙遠，更有複雜的政治因素隔絕著兩地。在影像上強調阿婆在台灣，面臨無法與他人溝通的困境，說的話外人不能懂，離家找阿哈咕也會迷路；與台灣呈現著疏離隔絕的狀態，隨著阿哈咕的長大，阿婆終於

〔註44〕陳國富，〈《童年往事》──時代的記憶〉，收入焦雄屏編著，《台灣新電影》，
　　　　台北：時報，1990，頁140～143。

〔註45〕影片中祖母以客語發音，男主角名爲「阿哈咕」，若以中文書寫爲「阿孝」，
　　　　影片字幕及小說文本有時以「阿孝」或「阿孝咕」、「阿哈」等出現。「咕」爲
　　　　客語中稱未成年之男孩。本論文爲強化影片文化認同與流離之複雜性，主要
　　　　以「阿哈咕」來指稱男主角姓名。

陷入無法與任何人溝通的狀態，寂靜的死去。阿哈咕的父母一代，也始終認為回大陸老家是遲早的事，因此購買家具以方便丟棄為原則，未能料到最後竟死在這南方的島上。

到阿哈咕這一代，「故國」成為遙遠陌生的地方，同學把「反攻大陸」當作玩笑話，平日阿哈咕所使用的語言也以福佬話為主而不是原來的廣東客家母語；台灣對阿哈咕而言，才是熟悉的家鄉。在經過三代後，阿哈咕家族終於在台灣落地生根，把台灣當作家鄉；在身份同上也自「大陸人」轉化為「台灣人」。在《童年往事》裏記憶是阿哈咕的記憶，屬於阿婆及父母那一代的記憶已隨著他們的死亡而凋零，《童年往事》所鋪陳的記憶是屬於在台灣成長這一代的記憶，台灣成為阿哈咕的母土與故鄉，與阿婆及父母那一代的認同已有所轉變，焦雄屏指出：

> 片中的人物與行為讓我們看到台灣自一九四九年以來的變化，政治上的本土紮根意識，由老一代的根深柢固鄉愁……中一代的抑鬱絕望……乃至下一代的親炙土地與台灣意識成長……清清楚楚呈現世代變遷中的政治意識變化，上一代的鄉愁與大陸情懷，隨著時代凋零，全片雖環繞著阿孝咕的成長推展，卻一直未脫離這個自片頭就設立的政治基調，而且隱約呈現對這些年代的惋嘆及悲哀。〔註46〕

這個影響深遠的閱讀，成為對《童年往事》的標準詮釋。到一九九三年，陳儒修依舊指出《童年往事》所呈現的歷史經驗，指的是台灣島上的居民逐漸脫離中國意識的經驗，他認為《童年往事》說明對於大陸的記憶，以及所謂家鄉的意義，已隨著世代交替開始有了變化。當年輕的一代在台灣這塊土地成長而且茁壯長大，老一代的人卻相繼去世，結束了過去的歲月。

《童年往事》的影片意義無論是「另一個世紀的逝去」，「隨著時代凋零」，或是「結束了過去的歲月」，我們可以看到評論者藉由對該片的詮釋傳達外省族群對於台灣土地的認同，把這個認同的建構過程以政治隱喻的方式，將片尾祖母的逝世做為舊時代結束的象徵。與其說這種詮釋所採取的觀點立基在影片六○年代「真實的時代紀錄」，不如說它其實是八○年代的歷史建構。《童年往事》對話的互文對象，其實是面對八○年代台灣政治發展的文化氛圍，從這個角度而言，侯孝賢在他描述對童年及青少年回憶時，他的電

〔註46〕焦雄屏，〈《童年往事》—— 台灣四十年〉，收入焦雄屏編著《台灣新電影》，頁305。

影變成了台灣轉換成現今社會的隱喻，可以被解讀是具有詹明信所說的政治潛意識下的國家寓言（national allegory）。這部電影也正在參與一個歷史及空間建構的過程。焦文所談的「本土紮根意識」其所隱含的意思是懷鄉的上一代並沒有去親身實際的接觸到台灣這塊土地，而在台成長的下一代卻聽到了土地的召喚，實際與這塊土地產生親切的互動。〔註47〕

2. 電影的線性敘事與小說的後設語言

《童年往事》小說與電影的互文關係，電影先拍攝之後，然後才產生小說。兩個文本都是以父親從廣東來台任官職的阿哈咕為軸心，鋪演戰後來台前後三個世代的生命史。兩者最大的差異性在於敘事時間，以及敘事語言上，電影基本上是線性的敘事，其語調是鄉愁式的懷念，而小說語言基本上則是敘事時間跳躍，現在－過去，過去－未來，交錯互文的形式，充滿著一種後設性的敘事。

小說文本裏敘述者陳述著阿哈咕的記憶，記憶的時序並非線性的，朱天文一貫以她枝蔓龐雜的敘述，呈現記憶的片段，扭曲與時序錯置，如小時候，阿婆坐著三輪車回來，被車夫索取高額的車資，突然插入「五年後，到他長成為男子體格的十七歲年紀，便可以為了祖母去把三輪車夫打了一通。」〔註48〕又如小時候因為阿哈咕的外號而與鄰家小孩打鬧，朱天文馬上把時間一躍「即使二十五年之後，他變成一位導演回來這裏，雖然張仔被人殺死了，張仔的哥哥跑來看他，還是叫他阿哈大卵巴。還有阿猴，騎著單車來，跟別人講，阿哈以前什麼事都不做，就愛唱歌跟耍寶。」〔註49〕小說是朱天文散文式的敘述方式，時空跳躍，往往從後設的角度來談阿哈咕是個怎麼樣的青少年，以及他在成為導演前曾做過什麼，如成年之後作過保險從業員，進入電影圈成為電影作者的種種因緣。「阿哈在學校……到講臺主持小小廣播電臺，賣廣告、報新聞、唱他們唯一的一條英文歌曲……他未曾料想到他三十六歲那年春天，是憑著當年這一段經歷，去參加黃俊雄首次國語布袋戲『西遊記』的配音工作，擔任豬八戒及各種小妖怪。」〔註50〕又如小說敘事者記述阿哈咕記得歷史上的大事：陳誠

〔註47〕李振亞，〈歷史空間／空間歷史〉，收於沈曉茵等編《戲戀人生：侯孝賢電影研究》，台北：麥田，2000年，頁113～139。
〔註48〕朱天文，〈童年往事〉，《炎夏之都》，台北：遠流，1989年，頁36。
〔註49〕同上註，頁36。
〔註50〕同上註，頁39。

副總統過世,「陳誠去世的那個月,姐姐結婚了,因為忌中致哀,停止飲宴,姐姐的婚宴以茶會舉行。類似的事情,他二十八歲以侯犖筆名撰寫劇本《桃花女鬥周公》的時候,開鏡四月五日蔣公去世,風雨大作,撤消了通告。」〔註51〕在文字的敘事上將個人成長歷程與台灣影視文化記憶連結,亦將個人記憶現在與過去雜糅在一起;官方歷史事件與個人生活回憶並置(陳誠去世/姐姐婚宴;蔣公去世/電影開鏡)。

但是影像上的敘事是則是一個邏輯線性的時間順序,依序生命中的重大事件:建元堂哥死亡、考上省立鳳中、父親死亡、姐姐出嫁、哥哥教書、母親死亡、祖母死亡,以重大的事件標誌他人生的轉折點。電影影像最後凝視在祖母去世的影像,阿哈咕正式告別童年、青少年,往後他考上藝專、進入社會謀職,最後成為導演這些小說裏出現的敘述,則是在電影拍攝完成之後,由朱天文再執筆寫成小說時增添進去,在此也可看到電影與文學之間親密的對話。這個童年記憶是伴隨著家庭生活、家人、台灣南部的生活開展:

> 阿哈小學一年級的時侯,全家又搬到了鳳山。阿哈印象中的父親總是捧著書本在看,後來得了肺炎,一咳嗽就避開小孩,因此也不與他們小孩親近。阿哈記得母親,常常把生蓮藕洗得很白很乾淨,切一片片裝在搪磁盤子裏端給父親吃。祖母經常在包銀錢,準備要一起帶進棺材裏去的。〔註52〕

在影像上與文字及回憶相對的是大量家庭日常勞動作息:媽媽和姐姐永遠在燒飯做菜,或是打掃內外,外婆老是在剪紙做銀元,父親則是恆常坐在書桌前,這些大量的家庭勞動影像產生一種簡約的作用,將日常生活的細節化約成一種「求生存」的基本活動。在這個恆常性的家庭空間裏,上一代人說著廣東梅縣的客家鄉音,家鄉生活的點滴記憶,以及外省族群流亡逃難的回憶。阿哈咕的父親在廣東梅縣是被敬重的知識份子,擔任過教育科長,鄉人稱為芬明先生,一九五九年過世,過世前他在半睡眠狀態中,腦中流過家族記憶,父親訴說著秋明伯父的死亡異兆,在小說文本裏,敘事者的觀點曾深入父親的意識流:

> 他想起亡兄秋明,時任粵軍五十一師營長,可惜沒有再做上去,惡性瘧疾死了。……父親泗曾配黃氏,生秋明與他。五叔續曾早年過嗣同宗,另立家室。伯父登曾義層算層都先後歿於南洋,所遺妻子,

---

〔註51〕 朱天文,〈童年往事〉,《炎夏之都》,台北:遠流,1989 年,頁 49。
〔註52〕 同上註,頁 34。

> 已爲異邦同化，不再思中土矣。他的侄子建元，二十四歲死在金門
> 砲戰中。他的妻子張氏，生一女四子……他的一生，在他腦中一瞬
> 間都過完了，牆外鳳凰木燒著藍天，米粒般的芽黃葉子自紛落，下
> 了一場黃雨。〔註53〕

這段小說文字的敘事完全按照著父系家譜所鋪衍而成，以父子傳承作爲主
軸，旁及叔伯、兄弟的父系家族史，父親想到他們上一代以及這一代的家族
歷史，他的亡兄秋明，父執輩以及伯叔等人隨著近代國家的苦難爭戰，紛紛
流亡他鄉，或病死，或戰死沙場，尤其姪子建元死於「八二三」金門砲戰中，
帶給全家莫大哀傷，而伯父輩下一代的妻子則「已爲異邦同化，不再思中土
矣。」在正統父系線性傳承的子嗣宗族觀念，其言下之意似也疑慮自己死後，
妻子是否也會「不再思中土」。

　　在電影影像上則是午後夏日時光，全家人圍在榻榻米上吃甘蔗，畫外音
傳來純正國語報導前方戰況捷報消息「我空軍健兒擊落敵方米格機……」，鏡
頭則略爲仰望的角度（這是阿哈咕等小孩子的視角），拍攝父親坐在竹籐椅子
上，斯文地嚼甘蔗，以廣東客家鄉音談論伯父秋明的過逝，以及建元姪兒的
出生。在影像上我們更可以識別出這個流亡情境與記憶建構的互文性，家庭
空間裏是木造的日式建築，躺臥的是米黃色榻榻米，嘴裏所吃的甘蔗，這一
切空間的情境都是與台灣緊密連結的符碼，但是由父親所傳遞的鄉音、家族
史則是遙遠家鄉的回憶，父親努力地傳述家族回憶，以形塑下一代的認同。
這個時間點是在父親死前一年，一九五八年八月，中共猛烈砲擊金門，台海
局勢吃緊，雙方激烈對峙，即所謂「八二三砲戰」。在電影影像上也強調這次
的捷報帶來島內興奮的情緒，阿哈咕隔日到學校看見老師三三兩兩聚在一起
談論戰事消息，鏡頭以聚焦在報紙上捷報消息。這對這群外省流亡族群而言
是「反共戰爭以來最大一次空戰」，上一代以爲反攻大陸終於有了眉目，歸鄉
之路不遠。但是對於下一代而言，鏡頭由室外明亮的教室走廊轉向教室內較
暗的色調，稚氣的小朋友大聲而不無嘲弄的口氣說著：「我們要反攻大陸囉！」
其他的小朋友先是一陣靜默，然後爆出哄堂大笑。反攻大陸這樣嚴肅的國共
戰史，在下一代的眼中卻被嘲弄的呼喊成一句空洞的口號，與當時代整個反
共的情境形成互文的戲仿。對於阿哈咕這個家族而言，金門砲戰的結果卻是
家族的建元堂哥在此次戰役中死亡，而台海情勢持續緊張，對立與隔絕．反

〔註53〕朱天文，〈童年往事〉，《炎夏之都》，台北：遠流，1989 年，頁 45。

攻無望，家還是歸不得。

　　小說及電影影像的場景，阿哈咕居住在南部鳳山一個官方的日式宿舍，父親因罹患肺炎而總是躺在靠椅上讀書，母親也是極少出門，影像呈現出家庭作息的恆常性，但也顯示出上一代人來到台灣這塊陌生的土地時，將自我主體置放入自己所營造的封閉的空間裏，祖母外出的理由是要找到回大陸的那一條路，但時時迷失方向，更突顯出對於土地、語言的陌生感，因而使她對空間產生迷惘。如李振亞所言，《童年往事》影像敘事裏，對遷台上一代而言，「家」是一個向外隔絕的封閉空間，家的圍牆不僅是家園空間向外區隔的圍籬，同時也是文化區隔的藩籬。他認為：

　　　《童年往事》的家庭空間是一個矛盾綜合體：它一方面是家，因為
　　　它是一個孤絕的環境，住在裏面的人努力地複製家鄉的氣氛，將裡
　　　面塞滿了鄉音和回憶（空間是一種建構）；另一方面它又不是家，因
　　　為它不斷地「遙指」家鄉，反而更加將自身塑造成一種欠缺匱乏，
　　　不是真正的「鄉土」（土地的「原真」含意）。〔註54〕

上一代的懷鄉情感，使得在台灣的家庭空間充滿不斷地回溯原鄉的衝動，包括祖母、父親、母親等在家庭空間內是用廣東客家鄉音交談，父親回憶父系親屬的生命史；母親則回憶自己在大陸時從原生家庭到婚約家庭的生活史，其生命記憶充滿斷裂與延續。這個在台灣的家對上一代而言，只是個短暫停留的點，它是個家，但另一方面它又不斷在複製家鄉的一切，台灣的家成為負載遙望大陸、指涉家鄉的想像空間。上一代流亡到台灣的族群努力建構台灣成為遠方家鄉的替代品，以母語鄉音傳述歷史回憶，進行對故鄉的懷想觀視，以隨時召喚我族的返鄉意識。阿哈咕父親死後留下的自傳，表述對 1949 年之後來到台灣的外省族群，他們對原鄉懷有深刻的眷戀，因此在台灣的家只是個仰望懷鄉時暫時的棲息處，短暫的休養生息之後，又要返回家鄉：

　　　父親自傳裏面寫說，初來台灣的時候，本來計劃住三，四年就要回
　　　去的，所以不願買傢俱，暫時只買一些竹器，竹床竹椅竹桌，打算
　　　走的時候這些東西就丟掉不要了．後來母親想要買一架縫紉機，父
　　　親至終不願意，最後才決定買了罷，是一架勝家牌縫紉機。〔註55〕

〔註54〕李振亞，〈歷史空間／空間歷史〉，收於沈曉茵等編《戲戀人生：侯孝賢電影
　　　　研究》，台北：麥田，2000 年，頁 123。
〔註55〕朱天文，《朱天文電影小說集》，台北：遠流，1991 年，頁 59。

在影像上也呈現出姐姐在母親去世之後，整理父母遺物時，在父親的書桌裏找到父親的自傳，在影像上姐姐跪坐在榻榻米上，先是講述父親因為只想暫居台灣，所以只買些竹藤椅，但接著影像的聲音由姐姐念述到父親不敢靠近小孩子，不敢親近小孩，是因為怕傳染肺病給家人時，姐姐不禁哽咽而失聲哭泣，對於上一代暫居台灣的想法，想要返回大陸家鄉去，對阿哈咕這一代是模糊的、遙遠的，但是父親在家庭裏的作息，不敢親近小孩，卻是姐姐與阿哈咕這一代最真切的記憶。《童年往事》銀幕上所呈現的歷史，就在上一代、下一代交錯的多重記憶與多重空間中體現，在「建構」與「原真」之間來往，形成兩者之間的對話。對下一代而言「家」、「鄉土」已經在台灣開始萌芽生根，相對於上一代的封閉空間感，下一代則是自由穿梭於自己自幼所熟知的空間，如阿哈咕則輕鬆自如地穿越家與圍牆的界線，影像呈現小時候阿哈咕在大樹及廟前廣場，與台灣小孩融洽地玩樂，蓊鬱的大樹、台灣語言、兒時玩伴形成阿哈咕對台灣這塊土地深厚的情感與依戀；長大之後這塊廟前廣場更是他與兒時玩伴所盤據、消磨青春時光的地盤。

在五○、六○年代統治階級建構「國共對立」、「反攻大陸」等論述，以塑造台灣人民的認同意識，而在國共戰爭之後來台灣的外省族群，則一直處在隨時要返鄉的準備裏，其時空的意識也一直滯留在不斷拉長的流亡情境中。在眷村小說的書寫裏，對於此種流亡主體身處在異鄉台灣的陌生感，以及自我疏離於台灣之外的精神狀態，其心理狀態則停留在懷鄉依戀，以及隨時要離開台灣，準備返鄉的情結多所著墨。上一代努力使家庭空間充滿原鄉的歷史與記憶，不願意在台灣這個現實的家創造新的事物或記憶，使得想像記憶裏的家鄉意象愈形充盈飽滿，而現實台灣的異鄉就更加匱乏荒涼，一旦在台灣置產購屋，走時就有了依戀，如朱天心《未了》中，自家原本不想張羅房子，有了房子就似乎走不了了；而蘇偉貞《有緣千里》也寫道他們原本誰也不想久待，「房子一蓋，又像份長久打算了。」〔註56〕

女性書寫外省族群第二代在台灣的成長史，除了朱天文〈童年往事〉外，還有許多作品如朱天心的《未了》、蘇偉貞的《離開同方》等等。〈童年往事〉與《未了》其歷史場景的時代背景鮮明，勾勒出台灣在一九五○年至七○年代的歷史切面。兩者敘事聲音都蘊含對過去的傷逝感，以及對未來的展望。不過，其敘事聲音則〈童年往事〉充滿廣東客家語言的鄉音，遂與下一代成

〔註56〕蘇偉貞，《有緣千里》，台北：洪範書店，1984年，頁1。

長之後如阿哈咕是國語、台語夾雜，姐姐是講國語，使得兩代之間的生活記憶，文化認同有了差異性。另外，從性別的觀點而言，《未了》傾向女性視點，而〈童年往事〉傾向男性視點，但是兩者的敘事聲音都偏向陽性敘述，前者以頗多關於國族觀想的篇幅展現陽性敘事觀點；而後者則是透過少男街巷地盤爭逐之書寫展現陽性敘事觀點。朱天文〈童年往事〉與蘇偉貞《離開同方》（1990 年）都是以孩童的敘述觀點及視角切入上一代流亡群落的歷史記憶與生活現實。《離開同方》孩童的目光凝視著上一代流亡者群像，以他們的生命故事、流亡情境，形成一代延續一代不斷言說的傳奇故事與歷史記憶，形塑成外省群落的共識感與認同感，鋪衍成眷村第二代無從逃脫，或者援以為憑的生命敘事，其所展現的是族群歷史記憶的延續感；而〈童年往事〉寫的則是下代自身的成長故事，他們如何在父祖一代的龐然歷史暗影中脫出新局，其所呈現的是認同歷程的建構與重塑。

一九八七年「新電影宣言」宣告了新電影的死亡，一九八八年侯孝賢等人為國防部拍攝的宣傳短片《一切為明天》，有評論者認為新電影所代表的進步意涵與批判能力已經被體制所收編；新電影所帶出對台灣歷史建構方式，也被商業體制納入成為票房保證的因素（如陸續拍攝《黑皮與白牙》之類的懷舊影片），正如同「鄉土」最終也不免成為商品化的一種包裝。但是新電影時代的表面上落幕了，台灣電影界又陷入渾沌狀態，但更多敏感的問題，與對社會更尖銳的批評，也隨著社會的開放而在八〇年代末出現。一九八五年的《童年往事》是小說與劇本一起書寫，在影像／小說的錯置互文閱讀下，我們發現上一代懷戀家鄉之情，與下一代建構「台灣新故鄉」的空間語境。從上一代的異鄉到下一代的新故鄉，下一代漸漸發展出新的故鄉認同，流亡的心理與情境隨著祖母的過世而逝去，下一代的目光則是凝視在台灣這塊土地上，作為他們的認同，掙脫父祖一代的龐大的歷史糾葛，將台灣作為自己的鄉土，寫自己的故事。

3. 父系國族與母姐記憶

《童年往事》以阿哈咕的成長經驗來召喚觀看者的認同，給予過去的歲月一個新的詮釋。在五、六〇年代台灣本土意識受到壓抑的時期，台灣的歷史，文化甚至生活方式都被貶為次等；因此，在文學上總是強調著過去大陸時期的豐功偉業或五千年來悠久的歷史，對於生活在台灣的民眾而言，與生活經驗差距過大，很難有共鳴。在電影上政策電影更是極力建構出一個令人「景

仰」的國族認同，有偉大的英雄，廣闊的土地，悠久的歷史與深遠的文化，雖然在教育的成果上顯示這種「中國意識」的建構仍有一定成效，但脫離生活與土地的文化建構終究無法長久存在。七〇年代鄉土文學與本土論述興起，新電影在八〇年代延續這個風潮，並與鄉土文學有某種程度的結合。

　　《童年往事》所表現的鄉土關懷與鄉土文學類似，以小人物在台灣的生活經驗以及台灣風味的景致，如日式房子中家人一起吃甘蔗，用煤球做飯，在鐵路上的嬉戲，大樹下打撞球，中學生的幫派恩怨等等，同時台灣的社會情況也在影片中呈現，如軍隊走過鄉鎮，陳誠逝世，台海關係；可以說侯孝賢提供了一個對於台灣五，六〇年代生活經驗的詮釋，因為在過去台灣經驗一直被忽略，所以侯孝賢的詮釋很快就獲得認同。侯孝賢從個人的成長經驗去詮釋當時的台灣，以懷舊的心情與眼光來呈現他的經驗與記憶，契合許多戰後一代成長的記憶。隨著新電影風行後，許多成長經驗的影片也受到歡迎，新電影成功後，也使得台灣過去經驗的詮釋開始有不同的呈現，打破了過去新電影中單一的圖像；幾位新電影導演也逐漸走出個人經驗的題材，開始深入國族的記憶、認同、詮釋等題材。

　　在《童年往事》的詮釋中，由於以阿哈咕的男性視角作為論述的主軸，所以少有論述者以性別觀點再切入這部影片，以下筆者就嘗試從性別論述的觀點，再探《童年往事》父系國族的認同建構，與母姐以身體、感官形構記憶所形成的互文對話，以及對於下一代阿哈咕的影響。

　　在電影影像裏，先是畫外音男性聲音獨白，倒敘父親如何來到台灣，接著影像裏幾段陳述歷史的片斷標誌出線性的父性時間：父親以父系宗族系譜講述伯父秋明的死亡，建元堂哥的出生，廣播傳出戰爭的消息；建元堂哥死亡在兩岸的戰事「八二三砲戰」；阿哈咕成長之後在軍人之友社打彈子，與社內的老兵起衝突，原因當天是副總統出殯之日，老兵顯然認為在國殤之日，卻在打彈子消遣作樂此舉是大不敬；最後影像裏出現父親的自傳，又與片頭侯孝賢回溯家族歷史的聲音相互呼應，回顧這個家族如何在國共對立的背景下來到台灣的歷史記憶。這些陽性敘述的父性時間觀點，將人物的出生、死亡以及其他生命中重要的事件連結到國家歷史的重要事件上，公共政治的歷史與個人敘事的網絡所產生的糾葛看似將男性與台灣的國族命運連結在一起，但是上一代對陳誠過世視為國殤，強迫下一代聽廣播收音機的葬禮訊息，並對國旗立正，阿哈咕這群年輕人卻是將軍人之社的空間視為消遣遊戲的空

間，對於「效忠領袖」、「居安思危」等反共意識在下一代的認同裏已逐日消
逝。此種父性的時間意識在影像裏以線性敘事呈現，並且將個人生命史與大
敘事裏的國族史互相聯繫，展現出陽性敘事的特色。

　　母親的回憶則是環繞在家鄉剛出嫁時，面對新環境、新人事的生疏、不
適感，對母親而言，離開原生家庭就是離開故鄉，嫁到婚約家庭裏就要不斷
調適對他鄉的陌生感，甚至是對自己丈夫的疏離感，母親對姐姐說：「你爸很
嚴肅，一轉屋家就看書，無聲無息。我才嫁過來的時候，還叫我讀英文，看
不識再問他。」對於新嫁娘的生活，是清苦、拮据的日子，記憶裏最深刻的
並不是國共戰爭的對立局勢，反倒身體感官的記憶：「轉梅縣睡阿婆給的老眠
床，被臭蟲咬得要死。」接續的日子對母親而言，則是生育的重責，母職的
操勞，她的子宮先後孕育過六個小孩，生到第二個小女孩阿琴，被婆婆嫌棄
淨生女兒，後來二女阿琴在當時醫療情況差又交通不便的情況下早夭。對女
性而言生產生育的身體記憶才是刻骨銘心，這個身體承載著母性空間，通過
身體的記憶，家的定義也不斷在變更與重建。離開原生家庭，到婚約家庭，
養育生子之後，隨著丈夫來到台灣，在台灣重建家園。大陸的前塵往事彷若
變成是不堪回首、回歸的過往，其記憶清晰連結著喪女痛楚與新嫁娘時期的
疏離感，透過身體孕育才與夫家有根深蒂固的連結，此種記憶模式與男性懷
鄉敘事呈現性別觀點的不同。

　　老一輩的外省族群其時空意識被放置在過去（離鄉）──未來（返家），
這兩個時空點不斷地流浪游移，在台灣寄居的一切都是暫時的，是爲未來返
鄉所做的準備，但是不斷擱置的反攻大業，使得這群來到台灣的外省群落，
不斷地延遲反鄉的欲望，心理亦遭逢不斷的失落感。但是阿哈咕的祖母，來
到台灣之後無法理解現實地理的距離，時常以脫離現實性的思考邏輯，要帶
著阿哈咕「轉去大陸」，並且離開家門之後，拎個包袱就將返鄉付諸實踐，此
開啓了母性空間的重構，以及精神返鄉的可能。如當阿哈咕考上省立鳳山中
學，祖母鄭重帶阿哈咕展開返鄉之旅：

> 祖母收拾包袱，有兩件衣服，一包麻花零食，很鄭重的邀阿哈咕陪
> 她回大陸：「同我轉去大陸吶，阿哈咕，帶你去祠堂稟告祖先考中啦。
> 這條路，一直行，行到河壩過梅江橋，就進縣城，全部是黃黃的菜
> 花田，很姜。行過菜花田，彎下何屋，就是我們等的屋子咧。」
>
> 他跟祖母走著那條回大陸的路，在陽光很亮的曠野上，青天和地之

間，空氣中蒸騰著土腥和草腥，天空刮來牛糞的瘴氣，一陣陣催眠
他們進入混沌，年代日遠，記憶湮滅。祖母不明白何以這條路走走
又斷了，總也走不到。但是菜花田如海如潮的亮黃顏色，她昨天才
經過的，一天比一天更鮮明溫柔了。有火車的鳴笛劃過曠野，像黃
顏色劃過記憶渾茫的大海，留下一條白浪，很快歸於無有。〔註57〕

由祖母所開啓的返鄉歷程，展現母性空間的鄉土想像，與父親的回憶式的鄉
土想像，呈現出性別差異。父親的鄉土想像是線性時間性的，他的鄉土想像
是在腦海中的浮光掠影，以國族歷史大事爲經，以父祖的、兄弟傳嗣爲緯，
所構織的鄉土想像是父系家譜式，子孫傳遞、血緣綿延具線性時間意味的空
間語境；祖母的返鄉歷程與鄉土記憶卻是空間性的，充滿顏色，氣味等感官
記憶，非線性的、斷裂式的，「路走走又斷了，總也走不到」，但是卻是踏實
地走在回鄉之路上，沿途的菜花田、土腥草味等嗅覺的知覺，使這段返鄉之
路具象而有眞實感。這段返鄉之旅，既現實又虛構，路的延伸與斷離，像是
記憶裏故鄉圖像既在眼前，卻又遙遙在望，此亦象徵父系國族的線性時間傳
續，如五〇年代的口號「一年準備，二年反攻，三年掃蕩，五年成功」所建構
的返鄉路是不復可行。

　　電影影片裏的祖母並不了解政治情勢的演變與地理空間的變化，她執意
認爲只要找到了通往梅縣的那條橋，過了那條水，就能回到家鄉。她重新建
構自己的空間感，在台灣這個土地覆上自己對家鄉的記憶，將現實的空間與
家鄉的環境連結在一起，台灣海峽變成了梅縣外的「那條水」，只要再找到通
往梅縣的「那條橋」，就能返鄉回家了。在電影這場祖母帶阿哈咕展開返鄉之
旅的片段，是令人印象深刻的，沿路上侯孝賢的鏡頭展現台灣鄉土景致，明
亮溫柔的陽光照在鄉間的小徑，樹影及草香似乎透露鄉土的一份閒情。祖母
和阿哈咕到小吃店吃冰，順便問店員，「梅江橋在那？」年輕的店員無法聽懂
她濃重的鄉音，以閩南語頻頻問著「什麼橋？什麼橋？」還順便問坐在旁邊
另一位年紀大的阿婆：「她是在問什麼橋？聽不懂……」祖母雖然無法以言語
與其他台灣人溝通，但是她卻只是莞爾一笑，並不以爲意。接著祖母帶著阿
哈咕在路邊採果子，在洗滌戶外採來的野果時，祖母突然在這戶外場子，開
心地用三顆芭樂拋擲玩耍起來。這個返鄉歷程雖然鄉音無法溝通，路走一走

〔註57〕朱天文，《朱天文電影小說集》，頁43。

就迷失方向感，找不到回鄉的路，影片鏡頭明朗溫暖色調顯示出整個過程沒有沮喪感，反而是相當愉快美好的一次經驗。透過想像的再建構，記憶現實的再生產，這條在台灣的返鄉路，經由祖母自己建構出的空間，形成祖母記憶圖騰裏那條走不到的歸鄉路，每一次「經過」就「一天比一天更鮮明溫柔」，每一次走都像「昨天才經過」一般清晰，終至在祖母的記憶空間中深化成為具象的存在，所以往後祖母出走時總會記得再去採芭樂，這說明記憶的再建構，與空間的新語境。

我們在侯孝賢的鏡頭裏看見他對台灣鄉土，大自然的田野山林和村落型社區的渴望及依戀，以鏡頭避免都市化的影像，全力營造一種「前現代」時期的台灣形象。我們在片中看到的盡是台灣鄉土的明媚風光：紅磚、綠樹、碧竹、木造的日式建築、米黃色的榻榻米，在透明、溫暖、明亮的光影之中，台灣鄉土並不匱乏單調，反而景致嫣然，也因此祖母雖找不到回鄉路，但是在鄉土母性的歡快自在的空間中，祖母仍然得以愜意自得。這部影片裏找不出任何現代都市的暗示或象徵，此種對現代／後現代都會型消費的刻意刪減，是侯孝賢八○年代初期主要的隱喻及主題。這種對台灣鄉土的凝視與依戀，使得在侯孝賢鏡頭詮釋底下，記憶與想像中的亮黃荼花田，以及現實世界中的土腥味、草腥味和芭樂相互交織錯雜，祖母的返鄉之路有了一幅新的家鄉語境。李振亞所言：

> 因為在阿婆的理解裏，它一開始就已然是回鄉的路了。這就是阿婆
> 為什麼那麼高興的原因，她成功的走出了魯賓遜式的孤絕狀態，雖
> 然依舊臣服於歸鄉的意識形態，但是她能夠將現居的環境與家鄉的
> 環境關連在一起……﹝註58﹞

此種重新的建構，以及空間感的互文關連，開啟日久他鄉是故鄉的可能性，也開啟下一代台灣新故鄉的空間感，朱天文小說結尾時，阿哈咕的記憶與觀點是：

> 畢竟，祖母和父親母親，和許多人，他們沒有想便在這個最南方的
> 土地上死去了，他們的下一代亦將在這裏逐漸生根長成。
>
> 到現在，阿哈咕常常會想起祖母那條回大陸的路，也許只有他陪祖
> 母走過的那條路。以及那天下午，他跟祖母採了些很多芭樂回來。

﹝註58﹞李振亞，〈歷史空間／空間歷史〉，收於沈曉茵等編《戲戀人生：侯孝賢電影研究》，台北：麥田，2000年，頁127。

〔註59〕

在《童年往事》這部影片裏，其時空背景是一九五〇至六〇年代的台灣，當時的國共敵對讓台灣內部仍處於一種戒嚴時期閉鎖狀態，而政治上肅殺的白色恐怖陰影也仍籠罩在台灣的整體氛圍。但是阿哈咕記憶中的祖母，卻突破此種封閉的外在氛圍，以自己的空間感重構返鄉之路，在每一次的返鄉——迷路——回家之反覆實踐當中，台灣鄉土的記憶漸漸成為她新的家園記憶，而陪伴她實踐歸鄉之旅的阿哈咕，也在此種情境中銘刻對於台灣鄉土家園的記憶。〔註60〕

　　有論者認為外省族群的書寫，多半充滿了傷逝，愁鬱，憤懣，疏離，異化等情境，然而，回顧五〇、六〇年代的外省族群第二代的成長故事，一九八四年《小畢的故事》仍有濃厚的家國情懷，叛逆的小畢最後服膺黨國的教化，成為一名帥氣的軍官。而一九八五年的《童年往事》則呈現不一樣的思考渠徑，以父系國族歷史的線性記憶與母性非線性、感官身體的女性記憶交錯互文，再加上侯孝賢鏡頭對於台灣鄉土的詠歌，我們看見有別於國族歷史建構的另一種鄉土記憶，此種鄉土記憶包含著母性的孕育、感官身體的具象實感。此種女性敘事走出父親律法（father's law），祖母的空間感、時間感混淆，不依照父系的國族戰爭規範（兩岸隔絕，不相往來），而以母性空間內混沌無序、超脫現實、既現實又虛構的方式展現認同的圖象。此種認同建構的方式有別於在影像裏父親的文字自傳、國家國語廣播、公共媒體報紙時事等記錄歷史，所形構的國族／宗族的大敘事。這則與父系政治意識型態無涉的記憶圖騰，連結想像中大陸家鄉黃亮的油菜花田，以及現實裏台灣鄉土青翠的芭樂園，在此真實／虛構鄉土的記憶互文交錯，形塑成屬於庶民記憶文本的新家園。

（二）冬冬的假期

　　文字與影像分屬於不同的符號系統，可是在敘事的手法上卻能運用共通的技巧，諸如：回顧、特寫、側寫、人物對話、獨白等，均出現在小說與電影的敘事之中。因此，電影與小說之間可以從敘事角度轉化文字／鏡頭。而事實上，朱天文小說的敘述語言，對侯孝賢電影敘述風格的成長，更深具啓

〔註59〕　朱天文，《朱天文電影小說集》，頁61～62。
〔註60〕　參見楊翠關於性別與鄉土的相關論述，見氏著《鄉土與記憶——七〇年代以來臺灣女性小說的時間意識與空間語境》，臺北：台灣大學歷史研究所博士論文，2003年。

發作用且影響深遠。

在談論侯孝賢與朱天文之間文字與影像之間轉化、互文的關係之前，我們先說明朱天文在八〇年代初期所展現文學信仰與美學主張。朱天文文學思想之啓蒙承自家學與胡蘭成的調教，不僅評論者將朱天文與胡蘭成之間的關係詳加剖析，並視朱天文的文字爲張愛玲式書寫系譜的傳人之一。朱天文也曾自剖胡蘭成與她姐妹二人的種種文學對話，是她的文學「前身」。並尊稱胡氏爲其思想啓蒙的精神導師。實際上朱天文承自胡蘭成者，是中國國族符碼的詩禮教化與美學文化，以禮樂文章爲表，自然寫意爲其境界，參酌大自然五大法則的哲思，〔註61〕再加上一九七〇年代中晚期「三三集團」成員的互相浸潤，使得朱天文初期寫作的文學基調以濃厚的中國文化符碼爲表徵，其內涵精神則以對萬物的感悟，超脫現實人世濁惡的現象面，如王德威曾道：「他們有本事把炎黃歷史，神州血淚一古腦的貫串起來。大時代與小女兒相互雜揉，所形成的文字嫵媚鄭重，並兼有之。」〔註62〕

除了朱天文初期的文學基調受到家學與胡蘭成的影響，使得她的文學創作有文化中國的符碼外，尚有因其年紀輕有著天眞的一面，可謂可塑性相當強，如王德威直稱朱天文有其「因爲過分一本正經的天眞」，其創作動機與方式「就是一往情深，眞——天眞或認眞——到架式十足。」〔註63〕在創作理念上，朱天文試圖將世事變動不居的表象化約成個人內在直觀的感悟，如楊照在討論胡蘭成對朱家姐妹早期作品的影響時曾言：「正如同自然現象最後會化約到意志與息的感應，社會與時代的問題也必須化約到個人情愛的感應上。」又云：「社會並沒有作爲個人敵體存在的空間，社會只能是某個個人意識投射捕捉內化的零碎片斷。」〔註64〕可知朱天文早期小說劇本創作，習於以個體的感悟解決現實的爭端。對胡蘭成式的詩意哲思，與創作動機的「眞摯性情」，這兩個特質帶入了朱天文的影像創作。在一九八二年遇到侯孝賢、陳坤厚等新電影創作者時，彼此將胡蘭成的思想與自然質樸的美感更加融入

〔註61〕此五大基本法則即大自然有意志與氣息、陰陽法則、有限時空與無限時空統一、因果性與非因果性統一、循環法則。見胡蘭成，《中國文學史話》，台北：三三書坊，1980年，頁3～4。

〔註62〕王德威，〈從狂人日記到荒人手記——論朱天文，兼及胡蘭成與張愛玲〉，收於朱天文，《花憶前身》，台北：麥田，頁10。

〔註63〕同上，頁13～14。

〔註64〕楊照，〈浪漫滅絕的轉折〉，《文學、社會與歷史想像》，台北：聯合文學，1995年，頁154～155。

調合，互相激盪出思想的火花。法國導演阿薩亞斯（Oliver Assayas）說，朱天文「對他（侯孝賢）電影的影響是決定性的；（使他）朝著一種愈來愈果敢、現代的敘述語言邁進。」〔註65〕盧非易認爲侯孝賢透過朱天文的介紹，閱讀胡蘭成作品，開始跳脫西方寫實方法，尋找中國的寫意美學。侯氏受到胡蘭成「大自然五大基本法則」的哲學影響，希望在稍縱即逝的電影影像中，捕捉人世日久天長的感動。〔註66〕侯孝賢在〈悲情城市十三問〉道：「我希望我能拍出天意／自然法則底下人們的活動。」〔註67〕侯孝賢亦從朱天文那認識沈從文這個作家，從沈從文身上感悟到一種東方式達觀的人生態度，對自然生命深切體驗之後的熱愛，理解與寬容，這形成侯孝賢影像裏的一種敘事態度。

　　一九八三年侯孝賢與陳坤厚合拍朱天文的《小畢的故事》，擔任編劇，在此之前，侯與陳所拍的愛情喜劇片，諸如《就是溜溜的她》（1980），《風兒踢踏踩》（1981）等片，大致上仍不脫敘述線主軸分明的　好萊塢經典敘述。朱天文小說散文式枝節龐雜的敘述模式，鼓勵侯孝賢發展一種反戲劇高潮，清淡散文式，並擴張影像詩質的敘述語言。以下希望藉由對《冬冬的假期》這部影片分析，透過敘事結構的分析，以及影像空間構圖與自然景觀的詮釋，探討朱天文小說〈安安的假期〉如何被轉換爲侯孝賢《冬冬的假期》，朱天文童年鄉愁式的敘述文字如何翻轉爲侯孝賢自然鄉土的鏡頭凝視。

1. 從〈安安的假期〉到《冬冬的假期》

　　朱天文〈安安的假期〉敘述即將進入國中的安安，暑假到苗栗銅鑼外公家的生活經歷與成長。在朱天文的筆下，以散文式龐雜支蔓的敘述風格，並未營造敘述主軸分明的戲劇高潮，日常生活中普通人所做的瑣事細節，才是眞正的敘述焦點。離開母親之後的安安與亭亭兩兄妹，通過一個暑假的種種鄉間生活，以及人事的變化，安安似乎模糊體會到外公與小舅間父子衝突，亭亭則是在鄉間認識寒子這個女人，但這些事件在小說裏並未被放大爲敘述的核心。小說敘事裏其散文式的觀點，主要以安安和亭亭兩兄妹的視角爲主，但仍旁及安安的舅舅、外婆、外公等人的生活雜感，小說敘事裏，將生活中

〔註65〕阿薩爾斯，〈旅行手記：寫眞侯孝賢〉，《電影欣賞》，20期，1986年，9月，頁80。
〔註66〕盧非易，《台灣電影：政治、經濟、美學》，台北：遠流，1998年，頁304。
〔註67〕吳念眞、朱天文，《悲情城市》，台北：三三書坊，1989年。

林林總總的大小事件，以琳琅滿目、流水帳式等重複的方式，被龐雜的散置鋪陳。閱讀者不斷經歷文字敘事裏的大大小小事件與細微的生活情趣，但是這樣低調（undertone）的敘述語言，讀者未被明確地引導詮釋這些事件與生活經驗的意義。因此，閱讀〈安安的假期〉必須由心去感觸小說裏所有生活事件，就像體察自己生活一樣，以更直覺、所有感官開放的方式去感知，才能沈澱出小說人物內心真正的感動。換言之，由文字所呈現的各種感知經驗，大小事件，如顏色氣味、景觀、吃食、童玩、衝突等，只有讀者一一心領神會之後，讀者才能與角色安安產生共鳴，並領略到朱天文所想傳達的生活的況味。侯孝賢在電影《冬冬的假期》中，便是繼續延續朱天文這樣的敘述風格，只是對小說細節與主題加以大幅的改寫。

　　侯孝賢《冬冬的假期》對朱天文原著的改編或改寫，以及兩者之間的互文關係，可借用布萊恩・麥可伐蘭（Brian McFarlane）文學與電影敘述轉換說法，他將敘述功能分為擴充（distribution）與整合（integration）兩種。擴充功能是指事件與行動，有如編劇所重視的故事線的發展；整合功能則是非動作的其他有意義的事物，如在編劇中需要注意發展的副文本（subtext），諸如環境的生活氣氛、人物心理、人物的背景等等。〔註68〕侯孝賢對〈安安的假期〉的改編，擴充功能所增加的主要事件與行動，也就是影片的故事線：安安／冬冬因母親生育／生病，和小舅坐火車到銅鑼外公家中；母親一度生命垂危；小舅與外公之間的衝突與妥協；亭亭與寒子之間類母女的依戀之情等。但小說次要的事件與行動，女僕阿珍代替母親管教安安和亭亭安安，在鄉下生活裏許多細節的陳述，在電影裏則多被刪除或改寫，阿珍這個角色被刪除，增強寒子的戲份，強調寒子與亭亭兩人發展出的情感。另外，如小說裏安安喝汽水被外公禁止、安安和外公放狗等細節，在電影中都被刪除，增強的是安安／冬冬與其他男孩子在大自然探險，台灣鄉土氛圍的鋪陳，小說裏安安與亭亭和外公家人之間的互動細節大多被刪除，以呈現小男孩經由離家——探險——返家的成長歷程，

〔註68〕麥可伐蘭把羅蘭巴特的敘述理論套用在電影敘述上，將敘述功能分為擴充（distribution）與整合（integration）兩種。擴充功能是指事件與行動（event and actions）所完成的「做的功能」（A functionality of doing）；而整合功能指的則是營造故事意義的非行動因素（如人物的心理狀態、人物的身分資料、地方氣氛的再現等等），以達成「狀態的功能」。參見 Brian Mcfarlane, *Novel to Film：An Introduction to the theory of adaptation*, New York：Oxford University Press, 1996.

增強成長啓蒙的敘事元素。在敘述的整合功能方面，影像編劇裏的副文本，諸如：環境氣氛，人物的心理狀態和身分資料，大致上只被稍做改變。只有外婆和瘋女寒子兩人的形象，在電影裏呈現出不同的面貌。

在朱天文敘事裏，外婆是在小鎮上地位頗高的醫師娘，其舉手投足及服飾品味都顯得高雅美麗，她描述外婆：「總是一襲素淡的旗袍或套裝，襟上別著古麗的別針，口袋裏常有幾顆含笑花，行走時香風細細。」〔註69〕朱天文中國符碼展現在外婆的衣著上：旗袍，其典麗的形象揉合著中國傳統婉約的女性美，行走時香風細細。但是在侯孝賢的電影裏，螢幕上的外婆由梅芳飾演，她的造型形象是一身傳統客家婦女的家居服——淡色台灣夏衫，手拿蒲葵扇，所呈現出的形象則是堅毅性格，勤於勞動，充滿母性慈愛的傳統台灣母親。另外，在小說中沒有多加著墨描寫的瘋女寒子，主要著重在亭亭與寒子的互動，諸如寒子抱起亭亭離開危險的火車軌道；寒子生病時，亭亭並臥在寒子身邊，撫理寒子亂蓬蓬的額髮；以及亭亭將離開鄉下時，帶著寒子所送的野薑花，並將它取名爲「寒子花」。在小說裏亭亭與寒子的互動，主要視角關注在亭亭投射自我的情感在寒子身上，似乎將寒子視爲可依戀的對象。有一次亭亭對安安說：「哥，我想媽。」接著亭亭就想起寒子，回想著寒子粗糙的衣服擦著她臉，寒子柔軟的胸脯，寒子的大肚子。〔註70〕似乎透露出亭亭想到媽媽時，聯想到的是寒子的母性身體，依稀連繫起亭亭與寒子的類似母女依戀之情，以及寒子所象徵的母性角色。但是在成人世界裏卻認爲寒子是個要遠離的對象，大人看見亭亭依偎在寒子身旁時，其反應是簡直是嚇壞了，急忙把她抱離房間，還斥罵亭亭「眞是小人家不怕齷齪！」〔註71〕反應兒童的眼睛所投射的世界與成人世界有所不同。

在侯孝賢的電影中，除了闡述亭亭與寒子之間的互動之外，其場景的設計，使得寒子在鏡頭影像裏的事件與行動，都與自然、土地有關係，寒子似乎成爲台灣鄉土神祕信仰與大地母性的連繫。影像中的寒子，不只是亭亭所投射的母性身體空間，其形象及其身體空間更擴充、擴大爲整個自然育生的空間。電影中，侯孝賢將安安的母親由原本的生產，變成生病，另外對寒子的塑造，加入一場戲，讓孩子們張口結舌地看著寒子在樹林中小廟前，用類

〔註69〕朱天文，〈安安的假期〉，《最想念的季節》，台北：遠流，1992年，頁72。
〔註70〕同上註，頁78。
〔註71〕同上註，頁79。

似原始中人類以本能進行的儀式，對土地的神祇做虔敬的禮拜。另一個事件是寒子遭到強暴而受孕，影像完全沒有戲劇性的呈現，只是一個醉倒的男人搖搖擺擺進入屋內，寒子懷孕後，生活如常，一如土地的受難，仍舊包容並如常地運轉。還有小說描述亭亭因爲害怕寒子，所以不慎跌落鐵軌，但在影像裏卻是眾男孩排斥亭亭，不願她的加入才導致。寒子適時地以純粹拯救者的姿態在火車馳來之際出現，成爲亭亭的母親／守護神的替代。小說裏，保護亭亭的角色是安安的職責，在敘事的語言裏，安安總是一副想要替妹妹詮釋其行爲的口吻，並試圖理解大人的世界。在小說敘事裏，寒子救了亭亭之後，安安「直走到女人（寒子）跟前，把女人的手掰開，牽著亭亭走進去。」〔註72〕這不同於電影中，侯孝賢所增添的場景：寒子救了亭亭後，一路背她回外公家的一場戲。此時亭亭很有安全感地趴在寒子背上，任由多多一路跟隨喊叫她下來。對於寒子的改編，更增添寒子與亭亭之間的互動關係，並且傳述暫時沒有母親護佑的亭亭，在寒子身上得到類似母性的關愛，以及安全感，並且擴大此母性身體與原始、自然力連結。這些關於外婆與寒子細節的改編，對於人物造型形象的改變，以及寒子幾場戲的增添，改寫原本朱天文小說內較強的中國符碼與文人氣息，而使電影脫離朱天文個人童年回憶的懷舊鄉愁，轉換爲影像鏡頭呈現侯孝賢對台灣土地的情感，對於民間信仰與母性神祕力量的凝視，以及自然包容力與生命力的依戀。

朱天文小說的敘事筆調是透過一個小孩子的童心，一個來自都市的小孩，以著外來者陌生化的眼睛，觀察傳統台灣家族的生活與家庭情感。但是侯孝賢的電影轉變了朱天文小說的意涵，他的鏡頭呈現對台灣鄉土關愛的凝視。不過侯孝賢仍延續採用了朱天文反戲劇性高潮、枝節龐雜風格低調的敘述風格，連結許多細瑣的人情世事，並試圖在人與自然、鄉土連結在一起。在《冬冬的假期》中，每個人物、事件、場景等，都同樣以中、遠與長遠鏡頭的方式被呈現，並未特別給予戲劇性的特寫強調。此種以平淡日常瑣事，寫意的抒情鏡頭，營構出生活的況味，觀眾必須如同檢視自己生活的大小事件一樣，藉由未經清楚詮釋的影像，構築出意義。以這樣的風格，侯孝賢《冬冬的假期》，不但挖掘了台灣 80 年代小鎮日常生活瑣事表面底下的人文精神面貌，形成一種對自然土地與人情世故的深情凝望與觀照。

〔註72〕朱天文，〈安安的假期〉，《最想念的季節》，台北：遠流，1992 年，頁 77。

2. 自然景觀／母性空間

從朱天文〈安安的假期〉到侯孝賢《冬冬的假期》，除了上述在敘事情節、人物造型形象上的變更之外，兩者敘事觀點背後所牽涉的主題意涵亦有所不同。小說〈安安的假期〉是一種童年回憶鄉愁的懷舊情調；而《冬冬的假期》（1984）這部電影則更強調現代／傳統、都市／鄉村二元對立的意涵。這部完全在苗栗小市鎮拍攝的電影，一開始就隱喻性地安排都市小孩操縱著搖控車（工業、無機、都市），在銅鑼火車站前和鄉下小孩的寵物為烏龜（自然、有機、鄉村）做數度的衝撞。這個片段即隱含著影片所預設的前題：自然鄉土所蘊含的包容力與生命力，得以讓都市人心靈獲得撫慰、舒展與詳和。影片隨著劇情的發展，冬冬逐漸減輕來自都市的疏離感，一路伴隨著鄉村男童們的各種探險行動與事件，這些影像片段取代小說中安安、亭亭與大人間互動的描述，加強冬冬融入鄉村的生活點滴，片頭象徵性的衝突很快就在自然的鄉野中被消解，凸顯電影裏啟蒙故事的原型及大自然的撫慰能力。

《冬冬的假期》鏡頭大量的自然鄉土的情景，以及擴充寒子角色功能，使她具有擬似土地神祕的母性形象，可知自然鄉土對於侯孝賢的電影佔有極重的份量。對於侯孝賢電影的大自然景觀，論者大約是從兩個角度切入詮釋。一種從歷史政治的角度解讀，Nick Browne 認為：「任何後殖民批判都必須面對侯孝賢電影中的美學本體，以及其作品面對政治當局所展現的模稜兩可的態度。」李振亞便批評 Nick Browne 美學途徑的盲點：「其實在侯孝賢電影中的時間／空間永遠都是已經是政治、歷史的時間／空間。Browne 過度將之隱喻化，結果造成了一個去政治、去歷史的純美學空間。」〔註73〕強調侯孝賢電影所表達的政治歷史因素。而另一種則從儒家文化與中國詩文、繪畫等藝術美學角度切入，如許炎初便以「抒情詩學」稱侯孝賢的電影美學，主張其與中國詩文、繪畫、戲曲之間存在密切的關係，並認為對侯孝賢而言，電影是「有空間之非空間性、有地理之非地理性的世界」，表現中國人深層且整體之生命情態。〔註74〕不論是從政治歷史的觀點切入，認為侯孝賢的電影具有後殖民家國寓言體，或是從傳統中國文化美學出發去詮釋，似乎都無法完全

〔註73〕李振亞，〈歷史空間／空間歷史：從《童年往事》談記憶與地理空間的建構〉，收於林文淇等編，《戲戀人生：侯孝賢電影研究》，台北：麥田，2000 年，頁 135。

〔註74〕許炎初，〈論侯孝賢《戲夢人生》電影詩學〉，《建國學報》，第 15 期，1996 年 6 月，頁 1～13。

解釋侯孝賢電影裏深焦攝影與長鏡頭的形式，以及對台灣土地深情的注目與凝視。

　　事實上侯孝賢對於電影內容或技巧的選擇上，是不斷實驗和自我挑戰，在八○年代前期（1983～1986），《兒子的大玩偶》嘗試回溯的運用，《童年往事》則將畫面做左右的延伸，《冬冬的假期》則室內畫面開始有許多景框門欄，往後侯孝賢更發展他所著名的景深長拍的手法。此種景深長拍的長法，在《冬冬的假期》中尚未非常明顯，但是愈來愈符合侯想要拍的自然寫實，天意人文的意境。盧非易認為侯孝賢受胡蘭成「大自然五大基本法則」的哲學影響，「意欲追尋有限社會裏無限的風景，希望在稍縱即逝的電影影像中，捕捉可以貽千年之思的感動。」〔註75〕侯孝賢至少在《海上花》之前，確實都在台灣歷史社會的脈絡裏，尋找表達其可「貽千年之思的感動」。但他畢竟不是由意識形態帶動的創作者。侯孝賢便說過自己的創作從不談意識型態：「我可能很不知道一些東西，只是直覺的感覺去談它的。」〔註76〕分析這樣一個從本能感動出發的電影創作者，或許我們應從他對自然構圖景框，以及人事鋪述裏再深究其影像所帶來的意蘊，以及一切如風隨影，任其天真自然的創作理想。

　　侯孝賢他對影像出發是從他對生活的感悟，諸如他聽到台灣歌曲〈港都夜雨〉，曲調裏蒼桑的薩克斯風，讓他很有感觸，就想把台灣歌那種江湖氣、艷情、浪漫、土流氓和日本味又充滿血氣方剛的味道拍出。〔註77〕在改編朱天文的小說或劇本時，時常將自己成長的經驗置入電影橋段中，形成導演的成長經驗與影片互文的現象。如拍《風櫃來的人》時，他便把自己磚頭打架、母親丟擲菜刀、摔碗等的經歷，直接帶進電影中。在《冬冬的假期》裏，侯孝賢更經由冬冬和同伴對銅鑼鄉間的種種探險活動，以鏡頭捕捉自己對台灣土地空間直觀式的感動，以及對苗栗這個地方性所帶來的空間感。另外，電影中秩序井然、多框架（frames）詳和肅穆的室內空間呈現，與屋外廣闊的自然景觀與隱含不定及危險性的探險活動成明顯對比，則表達出他對家的感覺和情感——家既是安心的庇護所，但卻也拘泥了野性的歡愉。可以說，在《冬

〔註75〕盧非易，《台灣電影：政治、經濟、美學》，台北：遠流，1998 年，頁 304。

〔註76〕袁瓊瓊，〈他的天空——侯孝賢訪問記〉，《電影欣賞》，第 14 期，1985 年 3 月，頁 32。

〔註77〕吳念真，朱天文，〈悲情城市十三問〉，《悲情城市》，頁 30。

多的假期》中，侯孝賢藉由鏡頭下的自然景觀與室內空間呈現，捕捉、傳遞自己對台灣鄉土，人情世故的直覺觀感。在這些中、遠、長遠鏡頭下，自然土地的氣味、聲音、色彩、溫度、形貌等，以及鄉鎮住民們對於日常生活的體悟與況味，苦惱與喜悅，才是電影真正凝注的焦點和主角。

在電影中，隨著男孩們一連串的冒險活動，流淌著野性的氣息，以及小孩探索生命，探索自然的種種歡喜與衝動，將所有小孩子以穩定的長遠鏡頭把整個攝入，使得這群小孩與大自然合在一起，小小的身影掩沒在鏡頭深處，隱入土地、田埂、樹林或溪畔，彷彿是個母性空間，小孩回歸到大自然的母土中，猶如回歸到母體。在這無限寬廣的空間中，可以跳躍，可以翻滾，可以徜徉，可以休憩，而這種愉悅來自於鏡頭對於鄉土的情感。另外，在影像裏擴充其功能的寒子，其具有象徵原始母性，或土地神秘性質，有個場景是寒子凝視手中受傷的小鳥，而亭亭在旁邊凝視著她，這一課是亭亭在自然與神秘的寒子之間，學習到生命的一課。寒子帶亭亭把小鳥送回樹上鳥巢的片段，侯孝賢以樹林做前景，人物的身影隱約閃現在一整片綠林掩映之間。鏡頭靜止在風吹樹動的樹梢，拍出了風的氣息。波波震耳蟬聲的籠罩下，寒子無聲地攀爬粗大的樹幹，亭亭也在樹下無聲凝神的仰望。在這一片段中，人物已融解於自然的聲息、氣味與顏色當中。

但是豐富的大自然有多種面貌，有柔軟、有神秘也有非理性的一面，小孩子進入大自然中，也可能迷路，可能失蹤，侯孝賢即以在鄉間時常見到人際連結的親密網絡作為鏡頭敘事的主體，鄰家小孩走失，鎮民焦急沿著溪邊敲鑼叫喊尋找失蹤小孩的片段，侯孝賢以長遠鏡頭拍或平拍搜救的鎮民；其中有個鏡頭，侯孝賢橫拍高聳的溪岸，拉長鏡頭讓溪岸橫切整個畫面，正好切開昏暗的天空和地面。黑暗模糊小小的一排人影，就在即將把他們淹沒的昏暗天地間，藉著鑼聲和嗓音，劃破大自然不斷包抄而來的吞噬力量。另外，侯孝賢一面藉著影像繼續敘述線的進展，同步進行著影像抒情功能的開展，寒子在片中因為捕鳥人糾纏而懷孕，這個片斷原本可以是個戲劇性的畫面，但是女性子宮的孕育亦是自然的法則，所以在呈現這段經過時，侯所插敘一個捕鳥網和啾啾鳥叫聲，以預示自然界無助的弱勢者遭受到欺凌，接著再鋪敘寒子受侵害的片段，卻是以深焦攝影，在鏡頭層層景框深處，捕鳥人一面喝酒嘻笑一面拉扯寒子的畫面，這使觀眾對人的殘酷若有所悟，卻只是淡淡的驚慄。鏡頭特意拉遠了觀眾情感的投入，轉而意識到個人悲劇在整個大自

然與世界裏的渺小，激發出一種近乎宿命的哀愁與豁然了悟。然而自然法則
雖然讓寒子懷孕，但是在寒子爬樹時卻掉落地面，並且流產，又回歸天意，
此時鏡頭依著婷婷的目光望著樹木、寒子，藉由自然景觀的影像，再現母性
空間裏土地育生消解力量的自然循環。之後，寒子父親追趕捕鳥人的鏡頭，
在深遠鏡頭下，只剩下整片稻田與天空之間的兩個小點，更讓人感受到大自
然的廣大與消解人世渺小哀喜，整個大自然形構成一個母性空間，以大自然
象徵母性包容、慈悲的生命態度。

　　從室外的大自然景觀轉到室內的空間影像，侯孝賢以寬敞、多重分割的空
間構圖。電影中，室內是外公父權所管轄的地方，雖然安穩，充滿秩序感，但
是也壓抑人的自然個性。家所象徵的傳統人文秩序的建構，是進入父權象徵秩
序，從多多的觀點角度，大人的世界是被重重條框所間隔，外公看診及接待客
人時，侯孝賢多讓這些活動隱藏在背景的框裏進行，使這些大人們的活動多了
層隔閡與神秘，令人產生難以跨越進入之感。在這個以沈重茶褐色所構築的室
內色調中，強調家裏既莊重又溫馨的氣氛，這個文化秩序的呈現是以中國儒家
文化為骨幹，加上客家人的勤儉和日本殖民文化嚴謹一絲不苟的特色。透過影
像裏和式木屋多重間隔卻又相通的空間構圖，侯孝賢傳達台灣傳統裏彼此扶持
卻又長幼有序難以逾越份際的家族情感。室外的空間是種母性的、自然的溫柔
空間，室內則是人文化成，教化的父權秩序，諸如外公從樓梯口生氣的探頭，
瞪視穿白襪在木頭地板上乒乓「溜冰」的多多。這一鏡頭的空間呈現，實已蘊
涵家族秩序古意肅穆的氣氛，以及家與大自然的關係。

　　如此，藉著深焦長遠鏡頭下的大自然景觀與多框架的室內空間構圖，侯孝
賢《冬冬的假期》雖然與台灣土地與歷史緊密結合，敘述台灣小鎮生活的故事，
電影的視覺空間則有更多細節，使我們的想像與詮釋離逸於國族、政治或後殖
民之外，反而聚焦於侯孝賢影像獨特的美學與詩質風格。此種在藝術美學上稱
之為超越風格，如小津安二郎電影中庭園、室內的空鏡頭，便呈現透露禪境的
超越風格。而電影影像超越風格所激起的超越體悟（transcendental experience），
必須透過詮釋主體主觀的直覺感悟，超越的藝術家視任何傳統對現實的詮釋為
人為的情感與理性的建構，認為它們稀釋掩蓋了生命存在的神秘本質。藝術作
品並不固著於政治歷史的詮釋面向，而有一個獨特美感。超越風格，是電影媒
介固有的本質潛力，在不同個性、文化、政治、經濟或道德觀背景的導演作品
中，都可發現其蹤跡。那是透過電影影像對普通日常經驗的凝視，直接引發通

向神性或神祕主義體驗的影像風格。〔註78〕

　　在侯孝賢《冬冬的假期》裏，穩定長遠鏡頭下的大自然景觀與多景框的室內空間呈現，表達出的家庭空間仍然是個秩序人文的父權空間，所以其景框門欄遮掩觀眾的視線，也限制了冬冬的視野，但大自然的廣大與包容，則是種母性特質的延展。觀眾直接經由電影中普通人做的日常瑣事，觀悟到鄉土母性的召喚，並品嚐出人文秩序和自然脈動聲息相通的意味。如此，透過侯孝賢穩定安寧的電影影像，觀者進入的層次，不只是此時此地的政治、歷史、文化描述，而是一群人在台灣特殊的政治歷史人文的背景裏，與自然無盡的母性力量相遇相融合的優游自在。在這相遇中，人世間的悲歡喜怒，都被掩沒消解於土地浩瀚的包容與母性之中。而侯孝賢對這種大自然力量的浩大與神祕的捕捉，幾乎出現在他所有的電影當中，即使是在以台北為背景的《尼羅河女兒》裏，攝影機鏡頭仍不時要攝入天空，大樹，山坡，這些看似無關敘事的空鏡頭，以緩慢的深焦攝影將已被邊緣化的自然鄉土再度拉到人的視界來，使人心在水泥叢林裏仍有塊可以呼吸的空間，而這個空間就是侯孝賢鏡頭裏自然鄉土／母性空間的互換轉喻，也是侯孝賢試圖以母性空間來展現他對於愈來愈資本化，商業化的世界所作的反思。

　　小說改編成電影牽涉到不同符號系統轉換的變數、文字與影像媒介上的差異，小說家與導演間美學風格與詮釋差異的不同，即造成多種不同的詮釋視角與美學風貌。小說的敘述，可以直接運用文字說明時間，不斷地現在與回溯間跳動，以完成錯縱複雜的時間感。不過電影的敘述則必須通過場景、空間與場面調度等語言安排來完成敘述，敘述的影像永遠在觀眾眼前以現在的方式進行。如此，電影媒介倚重的是影像的空間感。而如同繪畫一樣，影像空間傳達的意涵常常會離逸於敘述功能之外，能直接撩撥觀者非理性、直覺直觀的感知層次。這是文字敘事與影像媒介兩者本質上的差異，也是電影獨特的敘事媒材，亦是電影區別於文學所不同的藝術形式。朱天文散文式的文字，以及童年鄉愁的視角，轉換為侯孝賢的景像時，則剔除其文人式的童年鄉愁，不以回顧式的角度去詮釋孩童的成長，而以自然鄉土作為凝視的主角。若無法理解文學與影像本質媒介的差異性，以及文學與電影各自有獨立的藝術性，只是以「忠實／背離」文學原著來責成電影，就會使電影拘泥於

〔註78〕Paul Schrader, *Transcendental Style in Film：Ozu, Bressen, and Dreyer,* Berkeley: University of California Press, 1972, pp. 10～11.

形式，而無法讓電影有再詮釋、再創作的空間。這就是柏格曼獨鍾原創電影的原因，他甚至認爲我們應該避免將文學作品改編成電影，因爲文學與電影創作源頭的原始感動是無法互相翻轉的：「在翻轉時文學作品源頭的非理性層面，無法被翻轉爲視覺語言：也因而毀損了電影（感動人）獨特非理性的層面。」〔註 79〕此種看法也反應文字敘事裏詩意的語言，無法翻轉爲形象式的語言，因爲一旦具像化，就將詩意的語言落於言詮，也就破壞文學非理性層面，亦影響到電影的呈現。

從朱天文〈安安的假期〉蛻變成侯孝賢《冬冬的假期》的例子來看，侯孝賢從朱天文小說取材，豐富了其敘述語言，並在以影像敘述的同時，凝注土地與人，藉由影像媒介景觀構圖所呈現的自然風格，闡發他對台灣土地以及人直觀感受，以聲音、顏色、聽覺等等多元感官呈現，以達傳他對自然鄉土的依戀與深情。雖然我們認爲文學與電影各自有獨立的生命及藝術性，但柏格曼對文學與電影互不相涉的做法，卻不異放棄以文學豐富電影生命的契機。從侯孝賢與朱天文，影像作者與文學作者的契合，可以看到文學與電影在形式、美學上對話、互動、互爲主體，且互相闡發的可能性。

第四節　母性召喚的缺席與異質都會空間

（一）都會空間與消費社會

八〇年代以來，都會化的推進加上政治與社會的解嚴，帶動各層面的改革與變動，許多電影影像以台北作爲都市發展的縮影，並且以青少年的敘事作爲主體，來探討台灣經濟發展之後，其未來的可能性，以及在高度經濟發展下，都市叢林裏所暗藏的許多值得深思的問題。其影像基本上反映出兩種主要趨向與樣態：其一是都會反映出來的百花齊放、眾聲交響，顯現出台北都會多元聚合、具爆發性、快速的一股解放力量，這可以從都市結構、建築形式，或者語言、文化匯聚的兼容並蓄中發掘，再者交通或電訊網絡、速食文化、金錢與感情觀導向，再加上對於歷史的漠然態度，則反映出一種追求速度的特質。另一種反向約束的都會傾向，反而是呈現出凝滯、憂悶、遊走而閉合的都會性格，由於都會化之後人際之間的疏離，人受制於都會環境的壓

〔註 79〕Geoffrey Wagner, *The Novel and the Cinema*, London：the Tantivy Press, 1975, p. 29.

抑，日趨異化與機械化，造成都會抑鬱性格。

　　回顧台北作爲都市意象的縮影，在影像的喻意裏，六〇年代從《街頭巷尾》到《家在台北》台北由原先是失根飄零的外省移民暫棲地，末期轉換成爲和美國生活比較，而形塑成國家認同的象徵，台北已經開始從反攻的跳板，一個臨時的避難所，逐漸轉化成爲對國家鄉土的認同；從台語片觀之，台北則是富裕與墮落的複合體，作爲鄉村質樸純良與善惡的對照組，此種鄉村／都會等同於質樸（善良）／複雜（罪惡）的二元對立符徵，一直延續到侯孝賢導演的影像意象中。七〇年代瓊瑤電影文藝片當道，嚮往全盤西化的生活，三廳的華麗室內佈置躍居成爲主景，都市消沒成爲偶現的角色，顯現當時創作者與閱聽人無力面對台灣接連的外交失利與挫敗，耽溺於想像與不切實際的虛構生活。到了八〇年代都市不再只是鄉村的對立面，其都市影像的喻意不再局限在二元對立的架構中，都市影像象徵新舊價值、現代化與國際化角力場，導演多著墨於都會建築景觀、都會叢林犯罪、人際關係的鉅變。

　　時序進入八〇年代，這是一個政治、社會、經濟各個環節全面鬆動轉型的世代，政治上開放黨禁、報禁，解除戒嚴，國會全面改選乃至於開放探親與民選首長，都驗證了民主化浪潮的降臨；生氣蓬勃的社會運動帶來批判與反省，代表社會力量與國家勢力的消長；而經濟產業的鼎沸發展，帶來了傲視全球的經濟實力，如影隨形的是游資充斥和投機行爲的熱絡與癲狂。

　　《尼羅河女兒》、《少年阿辛》是八〇年代兩部藉由青少年的敘事，來探討台灣都會問題，以及未來台灣所仰賴的青少年，在都市闖盪時所遭遇的挫折，與台灣經濟發展、社會發展有何關係？跟隨台灣社會與經濟生活日益富裕與進步，帶來社會結構多元化，經濟的蛻變與產業的轉型對於人的心理或城鄉關係等等都發生巨大的變化。面對台北都會的激變，《尼羅河的女兒》、《少年阿辛》皆以一個都市邊緣人作爲觀察的視角，以青少年作爲主體，旁觀或親身涉入犯罪事件，從小說到影像文本，有意識地探索與反省都會問題、青少年問題。走入都會中的青少年面對經濟、社會各層面急驟流轉的變遷，他們受到社會與都市現代化表象的吸引，城市裏群起蜂湧的高樓巨廈、目眩神迷又倉促匆忙的都會生活，外表雖五光十色，卻引發人心產生變異，新舊道德、新舊價值觀的修正或矛盾，都形成青少年無情的試煉。

（二）台北影像空間與全球化

　　台灣經濟的發展得以進入全球資本主義體系，呼應全球化的風潮，法國時

裝、日本電器、義大利沙發等各式名牌商品的輸入，應和著世界流行時尚的脈動，全球化成為日常生活的具體實踐，即使是傳統保守、寧靜封閉的鄉村農家也無所遁逃於全球性資本主義對於世界的操弄與重組。全球化的力量不僅展現在經濟方面，通訊科技與運輸系統的發達也使得各地的文化，打破國家界線的藩籬進行拼貼與交流，大眾傳播媒體的強大穿透力，能將世界各地「各種風馬牛不相及的東西拼湊成晦澀曖昧的，但又是人們賴以生存的隱喻。」〔註80〕將遙遠異國風貌透過傳播媒介輸送到每個家庭中，形構成人們想像的一部份，「這些觀眾對大都市生活的直接經驗越是豐富，他們所建構的想像的世界就越有可能只是一些空想的、審美的、甚至是幻覺的客體。」〔註81〕

全球性資本主義不僅向世界的各個角落傾銷各國產品，並將散發著異國情調民族文化加以包裝、販賣，透過「地方化」的手段擴大銷售市場。地域在消費這些文化產品之時，無形之中也瓦解了地方文化的自主性，在編排拼貼全球信息與地域意識二者之間產生新的地方感。《尼羅河女兒》影像中是眷村生活、古埃及文明、美國文化與日本流行時尚共同展演於日常生活裏，顯示全球與地方混雜（hybridity）的語境。都市性格的多元化為人們的角色與身份帶來流動開放的可能性，任憑個人變換各式各樣的文化身份與想像，女主角林曉陽儼然是「既具全球性又具地方性」的混合體：

> 我是 AB 型，雙魚座，所以我有四重個性，B 型的 SEIKO，A 型的
> 曉陽，天真有著自然捲頭髮的凱羅爾，以及豔情的尼羅河女兒用冰
> 涼的青銅液把眼線長長描進頭髮裏。〔註82〕

各國名牌產品，明星樂團，百貨商場等流行風貌與多樣語言交錯混雜，形塑青少年既豐富又多元的價值觀與次文化。曉陽所建構的自我，充滿著各國文化的符碼，有西方占星學，血型，日本女性的名字，還有來自源於少女漫畫《尼羅河的女兒》裏對漫畫角色的想像與認同。此種混融的文化認同顯示八○年代受資本主義及全球化影響，青少年置身於這多元混種文化裏，對自我認同也雜染著各國文化符號。

影像中《尼羅河女兒》、《少年阿辛》描繪八○末期至九○初期都市文化趨

〔註80〕阿爾君.阿帕杜萊（Arjun Appadurai），〈全球文化經濟中的斷裂與差異〉，收於汪暉、陳燕谷主編，《文化與公共性》，北京：三聯書店，1998 年，頁 533。
〔註81〕同上，頁 532。
〔註82〕朱天文，〈尼羅河的女兒〉，《世紀末的華麗》，台北：遠流，1992 年，頁 32。

於多樣性與開放性，以及在全球化跨國文化的流動之下，都市移民人口的複雜，流行文化的多元。因都市結構的開放性而衍生的五花八門的次文化，正在都市舞台上演，其中青少年族群是不可忽視的一環，他們無法安頓的心靈在都會中漂流衝撞。故事中以林曉陽為中心，及她周邊環繞的各色人物所形成的黨羽，正是後現代都會中不容小覷的族群之一。相較於曉陽任職警官、盡忠職守，散發悲劇人物氣息的父親，曉陽這群年輕人崇尚的是即時享樂、流行文化及黨羽之間的義氣。正如文本中、英、日語交雜的語言文字，八〇年代末期的都市文化顯然在全球化與媒體爆炸的影響之下，湧入各國的流行風潮，諸如：古埃及文明、哈日風潮、英美流行歌曲、重金屬龐克、都會酒吧，都成為青少年日常生活中不可或缺的一環。除了跨國流行的灌注，青少年也自行發展屬於自己的語言與次文化，並以此形成牢固的族群情誼。費雪（Claude S.Fischer）認為都市規模提供了「關鍵人口」（critical mass），使得自有其副文化的社會團體得以存在，而這種副文化（又稱次文化）團體又提供了都市人有意義的社會世界。「都市因副文化的存在，而使得許多不合慣俗的行為（unconventionality）得以存續，喜好這種行為的人們可以得到足夠相互支持的友伴。」〔註83〕

　　八〇年代導演對於青少年群體的出現場景，逐漸將鏡頭推移向都會地區，以及都會區的娛樂場所：諸如電影院、溜冰的冰宮、MTV 影音館、電動玩具店、舞廳等等，此種封閉型的大眾娛樂場所，說明人與人的關係漸次脫離自然景致、鄉土土地的連繫，空間感被層層切割成破裂瑣碎的都會空間。在《尼羅河女兒》、《少年阿辛》的影像裏，都會建築高層化使空間更感壓抑難伸，加上交通建設將都市的開放空間層層切割，形成分裂殘缺的街道，影片中的青少年所生存的都市彷若是層層迷宮，在影像裏沈鬱的光影中，觸目所及的是施工圍籬、路障、器械、生硬冰冷的厚實鐵板，微弱的警示閃燈，切分歪曲的大小道路網，青少年在狹隘封閉、複雜錯綜的擁塞之中生活，在都會迷宮裏渾沌莫名的生存，惶惑不安地尋找出口。

　　《尼羅河女兒》透過主角——位居台北邊緣的青少女林曉陽（楊林主演）在家庭、學校、打工、玩樂場合等生活各個面向，侯孝賢以寫實的鏡頭，藉

〔註83〕章英華，〈都市化與機會結構及人際關係態度〉，收於楊國樞、瞿海源主編《變遷中的台灣社會：第一次社會變遷基本調查資料的分析》上冊，台北：中研院民族學研究所，1988 年，頁 161。

曉陽的生活圈描繪1980年代中期的台北面貌，當時顯著的跨國企業，如麥當勞、肯德基剛進駐台灣都會，日本漫畫、偶像、流行歌曲風行，教育體制仍深受政治意識形態的束縛，民間則是大家樂風靡的狀態。林文淇比較80年代和90年代的台灣電影對都市的呈現，認爲前者仍可用開發、成長、現代化等歷史延續的觀點去理解；到了90年代，電影中的台北則是絕對空間消失，歷史與空間構成的整體感與歸屬感幻滅，取而代之的是後現代都市在資本主義控制下形成的「抽象空間」，都市不僅不是家，連生活其中的人都難以理解。〔註84〕詹宏志也曾分析都會生活空間的切割，使得侯孝賢的鏡頭是「蟲的空間感」。〔註85〕影片從夜色降臨台北開啓，彷若都市邊緣人——如夜校生，這類在都市晚上開始出來活動的族群，才開啓一天的活動。侯孝賢的鏡頭從微曦的黃昏到整個夜幕低垂，緩緩下降的太陽被夾在高樓水泥叢林間，然後鏡頭進入在大樓夾縫生存的學校夜間部。以此種空間感來傳達全球化資本主義化下，住在台北都會邊緣的少女林曉陽身處種種夾縫（in-between），在她週遭親人朋友身上發生的事件，都是曉陽無法理解，也無法掌握的，爲了應付對於生活的無力感與焦慮感，只有以她認同的漫畫《尼羅河女兒》爲認知架構，重新詮釋這個她所陌生的世界，重組人際關係與空間感，影片同時呈現了主角有限的視野和導演全觀的視野，對當時代台北的人與環境做了客觀的留影。

　　《少年阿辛》裏的阿辛，小說原本是以一位青少年的犯罪實錄，以一問一答的形式，忠實記錄一位青少年從鄉下來到都市，一步步走向歧路的過程。但是在電影影像的重新詮釋，這個問答形式的架構被捨棄，而以主角阿辛來到大都會之後，認識新朋友，然後如何在爲了朋友義氣之下，犯下綁架勒贖的犯罪事件。電影敘事以阿辛的觀點爲主，採取傳統敘事線，以動作情節爲敘事主線，這個改編將蕭颯原先想透過一問一答的形式，去突顯少年內心的想法，以及在犯罪過程的心理狀態，有相當大的差異。主角阿辛是一位平凡普通的眷區孩子，不滿現狀，卻又無法改變現狀，對所有的不滿都採用消極的方式抵抗，母親與姐姐永不休止的爭執與嘮叨，他十分地厭惡並選擇離家出走，遠離家中母親與姐姐的紛爭，獨自來到陌生的台北，藉由國中同學老k

---

〔註84〕 林文淇，〈九○年代台灣都市電影中的歷史、空間與家／國〉，《他者之域——文化身份與再現策略》，台北：麥田，2001年，頁286～289。

〔註85〕 詹宏志《城市人：都市空間的感覺、符號和解釋》，台北：麥田，1996年，頁20。

住進台北的某處國宅，認識一群青少年。在此種集合式住宅型態是都會裏典型獨立碎化的空間，一個個分割明確的單位，提供彼此間溝通交際的公共空間異常狹小，都市人往往自足於私有的空間，忽略人際的交通，形成都市強烈疏離感，再加上家庭功能不彰，致使青少年回家無法得到尊重與溝通，到了都會空間則是面對險惡的生存環境與疏離的人際關係，遂使青少年認同感只集中於同儕團體，並發展出同儕之間的模仿行為與價值觀。

　　《無人的城市》（The Deserted City）一書的評論者寫道：「技術突飛猛進，似乎始終向著高速度的設施推進，這種高速度設施將把我們向外推的更遠。」（Mumfrod,L,1994：457）現代世界削弱對於地方的許諾，凌越空間的移動法則，是一種削弱相互許諾的物理方式，現代的移動侵蝕著「在地方存有」（being in place）的感覺。對身體的經驗而言，身體被隔離在現代汽車、公車、列車或地鐵之內，而激烈快速行駛穿越空間，則再次侵蝕身體與旅程所經環境的聯繫感。〔註 86〕《少年阿辛》影像裏阿辛搭乘火車離家羅東的家，來到繁華都會台北，阿辛在犯罪之後，去找毛妹，鏡頭以中景拍攝夜晚台北的馬路，兩人在車水馬龍的都市街道裏，試圖穿越馬路，阿辛不住地左右張望，，試圖通過眼前橫向急速穿梭來往的車流，行人的困頓與車輛的急驟流動並置，意謂在快速流動空間中，道路不利於身體的停留與穿越，似乎象徵現代文明裏，快速的交通反而割離都市裏人際與感情的接觸。阿辛與毛妹發生爭執與衝突，阿辛突然在大馬路上褪去衣物，瘋狂吶喊，以宣洩他的壓抑與徬徨。都市的面貌完全推入黑夜、推入室內，當鏡頭由汽車內的封閉空間裡快速移動，冷漠地勘查都市地景，與都市的關係徹底疏離、異化，在都會中，人受到資本驅策，在其中做疲累、無意義的流動。《尼羅河女兒》都市青少年囚困於都市環境的擁擠淤塞，青少年攢積的鬱悶通過飆車行動獲得紓解，在四方流竄極速狂飆的瞬間，改裝後的機車讓身體得到解放的快慰，表達在壓抑的都市空間裏，極速飆車使心靈暫且忘卻生活的不遂，並傳達對於現實不滿的反抗意味。至於街道的空間呈現，值得注意的是有一幕台北車流的畫面，背景配上了憂鬱感傷的主題曲「尼羅河女兒」，相較於曉陽在都市裡騎越野車，顯得自在、自信，彷彿得以暫時從不同的角色壓力中釋放出來，導演賦予台北街道的詮釋卻是抒情而憂鬱的。

〔註86〕引自理查‧森涅特 R. Sennett，〈眼光的力量（The Power of the Eye）〉，溫蓓章、王志弘譯《空間與社會理論譯文選（一）》，頁 36。

　　影片裏的追風少年像是踩著風火輪在城市裏巡行，滿目瘡痍的台北籠罩在灰藍的色調視景之中，感覺虛弱而徬徨，困頓且蒼白，他們漫無目的，不知所從的游盪心境與城市沈鬱場景互為表裏。除了都市街頭的流盪感與危險感，《尼羅河女兒》、《少年阿辛》的空間都呈現台北都會作為一個進入後現代都市的時空壓縮（the compression of time and space）的特質：不同階級屬性與在地／異國文化質素，以各種混融形式與機能的空間同時存在在青少年的生活周遭。曉陽的生活除了家庭空間外，藉由她在台北的活動，我們看到鏡頭所呈現的各類台灣空間：包括她打工的地方——美式速食店、讀書的學校空間——夜校、哥哥開的星期五餐廳——pink house 粉紅屋、呼朋引伴玩樂的地方——Disco 舞廳 Kiss、北海岸、騎著越野摩托車行經的街道。觀眾透過鏡頭，看到在曉陽的哥哥夜行於台北的各大公寓行竊、賭博，因此透過曉方，我們俯視公寓大樓的屋頂，置身於職業賭場、夜晚的台北住宅區（行竊的地方）。另外，透過哥哥的朋友阿山，鏡頭呈現犁田西餐廳、淡水河邊。

　　這兩部影片都呈現出足以代表台北大都市的一些空間，包括速食餐廳、西餐廳、台北住宅區、賭場、舞廳等等。透過鏡頭所呈現的場面調度，所插入的音樂片段，每個空間都反應出各自的文化屬性，以及階級位置。運用這些空間呈現出台北這個都會的時空壓縮情況，觀眾隨著片中角色移動在台北各個異質的空間裏，走進明亮的美式速食店，年輕的工作者充滿朝氣地工作身影，但是音樂所流竄的是日本流行歌曲；轉進粉紅屋的巷子，西洋爵士和流行歌靡靡流洩而出，店招「Pink House」的燈光霓虹閃爍，西洋的符碼——洋菸洋酒的標籤貼在牆上，都會消費式的情感展現在男公關和女客輕鬆談笑中，卻隱隱暗藏著曉陽所不知的麻煩。跟著曉陽來到 Kiss，Disco 舞曲轟然在耳際，強烈耀眼的燈光、閃動身影的舞客人群，對舞廳的呈現傾向於遠觀的距離；高級的犁田西餐則窗明几淨，伴以優雅的鋼琴輕音樂。《少年阿辛》所呈現的台北則是一個既現代又傳統，雖處在大都會但時時可見到荒涼的邊緣角落。鏡頭跟隨阿辛來到破舊的國宅，狹窄的小房間，平民化的小吃夜市，高級的港式飲茶，以及繁榮的西門町。這些鏡頭較無一致的意圖性，但可一窺台北的風貌。

　　1980 年代的台北經濟價觀正是一切向錢看，政治上處於解嚴前夕，跨國資本與文化企業正開始進駐台北，兩部電影都試圖呈現青少年成長的主題所處的背景脈絡，反映出台灣從農業社會走向工業經濟過程中的集體記憶，現

代消費與資本主義所帶來物化的潛伏危機，對於都市黑暗面的陳述著重在成人世界是虛偽與世故，而青少年自己所劃出來自我疆域內則尚有純真與情感。而在解嚴前後，台灣底層社會共同存在一種輕微的「歇斯底里情緒」，由廖峻、澎澎所主演的《電影秀》（1985）將秀場電影化，影片結合台灣秀場的脫口秀、饒舌演唱、綜藝以及橋段情節等形式，雜陳出社會亂象與大家樂的狂飆狀態。《尼羅河女兒》一方面批判都市文化的瘋狂拜金現象，例如：阿公偷偷翻看孫女考卷分數來找號碼簽睹大家樂，午夜牛郎雖然開著高格調的西餐廳，最終目的卻是搶女人的錢，哥哥曉方半夜要去行竊，以維繫其虛浮皮相的華麗排場。《少年阿辛》阿辛離家的緣故就是母親與姐姐時常為錢爭執，所以他逃家、逃學，一人獨自來到大都市，還有國宅內每個家庭都是中下階層，只能在都會邊緣討生活，但是都市裏富有人家的小孩卻可以隨便買槍玩耍，顯示貧富差距。

另一方面，《尼羅河女兒》、《少年阿辛》可說是第三世界大都市的視覺化：美國大眾文化、消費主義，以台灣經濟發展的「精神分裂的時刻」作為影片的背景，台北都會繁榮，但是曉陽家在偏遠的山上，舅舅家以家庭代工為生。雖然有豪華的西餐廳，但是阿辛去參加朋友婚宴時，卻是最鄉村本土的「辦桌文化」。《尼羅河的女兒》女主角曉陽在美式速食連鎖店工作，《少年阿辛》一群青少年都在港式飲茶中式餐館工作，代表了那一世代年輕的工作者被吸納進服務業的情況，這些青少年感覺到疏離，但無法認知、更不用說控制發生在他們週邊的事件，這使青少年變得更脆弱而無助。鄭樹森認為，這種失控（loss of control）不只是被東方與西方撕扯的年輕人精神狀態的徵候，也是傳統社會秩序和價值體系無法整合的表徵。〔註87〕

如果從空間的角度來看，影片展現了 1980 年代中期的台灣（台北）消費文化：《尼羅河女兒》記錄麥當勞、肯德基當時剛進駐台北，台北東區的犁田西餐廳、Kiss Disco Pub，中山北路、林森北路一帶巷子裡的 bars……這些都是台北當時的重要地標。《少年阿辛》阿辛第一次與蓮花、毛妹約會看電影的場景是在西門町，鏡頭由中景拍攝電影街，然後再將鏡頭往上搖至遠處偌大的麥當勞商標，然後再將鏡頭以仰角帶到來來百貨，一連串的鏡頭說明台北

〔註87〕 William Tay（鄭樹森），The Ideology of Initiation :The Films of Hou Hsiao-Hsien." in *New Chinese Cinemas：Forms ,Identities, Politics*. Eds.Nick Browne et al, Cambtidge University Press, 1994, pp153～154.

的消費文化。速食店成為八〇年代都會台北的重要角色，一九八四年二月十八日，台灣第一家麥當勞於民生東路設立，宣告速食文化正式登台，此後速食店急遽擴張佔據都市街區的重要角落，標榜全球一致的標準化生產品質、服務和清潔，鮮明顯著的識別標誌與制式的外觀，加上寬敞潔淨的內裝與整片大面的玻璃窗、充分的光線，形成一種流行文化的表徵。〔註88〕都會裏的速食店作為消費美國文化的表徵，滿足消費者的異國情境，也讓其他消費工業作為典範。它提供人與人相約、進食、讀書、交誼與孩童嬉戲的重要場所，具有社交與休閒的雙重功能，並同時彰顯內與外、看與被看的特質，何春蕤指出「閃耀的巨大玻璃更突顯內外兩個世界的截然差距。」青少年族群在此找到休憩與溫飽的場所，孩童盡情吃喝嬉戲，學子可以兼職營生，可以讀書談天，速食店的內部空間也成為消費的商品之一。

影片除了這些白天的台北的地形地貌，我們也跟著全知鏡頭來到一個不甚熟知，也是使青少年茫然，無法掌控的，幽暗的，地下的台北。「地下」的台北，那是一個有著職業賭場、黑道鬥毆、從小偷眼中看見的台北。《尼羅河女兒》同時呈現了地上的資本全球化的台北，以及地下經濟橫行的台北，曉陽一家既有警察父親，也有小偷兒子，還有小偷哥哥卻處罰小妹偷錢的荒謬感。在價值觀快速崩解的現代都會裏，利益金錢是唯一能暫時滿足的東西，所以都市人無不千方百計要找錢、賺錢、拿錢，無論是何種方式拿到金錢。曉方平時開店、晚上兼差偷竊，他和朋友合開的粉紅屋則是以合法掩護非法，乃至黑道鬥毆出動白道的警察查封餐廳。影像鏡頭冷靜地觀察、寫實地描繪80 年代中期諸種社會現象，不加批判，電影的觀點在主、客觀之間出入，既有著對人性的同情和理解，也讓觀者跟導演一樣，對我們身在其中的城市、文化做出自己的反思。

《少年阿辛》裏青少年地下的台北則是男女同居，以及青少年血氣方剛的一面。《少年阿辛》影片展現給我們看到的新世代依舊延續傳統的性別文化，阿辛在參加同居女友蓮花的婚禮之後，在回程的遊覽車上，男性醉客性騷擾毛妹，男性血氣方剛、一言不合便大打出手，而女孩則只能在一旁無力

〔註88〕何春蕤比較台灣和美國本土的麥當勞形象，她指出台灣的麥當勞是挾著強勢進口文化的優勢，以雅痞（Yuppies）消費場所的形象出現。參考何春蕤〈台灣的麥當勞化──跨國服務業資本的文化邏輯〉，《台灣社會研究季刊》，第十六期，1994 年，頁 1～19。

地勸架，最後彭大因爲重傷而變成植物人。阿辛爲了醫藥費，夥同老 K、餐廳的斜眼一起勒索診所的醫生，甚至一同綁架富家少爺，犯下綁架案，影片後半部的色調偏向晦暗，不僅阿辛爲了錢而犯罪，毛妹也因爲彭大的醫藥費而成爲按摩女郎，並且染上毒癮，影像呈現台北提供男人社交與女人的賣身的情色場所，這些場合在快樂喧鬧的表象底下，其實隱藏著性／性別、階級的權力關係和資本的流動。例如，阿辛到酒店裏找毛妹，有幾個女孩穿著暴露站在前廳對阿辛和男客做出種種性挑逗的動作時，性消費者和工作者之間的權力關係是很不堪的，這些年輕的制服女孩販賣身體，受到身體上的監控、毆打和心理上的折磨、虐待。毛妹的形象由當初有點叛逆、清純的模樣，後來染上毒癮，神情恍惚，精神渙散，濃豔脂粉混合著墨色的眼圈，柴瘦的身體承受著性工作的疲累與毒癮的折磨，而她的工作環境表面上聲光燦爛，但沿著階梯往上走出後門，拖著疲累身軀的毛妹置身在充斥混亂的電線、陰暗狹窄的水泥過道，地下的、非法的炫麗和地上醜陋的現實形成強烈的對比。

　　《尼羅河女兒》、《少年阿辛》都試圖站在邊緣位置來觀察現今的青少年，關懷的層面包括階級、族群、教育、政治……等方面，片中安排曉陽讀夜校，在台灣電影的畫面裏，我們經常看見名校學生身影，可是少見有以夜校生爲主體，在升學主義的高唱下，夜校生是被忽略的存在，也是邊緣的一群。影片中呈現出來的夜校空間狹窄、擁擠、與住家雞犬相聞，一群被聯考篩選掉的年輕人彷彿被關在鐵籠裡面，充滿躁動、不安。《少年阿辛》阿辛則是逃家逃學，流浪在城市邊緣的青少年，此種中輟生亦是生存社會角落，隨時可能因爲需要金錢，而觸犯法網。國宅內的外省族群，許多家庭亦是畸零而邊陲，失去母親而父親年齡老邁，或者生養孩子眾多而食指浩繁。在都市與阿辛同居的女孩阿蓮，一回到家馬上被她的母親以貨品般交易「出嫁」；經濟上拮据的家庭更只好仰賴女兒到酒店上班。政治上的密告陰影仍尾隨不去，《尼》片藉由國文老師遭密告解聘，道出黨外的綠色已成爲新的政治禁忌，教育界沒有思想自由、言論受監控箝制的情形。而曉陽打工的肯德基，表面上明亮輕快、充滿朝氣，但從電影語言中仍可見出是一個拘禁人的場所，甚至是一個更教人異化的地方，片中當曉陽得知阿山死訊，心情怏怏不悅衝進洗手間哭泣過後，下一幕便剪接到肯德基打工的鏡頭，儘管她內心悲傷，以畫外音傳達有點憂傷氣圍的主題曲「尼羅河女兒」，但卻不能表現出來，只能機械化地繼續她的工作。

　　台北在影像裏作爲一個進入全球化資本體系的都會，生活在其中的人不論在生活，或者情感都被商品，金錢與消費意識形態所穿透，青少年面對著這龐大的壓迫與危險，卻置身於自己都茫然不知，無法定位的時空裏，影片的基調是對下一代憂心而悲觀的。

（三）母親的缺席與性別化空間

　　這兩部青少年成長電影，一者是以女性敘事聲音，與女性有限的視角來鋪陳成長敘事，另一個則是以男性的視角，男性的觀點來探討青少年的成長敘事。這兩部影片與以往青少年敘事有所不同的是，台北不再只是遙遙指涉的他者，鏡頭拋開過去的農村場景走入現代的都會現實，轉而刻劃一個時下的台北青少年。雖然鏡頭走入都市，不過《尼》片中家庭空間則還是一個前現代的情景，包括場景在山上，大自然的山、樹都攝入鏡頭內，家庭內的經濟是前工業時期的家庭代工；《少》片則是阿辛在都市受到重大挫折之後（好朋友被打成植物人），他還是想回到羅東老家，尋求幫助，但是也受到挫敗，他又回到都市自力更生。這些青少年的成長歷程並沒有一個可用以對抗現在的牧歌式童年，曉陽的父親母親總是在成長時刻缺席，阿辛的家庭則充滿暴力與言語的爭執，他們的家庭本身就是帶來壓力的根源。所以在影片的呈現裏，青少年只有強制的物質主義、商品拜物和自我疏離，而沒有鄉愁的回視。

　　在這兩部影片裏，男性都身處在遼闊的空間，而且這空間裏都隱含著暴力、犯罪的惡兆。曉方與阿山商量如何處理黑道的恩怨時，遠處大片陰霾的天空，雷聲隱隱作響，鏡頭慢慢橫搖而過，充滿沉悶、不安、山雨欲來的感覺，將男性暴力與自然的「天有不測風雲」連結，先預示了曉方，阿山將來可能遭遇到的危險。男性在戶外商議著如何火拼，講究義氣而不顧危險時，曉陽正在自己的房間寫日記，表情帶著憂慮，這樣的對比反映出男女在空間經驗上的性別差異，雖在台北，男女所經驗到的台北也是不同的，同樣地，階級、族群也會影響到對台北這一空間的利用和認知。影片中對黑道槍擊的敘述展現都市暴力可能無所不在──在淡水河畔孩子們放煙火的歡呼聲，夾雜著讓人致命的子彈槍響，更令人不寒而慄。

　　《少年阿辛》犯罪的場合是在台北荒廢郊外的一間鐵皮屋內，最後的鏡頭先是一個空鏡頭，凝視著在荒野中的鐵皮屋，緊張肅殺的氣氛令人感到山雨欲來風滿樓，接著一聲突兀的槍聲，此時畫外音響起阿辛的聲音：「這件事與毛妹無關……」，然後鏡頭剪接到屋內，特寫鏡頭精神恍惚的毛妹面對鏡頭

正舉槍自盡，然後再一聲槍響，都會隨時可能產生的暴力如同此聲槍聲迴響在四周，青少年失去鄉土母親的護佑，走入都會異質而充斥著暴力的空間。台北都市空間的呈現多元、全球化、多文化符碼，雖然異質多元卻同樣充滿壓迫，然而，環繞著不同空間的人際關係卻很清楚，儘管價值觀、道德觀混亂，但影片仍流露出人與人之間的關懷，如曉陽與哥哥，妹妹，阿辛與結識的好友彭大、毛妹等，而且阿辛最後會走上犯罪之途，主要是爲了彭大的醫藥費。阿辛對毛妹必須承擔沈重的家計，也表現出眞心的關心。儘管台北已變得物慾橫流、價值觀錯亂、充滿壓迫，但依然有人情、講義氣，人與人的關係仍有連結、有對話，在青少年之間其情感的人際關係依然存在。

　　《尼羅河女兒》的電影語言以多重景框的設計，來表達都會化之後所造成視覺和空間上的壓迫感、隔離感，以及內心空間的壓抑感。如影片開始不久，伴隨曉陽回憶成長過程中大哥過世、二哥以偷竊爲「上班」、母親得癌症過世的敍述和畫面，拍攝家屋的連續幾個蒙太奇，鏡頭都被暗影的牆壁遮去大半，其壓迫性幾乎令人喘不過氣來。另外，以幾個隱喻的鏡頭，例如，片中小狗被襪子套頭，身陷未知的險境，由此來傳達曉陽對無法控制的事件，似乎隨時會無預警出現在她的生活當中。《少年阿辛》影像則以國宅空間的曲曲折折，隔間的混亂感，公共走廊隨時會成爲私人用地，以及頂樓的窺視，黑暗夜晚台北車燈，燈影幢幢，來傳達都會所帶來的混雜感，不適感。

　　侯孝賢的鏡頭時常出入屋內、門口前庭、城市中心，由近而遠、由遠而近，透過鏡頭我們明瞭曉陽與家人的移動路徑，清楚地標明了家庭空間與社會空間的關係，以及整個遠近、家－家的環境－遠方都會市中心，清楚地界定空間的層次。雖然都會市中心的資本主義襲捲台灣的經濟結構，許多價值觀面臨崩解與考驗，新的價值觀則尚待建構，而家庭內亦缺乏強而有力的父權，曉陽的家庭父親由於警察的身份，經常出差，對於家庭是個缺席的父親，長兄也因意外而過世，母親亦過世。《少年阿辛》的父親在小說文本裏則是在十一歲時即過世，整個家庭是由母親與姐姐所支撐，不過這個情節在影像裏並未被強調。雖然兩個青少年敍事文本都缺乏有力的父權，但依舊維持住家庭的形式，由兄姊（曉方和曉陽）替代父職母職照顧仍就讀小學的曉薇，實質上成爲一個家戶經濟單位，並且是家人情感的歸向、是一個根據地，提供了家庭再生產的功能。但是阿辛的家庭雖然有母親和姐姐的照顧，卻是個親人之間感情緊繃，互相吵吵鬧鬧、互相詈罵的戰場，雖然有家的形式，但是

其家庭所能提供的情感慰藉功能卻相當薄弱。

兩部片子都說明一個邊緣的外省家庭空間，從場面調度來看，《尼》片家屋一進門的方桌既是飯桌、是寫作業的書桌，也是姊妹、兄妹、阿公阿婆互動的主要場域，桌上擺著熱水瓶，一切以功能、實用導向，光線也傾向於應用自然光，寫實地呈現出普通家庭的狀況。曉陽的房間是她的個人天地，榻榻米地板、簡單的矮桌，她在裡頭聽收音機、寫日記、逗弄小狗、梳頭、聽音樂、讀漫畫、發呆、跟死黨胖妹和二哥的女朋友小芬聊天，空間雖小卻是一個豐富自足的小天地。《少》片裡彭大家的客廳是一樣是多功能，但是全家六口人分睡在兩個房間，空間非常地局促，阿辛所租的房子，因為是離家出走所以房間內沒有什麼擺飾，只有破舊的床，和一個老舊的電風扇，與前述少女的房間景觀迥然不同。

家與自然之間的連繫，透露八〇年代都市生活的逼仄，使得人們更渴望自然的親近與自然鄉土的撫慰。《尼》片在拍攝家屋的前景，往往會將屋前大樹攝入鏡頭內。大樹的空鏡頭象徵大自然的鄉土，所象徵的母性空間／家庭空間／鄉土空間，是有所連繫的。曉陽接到父親槍傷的電話後，鏡頭沿著樹幹樹梢慢慢移動旋轉，配著鼓譟的蟬鳴，畫外音是悠緩的音樂，整個情境是相當地抒情的，然後鏡頭定在家屋門口，我們可以得知這是曉陽家門口的一棵大榕樹，接著的一場戲便是曉陽與舅媽做菜，全家難得的聚餐。從影片的前後文脈絡，這個大樹的空鏡頭隱喻著鄉土空間／家庭空間，母親雖然缺席，不過還有舅媽家親族，做菜、聚餐的畫面讓人聯想到母性的溫柔。影片讓我們看到這個城市邊緣的問題家庭，在父親受傷後平靜的家庭如常生活，因為有鄉土／母性的撫慰。就算問題重重，但家仍是受傷時可以回去包紮療傷的地方。但是，《阿》片中的青少年幾乎被都會所吞噬，影像裡幾乎沒有自然鄉土的鏡頭，在阿辛因為彭大受傷成為植物人，又在城市裡遭遇到深重的挫折之後，回到家也是一個中景的空鏡頭，短暫地一瞥庭中的樹木之後，畫外音是母親與姐姐尖銳的爭吵聲，阿辛知道他回家也無法得到心理或物質的援助，所以他過家門而不入，頭也不回地走了。阿辛的母親雖然存在，但是其照護責任卻是缺席的，其所建構的家就完全缺乏撫慰的功能。

曉陽的家坐落在城市邊緣的半山腰上（台北公館附近的蟾蜍山），一棟普通的磚房，夏天不下雨水壓便常常不夠的老宿舍區，是「青蛙山上面那些漆

漆補補過和加蓋違章建築的老房屋」〔註89〕，這一方面表現外省父親的軍警
身分，也顯示其較窮困的家境。雖然外在的房屋破舊，但是隔壁就是外公家，
經由外省父親與本省母親的結合，使得外省第二代成長的家，能夠藉由本省
籍的阿公和舅舅舅媽一家得以盤根錯節，長出新一代的族群混血的新文化。
《尼羅河女兒》中的主題雖是城市，片中仍有大樹、天空、小狗、小白兔、
金魚缸……等與自然有關的象徵。《少年阿辛》的台北，既沒有天空、也沒有
了動物，只有破舊電扇、鬧鐘、可樂汽水和各式商品化的擺設，此外，影片
中的台北愈來愈走向沒有自然、只有商品的世界，都市裡的青春世代只有在
戀物中寄託情感。而《少年阿辛》中的國宅空間：

> 出了火車站，已經天黑，我就趕到他家附近等他放學。那裏是個很
> 大的住宅區，除了普通公寓，最顯著的就是那五、六大棟的國民住
> 宅，每棟都是六層樓，每層大約住了六、七十戶人家。以六十戶再
> 乘以六，可以算得出來一棟國民住宅就住了三、四百戶的人家，更
> 何況它一模一樣的大樓有好幾棟排列在那裏呢！

> 那批國民住宅聽說已有十年以上的歷史了，從外頭看倒還好，反正
> 是貼了磁磚的，除了有幾處剝落，其他看不出什麼大毛病。可是裏
> 頭就真是菜了，跟我們羅東住的眷村還不能比，我們家磚房子雖然
> 矮些、舊些，下雨會漏雨，可是前後有小小的空地，光線很好。可
> 是這種國民住宅你一走進去，裏面黑漆漆的，一條長長的中央走道，
> 就是白天都得帶手電筒呢！不過當然沒有人真帶手電筒啦！因為走
> 習慣了，還是找得到家的。〔註90〕

國宅所塑造出的空間形構，是一個個滯悶的空間，透過阿辛內在的感受，他
認為國宅的空間，外表看來似乎還好，但是與原先的眷村空間迥然不同，眷
村雖然屋子矮些、舊些，但基本上仍然有個自然的，可供紓緩的小前院，其
自然的光線仍能走入屋子裏，但是國宅的空間則是非常狹窄，幽暗，他甚至
誇張地說走進國宅內可能要帶個手電筒，才能看見前面的路。影片裏則是光
線陰暗的住宅空間，走廊堆滿雜物。國宅融入都市的計畫裏，而與原先的鄉
土漸行漸遠，而外省族群的流離與凋零，其故事則在一個又一個狹窄單位化
的國宅裏斷裂與衍生。

〔註89〕見〈尼羅河的女兒〉，《世紀末的華麗》，頁39。
〔註90〕蕭颯，《少年阿辛》，台北：九歌，1984年，頁4～5。

（四）敘事聲音與想像空間

《尼羅河女兒》和《少年阿辛》兩部影片在時間的向度上，《尼》片是關於過去的回憶，加上敘事者的口白在影片中穿插，造成了更複雜的時態。《少》片原本在蕭颯的的小說中亦是回溯過去，透過擬似記者訪談犯罪少年的對話實錄，但是在影片裏敘事聲音則被單一化，只有順著時間的線性敘事，以阿辛故事線發展為主。《尼羅河女兒》小說是由少女曉陽敘述她的生活展開，其青少女主觀聲音充溢於整個文本，以朱天文所慣常使用的散文式枝蔓的敘述語，鋪展曉陽生活當中大大小小發生的瑣事，其敘述聲音呈現曉陽內心意識流，敘事口吻如同時下青少年放縱不羈，相當地口語化，並時時插敘她所喜歡的漫畫片段，其對古老時空的嚮往又展現青少年浪漫的情懷。影片《尼羅河女兒》基本上採取倒敘，從曉陽的告白展開序曲，劇情的進行仍是線性發展，以現在回憶過去，一方面延續侯孝賢之前的成長電影，描述一個青少女某一段成長歷程，另一方面其開場白與《童年往事》異曲同工，也是由一個敘述者的聲音開始，但又較之複雜得多，因《童年往事》敘述者的聲音只出現在最開頭和結尾，《尼羅河女兒》裡敘述者回憶的聲音則多次穿插在劇情的進行中，和演現出來的劇情形成豐富的對話關係——有時邊說邊演現、有時先說再演現，而這種說和演以呈現記憶的手法到了侯孝賢後來的電影一再再搬演，並且愈來愈複雜、有變化。

《尼羅河女兒》中畫外音的出現，其時間點呈現跳躍的狀態，影片一開始，鏡頭特寫曉陽在一片窗玻璃前訴說：「國三的時候，有一次他半夜回來，送給我一台紅色的 walkman……」接著，畫面出現了二哥走進屋子，從背包裡取出 walkman 給曉陽，聲音繼續，回到了更早的記憶，「我記得小的時候，爸拿手銬銬他……他最怕大哥，如果不是大哥出車禍過世……爸在嘉義，隔一年媽也死了，得癌症死的，臨死前一個月，哥每天幫她打針，因為她痛。」畫面先是哥哥拿隨身聽回來那晚兄妹互動，剪接到二哥為母親打針。這段曉陽的畫外音勾勒出家庭的面目，以及女性對於親人、家庭的記憶回溯，而這些回溯裏對於生命中的重要他者：父親的缺席，大哥、母親的去世，不斷地失去，形成生命回顧裏的傷痛，也形構成曉陽生命裏無法有強而有力的長者可供依靠，現實中的親情、感情是如何脆弱，不堪一擊，所以她的情感寄託於遙遠時空的漫畫空間。基本上，敘述的聲音提供了畫面說明、背景敘述和劇情的進展，而且敘述和演出兩者的前後距離貼得很近，音畫之間的關係是

說明和相互補充，且聲音敘述的內容在時間上是插敘的，透過畫外音，現實的時空與回憶的時空穿插交錯，使得時空的層次變成更為複雜，例如在海邊烤肉的那一幕，大夥一起聽阿杰的錄音、現場調笑的聲音之外，敘述者的聲音介入，有對海邊那晚的描述，有時則跳躍到前一年的黨聚，曉方和阿山也在場的回憶，而阿山酒後又談到之前在美國種種，可說回憶中包含著回憶，至少有三層的時間──現在回憶那一晚，那晚回憶前一年的黨聚，又回憶到黨聚時阿山回憶從前在美國，如果加上曉陽回憶在沙灘上感覺自己有時像凱羅爾，快樂又孤獨，那麼在這一場戲裡面，就有了四個時間的層次〔註91〕，這層層的時間豐富了故事劇情和角色的構成，一方面反映出人的記憶狀態經常是跳躍時空的，另一方面，每個人物在一個時間點上切入，都好像樹幹的年輪般，是有歷史縱深、有層層的回憶可說、有成長的軌跡的。

　　雖然在聲音上是如此繁富，但是在視覺上，《尼羅河女兒》是順著劇情採取線性的發展，透過敘述聲音，它賦予「現在」一個歷史性的解釋，前面提及曉陽說明家中親人的失去，其家族的脈絡史形構成個人心靈的歷史。小說裏先自我介紹四個現實與想像的自我：SEIKO、曉陽、凱羅爾、尼羅河女兒，並且一一說明家族成員每個人的歷史。影片中除了個人有其歷史，也透過父親讀大陸的來信而掉淚，透露父親眷顧大陸親友，以及父親血緣身份的來源，以鋪陳父系家族的歷史圖象。母系的親屬，如本省籍的舅舅和舅媽這樣的配角，也各自在片中出現了一幕，阿公更是那種代表傳統文化的傳遞者，是會說出「家和萬事興」這種承載歷史文化意義之諺語的中介者。透過影像鏡頭將小說裏那枝蔓的曉陽敘事聲音，以空間呈現出來，並且清楚地將家族系譜勾畫出來，形成一個有歷史、有回憶的家族圖象〔註92〕。《少年阿辛》的編導，將原先蕭颯所設計的訪問對白都刪除，完全以戲劇情節事件鋪陳阿辛來到台北大都會之後的遭遇，《阿》則是敘事聲音單調而薄弱，與原生家庭的關係疏離而斷裂，影片對於阿辛為何離家的緣由幾乎完全沒有說明，其叛逆逃家的心理成因相當薄弱，因此對於後來他犯罪的事實，就很難令人同情。

　　《尼羅河女兒》、《少年阿辛》時序基本上延續著線性的時間敘事，但亦

〔註91〕　參見鄭美里〈看得見與看不見的城市──尼羅河的女兒，千禧曼波中的空間與性別〉，《電影欣賞》卷23：2，1995.0，頁76～84。

〔註92〕　在小說中則對舅媽家從事眼鏡加工、經常提供鄰居打工猶如家庭代工的情況有更清楚的描繪。

有時序自由跳躍的時刻，從空間住處來區辨不同的時間點，都構設了一個異想的時空，前者是漫畫所描繪的三千年前的埃及，後者則是影像插敘一段類似 MTV 青少年酷勁的舞蹈，它們在影片中的呈現方式主要是透過聲音。《尼羅河女兒》中主要兩段漫畫的畫面，都是靜態的特寫文字，由曉陽旁白，第一段：

> 距今遙遠、遙遠的三千年前，我被詛咒帶回三千年前的古代世界，
> 我愛上了埃及王曼菲士。就在同時，地面上二十世紀的人們，賴安
> 哥哥及情人吉米等，正在找尋突然失蹤的凱羅爾……

這段文字出現在小說文本的第一段，亦形構影片開頭的框架，此段文字是漫畫裏凱羅爾的遭遇，其實也是曉陽內心想像空間的情景。小說文本有五段文字呈現漫畫裏的情節，以及凱羅爾從二十世紀回到遙遠的三千年前，每當曉陽遁入漫畫世界時就如同凱羅爾從現實的二十世紀消失了一般。電影則只有出現兩段漫畫的文字，但是有一些鏡頭是鋪陳曉陽沈浸在漫畫的閱讀裏。電影裏的女主角林曉陽化身為虛構漫畫主角的凱羅爾，精神漫遊於三千年前虛幻的埃及古王國，由於家庭生活裏親人的一再失去與缺席，再加上對現實生活的無能為力感，只能躲進她宿命而浪漫的幻想之中，藉此暫時逃避眼前不順遂的日子，亦企圖展現在幻境裏自我掌控的能力。影片與漫畫《尼羅河女兒》的互文關係，顯現出曉陽認同凱羅爾這個漫畫裏的角色，並將自己所重視的，並暗戀的朋友阿山視為心目中的曼菲士，在此的互文關係，主要是漫畫裏的凱羅爾超越時空，走入古老的埃及，只為了心愛的曼菲士，並且不該介入歷史的她卻介入了歷史，然後又回到二十世紀，現實中的曉陽則是介入了哥哥、阿山與黑道之間所發生的槍擊火拼、犯罪等事件。到片尾台北也被預言成「將荒蕪……變成乾漠、變成荒野、變成無居民、無人子之地，神秘之都巴比倫。」則將現實台北與古老的巴比倫類比，此都揭露曉陽的內心空間。透過片中核心人物的生命與漫畫奇想重疊起來，現實的庸俗因曉陽神遊漫畫空間的異國情調而轉化變形。

《少年阿辛》則是在舞廳跳舞時，幻化的燈光使主角阿辛彷彿進入異想空間，在幽暗的、如同廢墟般的城市裏，阿辛和他的同伴（蓮花、毛妹、老 K 等人）全部身著黑色勁裝，閃爍霓虹燈和電子舞曲，他們舞出自己的自信與青春，成為一種超真實（hyperreal），是阿辛內心的心靈想像，彷若是個比真實還真切的差異空間，在自然之上又經過人工處理過的場景，一種電子化了

的自然。不論是阿辛所處的國宅、舞廳，或是辦桌的婚宴場景、速食店、街景，這些空間沒有座標，雖存在於台北，卻猶如「異質空間」（heterotopia），在影片裏象徵傳統政治權力標的的絕對空間消失不見，只有一個又一個不再有歷史、時空壓縮的場景，可能發生在台北或台灣的任何地方。相較之下，《尼羅河女兒》除了寫實地再現台北，影片提供的非眞實空間是曉陽透過閱讀漫畫進入的心理、想像空間，影片中主要以開場和結束時兩幕停格的漫畫內容特寫，它是紙面的、文字的。雖媒介不同，一是視覺、電子的，一是平面、文字的，但這兩個異想的空間經驗都讓青少年主角從中得到力量。

小說文本裏的《尼羅河女兒》環繞著第一人稱的「我」展開回憶，語調中流露強烈的認同，穿插漫畫內容的文本則造成一種疏離的效果，也說明女主角曉陽內心意識流的狀態，此種自現實中疏離出去的敘事聲音，卻是閱聽人更深入曉陽內心世界，現實生活與古老埃及的兩相對照，其實更突顯曉陽對漫畫世界、漫畫人物強烈的認同，正是這種認同幫助曉陽得以在困頓、傷痛的現實中得以繼續生存下去，閱讀所創造出的心理空間、內在的聲音提供了曉陽慰藉和理解世界的方式。片中少女置身於漫畫夢幻與影像呈現的現實世界之間，也夾在童年（漫畫書）與成年（女代母職）的兩難、以及學校與家庭、兩種世界與兩種生命之間。

本文透過對《尼羅河女兒》和《少年阿辛》的解讀，針對影片所呈現的八〇年代中期台北的空間、人際關係、敘事聲音的呈現差異，我們看見影片爲台北商業化、全球化的風貌作了記錄，性別的不同也讓我們看見青少年與空間的關係——因爲性別，曉陽和毛妹都仍負擔起家中的照顧者角色，曉陽猶如小媽媽，毛妹照顧阿辛，分擔家務，也都爲了家計而出外工作，但她們較少獨自冒險，即使曉陽有自己的交通工具，在都市中仍在熟悉的地點之間游走，而毛妹則有如被侷限在公寓和工作場所裡，唯一能在外透氣仍須有個大哥在旁。男女性別的空間的體驗不同，例如，當阿山遇到麻煩時，哥兒們到大樓屋頂共商大計，曉陽藉由寫日記、閱讀這樣的內心活動尋找認同。

從本文針對《尼羅河女兒》和《少年阿辛》兩片的分析可以看出，儘管這兩部青少年電影，不同性別主體爲敘事對象，但是女性大多作爲旁觀者，而男性則涉入犯罪事件，不同的鏡頭語言，不同的導演乍看之下差異頗大，但若從空間、經濟、社會層面來檢視，依舊可見其互文性。《尼羅河女兒》藉由一個台北邊緣的青少女，道出當時的社會情境，包括經濟上開始捲入全球

化、地上與地下經濟並存，政治上的思想箝制，教育的問題，社會物欲導向的價值觀，家庭面臨崩解⋯⋯等社會性的問題，為當時台北具象徵性的地景留下了紀錄，但這時的台北人與人、人與環境的關係依舊面貌清楚可辨，既有時間深度、空間亦是可以標繪出來的；在美學上主要採取寫實的做法，但加入了聲音的軸線，在旁白的回憶敘述中使時間的面向變得更豐富，也因為與漫畫《尼羅河女兒》的互文加深了影片的心理空間。

《少年阿辛》描繪八〇年代在台北玩樂、生活的青春世代，影片環繞著阿辛，回憶他來到台北之後與老k、彭大一家生活在一起的那段時間，透過對個人感受的捕捉，表面上似乎看不見的台北，卻以另一種方式被觀者感受到。羅東所象徵的「家」及鄉土，已經成為回不去的空間，母親與姐姐在影像上的缺席，只有聽聞他們的爭執吵架聲，則代表著昔日母土／鄉土所構築的「家」已崩解，不再能提供成員修復，休養和慰藉的功能。換言之，為了營造台北當下青春世代所處世界的氛圍，影像語言割裂了象徵母性的鄉土／家庭空間，以捕捉青少年內心叛逆，這個青少年活在一個毒品、色情、暴力所構築的殘酷世界，與犯罪、監獄、槍械只有一線之隔，一如八〇年代末台北的寫照，人際間無法深刻對話，只能以感官、本能的情緒來互動，失去了與大自然的連結，在戀物中投射情感。

這兩部影片透過視覺、隱晦呈現的批判，遲暮漸黑的都市景觀，象徵表面的富庶和快樂將一步步走向無光的世界，而青少年作為片中的代言人，曉陽、阿辛猶如「人間孤兒」，他們努力與社會價值認同，卻跌入物質和幻像交織而成的虛無，只能惆悵無力地接受結果。以此來傳達台北都會空間，資本主義深化，功利傾向，價值觀崩解，家的功能的頹喪，處處隱含危機的一個時代來臨，而青少年的茫然與迷惘需要社會更多的關注。

第六章 結 論

　　本文以女性書寫與電影影像爲探討的主題，論述小說文本轉譯爲影像文本時，小說文本與影像文本之間的互文關係。本研究將焦點放在八〇年代的文化場域，剖析在當時「台灣新電影的現象」與「女性作家崛起」這兩個文化現象，探討台灣新電影的影像創作如何改編、轉化台灣女作家的小說文本，以及新電影導演與女性作家合作編導的創作模式，其所開展出來文學與電影的親密互動。

　　本文的研究立基於以下兩點：

　　一、文學與電影是兩個擁有獨立生命的藝術體，雖然電影的題材取材於文學，但是筆者並不想從「忠實／背叛原著」這樣的觀點，詮釋文學與電影的結盟關係。事實上，文學語言與敘事豐富電影的素材，電影語言也反過來影響文學技法的創作，所以文學與電影兩者親密的互動，彼此互爲闡發。另外，筆者認爲文學與電影的比較研究，也要進入電影影像本身的符號、意涵，才能瞭解改編電影獲得獨立於原著的生命，成爲另一個再創作的文本。

　　二、電影影像媒體在呈現女性形象時，置入在電影的象徵系統裏，被意識型態建構爲刻板形象與符碼，即好萊塢影片類似的敘事模式與觀看機制。但是筆者在探討八〇年代的台灣電影時，發覺女性小說文本介入媒體產業，提供一種有別於好萊塢的敘事動力，也促使影像多了一層女性關懷與自覺。筆者對於性別觀傾向於建構論，也就是男女的性別觀是在社會文化的形塑下所建構出來的。所以在八〇年代台灣女性小說／電影影像的轉化中，大多數是由男性導演所執導的影片，筆者並不認爲男性導演就必定沒有女性意識。在影片的分析裏，筆者仍會試圖探究男性導演的「陰性書寫」，以及「母性空間」的呈現。

　　以下總結本文的研究所獲得的初步成果。

第一節　文化工業下女性小說被影像化的選擇機制

（一）商業市場導向與言情敘事

　　台灣女性書寫／電影改編的現象在台灣文化的發生，在六○、七○年代由瓊瑤小說引領一波言情小說改編電影的風潮，女性作家的作品，除了瓊瑤之外，郭良蕙、徐薏藍、玄小佛等最常被改編爲影視文本。言情小說所建構的世代衝突及價值觀妥協，以親情與愛情爲主軸，並在影像改編時，根據片長的限制，往往將原先的言情小說複雜的大時代背景淡化，進一步化約爲簡單、重覆的類型公式，在電影傳媒，不斷複製其幻想浪漫的愛情中心論，以自由戀愛作爲婚姻感情的基礎，作爲自五四以來青年爭取自主的象徵。類型特色與文本意義在閱聽人、作者、社會之間不斷產生流動與建構的過程，言情小說轉化爲影像上浪漫文藝愛情片，在轉化的過程中，多元的人物角色漸漸趨於平面化，主題也由大敘事家仇國難化約爲個人情愛，小說敘事策略的多線交錯也簡化爲單一直線敘事。此類型的改編屬於言情小說與文藝愛情劇的結合，其電影改編的焦點著重在商業市場的價值，其小說所改編成的電影被劃歸爲通俗文類，其作品主要訴求是使閱聽人享受聲光愉悅的快樂，明星形象的認同，提供心靈情感的寄託，在充滿妥協價值觀的敘事裏體會人生百態。

（二）藝術電影形構與文學獎評鑑機制

　　八○年代新電影出現一批新銳導演，這個現象的崛起與當時影評社群的建構有很大的關係，當時電影創作者與影評人，想要以「藝術電影」的品味來與「商業電影」作區隔，以形塑「作者電影」強調導演特殊觀點與風格。這與電影的文化位階裏，「電影作爲一種藝術」或者「電影作爲一種商業產品」兩種論述一直爭執不下有很大的關係。支持新電影的詮釋社群，認爲在新電影未崛起之前，電影對一般台灣觀眾而言是休閒娛樂，是發洩鬱悶的途徑；對一般片商及製片而言，是商業利潤和賺錢工具。但是當新電影出現之後，它們使台灣電影得以與「藝術」掛鉤，與「品味」發生關係，也對觀眾的觀影習慣提出挑戰，吸引中產階級想追求風尚文化的心態，促使中產階級的觀眾對豐富的電影語言做深向探討。八○年代的新電影以新的感性、新的導演、新的電影語言來提昇電影在文化場域裏的位階，同時以改編在文學場域裏已累積一定聲望的名家作品，如黃春明、白先勇、王禎和等人，形塑「導演作者」與「文學作者」合作的藝術作品爲號召。新電影強調作爲藝術電影的表述裏，其改編名家文本的目的，以嚴肅文學作品所產生文化象徵資本，以及

文學家所累積的讀者與藝術聲望，促使新電影在文化場域裏能取得「區隔的標誌」，形塑其菁英品味，及名家名作的「品牌」形象。而當時八○年代許多女作家透過文學獎機制成為媒體關注的對象，由於文學獎機制所擇取的作品，即取得文化場域的秀異標誌，是專業評鑑者所篩選出藝術性高，美學品味亦佳的作品。再加上女作家得獎的小說內容，往往與現實社會脈動習習相關，或者揭露父權壓制，或者剖析外遇現象，或者回顧其成長歷程，其題材兼具社會性及議題性，故出身文學獎的女作家作品很快被吸納進入電影工業改編的行列。此類女性文本與新電影的結合，開發台灣電影女性音像書寫，創作較多元的女性形象。

第二節　八○年代台灣女性書寫／影像互文的美學形構

（一）女性書寫／電影的互文形式

　　從小說到電影的轉換是小說語言符碼到影像符碼的轉換，此種跨文本之間的生成轉換，所牽涉到的是互文的問題。互文觀念開發我們對文本的想像，強調文本與文本之間的創造性與生產力，使文本由單一固定的意義，進入到廣闊的文化視野之中。小說改編成電影牽涉到不同符號系統轉換的變數、文字與影像媒介上的差異，使得小說文字所營造的意象，帶給讀者不同想像的詮釋空間，因此詩意語言能夠使每個讀者有不同的想像，但是影像則經由二度空間的視框展開運動，以視覺呈現的方式，配合各種聲音與音樂，達到陳述情感與抽象哲思的功能，但影像被固著在銀幕上，形成一個定向性的視覺圖象。小說的敘述，可以直接運用文字說明時間，不斷地現在與回溯間跳動，以完成錯縱複雜的時間感。不過電影的敘述則必須通過場景、空間與場面調度等語言安排來完成敘述，敘述的影像永遠在觀眾眼前以現在的方式進行。如此，電影媒介倚重的是影像的空間感。而如同繪畫一樣，影像空間傳達的意涵常常會離逸於敘述功能之外，能直接撩撥觀者非理性、直覺直觀的感知層次。這是文字敘事與影像媒介兩者本質上的差異，也是電影獨特的敘事媒材，亦是電影區別於文學所不同的藝術形式。若無法理解文學與影像本質媒介的差異性，以及文學與電影各自有獨立的藝術性，只是以「忠實／背離」文學原著來責成電影，就會使電影拘泥於形式，而無法讓電影有再詮釋、再創作的空間。台灣女性小說與電影之間的互文形式，有先小說文本再創作電

影文本，或者有電影文本後再轉化爲小說文本。另外，朱天文與侯孝賢所共同創作的編導合一模式，亦是八○年代台灣新電影／文學的互文形式，朱天文與侯孝賢的青少年成長敘事電影，闡發自然質樸、渾然天成的直觀美感，朱天文抒情文字與直觀的素樸的生命觀，侯孝賢長鏡頭、深焦攝影的電影語言相互契合；朱天文的文字與侯孝賢的影像可以互文詮釋，彼此共同創作並互相影響其創作觀點。兩人在創作理念、美感形構上的相互闡述，開發出台灣電影燦爛的一頁。

（二）女性主體性的闡釋

在本論文中，筆者試圖探索女性的主體性、情慾自主性，以及女性身體政治等議題，在由女性小說文本影像化之後的電影文本，其電影鏡頭以女性的語言和行動作爲故事情節的主軸，其電影中充滿所謂的「女性關懷」。焦雄屏認爲90年代的台灣電影開始強調一個充滿自覺性的「台灣經驗」。〔註1〕事實上影像所強調的「台灣經驗」從六○年代的健康寫實，延續至八○年代，至八○年代的台灣影像除了關注鄉土，更把其焦點放在台灣未來的視野，並且開始凝視都會空間，以及身處其間的青少年族群。而八○年代的台灣電影在兩性議題的處理上，是否也反映更多的女性自覺？還是父權文化所宰制的女性形象依舊活躍？在台灣電影的發展史上，女性的角色一直在改變，雖然有許多女性電影試圖以女性的觀點來檢視女性的形象和處境，但值得進一步討論的是這些女性的聲音卻是透過男性導演代言的，關於「女性電影」周蕾在《原初的激情》中有這樣的敘述：

> 從一九九○年代女性主義觀點看（其任務不僅是解放女性，更是將人類從以男性傳統上控制和剝削女性的方式來控制和剝削他人的需要中解放出來），對這些男性化電影的解讀意味著從中勾畫解放的可能性，同時又充份意識到他們與父權文化的同謀關係。〔註2〕

上述周蕾的這一段話意味著女性在電影中的角色至關重要，不可否認地，電影早已成爲現代人生活的一部份，然而女性主義者相信，主流電影係遵照父權潛意識而構成，換句話說，電影也不也是主流意識形態的幫凶。電影中象徵的語言、秩序仍由男性觀點（導演）所掌握，在符號的建構中雖吸納了女性堅忍、獨立的特質，但隱藏在象徵秩序之內的仍是不平等的兩性關係。以

〔註1〕焦雄屏，《台灣電影90新新浪潮》，臺北：麥田出版，2002年，頁 vi。
〔註2〕周蕾著，《原初的激情》，台北，麥田，2001年，頁66。

上述的劇情為例，筆者認為：從前述論文的討論中，男性角色展現主動、侵略的特質，而女性總是退縮、陰柔的，佛洛伊德認為在「閹割情結」（castration complex）的作用下，男孩／男人逐漸發展出社會關懷，正義感，以及思辨和行為能力，因此，男孩發展出主動，剛強的男性或陽性特質。至於女孩，由於「閹割情結」影響所及，女孩容易耽溺於私情和一己的好惡，缺乏社會關係和正義感，無法好好發展思辨和行為能力，因此總是努力遵守父親／男性定下的道德標準，並專注於容貌，形成女性模式的自戀。

　　雖然佛洛伊德用「閹割情結」將男性／女性、主動／被動、陽剛／陰柔，二分得如此對立，百年來遭到許多女性主義者的駁斥，這樣奠基於陽具的象徵秩序其實是女性所不樂接受的。〔註 3〕但是它幾乎涵蓋現有的一切文化事物，包括語言、文化、典章制度、社會風俗等。父權幾乎強行介入一切社會秩序，女性在其中沈默、被動的接受了許多不平等的關係。在「陽具中心」的社會概念下，男性的生殖器指涉權力的象徵，沒有陽具的女性，被視為是「匱乏」、不完整的，並處於權力弱勢的一方。西蒙・波娃認為：佛洛伊德用「陽具羨妒」來解釋女人註定屈於劣勢是太過簡化的說法，因為女人羨慕的並非是真正的「陽具」，而是社會賦予「陽具」的文化權力與心理特質。〔註 4〕電影作為一種意識型態的傳播機器，透過「傳播者 ── 訊息 ── 收訊者」的順序，對公眾傳播有關性別的特定訊息。媒體內容所呈現的女性幾乎多半是符合傳統所認同的年輕貌美、受制於她們的先生、父親、兒子、老板或其他男人；同時，她們的特質都是被動的、消極的、優柔寡斷的、溫馴順從的、依賴無能的等等。因為大多數的影視媒體多是由男性主導，其影像語言不僅常常透露出女性在家庭主婦及家庭以外的角色都不重要，甚至，媒體的符號世界中有關女人的描述多是無能、次等甚至缺乏正面意義的。〔註 5〕

　　在前面論述的小說改編成影像的文本中，符合傳統婦德、堅忍犧牲的女性角色往往成為改編的要角，諸如《小畢的故事》、《油麻菜籽》、《我這樣過了一生》，即便是控訴父權宰制的影像，仍不免要將女性角色塑造成無力、

〔註 3〕 劉毓秀，〈精神分析女性主義〉，《女性主義理論與流派》，台北，女書文化，2000 年，頁 165。

〔註 4〕 鄭至慧，〈存在主義女性主義〉，《女性主義理論與流派》，台北，女書文化，2000 年，頁 98。

〔註 5〕 Liesbet van Zoonen 著，張錦華、劉容玫譯，《女性主義媒介研究》，臺北：遠流，2001 年，頁 24～25。

悲慘的受難形象，如《殺夫》、《桂花巷》等等影片。其中母親的角色更成為鄉土、國族、經濟寓言體的最佳代言人，描寫一個沈默無聲、窮盡自己的青春、為家庭經濟奮鬥一生的母親角色，在八〇年代的台灣電影影像裏俯拾皆是，其女性往往內化父權思想，為了服膺傳統婦德的要求而犧牲自我，如《油麻菜籽》、《我這樣過了一生》、《桂花巷》，面對生活的磨難，壓抑個人慾望放棄自我的生活，成就一個具傳統美德的母親形象。女性主義者認為媒體是導致「女性神話」出現的主因，所謂「女性神話」指的是女人的自我實現就是去當一個稱職的家庭主婦或母親。傳統的女性是身處靠生育小孩，以維繫家傳的社會／象徵契約（the socio-symbolic contract）的社會體系。〔註6〕女人臣屬於男人，為他忍痛受苦，甘於受虐的情境，女性將「以父為尊」的意識內化，將對父親的慾望轉化為繁衍後代的慾望。另一方面，那些在電影影像中被刻板形象化的母親，他們被形塑成一輩子為丈夫、孩子犧牲也甘之如飴的形象，這些刻板形象看來很自然而且「天經地義」，卻很少人會質問她們如何發展，她們如何強化或她們如何被維持。

在以往的劇情片裏，導演企圖去肯定典型、理想的好母親形象，依此概念，母親被安排成一種圖騰：完美、奉獻，在父權觀念的主導下服務他人，她因犧牲而偉大。但她卻是一個別人的客體，而非自己的主體，一個空洞的符徵。因為母親被視為必須與丈夫孩子相繫，因此在父權制度下的母性，仍被要求以家庭為重、育嬰為重。在兩性體系中的權力關係，這個偉大母親的位置仍鑲嵌在父權的系譜裏，不論母親的努力與奮鬥帶來家庭何種轉變，基本上仍然在壓抑母親的主體性。不過在八〇年代新電影所改編的女性文本中，我們開始看到女性在家庭牢籠中如何被剝削、被形塑、被壓抑，如阿惠在家庭教育裏主體性受到壓抑，桂美被化約為一個生育的符號。透過導演的鏡頭，我們看到《殺夫》的林市如何在父權暴力下被殘害，因而精神崩潰殺夫；《桂花巷》的靜觀鏡頭使我們感受到剔紅守寡一生的閨怨。這些電影在八〇年代豐富台灣女性的音像，藉由女性文本的介入，我們在電影影像裏，觀察到對女性處境多面向的呈現。

上述八〇年代的母親文本，雖然開拓批判性的視野，仍然呈現犧牲奉獻的母親形象，而且往往在導演鏡頭的凝視下，成為國族、經濟成長的寓體，

〔註 6〕 Liesbet van Zoonen 著，張錦華、劉容玫譯，《女性主義媒介研究》，臺北：遠流，頁 15。

《油麻菜籽》母親與阿惠的母女關係，以及空間場景，伴隨著台灣經濟的成長而有不同的面貌。《我這樣過了一生》則將桂美的生命歷程連結台灣經濟成長，桂美豐饒的母體是孕育的、包容的子宮符碼，桂美由家庭代工——在國外打工（當外勞）——回國開店當老闆娘，正如以桂美的堅毅卓絕、刻苦耐勞，終於獲得自我的實現（成為老闆娘），恰如以女體暗喻國體，女體的辛勞象徵台灣的奮鬥與努力，女體的豐饒象徵台灣國體經濟的富裕神話。在片尾，導演安排桂美將大陸親友的信傳遞給下一代正芳手中，導演的企圖心是將桂美外省人的身份彰顯，以連結台灣與大陸的關係，亦是以桂美比喻台灣，希望藉由下一代的傳承，再維繫、修補兩岸的關係。傳統父權社會中，母親很難逃脫「自我犧牲」的宿命，當一個女人成為母親之後，她便不斷地複製母職這個角色，為社會秩序與父權的威權而犧牲自我。因此，母親形象與特質在一代一代女性傳承系譜中，仍然沒有革命性的改變，即使在八○年代女性小說影像化的過程裏，其所撿選的文本依然無法跳脫偉大母親的角色形象，其影像中的母親仍無法擺脫傳統的宿命。不過，《油麻菜籽》裏的尖刻現實的母親，提供某些顛覆「偉大」母親角色的潛能，透過導演鏡頭裏的具象三把剪刀，更深刻體會母親內在衝突、負面性格、父權價值觀的支配，展現母親形象與母職論述的另一個面向。

在八○年代的女性小說改編中，母女關係的探討豐富了台灣文化的多元視野。就女性文化而言，母女關係是相當重要的一環，而這樣的情節往往也被電影影像放大處理，《油麻菜籽》《我這樣過了一生》母親與女兒的關係複雜而激烈，充滿著愛恨交織，傳統母親的觀念與新女性的自主觀念拉扯衝突，象徵當時女性在傳統與現代之間的矛盾。《殺夫》雖然母親是缺席的，但是對於主角林市卻有深遠的影響，到了都會資本主義全面席捲台灣時，《尼羅河的女兒》母親的聲音、形象完全隱沒，象徵鄉土與家的功能喪失，主角曉陽只能在冷酷的台北都會奮力求取生存。在父權社會裏，母親的角色是唯一被社會所讚揚許可的女性形象，雖然父權社會對於母職的褒揚，抹去女性的身分與屬性的殊異性，將女性等同於母親，意味著女性只能以其生殖能力而存在，生育與養育就是女性一生的目標。除了母親之外，女性做為一個女人的權利被剝奪，故當女性拒絕父權的壓迫及婚姻制度時，女性在社會結構中無法找到自己的地位和主體。面對這樣的母性文化，女兒往往無法認同母親形象，因為身為新女性的女兒拒絕做一個在父權底下犧牲、壓抑自我的客

體，女兒往往將母親看成是父權「建構」的代理人，拒絕被父權文化勾結到被動、劣等的邊緣特質。周蕾在《婦女與中國現代性》一書中提及：「自我犧牲的母親既不是全知全能，亦不是自由的。在與女兒交接時，向女兒所傳遞的一套仍是文化老早已定好的女性身份和特質。」〔註7〕《油麻菜籽》中的母親固守著失敗的婚姻，企圖壓抑一心想成為自主女性的阿惠，母親的任務，就是要將「女性等同母性」這個符號（以及所有附加的負面特質）教導給她的女兒，在無意識的心理，每一個女性主義者都變成一個「女兒」，要反抗父權壓制，同時要排斥母親。〔註8〕

　　母親一直無法與女兒分割，她認為阻止女兒發展自我，尋找美滿婚姻才能免於父權的傷害，一方面她深恐女兒掉進父權的陷阱之中，一方面卻又不斷訓練女兒進入父權制度。在影像敘事裏，我們看到許多似曾相識的母親形象，這個母親受到雙重壓迫，丈夫視她為沈默不在場，女兒不願意接納她，卻依舊固守著一個有名無實的家。母親總是沈默、被邊緣化、自我犧牲和被壓迫，在所有的心理分析中，嬰兒均是研究和論述的主體——成年母親，做為一個母親，其存在只是依附在她與其子的關係之中，而並非以一個女性的主體存在。母親並非主體，而是一個與嬰兒共生的結合體的一部分，一個他者。

　　據拉康對佛洛伊德的闡發，男性和母親的分離取決於「母親是被閹割的客體」，而女性意識到自我已遭受到閹割，已經喪失主體性，故她轉貶抑自己性別，尊崇另一性別。〔註9〕由於母親是被閹割的客體，所以她得不到女兒的認同。依照拉康的說法，人類從伊底帕斯時期的語言學習階段，就開始建構性別差異，在這個時期，女性學習順從陽具中心的象徵秩序，造成女性特質無法被定義，以及根本上無法發聲。以致於影像中的母親角色，幾乎都是一個沈默、無聲或個性妥協堅忍的形象，這些刻板形象本身表現社會上習以為常對於事件、經驗、物品或人物的認定和分類，刻板形象的存在因此被合理化。〔註10〕《小畢的故事》這個母親即是個沈默無聲，且個性妥協，其對於小畢的凝視，不斷地將小畢形塑成父權秩序所期望的主體，而小畢的叛逆則

〔註7〕周蕾，《婦女與中國現代性》，台北，麥田出版社，1995年，頁305。

〔註8〕陳儒修，《女性與影像》，台北，遠流，1994年，頁242。

〔註9〕蔡秀枝，〈克麗絲特娃對母子關係中「陰性」空間的看法〉，《中外文學》，第21卷，第9期，1993年，頁39～45。

〔註10〕Liesbet van Zoonen，張錦華、劉容玟譯，《女性主義媒介研究》，臺北：遠流，2001年，頁43～45。

來自於對秩序父權的反抗，回到與母親合爲一體的關係，但是母親的自殺，使他還是接受父權象徵秩序，教受家國對身體的訓誡，走入傳統父子系譜。誠如 Kaplan 在《女性電影──攝影機前後的女性》中提及：

> 母親這個角色被要求她必須沒有聲音，要服膺於核心家庭，放棄她自己。因此，矛盾的是，事實上是主要在生理上與感情上提供他人大量滿足的母親，在心理學上竟是被壓抑的；作爲她的自身，她對於家庭和社會是隱形的。另一方面，雖然父親是隱形的，但因爲他代表著支配的「律法」，因此在心理分析上他是存在的。他是主體，操控支配，而且被賦與聲音，對立著被強加在母親身上的沈默。〔註11〕

《油麻菜籽》、《我這樣過了一生》、《尼羅河女兒》影像傳達出女兒在父權體制中成長的兩難，由於母親無法成爲一個主體，在象徵體係中佔據一個位置，當女兒發現母親也是被閹割的，她必須接受這個被閹割的母親並未擁有權力的事實，母親只不過是象徵父親的代理人與執行者。是故母親的女兒被象徵的灶會所驅離或流放，女兒沒有一個象徵的模式可以認同或學習，她被迫與原初的慾望和性慾割離，除了自身替代母親外，她們永遠無法找到母親的替代物。

當女性主義者一直反抗她們自身被閹割的這個位置時，她們爲什麼不強烈的抗拒母親做爲「局外者」，做爲「觀眾」的建構呢？Kaplan 認爲：

> 我們不經意重複父權對於母親之所以爲母親的輕忽，而只有從小孩的位置來說話。我們在心理分析上仍然被監禁在對於母親的曖昧狀態中，既深深的與她相繫，又同時努力去尋求一個自主性。在潛意識的層階上，我們之所以生母親的氣有兩個原因：首先，因爲她不能給我們所需要的獨立，不能告訴我們該用什麼方式來發現身分認同；再者，因爲她無法保護我們去對抗在心理分析上、文化上與（有時候）身體上危害我們的父權文化。〔註12〕

在父權社會中，所謂的女人、身體，以及陰性，不是被囊括統一於母親形象中，就是以負面的形象被排擠於論述之外，由於母親並不具有象徵秩序的律法地位，母親對子女的關愛就變成兩種極端；不是付出得太少，就是付出得太多，不是好母親，就是壞母親。林松燕云：

> 當母親是爲所有女性最終的命運，不但剝奪女性自我定義的權利與自

〔註11〕E. Ann Kaplan 著，曾偉禎等譯，《女性與電影》，台北：遠流，1997 年，頁 278。
〔註12〕同上，頁 258～159。

主性，更拒絕女性做為一個「性別化主體」的事實。女性必須遵從父親的律法而成為一個母親，她的工作就是守護父系名字的傳承，她的身體成為支持父系社會賴以存在的，最基層的支撐物與支持者。正是因為母親以其身體成為父權社會中沈默的低層，支援著父系社會的豎立，母親同時做為一個女人的形象與機會被排除了，女性在社會上物質與經濟發展的可能性嚴重地被剝削，切斷了與社會中經濟的、象徵地位與性別的社會承認，而完全被包含在母職之中。〔註13〕

女性書寫與女性影像更如何面對母性生涯，如何呈現女性不同世代之間，不同階層、族群之間更細緻的異質，釋放出母性聲音，及母職的限制，對差異作更深刻的女性自覺反思。依希格萊認為，我們必須在象徵領域中重新組織與探索母親與女兒的關係，她認為如果女人的性慾對佛洛伊德而言，是神秘不可理解的黑色大陸，那麼母女關係便是「黑暗大陸群中的黑暗大陸」（the dark continent of the dark continents）。將此一黑暗空間帶至文化的光明處，無疑地會造成現存父系社會秩序的威脅與恐慌。她認為要使母女關係得到象徵體系的承認，必須建立女性的系譜傳承（female genealogy），使得女性被埋沒在父系之下的歷史重新帶入象徵秩序。〔註14〕筆者認為在女性小說所改編的電影如《油麻菜籽》《我這樣過了一生》，前者由母親為女兒披嫁紗，贊同女兒自主決定自己的婚姻，最後鏡頭女兒撲倒在母親的懷裏，母女達成大和解；後者則是繼母將一生所努力經營的餐館交給女兒經營，而且在人生最後的時刻拜託女兒正芳照顧大陸的親友，最終的鏡頭是母女兩人在燈下雙手互握，彼此凝視，亦達成母女關係的修補及圓滿和解。筆者認為電影影像雖無法完全擺脫父權文化的潛意識，但其兩性在影像中的形象越來越難以傳統客體／主體，主動／被動，男性化／女性化的二元法來解析。筆者認為：女性從女兒到母親，在八〇年代仍是個過渡時期，如同台灣當時局勢，處於新舊交替的氛圍，女兒已漸漸要成為一個慾望主體，爭取女性的權力，正努力尋求未來的方向與出路。

（三）母性空間／身體空間／影像空間互文

女性小說文本的另一個主題是青少年的敘事與母性空間，雖然影像主體

〔註13〕林松燕，〈身體與流體經濟──依慈格萊的女體構學〉，《中外文學》，第31卷，第2期，2002年7月，頁30。

〔註14〕同上。

是青少年，但其攝影機的鏡頭則往往是從一個母親的視角作爲凝視的主體，或者是母親角色是缺席，以攝影機所聚焦的場景成爲一個母性空間的符徵。另外，影像的敘事聲音經常使用女性的敘事聲音，來達到敘事的功能，以及旁觀的視角。當筆者試圖從女性觀點視角來閱讀這些改編的電影時，筆者想解決的問題是這些女性作家或者是女導演所創造的文本，從小說轉化到影像，閱聽人是否能夠看到一個充滿「女性的敘述者聲音」、「女性中心思想」的女性電影？而在男性導演的詮釋下，女性小說文本中的女性書寫有多少能被「再現」於影象上？男性導演的「女性書寫」究竟是正面增強女性意識？亦或是反面削減，甚至嘲諷女性觀點？在電影語言的建構上，導演所呈現的影像又透露何者潛存的思維？

在第四章所選的影片裏，以女性作爲敘事的主軸，影片中的女性表達她們的慾望和想法，她們在攝影機的注視裏，不再只是被動的客體，而是有發言空間的主體。在《殺夫》的影像裏，我們看到女性身體不被物化的再現，影像的低調攝影與疏離鏡頭，再再都顯示導演的女性書寫觀點。在一些影像的片段我們見識到父權觀看結構似乎有流動的可能性。但是這些女性影像似乎仍呼應莫薇的基本分析，包括母親的形象，《桂花巷》裏靜態閒適的鏡頭，女性所身處的幽閉空間，女性身體似乎無法僭越傳統性別結構。在第五章的影片裏，母親的凝視或女性敘事聲音形構成影片的「女性書寫」，母親的形象往往成爲一個男性視角下的符號，在《童年往事》《冬冬的假期》母親的在場或缺席都象徵著母土的召喚，其鏡頭將原本小說裏童年懷舊的情調，整個轉化爲母性空間裏鄉土的凝視，其攝影機的溫柔深情而闊遠的注視，象徵鄉土空間／母土原鄉充滿慈愛而能夠撫慰人心。母親角色凝視青少年成長，在《我兒漢生》的影像化中，其鏡頭往往來自母親對自己兒子的期許、關心，但往往被資本社會速食化的人際關係所掏空。《尼羅河的女兒》《少年阿辛》的母親缺席則象徵著鄉土及家庭的凋零，可供人心休養療傷的心靈空間已漸消失，青少年只能在嚴酷的、黑暗的、犯罪化的都會空間踽踽獨行。小說文本的創作者雖然是女性，但經由導演影像的再創作，雖然其敘事主體是女性，但敘事觀點有時流露出男性觀點，導演以其寫實的敘事手法，再加上商業體制，往往將小說拍攝成社會主流能夠接納的意識形態。

電影是社會文化的產物，電影文本反映社會各個面向，女性主義的觀點認爲主流電影係遵照父權潛意識而構成，電影文本往往可能是主流意識形態

的幫凶，女性電影批評者企圖喚醒閱聽者以新的眼光檢視原本對於「女性」或者「藝術」的既定概念背後是如何潛藏著父權的意識形態，一直以來，女性主義對於主流電影所呈現的女性形象有許多不滿，女性角色要如何從影像中解放出來將是女性電影評論重要的議題。國片市場在八○年代出現女編劇黃玉珊，她試圖突顯女性聲音，扭轉女性形象，開發女性影像新的視角，她的努力值得我們正視，因為影像資源仍主要掌握在男性手中，成就大多歸屬於男性的台灣影視環境，女性導演的發聲倍受矚目。〈後現代女性主義〉一文提及：

> 拉岡對佛洛伊德提出的「女人要什麼」這個問題曾以「女人無法說
> 出自己的愉悅」作答。西蘇直截了當地戳破拉岡的語病替女性辯護，
> 因為女人在象徵秩序中被剝奪了「說話」的「權力」（power）之後，
> 當然無法說出自己的愉悅。〔註15〕

西蘇呼籲女人要「書寫身體」，她主張女人要把對自我的認知和身為女人的經驗書寫表達出來，才能脫離父系體制裏加諸於女性的框架。八○年代影像工作者試圖將女性小說搬上螢幕，對於女性意識及女性自主、女性形象似乎仍在摸索之中，電影影像一方面做為一種文化的再現形式，具有加深父權社會對女性壓迫的共謀結構，另一方面可做為女性主義者用來顛覆既有體制的工具。女性影像基於對父權意識型態的批判，近年來台灣出現許多女性影像工作者，女性從自身的經驗出發，企圖呈現更多元的「陰性書寫」，雖然在台灣女性導演進入主流電影市場似乎仍有很長的路，但筆者期待台灣電影影像與文學的互文交流中，能開發出更多元的聲音，並能有更多的女性透過自己的聲音形塑女性自身的經驗，以及實踐更豐富的陰性書寫與影像再現。

〔註15〕莊子秀著，〈後現代女性主義〉，《女性主義理論與流派》，台北：女書文化，2000 年，頁 304。

參考資料與書目

第一部份：中文文獻

一、研討文本

（一）小說文本、電影劇本

1. 丁亞民，朱天文，許淑眞，《結婚》，電影分場對白劇本，中央電影公司，1985 年。
2. 七等生，〈結婚〉，《僵局》，台北：遠景，1986 年。
3. 王禎和，《美人圖》，台北：洪範，1982 年。
4. 王禎和，《嫁粧一牛車》，台北：洪範，1993 年。
5. 王禎和，《玫瑰玫瑰我愛你》，台北：洪範，1994 年。
6. 白先勇，《玉卿嫂》（電影劇本，小說），台北：遠景，1985 年。
7. 白先勇，《金大班的最後一夜》（電影劇本，小說），台北：遠景，1985 年。
8. 白先勇，《台北人》，台北，爾雅，2000 年。
9. 白先勇，《孽子》，台北，允晨文化，2000 年。
10. 朱天文《炎夏之都》台北，遠流，1989 年。
11. 朱天文，《最想念的季節》，電影分場對白劇本，中央電影公司，1983 年。
12. 朱天文，《尼羅河女兒》，電影分場對白劇本，萬寶影業公司，1989 年。
13. 朱天文，《朱天文電影小說集》，台北：遠流，1991 年。
14. 朱天文，《花憶前身》，台北：麥田，1996 年。
15. 李昂，《暗夜》，出版者：李昂，1994 年新版（初版 1985 年）。

16. 李昂，《殺夫》，台北：聯經。1983 年。

17. 汪笨湖，《落山風》，台北：晨星，1988 年。

18. 吳念真，《兒子的大玩偶》，電影分場對白劇本，中央電影公司，1983 年。

19. 吳念真，朱天文，《戀戀風塵：劇本及一部電影的開始到完成》，台北：三三書坊，1987 年。

20. 吳念真，朱天文，《悲情城市》，台北：三三書坊，1989 年。

21. 陸昭環，《雙鐲》，台北：風雲時代，1989 年。

22. 陳燁《牡丹鳥》，高雄：派色文化，1989 年。

23. 陳燁，黃玉珊《牡丹鳥》電影劇本，台灣：湯臣電影公司，1989 年。

24. 黃春明，《莎喲娜拉.再見》，電影分場對白劇本，印象股份有限公司出品，1985 年。

25. 黃春明，《黃春明電影小說集》，台北：皇冠，1989 年。

26. 黃春明，《黃春明典藏作品集》，台北：皇冠，2000 年。

27. 廖輝英，《不歸路》，台北：聯經，1983 年。

28. 廖輝英，《油麻菜籽》，台北：皇冠文化，1983 年。

29. 廖輝英，《今夜微雨》，台北：皇冠文化，1994 年新版（初版 1986 年）。

30. 鍾理和，《原鄉人》，張良澤編，《鍾理和全集 1》，台北：遠景，1988 年。

31. 鍾理和，《夾竹桃》，張良澤編，《鍾理和全集 2》，台北：遠景，1988 年。

32. 鍾肇政，《鍾肇政全集 11──原鄉人》，桃園：桃園縣立文化中心，1999～2000 年。

33. 蕭颯，《霞飛之家》，台北：聯經，1981 年。

34. 蕭颯，《我兒漢生》，台北：九歌，1981 年。

35. 蕭颯，《我這樣過了一生》，（霞飛之家）電影分場對白劇本，中央電影公司，1983 年。

36. 蕭颯，《少年阿辛》，台北：九歌，1984 年。

37. 蕭颯，《唯良的愛》，台北：九歌，1986 年。

38. 蕭颯，張毅，《我兒漢生》，電影分場對白劇本，中央電影公司，1986 年。

39. 蕭颯，張毅，《我的愛》，電影分場對白劇本，中央電影公司，1986 年。

40. 蕭颯，《走過從前》，台北：九歌，1988 年。

41. 蕭麗紅，《桂花巷》，台北：聯經，1977 年。

42. 蕭麗紅，《桂花巷》，電影分場對白劇本，中央電影公司，1986 年。

（二）參考影片（影像文本）

1. 王童，《看海的日子》，台灣：蒙太奇有限公司，1983 年。
2. 白景瑞，《家在台北》，台灣：中央電影公司，1970 年。
3. 白景瑞，《金大班的最後一夜》，台灣第一有限公司，1984 年。
4. 李行，《蚵女》，台灣：中央電影公司，1964 年。
5. 李行，《原鄉人》，台灣：大眾有限公司，1980 年。
6. 侯孝賢，《兒子的大玩偶》，第一段〈兒子的大玩偶〉，台灣：中央電影公司，1983 年。
7. 侯孝賢，《風櫃來的人》，台灣：萬年青電影公司，1983 年。
8. 侯孝賢，《冬冬的假期》，台灣：中央電影公司，1983 年。
9. 侯孝賢，《童年往事》，台灣：中央電影公司，1985 年。
10. 侯孝賢，《尼羅河女兒》，台灣：萬寶影業公司出品，1989 年。
11. 陳坤厚，《小畢的故事》，台灣：中央電影公司，1982 年。
12. 陳坤厚，《最想念的季節》，台灣：中央電影公司，1983 年。
13. 陳坤厚，《桂花巷》，台灣：中央電影公司，1987 年。
14. 張永祥，《今夜微雨》，台灣：大大公司，1986 年。
15. 張美君，《玫瑰玫瑰我愛你》，台灣：蒙太奇影業公司，1984 年。
16. 張美君，《少年阿辛》，台灣：蒙太奇影業公司，1985 年。
17. 張毅，《我這樣過了一生》，台灣：中央電影公司，1985 年。
18. 張毅，《我兒漢生》，台灣：三一有限公司，1986 年。
19. 張毅，《我的愛》，台灣：中央電影公司，1986 年。
20. 黃玉珊，《落山風》，台灣：中央電影公司，1988 年。
21. 黃玉珊，《雙鐲》，台灣：大都會電影公司，1989 年。
22. 黃玉珊，《牡丹鳥》，台灣：湯臣電影公司，1990 年。
23. 曾壯祥，《兒子的大玩偶》，第二段〈小琪的那一頂帽子〉，台灣：中央電影公司，1983 年。
24. 曾壯祥，《殺夫》，台灣：湯臣電影公司，1984 年。
25. 萬仁，《兒子的大玩偶》，第三段〈蘋果的滋味〉，台灣：中央電影公司，1983 年。
26. 萬仁，《油麻菜籽》，台灣：中央電影公司，1984 年。
27. 虞戡平，《孽子》，台灣：群龍公司，1986 年。
28. 虞戡平，《兩個油漆匠》，台灣：龍祥公司，1990 年。

二、一般論著

1. 小野,《一個運動的開始》,台北:時報文化,1986 年。

2. 小野,《白鴿物語》,台北:時報,1988 年。

3. 王志弘,《性別化流動的政治與詩學》,台北:田園城市文化,2000 年。

4. 王雅各,《台灣婦女解放運動史》,台北:巨流出版,1999 年。

5. 王禎和,《電視.電視》,台北:遠景,1977 年。

6. 王寧,《比較文學與中國當代文學》,雲南:雲南教育出版社,1992 年。

7. 王寧,《全球化與文化研究》,台北:揚智,2003 年。

8. 王德威,《眾聲喧嘩 —— 三〇與八〇年代的中國小說》,台北:遠流出版,1988 年。

9. 王德威,《小說中國》,台北:麥田出版,1993 年。

10. 王德威,《如何現代?怎麼文學》,台北:麥田,1998 年。

11. 王德威,《眾聲喧嘩以後:點評當代中文小說》,台北:麥田 2001 年。

12. 王德威,《跨世紀風華:當代小說 20 家》,頁 196,台北:麥田,2002 年。

13. 王震寰,《誰統治台灣?轉型中的國家機器與權力結構》,台北:巨流圖書,1996 年。

14. 王耀輝,《文學文本解讀》,武漢:華中師範大學出版社,2000 年。

15. 中國出版公司,《中華民國八十二年出版年鑑》,台北:中國出版公司,1993 年。

16. 中國時報,《台灣:戰後五十年:土地 人民 歲月》,台北:時報文化,1995 年。

17. 中國論壇編輯委員會,《女性知識份子與台灣發展》,台北:中國論壇出版,1989 年。

18. 中國電影出版社編輯部,《再創作 —— 電影改編問題討論集》,北京:中國電影出版社,1992 年。

19. 台北金馬影展執行委員會,《尋找電影中的台北》,(一九九五金馬獎國片專題特刊), 1995 年。

20. 台北金馬影展執行委員會,邱順清編,《1997 台北金馬影展》,台北:台北金馬影展執行委員會,1997 年。

21. 台北金馬影展執行委員會,《台灣新電影二十年》,台北:台北金馬影展執行委員會,2002 年。

22. 古添洪,《記號詩學》,台北:東大,1984 年。

23. 古繼堂,《台灣小說發展史》,台北:文史哲,1992 年。

24. 朱雙一，《戰後台灣新世代文學論》，台北：揚智文化，2002 年。

25. 江寶釵、范銘如編選，《島嶼妏聲：女性小說讀本》，台北：巨流，2000 年。

26. 呂正惠，《小說與社會》，台北：聯經，1988 年。

27. 呂正惠主編，《文學的後設思考》，，台北：正中，1991 年。

28. 呂正惠，《戰後台灣文學經驗》，台北：新地文學，1992 年。

29. 呂訴上，《台灣電影戲劇史》，台北：銀華，1961 年。

30. 李天鐸編著，《當代華語電影論述》，台北：時報文化出版，1996 年。

31. 李天鐸，《台灣電影社會與歷史》台北：視覺傳播藝術學會，1997 年。

32. 李仕芬，《愛情與婚姻：台灣當代女作家小說研究》，台北：文史哲，1996 年。

33. 李仕芬，《女性觀照下的男性——女作家小說析論》，台北：聯合文學，2000 年。

34. 李振亞，〈歷史空間／空間歷史〉，收於沈曉茵等編《戲戀人生：侯孝賢電影研究》，台北：麥田，2000 年，頁 113～139。

35. 李永熾監修，薛化元主編，《台灣歷史年表：終戰篇（1966～1978)》，台北：國家政策研究中心，1990 年 12 月。

36. 李臺芳著，《女性電影理論》，台北：揚智文化，1997 年。

37. 李顯杰，《電影敘事學：理論和實例》，北京：中國電影出版社，2000 年。

38. 沈曉茵主編，《戲戀人生：侯孝賢電影研究》，台北：麥田出版，2000 年。

39. 何金蘭，《文學社會學》，台北：桂冠，1989 年。

40. 林年同，《中國電影美學》，台北：允晨文化，1991 年。

41. 林芳玫，《解讀瓊瑤愛情王國》，台北：時報文化出版，1994 年。

42. 林芳玫，《女性與媒體再現》，台北：巨流，1996 年。

43. 林依潔，〈叛逆與救贖：李昂歸來的訊息〉，《她們的眼淚》，台北：洪範，1984 年。

44. 林淇瀁，《書寫與拼圖——台灣文學傳播現象研究》，台北：麥田出版，2001 年。

45. 林燿德主編，《流行天下——當代台灣通俗文學論》，台北：時報文化，1992 年。

46. 孟悅，戴錦華，《浮出歷史地表：中國現代女性文學研究》，台北：時報，1993 年。

47. 邱貴芬，《仲介台灣・女人》，台北：元尊文化，1997 年。

48. 邱貴芬，《不（同）國女人聒噪——訪談當女作家》，台北：元尊文化，

1998 年。

49. 邱貴芬，《後殖民及其外》，台北：麥田，2003 年。

50. 周蕾，《寫在家國以外》，香港：牛津大學出版社，1995 年。

51. 周蕾，《婦女與中國現代性——東西方之間閱讀記》，台北：麥田，1995
年。

52. 周蕾，《原初的激情：視覺，性慾，民族誌與中國當代電影》，台北：遠
流，2001 年。

53. 周慧玲，《表演中國——女明星表演文化視覺政治 1910～1945》，台北：
麥田，2004 年。

54. 施淑，〈文字迷宮——評李昂《花季》〉，《兩岸文學論集》，台北：新地，
1997 年。

55. 施懿琳，楊翠，《彰化縣文學史》，彰化：彰化縣立文化中心，1997 年。

56. 孟樊，林燿德主編，《世紀末偏航——八〇年代台灣文學論》台北：時報
文化 1990 年。

57. 吳達芸，《女性閱讀與小說評論》，台南：台南市立文化中心，1996 年。

58. 胡菊人，《小說技巧》，台北：遠景，1981 年。

59. 胡蘭成，《中國文學史話》，台北：三三書坊，1980 年。

60. 馬以工等著，《當今婦女角色與定位》，台北：國際崇她社台北三
社，1989 年。

61. 范銘如，《眾裏尋她——台灣女性小說縱論》，台北：麥田出版，2002
年。

62. 迷走，梁新華，《新電影之死：從《一切爲明天》到《悲情城市》》，台
北：唐山，1991 年。

63. 高全之，《王禎和的小說世界》，台北：三民，1997 年。

64. 高洪興，《纏足史——纏足的起源與發展》，上海：上海文藝出版社，1995
年。

65. 唐小兵，《再解讀：大眾文藝與藝識形態》，香港：牛津大學出版社，1993
年。

66. 孫周興，《說不可說之神秘》，上海：三聯書局，1993 年。

67. 孫貽讓，《周易正義》，四庫備要，中華，卷九，頁 9。

68. 徐光正，宋文里合編，《台灣新興社會運動》，台北：巨流，1989 年。

69. 郭紀舟，《七〇年代台灣左翼運動》，台北：海峽學術社，1999 年。

70. 梅家玲編，《性別論述與台灣小說》，台北：麥田，2000 年。

71. 尉天驄編，《鄉土文學討論集》，台北：自印，1978 年。

72. 許琇禎，《台灣當代小說縱論：解嚴前後（1977～1997）》，台北：五南，2001 年。

73. 張小虹，《後現代／女人：權力，慾望與性別表演》，台北：時報文化，1993 年。

74. 張小虹，《性別越界：女性文學理論與批評》，台北：聯合文學，1995 年。

75. 張小虹編，《性／別研究讀本》，台北：麥田，1998 年。

76. 張小虹，《怪胎家庭羅曼史》，台北：時報，2000 年，頁 30。

77. 張釗維，《誰在那邊唱自己的歌》，台北：時報文化，1994 年。

78. 張漢良，《比較文學理論與實踐》，台北：東大圖書公司，1993 年。

79. 張誦聖，《文學場域的變遷》，台北：聯合文學，2001 年。

80. 張愛玲，《流言》，台北：皇冠，1986 年。

81. 張覺明，《電影編劇》，台北：揚智文化，1997 年。

82. 張寶琴等主編，《四十年來中國文學》，台北：聯合文學，1995 年。

83. 梁良，《論兩岸三地電影》，台北：茂林，1998，頁 26 年。

84. 梁新華，迷走編，《新電影之死》，台北：唐山，1991 年。

85. 馮際罡，《小說改編與影視編劇》，台北：書林，1988 年。

86. 國家電影資料館，《台語片時代》，台北：國家電影資料館，1994 年。

87. 章英華，〈都市化與機會結構及人際關係態度〉，收於楊國樞、瞿海源主編《變遷中的台灣社會：第一次社會變遷基本調查資料的分析》上冊，台北：中研院民族學研究所，1988，頁 161 年。

88. 陳光興主編，《文化研究在台灣》，台北：巨流，2000 年。

89. 陳芳明，《後殖民台灣：文學史論及其周邊》，台北：麥田，2002 年。

90. 陳飛寶，《台灣電影史話》，北京：中國電影出版，1988 年。

91. 陳飛寶，《台灣電影導演藝術》，台北：亞太圖書，2000 年。

92. 陳儒修，《台灣新電影的歷史文化經驗》，台北：萬象圖書，1993 年。

93. 陳儒修，《電影帝國》，台北：萬象圖書，1994 年。

94. 陳儒修，《女性與影像》，台北：遠流，1994 年。

95. 陳儒修，黃慧敏，鄭玉菁編，《凝視女像：56 種閱讀女性影展的方法》，台北：遠流，1999 年。

96. 區桂芝執行編輯，《台灣電影精選》，台北：萬象，1993 年。

97. 黃仁，《悲情台語片》，台北：萬象圖書，1994 年。

98. 黃仁，《電影與政治宣傳》，台北：萬象圖書，1994 年。

99. 黃仁，《行者影跡：李行・電影・五十年》，台北：時報文化，1999 年。

100. 黃仁，《電影阿郎：白景瑞》，台北：亞太圖書，2001 年。

101. 黃建業，《人文電影的追尋》，台北：遠流出版，1990 年。

102. 黃建業，《潮流與光影》，台北：遠流出版，1990 年。

103. 黃建業，《楊德昌電影研究》，台北：遠流出版，1995 年。

104. 焦桐，《台灣文學的街頭運動（一九七七~世紀末）》，台北：時報文化，1998 年。

105. 焦雄屏，《台港電影中的作者與類型》，台北：遠流出版公司，1991 年。

106. 焦雄屏，《改變歷史的五年》，台北：萬象圖書，1993 年。

107. 焦雄屏，《台灣新電影》，台北：時報文化，1998 年。

108. 焦雄屏，《台灣電影 90 新新浪潮》，台北：麥田出版，2002 年。

109. 曾慧佳，《從流行歌曲看台灣社會》，台北：桂冠書局，1998 年。

110. 游惠貞編，黑白屋電影工作室策劃，《女性與影像——女性電影的多角度閱讀》，台北：遠流，1994 年。

111. 游勝冠，《台灣文學本土論的興起與發展》，台北：前衛，1996 年。

112. 彭明輝，〈民國七十五、七十六年文學圖書出版概況〉，《中華民國七十七年出版年鑑》，台北：中國出版公司，1988 年。

113. 彭懷恩，《台灣政治變遷四十年》，台北：自立晚報，1987 年。

114. 彭瑞金編，《鍾理和集》，台北：前衛，1991 年。

115. 彭瑞金，《台灣新文學運動 40 年》，台北：自立報社文化出版部，1991 年。

116. 彭瑞金，《鍾理和傳》，南投：台灣省文獻委員會，1994 年。

117. 詹明信著，唐小兵譯，《後現代主義與文化理論》，台北：合志文化，1989 年。

118. 詹明信著，吳美眞譯，《後現代主義或晚期資本主義的文化邏輯》，台北：時報，1998 年。

119. 楊照，《文學，社會與歷史想像——戰後文學史散論》，台北：聯合文學，1995 年。

120. 楊照，《夢與灰燼——戰後文學史散論二集》，台北：聯合文學，1998 年。

121. 楊澤主編，《狂飆八〇：記錄一個集體發聲的年代》，台北：時報文化，1999 年。

122. 楊翠，《日據時期台灣婦女解放運動——以《台灣民報》爲分析場域（1920~1932）》，台北：時報文化出版，1993 年。

123. 劉亮雅,《慾望更衣室》,台北:元尊文化,1998 年。

124. 劉亮雅,《情色世紀末》,台北:九歌,2001 年。

125. 劉秀美,《五十年來的台灣通俗小說》,台北:文津,2001 年。

126. 劉紀蕙,《文學與藝術八論:互文,對位,文化詮釋》,台北:三民,1994 年。

127. 劉紀蕙編,《框架內外:藝術,文類與符號疆界》,台北:立緒文化,1999 年。

128. 劉紀蕙,《孤兒,女神,負面書寫:文化符號的徵狀式閱讀》,台北:立緒文化,2000 年。

129. 劉紀蕙編,《他者之域:文化身份與再現策略》,台北:麥田出版,2001 年。

130. 劉現成,《台灣電影社會與國家》,台北:揚智文化,1997 年。

131. 劉康著,《對話的喧聲——巴赫汀文化理論述評》,台北:麥田,1995 年。

132. 葉石濤,《台灣文學史綱》,高雄:文學界雜誌社,1987 年。

133. 葉月瑜,《三地傳奇:華語電影二十年》,台北:國家電影資料館,1999 年。

134. 葉月瑜,《歌聲魅影:歌曲敘事與中文電影》,台北:遠流,2000 年。

135. 葉維廉,《解讀現代、後現代——生活空間與文化空間的思索》,台北:東大出版,1992 年。

136. 葉龍彥,《光復初期的台灣電影史》,台北:國家電影資料館,1995 年。

137. 葉龍彥,《春花夢露:正宗台語片興衰錄》,台北:博揚文化,1999 年。

138. 葉龍彥,《「影響」的影響》,新竹:竹市影像博物館,2002 年。

139. 葉龍彥,《八十年代台灣電影史》,新竹:竹市影像博物館,2003 年。

140. 董仲舒,《春秋繁露》,卷一二,景印文淵閣四庫全書,台北:商務。

141. 費孝通,《鄉土中國,鄉土重建》,台北:風雲時代出版,1993 年。

142. 廖金鳳,《消逝的影像——台語片的電影再現與文化認同》,台北:遠流,2001 年。

143. 廖炳惠,《回顧現代——後現代與後殖民論文集》,台北:聯經,1990 年。

144. 趙彥寧,《戴著草帽到處旅行——性／別、權力、國家》,台北:巨流,2001 年。

145. 趙鳳翔,房莉,《名著的影視改編》,北京:北京廣播學院出版社,1999 年。

146. 齊隆壬,《電影沈思集:風潮結構與批評》,台北:圓神,1987 年。

147. 齊隆壬,〈侷限於體制下的「新電影」〉,收入《一九八七年金馬獎國際電

影展特刊》，台北：中華民國電影事業發展基金會，1987年。

148. 鄭明娳主編，《當代台灣女性文學論》，台北：時報文化，1993年。

149. 鄭明娳主編，《當代台灣政治文學論》，台北：時報文化，1994年。

150. 鄭樹森編，《文化批評與華語電影》，台北：麥田出版，1995年。

151. 蔡源煌，《從浪漫主義到後現代主義》，台北：雅典出版，1992年。

152. 蔡源煌，《當代文化理論與實踐》，台北：雅典出版，1992年。

153. 蔡國榮，《中國近代文藝電影研究》，台北：電影圖書資料館，1985年。

154. 鮑家麟編，《中國婦女史論集》，台北：稻鄉出版社，1979年。

155. 閻廣芬，《中國女子與女子教育》，河北：河北大學出版，1996年。

156. 盧非易，《台灣電影：政治經濟，美學 1949～1994》，台北：遠流，1998年。

157. 鍾慧玲主編，《女性主義與中國文學》，台北：里仁，1997年。

158. 謝仁昌編，《1950～1990 尋找電影中的台北》（1995 金馬獎國片專題特刊），台北：台北金馬獎影展執行委員會，1995年。

159. 謝家孝，〈「金大班的最後一夜」攝製內幕〉，收於白先勇，《金大班的最後一夜》，台北：遠景，1985年，頁89～110。

160. 謝家孝，〈苦命玉卿嫂「難產」十四年──追憶最初想把小說成電影的經過〉，收於白先勇，《玉卿嫂》，台北：遠景，1985年。頁7～20。

161. 簡瑛瑛編，《當代文化論述：認同、差異、主體性──從女性主義到後殖民文化想像》，新店：立緒文化，1997年。

162. 簡瑛瑛，《何處是女兒家──女性主義與中西比較文學／文化研究》，台北：聯合文學，1998年。

163. 簡瑛瑛編，《女性心／靈之旅：女族傷痕與邊界書寫》，台北：女書文化，2003年。

164. 簡政珍，《電影閱讀美學》，台北：書林。1993年。

165. 薩杜爾，《世界電影史》，北京：中國電影出版社，1982年。

166. 羅青，《錄影詩學》，台北：書林，1988年。

167. 羅青，《羅青看電影》，台北：東大圖書，1995年。

168. 羅婷，《克里斯多娃》，台北：生智，2002年。

169. 蘇偉貞，《有緣千里》，台北：洪範書店，1984年。

170. 顧燕翎，《女性知識份子與台灣發展》，台北：聯經，1989年。

171. 顧燕翎，鄭至慧主編，《女性主義經典》，台北：女書文化，1999年。

172. 顧燕翎主編，《女性主義理論與流派》，台北：女書文化，2000年。

173. Abbott, Pamela. and Claire Wallace,.，俞智敏等譯，《女性主義觀點的社會

學》，台北：巨流，1995 年。

174. Appadurai, Arjun. *Cultures and Publicity*，汪暉、陳燕谷主編《文化與公共性》，北京：三聯書店，1998 年。

175. Armes, Roy. *Third World Film Making and the West*，廖金鳳，陳儒修譯，《第三世界電影與西方》，台北：國家電影資料館，1997 年。

176. Aumont, Jacques. and Michel Marie, *L'Analyse des Films*，吳珮慈譯。《當代電影分析方法論》，台北：遠流，1996 年。

177. Barthes, Roland. *S/Z*，屠友祥譯，《S/Z》，上海：上海人民出版社，2000 年。

178. Berger, John. *About Looking*，劉惠媛譯，《影像的閱讀》，台北：遠流，2002 年。

179. Berger, John. *Ways of Seeing*，陳志梧譯，《看的方法》，台北：明文，1999 年。

180. Bloom, Harold. *A Map of Misreading*，朱立元、陳克明譯，《比較文學影響論：誤讀圖式》，台北：駱駝出版社，1992 年。

181. Bordwell, David. and Kristin Thompson,. *Film Art：An Iintroduction*，曾偉禎譯，《電影藝術 形式與風格》，台北：麥格羅希爾，1996 年。

182. Bordwell, David. *Narration in the Fiction Film*，李顯立等譯，《電影敘事——劇情片中的敘述活動》，台北：遠流，1999 年。

183. Bourdieu, Pierre. *Cultural Reproduction of Pierre Bourdieu*，邱天助譯，《布爾迪厄文化再製理論》，台北：桂冠，1998 年。

184. Chodorow. J, Nancy. *The Reproduction of Mothering*，張君玫譯，《母職的再生產：心理分析與性別社會學》，台北：群學出版社，2003 年。

185. Dancyger, Ken. and Jeff Rush,. *Alternative Scriptwriting：Writing Beyond the Rules*，易智言等譯，《電影編劇新論》，台北：遠流，1994 年。

186. Docker, John. *Postmodernism and Popular Culture*，吳松江，張天飛譯，《後現代主義與大眾文化》，瀋陽：遼寧教育出版社，2001 年。

187. Eagleton, Terry. *Literary Theory：An Introduction*，吳新發譯，《文學理論導讀》，台北：書林，1993 年。

188. Escarpit, Robert. *Sociologie de la Llitterature*，于沛選編，《文學社會學》，安徽：文藝，1987 年。

189. Escarpit, Robert. *Sociologie de la Litterature*，葉淑燕譯，《文學社會學》，台北，遠流出版，1990 年。

190. Field, Syd. *Screenplay：the Foundations of Screenwriting*，曾西霸譯，《實用電影編劇技巧》，台北：遠流出版，1993 年。

191. Fontanat, David. *The Secret Language of Symbols*，何盼盼譯，《象徵的名詞 —— 進入象徵意義的視覺之鑰》，台北：米娜貝爾，2003 年。

192. Foucault, Michel. *The history of Sexuality*，謝石譯，《性史》，台北：結構 群文化，1990 年。

193. Giannetti, Louis D.*Understanding Movies*，焦雄屏譯，《認識電影》台北： 遠流出版，1992 年。

194. Greene, Gayle. and Coppelia Kahn,. *Making a Difference：Feminist Literary Criticism*，陳引馳譯，《女性主義文學批評》，台北：駱駝，1995 年。

195. Hollows, Joanne. and Mark Jancovich,. *Approaches to Popular Film*，張雅萍 譯，《大眾電影研究》，台北：遠流 2001 年。

196. Iser, Wolfgane. *The Act of Reading*，金惠敏等譯《閱讀行為》，湖南：湖南 文藝出版社，1991 年。

197. Kaplan, E. Ann. *Women and Film：Both Sides of the Camera*，曾偉禎等譯， 《女性與電影》，台北：遠流，1997 年。

198. Kavanangh, James H.，〈論意識型態〉（"Ideology"），收入 Eds.Frank Centricchia and Thomas McLaughlin，*Critical Terms for Literary Study*，張 京媛等譯《文學批評術語》，香港：牛津，1994 年，頁 422～442。

199. Levi-Strauss,Claude. *The Savage Mind*，李幼蒸譯，《野性的思維》，北京： 商務出版社，1969 年。

200. Metz, Christian. *Essais Sur la Signification au Cinema*，劉森堯譯，《電影語 言 —— 電影符號學導論》，台北：遠流，1996 年。

201. Millett, Kate. *Sexual Politics*，宋文偉譯，《性政治》，南京：江蘇人民，2000 年。

202. Mitchell, Juliet. "Patriarchy, Kinship, and Women as Exchange Objects"，〈婦 女制：親屬關係與作為交換的婦女〉，收在張京媛主編的《當代女性主義 文學批評》，北京：北京大學出版，新華發行，1992 年，頁 430～435。

203. Moi, Toril.，*Sexual/textual Politics：Feminist Literary Theory*，陳潔詩譯， 《性別／文本政治》，台北：駱駝，1995 年。

204. Said,Edward. *Orientalism*，《東方主義》，台北：立緒文化，1999 年。

205. Sayers, Janet. *Mothers of psychoanalysis：Helene Deutsch, Karen Horney, Anna Freud, Melanie Klein*，劉慧卿譯，《母性精神分析 —— 女性精神分 析大師的生命故事》，台北：心靈工作坊，2001 年。

206. Scholes, Robert E.*Semiotics and Interpretation*，譚大力，龔建明譯， 《符號學與文學》，瀋陽：春風文藝出版社，1988 年。

207. Shapiro, Judith. *The Source of the Spring：Mothers through the Eyes of Women Writers*，許瓊瑩譯，《女兒與母親的親密對話》，台北：麥田，1999

年。

208. Stam, Robert. and Robert Burgoyne,. *New Vocabularies in Film Semiotics*，張梨美譯，《電影符號學的新語彙》，台北：遠流，1997 年。

209. Stam ,Robert. *Film Theory*，陳儒修、郭幼龍譯，《電影理論解讀》，台北：遠流，2002 年。

210. Storey, John. *An introductory Guide to Cultural Theory and Popular Culture*，楊竹山，郭發勇，周輝譯，《文化理論與通俗文化導論》，南京：南京大學出版社，2001 年。

211. Tong, Rosemarie. *Feminist Thought：A Comprehensive Introduction*，刁筱華譯，《女性主義思潮》，台北：時報文化，1996 年。

212. Weedon ,Chris. *Feminist Practice and Poststructuralist Theory*，白曉紅譯，《女性主義實踐與後結構主義理論》，台北：桂冠，1994 年。

213. Zoonen, Liesbet van. *Feminist Media Studies*，張錦華，劉容玫譯，《女性主義媒介研究》，台北：遠流，2001 年。

三、學位論文

1. 王俐容，《台灣電影中國族圖像的轉變》，台北：政治大學新聞研究所碩士論文，1996 年。

2. 江寶釵，《論現代文學女性小說家：從一個女性經驗的觀點出發》，台北：台灣師範大學國文研究所博士論文，1994 年。

3. 李祖琛，《七〇年代台灣鄉土文學運動析論——傳播結構的觀察》，台北：政治大學新聞研究所碩士論文，1986 年。

4. 呂蓓蓓，《李翰祥《梁祝》電影研究——以女性觀眾凝視角度分析》，台北：文化大學中國文學研究所博士論文，2002 年。

5. 吳婉茹，《八〇年代台灣女作家小說中女性意識之研究》，淡水：淡江大學中國文學研究所碩士論文，1994 年。

6. 侯作珍，《從消費社會探討八〇年代台灣小說主題意識的轉變》，台北：中國文化大學中國文學研究所碩士論文，1996 年。

7. 洪儀真，《三〇年代和七〇年代台灣鄉土文學論戰中的左翼思想及其背景之比較》，台北：台灣大學社會學研究所碩士論文，1997 年。

8. 洪珊慧，《李昂小說研究》，新竹：清華大學國文所碩士論文，1998 年。

9. 凌子楚，《台灣八〇年代社運的政經分析》，台北：台灣大學三民主義研究所碩士論文，1993 年。

10. 徐秀慧，《黃春明小說研究》，淡水：淡江大學中國文學研究所碩士論文，1998 年。

11. 翁慧雯，《文學與政治：七〇年代台灣的「鄉土文學」論戰》，台北：台

灣大學社會學研究所碩士論文，1994 年。

12. 莊宜文，《中國時報與聯合報小說獎研究》，中壢：中央大學中國文學研究所碩士論文，1998 年。

13. 莊麗莉，《文學出版事業產銷結構變遷之研究 —— 文學商品化現象觀察》，台北：政治大學新聞研究所碩士論文，1995 年。

14. 陳明柔，《典範的更替／消解與台灣八○年代小說的感覺結構》，台中：東海大學中國文學系博士論文，1998 年。

15. 陳蓓芝，《八十年代台灣新電影現象之社會歷史分析》，台北：輔仁大學大眾傳播研究所碩士論文，1991 年。

16. 黃玲玲，《蕭麗紅小說研究 1965～1996》，台中：中興大學中國文學系碩士論文，2001 年 2 月。

17. 黃儀冠，《晚明至盛清女性題畫詩研究》，台北：政治大學中國文學系碩士論文，1998 年。

18. 楊世凡，《人物言說與台灣新電影：一項知識社會學的研究》，台北：台灣大學社會學研究所碩士論文，1991 年。

19. 楊嘉玲，《台灣客籍作家文學作品改編電影研究》，台南：成功大學藝術研究所碩士論文，2001 年。

20. 楊曉琪，《七○年代鄉土文學的論戰與文學場域的變遷》，南投：暨南大學中國文學研究所碩士論文，2002 年。

21. 劉玟伶，《王禎和作品論：小說，劇本與影評》，新竹：清華大學中國文學系碩士論文，1996 年。

22. 劉叔慧，《華麗的修行：朱天文的文學實踐》，淡水：淡江大學中國文學研究所碩士論文，1996 年。

23. 蕭義玲，《台灣當代小說的世紀末圖象研究—— 以解嚴後十年（1987～1997）為觀察對象》，台北：台灣大學國文研究所博士論文，1998 年。

24. 魏玓，《當前台灣電影工業的政治經濟分析（1989～1993）》，台北：政治大學新聞研究所碩士論文，1994 年。

25. 鍾正道，《張愛玲小說的電影閱讀》，台北：東吳大學中國文學研究所博士論文，2003 年。

26. 謝春馨，《八○年代台灣文學正名論》，中壢：中央大學中國文學研究所碩士論文，1995 年。

27. 藍博堂，《台灣鄉土文學論戰及其餘波，1971～1987》，台北：師範大學歷史研究所碩士論文。

四、期刊論文

1. 王云縵〈李行導演美學觀〉，《電影欣賞》，第 57 期，1992 年 5～6 月，

頁 13～16。

2. 王燕玲，〈談詩集的包裝與出版〉，《文訊》，第 39 期，1988 年，頁 150
～153。

3. 王鴻泰，〈美感空間的經營 —— 明、清間的城市園林與文人文化〉，《東
亞近代思想與社會 —— 李永熾教授六秩華誕祝壽論文集》，台北：月旦
出版社，1999 年，頁 127～186。

4. 王德威，〈落地的麥子不死 —— 張愛玲的影響力與張派作家的超越之
路〉，《中國時報》，第 41～42 版，1995 年 9 月 14 日。

5. 史書美，〈放逐與互涉 —— 湯亭亭〉，《中外文學》，第 20 期：第 1 卷，
1991 年，頁 151～164。

6. 石偉，〈台灣新電影中女性形象之爭論〉，《當代電影》，第 34 期，1990
年 1 月 15 出版，頁 92～95。

7. 古繼堂〈略論宋存壽電影〉，《電影欣賞》，第 57 期，1992 年 5～6 月，
頁 17～19。

8. 江迅，〈鄉土文學論戰：一場迂迴的革命？〉，收於《南方》雜誌，1987
年 7 月號「鄉土文學論戰十年專輯」。

9. 呂正惠，〈鄉土文學中的「鄉土」〉，《聯合文學》，第 14 卷，第 2 期，1997
年 12 月，頁 83～86。

10. 呂玉瑕，〈社會變遷台灣婦女之事業觀〉，《中央研究院民族學研究所集
刊》，五十期，頁 25～66。

11. 李昂，〈我的創作觀〉，《文學界》，第 10 集，頁 35～36。

12. 沈曉茵，〈胴體與鋼筆的爭戰 —— 楊惠姍、張毅、蕭颯的文化現象〉，《中
外文學》，第 26 卷，第 2 期，1997 年 7 月，頁 98～114。

13. 沈曉茵，〈電影中的女性書寫：檢視張艾嘉《少女小漁》及《今天不回家》
中的（少）女性書寫〉，《中外文學》，第 28 卷，第 5 期，1999 年 10 月，
頁 32～44。

14. 杜正勝，〈內外與八方：中國傳統居室空間的倫理觀和宇宙觀〉，中央研
究院民族學研究所：「空間、家與社會」研討會論文，1994 年 2 月 22 日，
頁 26。

15. 阮秀莉：主持人，對談人：簡政珍、陳淑卿，〈既愛又怕看《英倫情人》：
小說與電影的書寫欲望對談〉，《電影欣賞》，第 93 期，1998 年 5.6 月，
頁 71～73。

16. 何春蕤，〈台灣的麥當勞化 —— 跨國服務業資本的文化邏輯〉，《台灣社
會研究季刊》，第十六期，1994，頁 1～19。

17. 何聖芬，〈告別「我的愛」 —— 蕭颯決心為自己而活〉，《自立晚報》，第
10 版，1986 年 10 月 31 日。

18. 杭之，〈八〇年代台灣的思想／文化發展〉，收入《邁向後美麗島的民間社會》，台北：唐山，1990 年。

19. 阿薩爾斯，〈旅行手記：寫真侯孝賢〉，《電影欣賞》，20 期，1986 年，9月，頁 72～78。

20. 林芳玫，〈雅俗之分與象徵性權力鬥爭──由文學生產與消費結構的改變談知識份子的定位〉，《台灣社會研究季刊》，第 16 期，1994 年，頁 55～78。

21. 林松燕，〈身體與流體經濟──依蕊格萊的女性形構學〉，《中外文學》，第 2 期，第 31 卷，2002 年 7 月，頁 9～38。

22. 林海音，〈台灣的媳婦仔──一個值得注意的問題〉，《中央日報》，第七版，1950 年 3 月 12 日。

23. 林素英，〈流浪者之歌：試論母職理論與《客途秋恨》中之母女關係〉，《中外文學》，第 28 卷，第 5 期，1999 年 10 月，頁 45～59。

24. 林載爵，〈本土之前的鄉土：談一種思想的可能性的中挫〉，《聯合文學》，第 14 卷，第 2 期，1997 年 12 月，頁 83～86。

25. 邱貴芬，〈文學影像與歷史──從作家紀錄片談新世紀史學方法研究空間的開展〉，《中外文學》，第 31 卷，第 6 期，2002 年 11 月。

26. 邱貴芬，《《失聲畫眉》──探討台灣女性小說壓抑的母親論述〉，《台灣文藝》第 5 卷，1994 年，頁 34～38。

27. 孟樊，〈民國八十五年文學傳播〉，《文訊》，第 139 期，1997 年，頁 26～30。

28. 周京安，〈台灣婚姻暴力──一個文化過程模式之探討〉，《考古人類學刊》，第 50 期，1995 年 6 月，頁 65～79。

29. 周晏子，〈台灣電影發展的因應與突破〉，《聯合月刊》，第 26 期，1983 年。

30. 周韻采，〈國家機器與台灣電影工業之形成〉，《電影欣賞》，1994 年，頁 59～64。

31. 吳佳琪，〈誰該讀大衛‧鮑威爾？評《電影敘事：劇情片中的敘述活動》〉，《電影欣賞》，2000 年，頁 119～128。

32. 吳其諺，〈八〇年代的台灣電影〉，《低度開發的回憶》，台北：唐山，1993年，頁 11。

33. 吳錦發，〈李昂作品討論會〉，《文學界》，第 10 集，1984 年 5 月，頁 29。

34. 吳錦發，〈八〇年代的台灣文學〉，《台灣學術研究會誌》，第 3 期，1988年 12 月，頁 113～133。

35. 吳珮慈，〈凝視時間，在動與不動之間──長鏡頭的一種美學反思〉，《中外文學》，第 27 卷，第 8 期，1999 年 1 月，頁 8～15。

36. 吳珮慈策劃,〈法國文學與電影:雕像 穿過鏡面 在迴廊中漫步〉,專題《電影欣賞》,第 95 期,1998 年 9.10 月,頁 25～60。

37. 武月卿,〈婦週是讀者的〉,《中央日報》,第七版,1950 年 4 月 23 日。

38. 馬森,〈電影對小說的影響 —— 評《小鎮醫生的愛情》〉,《聯合文學》,第 3 期,第 2 卷,1986 年 1 月,頁 168～172。

39. 高彥頤,〈空間與家 —— 論明末清初婦女的生活空間〉,《近代中國婦女史研究》第 3 期,1995 年 8 月,頁 21～50。

40. 袁瓊瓊,〈他的天空 —— 侯孝賢訪問記〉,《電影欣賞》,第 14 期,1985 年 3 月,頁 28～33。

41. 孫達明紀錄,〈愛的另一種 ——《雙鐲》電影座談會〉,《台灣時報》,1990 年 4 月 9 日,10 版。

42. 徐佳青,〈婦解運動,國家資源和政治參與〉,《騷動》,第 3 期,1997 年,頁 88～92。

43. 許炎初,〈論侯孝賢《戲夢人生》電影詩學〉,《建國學報》,第 15 期,1996 年 6 月,頁 1～13。

44. 許南村(陳映眞),〈大眾消費社會和當前台灣文學的諸問題〉,《文季》,第一卷,第三期,頁 17～23。

45. 許碩舜,王友政訪問,〈黃春明 —— 研究調查的筆記書〉,《電影欣賞》1993 年 9～10 月,頁 43～46

46. 陳玉玲,〈女性童年的烏托邦〉,《中外文學》,第 25 卷,第 4 期,1996 年 9 月,頁 104～106。

47. 陳秋坤,〈「桂花巷」的世界〉,《婦女雜誌》,第 5 卷,1977 年 5 月,頁 38～39。

48. 陳長房,〈巴赫汀的詮釋策略與少數族裔作家〉,《中外文學》,第 19 期,第 2 卷,1990 年,頁 4～54。

49. 陳映眞,〈原鄉的失落:試評夾竹桃〉,原刊於《現代文學》復刊號一,1977 年 7 月 1 日。收入《孤兒的歷史,歷史的孤兒》,台北:遠景,1984 年。

50. 陳映眞,〈大眾消費社會和當前台灣文學的諸問題〉,《大眾消費時代的文學家和文學》,鳶山,台北:人間,1988 年,頁 116～129。

51. 陳儒修策劃,〈美加文學與電影(上):速食經典與造夢工廠〉專題,《電影欣賞》,第 93 期,1998 年 5～6 月,頁 19～48。

52. 陳儒修策劃,〈美加文學與電影(下):經典之後的情慾與死亡〉專題,《電影欣賞》,第 94 期,1998 年 7～8 月,頁 18～53。

53. 尉天驄,〈台灣婦女文學的困境〉,《文星》,第 110 卷,1987 年 8 月,頁 92～95。

54. 焦雄屏,《台灣電影的大陸情結》,台北:國立政治大學廣電學系「廣播與電視」期刊／創刊號,1992 年 7 月。

55. 彭小妍〈何謂鄉土?論鄉土文學之建構〉,《中外文學》1998 年 11 月,第 27 卷第 6 期,頁 41～53。

56. 張昌彥‧林水福策劃,〈日本文學與電影〉專題,《電影欣賞》,第 96 期,1998 年 11～12 月,頁 15～68。

57. 張錦忠,〈異鄉故事／移民論述:論／述羅卓瑤的《秋月》之後〉,《電影欣賞》,1998 年 1～2 月,頁 65～66。

58. 張寧,〈尋根一族與原鄉主題的變形 —— 莫言、韓少功、劉恆的小說〉,《中外文學》,第 18 卷,第 8 期,1990 年 1 月,頁 155。

59. 曾西霸,〈淺談小說改編電影〉,《電影欣賞》,第 90 期,1997 年,頁 90～103。

60. 黃玉珊,〈傳說中的牡丹鳥〉,《自立晚報》,1990 年 11 月 5 日,15 版。

61. 黃玉珊,〈性,佛,風—— 關於《落山風》的二三事〉,《中國時報》,1988 年 9 月 7 日。

62. 黃式憲,〈以鄉土為根基而提昇電影的文化品格 —— 略論陳坤厚作品的意義及其風格特徵〉,《電影欣賞》,第 57 期,1992 年 5～6 月,頁 20～26。

63. 黃宗慧,〈看誰在看誰?從拉岡之觀視理論省視女性主義電影批評〉,《中外文學》,第 25 卷,第 4 期,1996 年,頁 41～63。

64. 黃金麟,〈醜怪的裝扮:新生活運動的政略分析〉,《台灣社會研究季刊》,1998 年 6 月,頁 163～203。

65. 黃建業,〈一九八三年臺灣電影回顧〉,《電影雙週刊》,第 154 期,1985 年 1 月 17 日。

66. 黃儀冠,〈園林空間與女性書寫〉,《第六屆中國詩學會議論文集》,頁 267～300。

67. 黃儀冠,〈論《桑青與桃紅》的陰性書寫與離散文化〉,《政大中文學報》,第 1 期,2004 年 6 月,頁 296～302。

68. 黃儀冠,〈男性凝視,影像戲仿 —— 台灣文學電影的神女敘事與性別符碼(1980)〉,《台灣文學學報》,第 5 期,2004 年 6 月

69. 黃儀冠,〈台灣鄉土敘事與「文學電影」之再現(1970～1980)—— 以身份認同、國族想像為主〉,《台灣文學學報》,第 6 期,2005 年 2 月。

70. 游靜,〈回頭已是百年身 —— 尋找香港電影中的女性作者〉,《第十屆女性影展國際論壇論文集》,台北:女性影展學會,2003 年。

71. 楊照,〈從「鄉土寫實」到「超越寫實」—— 八○年代的台灣小說〉,《台灣文學發展現象:50 年來台灣文學研討會論文集(二)》,台北:

文建會，頁 137～150。

72. 葉月瑜，〈台灣新電影：本土主義的「他者」〉，《中外文學》，第 27 卷，第 8 期，1999 年 1 月，頁 43～67。

73. 楊翠，〈新亮的星系──女性文學史論述概況的觀察與檢討〉，收於靜宜大學主編，《二〇〇一年台灣文學年鑑》，2003 年 3 月。

74. 趙小青，〈左翼電影中的女性形象〉，《當代電影》，第 5 期，2002 年，頁 40～44。

75. 趙園，〈回歸與漂泊──關於中國現當代作家的鄉土意識〉，《中國現代、當代文學研究》，第 10 期，1989 年，頁 136。

76. 廖金鳳，〈邁向健康寫實電影的定義──台灣電影史的一份備忘錄〉，《電影欣賞》，1994 年 11～12 月，頁 38～47。

77. 廖金鳳，〈1960 年代台灣電影「健康寫實」影片之意涵〉，《電影欣賞》，1994 年 11～12 月，頁 14～53。

78. 聞天祥，〈台灣新電影的文學因緣〉，《台灣新電影二十年》，台北：台北金馬影展執行委員會，2002，頁 66～72。

79. 劉紀蕙，〈不一樣的玫瑰故事：《紅玫瑰／白玫瑰》顛覆文字的政治策略〉，《中國電影：歷史、文化與再現》海峽兩岸暨香港電影發展與文化變遷研討會，1991 年。

80. 劉紀蕙，〈跨藝術互文改寫的中國向度：跨藝術互文中的女性空間與藝術家的自我定位〉，台北市：行政院國科會科資中心，1996 年。

81. 劉紀雯，〈後現代英美小說中國家與大眾文化的互動〉，台北市：行政院國科會科資中心，1996 年。

82. 劉紀蕙策劃，〈英國文學與電影〉專題，《電影欣賞》，第 92 期，1998 年 3～4 月，頁 17～48。

83. 劉婉俐，〈《春天情書》的多重文本與虛／實對話〉，《電影欣賞》，第 95 期，1998 年 9～10 月，頁 61～68。

84. 蔡秀枝，〈利法代《詩的符號學》中的潛藏符譜與文本的相互指涉性〉，《中外文學》。第 23 卷，第 1 期，1994 年 6 月。

85. 蔡秀枝，〈克麗絲特娃對母子關係中「陰性」空間的看法〉，《中外文學》，第 21 卷，第 9 期，1993，頁 35～46。

86. 蔡篤堅，〈兩極徘徊中的台灣人影像與身份認同〉，《中外文學》，第 27 期，第 8 卷，1999 年 1 月，頁 18～23。

87. 蔡源煌，〈文學評論何去何從〉，《文訊》，第 38 期，1992，頁 108～115。

88. 鄭美蓮，〈中國留學生為何選居留美國之研究〉，《東吳政治社會學報》，第 2 期，1978 年 12 月，頁 138～139。

89. 歐陽子，〈白先勇的小說世界——「台北人」之主題探討〉，《台北人》，台北：爾雅，1983，頁 5～6。

90. 鴻鴻專題策劃，〈莎士比亞與電影——百變莎士比亞〉專題，《電影欣賞》，1998 年 1～2 月，頁 14～56。

91. 鍾玲，〈女性主義與台灣作家小說〉，張寶琴等（主編）《四十年來中國文學》，台北，聯合文學出版，1995 年 6 月，頁 192～210。

92. 蕭阿勤，〈1980 年代以來台灣文化民族主義的發展：以「台灣（民族）文學」爲主的分析〉，《台灣社會學研究》，第三期，1999 年 7 月，頁 1～51。

93. 蕭阿勤，〈民族主義與台灣——一九七〇年代的「鄉土文學」：一個文化（集體）記憶變遷的探討〉，《台灣史研究》，第二期，第六卷，1999 年 12 月，頁 77～138。

94. 戴劍平，〈一種道德觀念與一種文學模式——對現、當代文學中兩類女性形象系列的考察〉，《當代文藝思潮》，28 期，蘭州：1987，頁 41～42。

95. 鍾鐵民，〈原鄉人及其他〉，《鍾肇政全集 11》，桃園市：桃園縣立文化中心，1999。

96. 龍應台，〈盲目的懷舊病——評「千江有水千江月」〉，《新書月刊》，第 21 卷，1985 年 6 月。

97. 豐林，〈語言革命與當代西方本文理論〉，《天津社會科學》，1998 年 4 月。

98. 簡政珍，〈臥虎藏龍：悲劇與映象的律動〉，《聯合文學》，2001 年 4 月，頁 11～26。

99. 簡政珍，〈詩與蒙太奇〉，《文訊》，第 1 卷，第 40 期。

100. 藍祖蔚，〈《落山風》剝奪了女性尊嚴〉，《聯合報》，1988 年 8 月 27 日。

101. Mulvey, Laura，林寶光譯，〈〈視覺快感與敘事電影〉的反思——以及金維多《太陽浴血記》一片的啓示〉，《電影欣賞》，第 43 期，1990 年 1 月。

102. Mulvey ,Laura，林寶光譯，〈高達：女人的影像／「性」的影像〉，《電影欣賞》，第 40 期，1987。

103. Rolando, B. Tolentino.，李亞梅、王志弘譯，〈南韓、台灣與菲律賓的祖國、國族電影和現代性〉，《電影欣賞》，2000。

第二部份：外文資料

1. Ades, Dawn. *Photomontage*. London：Thames & Hudson, 1986.

2. Asheim, Lester. *From Book to Film,* Ph.D. dissertation, University of Chicago, 1949.

3. Astruc, Alezandre. "The Birth of a New Avant-gared：La Camera-stylo", *Ecran Français* 144. Reprinted in *The New Wave*. Trans. Peter Graham, London：Secker and Warburg/BFI, 1968.

4. Bakhtine, Mikhail. *The Dialogic Imagination：Four Essays,* trans. C. Emerson & M. Holquist, Austin, Tex.：University of Texas Press, 1981.

5. Bakhtin, Mikhail. *Problems of Dostoevsky's Poetics*, University of Minnesota Press, 1984, p.175.

6. Barthes, Roland. "Theory of the Text", in *Untying the Text：A Post-Structuralist Reader*, Robert Young ed., Boston：Routledge & Kegan Paul Ltd., 1981.

7. Barthes, Roland. *The Pleasure of the Text,* trans. Richard Miller, New York：Hill and Wang, 1975.

8. Barthes, Roland. *Image, Music, Text,* trans. Richard Howard, New York：Hill and Wang, 1977.

9. Barthes, Roland. "The Death of the Author", "From the Work to the Text", in *The Rustle of Language,* trans. Richard Howard, Berkeley & LA：University of California Press, 1989.

10. Bhabha, Homi. *The Location of Culture,* New York and London：Rutledge, 1994.

11. Bloom, Harold. *A Map of Misreading.* New York：Oxford University Press, 1975.

12. Bloom, Harold. *Poetry and Repression：Revisionism from Blake to Stevens,* New Haven：Yale University Press, 1976.

13. Bluestone, George. *Novels into Film.* Baltimore：Johns Hopkins University Press, 1957.

14. Bordwell, David. *Narration in the Fiction Film.* Madison：University of Wisconsin Press, 1985.

15. Bourdieu, Pierre. *Language and Symbolic Power*, trans.Thompson,John B ,Cambridge：Polity, 1991.

16. Cartmell, Deborah & Lmelda Whelehan,. ed. *Adaptations：From Text To Screen, Screen* to Text London, New York：Routledge, 1999.

17. Chodorow, Nancy. *The Reproduction of Mothering：Psychoanalysis and the Sociology of Gender.* Berkeley：U of California P, 1987.

18. Culler, Jonathan. *The Prusuit of Signs：Semiotics, Literature, Deconstruction,* Cornell：Cornell University Press, 1981.

19. Fanon, Frantz. *Black Skin White Masks*, Trans. C. L. Markmann, London：MacGibbon & Kee,1986.

20. Fish, Stanley. *Doing What Comes Naturally：Change,Rhetoric,and the*

Practice of Theory in Literary and Legal Studies, New York& London, Oxford Univ., 1989.

21. Foucault, Michel. "What is an Author?", *Language, Counter-Memory, Practice：Selected Essays and Interviews,* Trans. Donald F. Bouchard and Sherry Simon., Cornell：Cornell University Press, 1977.

22. Genette, Gérard. *Palimpsestes, Literature in the second degree.* University of Nebraska Press, 1997.

23. Griswold, Wendy. *Culture and Societies in a Changing World,* Thousand Oaks, Calif.：Pine Forge Press, 1994。

24. Heinrich F. Plett ed. *Intertextuality,* Berlin ; New York：W. de Gruyter, 1991.

25. Hirsch, Marianne. *The Mother/Daughter Plot：Narrative, Psychoanalysis, Feminism.* Bloomington：Indian UP, 1989.

26. Hokheimer, Max. and Theodor Adorno,. *Dialectic of Enlightenment,* Trans. John Cumming, New Youk：Continuum, 1988.

27. Hutcheon, Linda. *A Theory of Parody, The Teachings of the Twentieth Century art forms.* New York, London：Methuen, 1985.

28. Ian, Marcia. *Remembering the Phallic Mother：Psychoanalysis, Modernism, and the Fetish.* Ithaca：Cornell UP, 1993.

29. Jacqueline, Rose. "The Cinematic Apparatus：Problems in Current Theory", *The Cinematic Apparatus,* Teresa de Lauretis and Steven Heath eds., New York：St. Martin's Press, 1980.

30. Klein, Melanie "Importance of Symbol-Formation in the Development of the Ego ", *The Writings of Melanie Klein,* Vol. ed.R.E. Money-Kyrle et al. London：Hogarth Press, 1975, pp. 219～232.

31. Kristeva, Julia. *Séméiotikè, Recherches pour une sémanalyse.* Paris：Seuil, 1969.

32. Kristeva, Julia. Toril Moi ed. *The Kristeva Reader.* Columbia University Press, 1986.

33. Kristeva, Julia. *Desire in Language：A Semiotic Approach to Literature and Art.* Oxford：Basil Blackwell Ltd., 1987.

34. Luckhurst, Roger. "Shut（ting）the Fuck Up：Narrating *Blue Velvet* in the Postmodernist Frame", *Bete Noire* 8～9, Autumn 1989-Spring 1990, pp.170～182.

35. Margaret, Rose. *Parody/Meta-fiction. Analysis of Parody as a Critical Mirror of the Writing and the Reception.* London：Croom Helm, 1979.

36. Margaret, Rose. *Parody：Ancient, Modern, and Post-modern.* London：Cambridge University Press, 1993.

37. Mcfarlane, Brian. *Novel to Film ：An Introduction to the theory of adaptation*, New York ：Oxford University Press, 1996.

38. Mitchell, Juliet. *Psychoanalysis and Feminism*, New York ：Vintage Books,1974.

39. Modleski, Tania. ”*Time and Desire in the Woman's Film*”, *Cinema Journal* 23.3 Spring, 1984.

40. Mulvey, Laura. ”Visual Pleasure and Narrative Cinema”, *Screen* 16, No. 3, Autumn 1975,pp6～18.

41. Mulvey, Laura. *Visual &Other Pleasures*, Bloomington ：Indiana University Press, 1989.

42. Mulvey, Laura ”Visual Pleasure And Narration Cinema.” In Patricia Erens. （Ed.） *Issues in Feminist Film Criticism.* Bloomington and Indianapolis ： Indiana University Press, 1990.

43. O'Donnell, Patrick. and Robert Con Davis, *Intertextuality and Contemporary American Fiction,* Baltimore ：Johns Hopkins University Press, 1989.

44. Riffaterre, Michael. *Text Production.* New York ：Columbia University Press, 1983.

45. Schrader, Paul. *Transcendental Style in Film ：Ozu, Bressen, and Dreyer, Berkeley ：*University of California Press, 1972.

46. Scott, Joan W. “Gender ：A Useful Category of Historical Analysis” *Coming to Terms, ：Feminism , Theory, Politics,* Ed. Elizabeth Weed, London ： Routledge, 1989.

47. Scott, McQuire. *Visions of Modernity ：Representation, Memory, Time and Space in the Age of the Camera,* Sage Publications, 1998.

48. Showalter, Elaine. ”Feminist Criticism in the Wilderness”, *The New Feminist Criticism ：Essays on Women,Literature and Theory*, New York Pantheon Books, 1985.

49. Sprengnether, Madelon. *The Spectral Mother ：Freud ,Feminism ,and Psychoanalysis ,* Ithaca & London ：Cornell UP, 1990.

50. Stam, Robert. *Film Theory ：An Introduction ,* Malden ：Blackwell, 2000.

51. Taylor, Lisa. and Andrew Willis,. *Media Studies ：Text, Institutions, and Audiences,* Oxford ：Blackwell, 1999, pp13～14.

52. Turner, Bryans S. *The Body and Society ：Explorations in Social Theory,* New York ：B.Blackwell, 1984.

53. Wagner, Geoffrey. *The Novel and the Cinema,* London ：the Tantivy Press, 1975.

54. Williamson, Judith. *Decoding Advertisements*, London：Marian Buyers, 1978.

55. Worton, Michael. and Still Judith,. *Intertextuality：Theories and Practices*. Manchester：Manchester University Press, 1990.

56. Zahar, Renate. *Frantz Fanon：Colonialism and Alienation*. Wilfred Trans. F. Feuser, New York：Monthly Review, 1974.

附　錄

第一部分：八〇年代女性小說改編電影

朱天文

片　名	導　演	編　劇	演　員	備　註
小畢的故事 1982	陳坤厚	侯孝賢 朱天文 丁亞民 許淑眞	張純芳 顏正國 鈕承澤 崔福生	原著〈愛的故事〉
風櫃來的人 1983	侯孝賢	朱天文	鈕承澤 張世 張純芳 林秀玲	
冬冬的假期 1983	侯孝賢	朱天文 侯孝賢	王啓光 顏正國 李淑楨 陳博正 楊麗音	原著〈安安的假期〉
最想念的季節 1983	陳坤厚	朱天文 侯孝賢 丁亞民	李宗盛 張艾嘉 楊麗音 吳念眞	
童年往事 1985	侯孝賢	朱天文 侯孝賢	游安順 唐如韞 梅芳 蕭艾	
尼羅河女兒 1989	侯孝賢	朱天文	楊林 陽帆 高捷 李天祿	

朱天心

片　名	導　演	編　劇	演　員	備　註
小爸爸的天空 1984	陳坤厚	朱天文 吳念眞	楊潔玫 李志希 李志奇	原著〈天涼好個秋〉

李昂

片　名	導　演	編　劇	演　員	備　註
殺夫 1983	曾壯祥	吳念眞	白鷹 夏文汐 陳淑芳	
暗夜 1985	但漢章	但漢章	蘇明明 徐明 張國柱	

陳燁

片　名	導　演	編　劇	演　員	備　註
牡丹鳥 1989	黃玉珊	陳燁 黃玉珊	王一正 陳德容 林偉生 蘇明明	原著〈黃金故事〉

張愛玲

片　名	導　演	編　劇	演　員	備　註
怨女 1988	但漢章	但漢章	夏文汐 徐明 高捷	

廖輝英

片　名	導　演	編　劇	演　員	備　註
油麻菜籽 1983	萬仁	廖輝英 侯孝賢	陳秋燕 柯一正 蘇明明 李淑蘋	

| 不歸路 1983 | 張蜀生 | 宋項如
孫材敏 | 柯俊雄
蘇明明 | |
| 今夜微雨 1986 | 張永祥 | 張永祥 | 林以眞
張國柱
歐陽龍 | |

蕭颯

片　名	導　演	編　劇	演　員	備　註
我這樣過了一生 1985	張毅	蕭颯	楊惠姍 李立群 劉明 文瑛	原著《霞飛之家》
少年阿辛 1985	張美君	葉雲樵	西文芸 李志奇 蕭紅梅 魏伯勤	
我兒漢生 1986	張毅	蕭颯	江霞 李興文 林芳岑 王菁菁	
我的愛 1986	張毅	蕭颯	楊惠姍 王俠軍	

蕭麗紅

片　名	導　演	編　劇	演　員	備　註
桂花巷 1987	陳坤厚	吳念眞	陸小芬 林秀玲	原著 1977

第二部份：文學改編與台灣電影

　　從 1982～1986 年，由於台灣新電影改編〈小畢的故事〉、〈兒子的大玩偶〉獲得票房的成功，影響所及，電影工作者積極從文學作品擷取素材，據梁良對當時文學作品改編的資料，我們可以列表如下：梁良，〈中國文藝電影與當代小說（上）〉，《文訊月刊》，總號 26，1986 年 10 月。

改編篇數	六	四	三	二	一
作家	黃春明	朱天文 白先勇 蕭颯	王禎和 楊青矗	司馬中原 李昂，廖輝英	瓊瑤，鍾玲，朱天心，小赫，郭箏，黃凡，禹其民，七等生，苦苓，郭良蕙，劉溢川，李祐寧

上表我們可以看出，八○年代新電影浪潮時期，黃春明的作品共有六篇作品獲得青睞被改編為電影。到 1990 年再加上《兩個油漆匠》，共有七篇作品被改編。除了黃春明自己編劇的兩部作品《看海的日子》和《莎喲娜啦。再見》外，以及其他改編者，共拍成五部電影，試列表如下。

黃春明

片　名	導　演	編　劇	演　員	備　註
《兒子的大玩偶》 兒子的大玩偶 小琪的那一頂帽子 蘋果的滋味	1983 侯孝賢 曾壯祥 萬仁	吳念眞 吳念眞 吳念眞	陳博正、楊麗音 金鼎 江霞、丹陽、 卓勝利	
《看海的日子》	王童 1983	黃春明	陸小芬、馬如風 蘇明明	獲金馬獎最佳女主角及女配角
《我愛瑪莉》	柯一正 1984	小野	李立群、陳博正	
《莎喲娜啦,再見》	葉金勝 1986	黃春明	鍾楚紅、劉榮凱	
《兩個油漆匠》	虞戡平 1990	吳念眞	孫越、陳逸達	

在八○代亦有多篇改編的王禎和與白先勇，茲表列如下：

王禎和

片　名	導　演	編　劇	演　員	備　註
《嫁粧一牛車》	張美君 1984	王禎和	陳震雷 陸小芬 金塗 張玿	
《玫瑰玫瑰我愛你》	張美君 1985	王禎和	李立群 張純芳	

《美人圖》	張美君 1985	王禎和	楊慶煌 林瑞陽 趙舜 劉玉慧	

白先勇

片　名	導　演	編　劇	演　員	備　註
玉卿嫂	張毅 1984	張毅	楊惠姍 林鼎峰	
金大班的最後一夜	白景瑞 1984	章君毅 林清介 孫正國	姚煒 慕思成 歐陽龍	
孤戀花	林清介 1985	孫正國	姚煒 陸小芬	
孽子	虞戡平 1986	孫正國	孫越 姜厚任	

其他作家作品在八〇年代拍攝成電影，依作家姓名排列

作　家	片　名	導　演	演　員	備　註
七等生	結婚 1985	陳坤厚	楊慶煌 楊潔玫 陳淑芳	
小赫	安安 1984	林清介	鈕承澤 江霞 庹宗華	
王拓	金水嬸 1987	林清介	石峰 陳秋燕 柯一正	
王湘琦	沒卵頭家 1990	徐進良	陸小芬 馬如風 王寶玉	
汪笨湖	落山風 1988	黃玉珊	楊慶煌 姜受延 文英	

禹其民	籃球情人夢 1985	董令狐	李志奇 張瓊姿 蕭紅梅	
吳錦發	春秋茶室 1988	陳坤厚	張艾嘉 梁家輝 楊潔玫	
黃凡	慈悲的滋味 1985	蔡揚名	蘇明明 庹宗華 王萊 陸一龍	
張毅	源 1980	陳耀圻	王道 徐楓 關山	
楊青矗	在室男 1984	蔡揚名	楊慶煌 陸小芬 倪淑君	
楊青矗	在室女 1985	邱銘誠	傅娟 李小飛 楊麗音 林秀玲	
鄧克保（柏楊）	異域 1990	朱延平	庹宗華 柯俊雄	
鍾肇政	原鄉人 1980	李行	秦漢 林鳳嬌 江明 曹健	鍾理和〈原鄉人〉
鍾肇政	魯冰花 1992	楊立國	于寒 黃坤玄 李淑楨	原著 1960